# 新型城市基础设施建设下时空信息智能化平台应用与实践

广州市城市规划勘测设计研究院

林鸿　何华贵　陈飞　刘洋
张鹏程　龚磊　晏四方　张秀英 / 编著

电子工业出版社
Publishing House of Electronics Industry
北京·BEIJING

## 内 容 简 介

本书首先对新型城市基础设施建设（新城建）和智慧城市时空大数据平台的相关概念和现状进行了简要介绍，接着阐述了时空信息智能化平台在新城建中的 19 个典型应用，详细介绍了每个应用的需求分析、架构体系、数据资源、业务模型、主要功能、应用架构、关键技术、特色亮点等内容。智慧广州时空信息云平台在新城建中的应用覆盖了国土、规划、不动产、林业园林、公共安全等多个领域，取得了重大社会经济效益，具有重要推广应用价值，为新型智慧城市建设与管理树立示范样板。

本书适合城市建设管理部门的工作人员，以及智慧城市、地理信息系统、计算机等相关领域的专业人员阅读。

未经许可，不得以任何方式复制或抄袭本书之部分或全部内容。
版权所有，侵权必究。

**图书在版编目（CIP）数据**

新型城市基础设施建设下时空信息智能化平台应用与实践 / 林鸿等编著. —北京：电子工业出版社，2023.10
ISBN 978-7-121-46648-9

Ⅰ．①新⋯　Ⅱ．①林⋯　Ⅲ．①智慧城市－基础设施建设－研究　Ⅳ．①F291

中国国家版本馆 CIP 数据核字（2023）第 217261 号

责任编辑：田宏峰
印　　刷：三河市君旺印务有限公司
装　　订：三河市君旺印务有限公司
出版发行：电子工业出版社
　　　　　北京市海淀区万寿路 173 信箱　邮编　100036
开　　本：787×1 092　1/16　印张：17.25　字数：438 千字
版　　次：2023 年 10 月第 1 版
印　　次：2023 年 10 月第 1 次印刷
定　　价：98.00 元

凡所购买电子工业出版社图书有缺损问题，请向购买书店调换。若书店售缺，请与本社发行部联系，联系及邮购电话：（010）88254888，88258888。
质量投诉请发邮件至 zlts@phei.com.cn，盗版侵权举报请发邮件至 dbqq@phei.com.cn。
本书咨询联系方式：tianhf@phei.com.cn。

# 前言

新型城市基础设施建设（新城建）是对城市基础设施进行的数字化、网络化、智能化建设和更新改造，将引领城市转型发展，整体提升城市的建设水平和运行效率。推进新城建是促进城市发展方式转变和提升城市治理效能的有效途径。时空信息智能化平台作为智慧城市建设的重要组成部分，是智慧城市建设与运行的基础，能够为新城建提供完整性好、现势性强、精准度高的时空大数据，以新城建推动智慧城市建设，进一步推进国家治理能力现代化已成为时代共识，也是国家落实新型城镇化的重要抓手。

广州市作为全国首批智慧城市时空信息云平台建设的三个试点城市之一，综合运用 3S、云计算、物联网、大数据、移动互联、人工智能、数字孪生等信息技术，按照"智能感知—智能融合—智能认知—智能决策—智能服务"的技术路线，开发了时空信息智能化平台：制定了涵盖数据标准类、系统建设类、运行维护类的"一"套标准规范；搭建了"一"套支撑环境，包括统一的时空基准，基于市云计算中心和电子政务外网，搭建了统一的基础设施服务；构建了涵盖时空基础地理数据、资源调查成果数据、规划管控数据、工程建设项目数据、公共专题数据、物联感知以及城市信息模型（CIM）成果的"七"类时空大数据；开发了基础设施即服务、数据即服务、功能即服务、接口即服务、知识即服务"五"大平台服务；定制了地名地址引擎、业务流引擎、物联网引擎、知识化引擎、服务引擎"五"大功能引擎；建立了在线地理服务系统、应用定制系统、智能制图系统、时空数据汇聚系统、时空数据挖掘系统、时空数据展示系统、时空数据管理系统，以及运维管理系统"八"大应用系统；提出了直接使用、应用定制、数据服务、定制开发、知识挖掘"五"种平台应用服务模式。

结合新城建和"数字住建"的需求，广州市以时空信息智能化平台的数据、功能、服务、引擎等模块为基础，面向数字工程、数字住房、数字城运、数字村镇等领域开展了系列应用示范，包括在城市信息模型、规建管一体化审查、住建房屋管理、城市体检与评估、城市更新改造、数字孪生城市、地下市政基础设施、地下管线智能化管理、历史文化名城管理、产业园区、招商引资等方面的应用，每个应用领域均从需求分析、架构体系、数据资源、业务模型、主要功能、应用架构、关键技术、特色亮点等多个方面进行详细阐述，全面推进基于网络化、数字化、智能化的新城建。

本书的编写得到了"智慧广州时空信息云平台建设项目"（广州市工信委项目编号：GZIT2016-A5-147）、广州市资源规划和海洋科技协同创新中心项目（2023B04J0301、2023B04J0326）、广东省重点领域研发计划（2020B0101130009）、广东省城市感知与监测预警企业重点实验室基金项目（2020B121202019）等的资助，在此一并表示感谢。

由于作者水平有限，书中难免会有疏漏之处，恳请学界与产业界的各位专家和同仁批评指正。

作　者

2023 年 9 月 25 日

# 目 录

**第1章 新型基础设施建设和新型城市基础设施建设** ·················································· 1
    1.1 新型基础设施建设 ····················································································· 1
    1.2 新型城市基础设施建设 ·············································································· 2
    1.3 新基建和新城建推动智慧城市新发展 ························································· 3

**第2章 智慧城市时空大数据平台** ······································································· 5
    2.1 智慧城市时空大数据平台的建设目标 ························································· 5
    2.2 智慧城市时空大数据平台的构成 ································································ 5
    2.3 时空大数据 ······························································································ 6
    2.4 云平台 ···································································································· 7
    2.5 运行服务及支撑环境 ················································································· 8
    2.6 建设内容 ································································································· 8

**第3章 智慧城市时空信息云平台在新城建和新基建中的应用和发展趋势** ··················· 10
    3.1 智慧城市时空信息云平台在新城建和新基建中的应用 ·································· 10
    3.2 智慧城市时空信息云平台在新城建和新基建中的发展趋势 ··························· 13

**第4章 智慧广州时空信息云平台** ···································································· 15
    4.1 一套标准规范 ························································································ 15
    4.2 一套支撑环境 ························································································ 16
    4.3 四类时空大数据 ····················································································· 16
    4.4 五大平台服务 ························································································ 17
    4.5 五大功能引擎 ························································································ 19
    4.6 八大应用系统 ························································································ 20
    4.7 五种使用模式 ························································································ 23
    4.8 智慧广州时空信息云平台的主要成效 ························································ 23
    4.9 智慧广州时空信息云平台的典型应用示范 ·················································· 24

**第5章 城市信息模型基础信息平台** ································································ 25
    5.1 平台需求分析 ························································································ 25
    5.2 平台架构体系 ························································································ 25
    5.3 平台数据资源 ························································································ 27

## 5.3.1 数据总体架构·····27
## 5.3.2 数据资源体系·····28
## 5.4 平台业务模型·····28
## 5.5 平台主要功能·····30
### 5.5.1 CIM 一张蓝图系统·····30
### 5.5.2 CIM 数据协同系统·····31
### 5.5.3 CIM 规划决策系统·····31
### 5.5.4 施工图三维数字化审查系统·····35
### 5.5.5 施工质量安全管理和竣工图数字化备案系统·····35
### 5.5.6 基于 CIM 的统一业务办理平台·····35
### 5.5.7 开发中心·····36
### 5.5.8 数据资源管理系统·····36
## 5.6 平台应用框架·····37
## 5.7 平台关键技术·····38
### 5.7.1 超大规模数据的在线处理和管理·····38
### 5.7.2 数据挖掘与智能分析·····38
### 5.7.3 二三维一体化·····39
## 5.8 平台特色亮点·····39

# 第6章 规建管一体化审查系统·····41
## 6.1 系统需求分析·····41
## 6.2 系统架构体系·····42
## 6.3 系统数据资源·····43
## 6.4 系统业务模型·····45
### 6.4.1 规划审查"标智化"·····45
### 6.4.2 工程建设审批"机智化"·····46
### 6.4.3 建筑设计方案审查的"全机审"·····46
### 6.4.4 施工图审查的智能化·····46
### 6.4.5 竣工验收备案的智能化·····46
## 6.5 系统主要功能·····47
### 6.5.1 辅助项目选址模块·····47
### 6.5.2 规划审查模块·····47
### 6.5.3 方案审查模块·····47
### 6.5.4 施工图审查模块·····48
### 6.5.5 竣工验收备案模块·····49
## 6.6 系统应用框架·····49
## 6.7 系统关键技术·····49
### 6.7.1 LOD 高效组织与轻量化渲染技术·····49
### 6.7.2 BIM 数据与 CIM 高效融合技术·····50
### 6.7.3 CIM 高效引擎技术·····50

|     |       | 6.8 系统特色亮点 ································································· 50 |

## 第7章 住建房屋数据库管理系统 ································································· 51

7.1 系统需求分析 ································································· 51
7.2 系统架构体系 ································································· 51
7.3 系统数据资源 ································································· 53
7.4 系统业务模型 ································································· 54
7.5 系统主要功能 ································································· 55
    7.5.1 房屋一张图综合应用子系统 ································································· 55
    7.5.2 房地产市场分析报表管理子系统 ································································· 55
    7.5.3 房屋数据共享交换子系统 ································································· 56
    7.5.4 对外功能应用接口 ································································· 57
7.6 系统关键技术 ································································· 57
    7.6.1 基于 SpringBoot 的分布式微服务架构 ································································· 57
    7.6.2 地图分块技术和浏览器缓存技术 ································································· 58
    7.6.3 基于 Vue 的渐进式前端框架技术 ································································· 59
    7.6.4 海量空间数据的矢量切片技术 ································································· 59
    7.6.5 地理空间信息技术 ································································· 60
    7.6.6 基于关联机制的房产数据关联融合技术 ································································· 60
    7.6.7 高性能时空大数据技术 ································································· 60
7.7 系统特色亮点 ································································· 60

## 第8章 城市体检与评估系统 ································································· 62

8.1 系统需求分析 ································································· 62
8.2 系统架构体系 ································································· 63
8.3 系统数据资源 ································································· 64
8.4 系统业务模型 ································································· 67
8.5 系统主要功能 ································································· 68
    8.5.1 指标数据采集 ································································· 68
    8.5.2 空间数据管理 ································································· 69
    8.5.3 一张图综合展示 ································································· 70
    8.5.4 体检健康评估 ································································· 72
    8.5.5 系统运行管理 ································································· 72
8.6 系统应用框架 ································································· 72
8.7 系统关键技术 ································································· 73
    8.7.1 面向服务架构（SOA） ································································· 73
    8.7.2 服务式 GIS ································································· 74
    8.7.3 业务流程管理（BPM） ································································· 74
    8.7.4 C/S 架构与 B/S 架构的结合 ································································· 74
    8.7.5 信息安全认证技术 ································································· 74

8.7.6 专题地图可视化展示技术 ·············································· 74
8.8 系统特色亮点 ························································· 75

## 第 9 章 城市更新改造管理系统 ············································ 76

9.1 系统需求分析 ························································· 76
9.2 系统架构体系 ························································· 77
9.3 系统数据资源 ························································· 78
9.4 系统业务模型 ························································· 80
9.5 系统主要功能 ························································· 81
    9.5.1 项目综合管理子系统 ·············································· 81
    9.5.2 数据管理分析子系统 ·············································· 82
    9.5.3 现状综合分析子系统 ·············································· 83
    9.5.4 规范性审查分析子系统 ············································ 84
    9.5.5 经济测算子系统 ·················································· 85
    9.5.6 数据服务子系统 ·················································· 86
    9.5.7 运维管理子系统 ·················································· 87
9.6 系统应用框架 ························································· 87
9.7 系统关键技术 ························································· 88
    9.7.1 微服务技术 ······················································ 88
    9.7.2 大数据计算技术与存储技术 ········································ 89
    9.7.3 数据中台 ························································ 90
9.8 系统特色亮点 ························································· 90

## 第 10 章 数字孪生城市管理系统 ··········································· 91

10.1 系统需求分析 ························································ 91
10.2 系统架构体系 ························································ 91
10.3 系统数据资源 ························································ 92
10.4 系统业务模型 ························································ 95
10.5 系统主要功能 ························································ 96
    10.5.1 三维模型的快速导入 ············································· 96
    10.5.2 数据融合 ······················································· 96
    10.5.3 数据治理 ······················································· 96
    10.5.4 数字孪生可视化场景 ············································· 97
10.6 系统应用框架 ························································ 98
10.7 系统关键技术 ························································ 99
    10.7.1 多源数据融合技术 ··············································· 99
    10.7.2 多尺度建模技术 ················································· 99
    10.7.3 三维可视化技术 ················································ 100
    10.7.4 双引擎融合分析 ················································ 100
    10.7.5 WebGL 引擎 ··················································· 100

10.8　系统特色亮点 ································································· 101

# 第 11 章　地下管线开挖及会签管理系统 ······································· 102

11.1　系统需求分析 ································································· 102
11.2　系统设计思路 ································································· 103
11.3　系统功能设计 ································································· 104
11.4　系统主要功能 ································································· 105
　　11.4.1　系统角色管理 ························································ 105
　　11.4.2　流程发起与会签办理 ················································ 105
　　11.4.3　督办提醒及预警 ···················································· 106
　　11.4.4　案件汇总与统计 ···················································· 107
　　11.4.5　开挖分析报告生成 ·················································· 107
　　11.4.6　会签流程浏览与定制 ················································ 108
11.5　系统关键技术 ································································· 108
　　11.5.1　工作流引擎与城市管线会签业务相结合 ···························· 108
　　11.5.2　地理信息系统空间分析技术与管线开挖可视化相结合 ············ 108
11.6　系统特色亮点 ································································· 109

# 第 12 章　城市地下市政基础设施综合管理平台 ····························· 110

12.1　平台需求分析 ································································· 110
12.2　平台架构体系 ································································· 111
12.3　平台业务模型 ································································· 112
12.4　平台主要功能 ································································· 113
　　12.4.1　地下市政基础设施数据检查与更新模块 ···························· 113
　　12.4.2　地下市政基础设施综合应用模块 ·································· 114
　　12.4.3　地下市政基础设施一张图模块 ···································· 116
　　12.4.4　地下市政基础设施监测预警模块 ·································· 118
12.5　平台应用框架 ································································· 118
12.6　平台关键技术 ································································· 119
　　12.6.1　基于 SpringBoot 的分布式微服务架构 ····························· 119
　　12.6.2　支持游戏级渲染效果的高性能三维 GIS 引擎 ······················ 119
　　12.6.3　海量空间数据矢量切片技术 ········································ 120
12.7　平台特色亮点 ································································· 120

# 第 13 章　智慧社区信息化管理系统 ·············································· 122

13.1　系统需求分析 ································································· 122
13.2　系统架构体系 ································································· 123
13.3　系统数据资源 ································································· 125
　　13.3.1　社区基础信息数据库 ················································ 125
　　13.3.2　社区感知信息数据库 ················································ 125

13.3.3 社区其他信息数据库 125
13.4 系统业务模型 126
  13.4.1 问题处理过程中的主要节点 126
  13.4.2 案件处置过程中的主要节点 127
13.5 系统主要功能 127
  13.5.1 智慧社区信息化管理系统的首页功能 127
  13.5.2 人员信息统计与查询功能 128
  13.5.3 安全隐患排查功能 129
  13.5.4 物联网监控功能 130
  13.5.5 区域产业发展分析功能 130
13.6 系统应用框架 130
  13.6.1 系统应用分类 130
  13.6.2 社区管理类应用 131
  13.6.3 社区服务类应用 133
13.7 系统关键技术 134
  13.7.1 基于构件技术的系统搭建模式 134
  13.7.2 基于工作流引擎的社区业务管理 135
  13.7.3 基于领域驱动设计的开发方法 135
13.8 系统特色亮点 136

# 第14章 人工智能与数字经济试验区 CIM 应用系统 137

14.1 系统需求分析 137
14.2 系统数据资源 137
14.3 系统业务模型 138
14.4 系统主要功能 139
  14.4.1 招商引资专题模块 139
  14.4.2 经济分析专题模块 139
  14.4.3 空间规划专题模块 140
  14.4.4 土地储备专题模块 141
  14.4.5 四标四实专题模块 141
  14.4.6 重点项目专题模块 142
14.5 系统关键技术 142
  14.5.1 WebGL 引擎 142
  14.5.2 服务式 GIS 142
  14.5.3 切片地图金字塔技术 142
14.6 系统特色亮点 143

# 第15章 历史文化名城管理系统 144

15.1 系统需求分析 144
15.2 系统架构体系 145

15.3　系统数据资源 …………………………………………………………… 146
　　15.4　系统业务模型 …………………………………………………………… 147
　　15.5　系统主要功能 …………………………………………………………… 148
　　　　15.5.1　基本功能 ………………………………………………………… 148
　　　　15.5.2　名城保护专题数据统计 ………………………………………… 152
　　　　15.5.3　历史建筑档案管理 ……………………………………………… 153
　　　　15.5.4　历史数据查看与分析 …………………………………………… 154
　　　　15.5.5　BIM 应用 ………………………………………………………… 154
　　　　15.5.6　方案比选 ………………………………………………………… 156
　　15.6　系统应用框架 …………………………………………………………… 156
　　　　15.6.1　二三维一体化名城管控子系统 ………………………………… 157
　　　　15.6.2　名城 BIM 应用子系统 …………………………………………… 157
　　　　15.6.3　虚拟现实与智能监测子系统 …………………………………… 157
　　　　15.6.4　名城数字化三维档案管理子系统 ……………………………… 157
　　　　15.6.5　数据库管理子系统 ……………………………………………… 157
　　15.7　系统关键技术 …………………………………………………………… 158
　　　　15.7.1　多源异构数据的融合处理技术 ………………………………… 158
　　　　15.7.2　城市级数据空间存储及快速调度技术 ………………………… 158
　　　　15.7.3　高逼真可视化表达技术 ………………………………………… 158
　　　　15.7.4　空地影像联合定向与建模技术 ………………………………… 158
　　15.8　系统特色亮点 …………………………………………………………… 159

# 第 16 章　城中村精细化信息管理系统 ………………………………………… 160

　　16.1　系统需求分析 …………………………………………………………… 160
　　16.2　系统数据资源 …………………………………………………………… 161
　　16.3　系统业务模型 …………………………………………………………… 161
　　　　16.3.1　城市规划 ………………………………………………………… 162
　　　　16.3.2　城市建设 ………………………………………………………… 162
　　　　16.3.3　社会治理 ………………………………………………………… 162
　　16.4　系统主要功能 …………………………………………………………… 162
　　　　16.4.1　城市规划专题模块 ……………………………………………… 162
　　　　16.4.2　城市建设专题模块 ……………………………………………… 163
　　　　16.4.3　社会治理专题模块 ……………………………………………… 164
　　16.5　系统特色亮点 …………………………………………………………… 168

# 第 17 章　产业园区信息管理系统 ……………………………………………… 170

　　17.1　系统需求分析 …………………………………………………………… 170
　　17.2　系统架构体系 …………………………………………………………… 170
　　17.3　系统数据资源 …………………………………………………………… 172
　　　　17.3.1　基础地理数据 …………………………………………………… 172

17.3.2　规划专题数据 172
17.3.3　产业专题数据 172
17.3.4　产业园区专题数据 173
17.4　系统业务模型 173
17.5　系统主要功能 174
　17.5.1　产业一张图管理信息系统 174
　17.5.2　产业移动空间信息系统 179
　17.5.3　产业园区公众服务信息系统 179
17.6　系统应用框架 180
17.7　系统关键技术 181
　17.7.1　B/S 架构 181
　17.7.2　J2EE 架构 181
　17.7.3　WebService 技术 181
　17.7.4　可视化技术 182
17.8　系统特色亮点 182

# 第 18 章　疫情防控信息管理系统 184

18.1　系统需求分析 184
18.2　系统架构体系 184
18.3　系统数据资源 186
　18.3.1　数据资源架构 186
　18.3.2　数据资源目录 186
18.4　系统主要功能 189
　18.4.1　指挥一张图 189
　18.4.2　防疫布控 189
　18.4.3　病例分析 189
　18.4.4　流调分析 189
　18.4.5　三区划分 190
　18.4.6　趋势比对 190
18.5　系统应用框架 190
18.6　系统关键技术 191
　18.6.1　基于 HBase 的实时人口统计 191
　18.6.2　点位的自动快速空间化 191
18.7　系统特色亮点 191

# 第 19 章　城市运行体征监测系统 193

19.1　系统需求分析 193
19.2　系统架构体系 193
19.3　系统数据资源 194
19.4　系统主要功能 195

| | 19.5 | 系统应用框架 | 197 |
| | 19.6 | 系统关键技术 | 198 |
| | | 19.6.1 高性能 GIS 与时空大数据的融合 | 198 |
| | | 19.6.2 物联网与 GIS 的融合 | 198 |
| | 19.7 | 系统特色亮点 | 198 |

## 第 20 章 智慧水务时空云管理系统 200

- 20.1 系统需求分析 200
- 20.2 系统架构体系 200
- 20.3 系统数据资源 202
- 20.4 系统业务模型 203
- 20.5 系统主要功能 204
  - 20.5.1 智慧水务一张图模块 204
  - 20.5.2 智慧水务智能监测模块 206
- 20.6 系统应用框架 207
- 20.7 系统关键技术 208
  - 20.7.1 H5 前端技术 208
  - 20.7.2 物联网与 GIS 高效融合技术 208
- 20.8 系统特色亮点 208

## 第 21 章 广州市不动产统一登记信息平台 209

- 21.1 平台需求分析 209
- 21.2 平台架构体系 209
- 21.3 平台数据资源 211
- 21.4 平台业务模型 211
- 21.5 平台主要功能 215
  - 21.5.1 平台服务管理子系统 215
  - 21.5.2 权籍管理子系统 215
  - 21.5.3 登记业务管理子系统 216
  - 21.5.4 业务监管子系统 217
  - 21.5.5 登记簿管理子系统 219
  - 21.5.6 对外查询利用子系统 219
  - 21.5.7 统一接入子系统 220
  - 21.5.8 信息协同共享交换子系统 221
  - 21.5.9 综合分析展示子系统 221
  - 21.5.10 外网申请子系统 223
- 21.6 平台应用框架 223
  - 21.6.1 业务架构 223
  - 21.6.2 权籍管理子系统的架构 224
  - 21.6.3 对外查询利用子系统的架构 225

21.7 平台关键技术 ········································································· 226
   21.7.1 面向服务架构 ································································ 226
   21.7.2 数据仓库和数据湖 ···························································· 226
   21.7.3 自研的 Web 定制框架 ······················································· 226
21.8 平台特色亮点 ········································································· 226

## 第 22 章　遥感中心在线数据处理平台 ············································· 228

22.1 平台需求分析 ········································································· 228
22.2 平台架构体系 ········································································· 228
22.3 平台数据资源 ········································································· 229
   22.3.1 数据总体架构 ································································ 229
   22.3.2 数据资源体系 ································································ 230
22.4 平台业务模型 ········································································· 233
   22.4.1 多源数据自动预处理 ························································ 233
   22.4.2 遥感模型与处理流程 ························································ 236
22.5 平台主要功能 ········································································· 241
22.6 平台应用框架 ········································································· 243
   22.6.1 平台运行环境 ································································ 244
   22.6.2 软件配置 ······································································ 244
22.7 平台关键技术 ········································································· 245
   22.7.1 基于深度学习的影像分类技术 ············································ 245
   22.7.2 企业级遥感二次开发平台 ·················································· 245
22.8 平台特色亮点 ········································································· 247

## 第 23 章　招商引资信息管理系统 ··················································· 248

23.1 系统需求分析 ········································································· 248
23.2 系统架构体系 ········································································· 249
23.3 系统数据资源 ········································································· 250
   23.3.1 数据总体架构 ································································ 250
   23.3.2 数据资源体系 ································································ 251
23.4 系统业务模型 ········································································· 251
23.5 系统主要功能 ········································································· 252
   23.5.1 招商引资工作全流程管理子系统 ········································· 253
   23.5.2 招商一张图决策支持子系统 ··············································· 253
   23.5.3 招商项目电子档案管理子系统 ············································ 253
   23.5.4 招商引资推介子系统 ························································ 254
23.6 系统应用框架 ········································································· 255
23.7 系统关键技术 ········································································· 255
   23.7.1 企业服务总线 ································································ 255
   23.7.2 多终端融合 ··································································· 256

  23.7.3 产业招商大数据模型构建 ················································ 256

  23.7.4 产业链关联关系的知识抽取与知识化展示 ···························· 256

**23.8** **系统特色亮点** ······································································· 257

**参考文献** ························································································· 258

# 第1章
# 新型基础设施建设和新型城市基础设施建设

## 1.1 新型基础设施建设

近年来,中央密集部署新型基础设施建设。"新型基础设施"这一概念于2015年7月首次出现在国务院的文件中。2018年12月中央经济工作会议把5G、人工智能、工业互联网、物联网定义为"新型基础设施",并被写入2019年的政府工作报告。2019年7月,中央政治局会议提出要加快推进新型基础设施建设。2019年12月,由国家发展和改革委员会等七部委联合印发了《关于促进"互联网+社会服务"发展的意见》,提出加快布局新型数字基础设施。

2020年4月,国家发展和改革委员会明确了新型基础设施的权威定义,即:以新发展理念为引领,以技术创新为驱动,以信息网络为基础,面向高质量发展需要,提供数字转型、智能升级、融合创新等服务的基础设施体系。

2020年10月,党的十九届五中全会通过了《中共中央关于制定国民经济和社会发展第十四个五年规划和二〇三五年远景目标的建议》,强调要基本实现新型工业化、信息化、城镇化、农业现代化,建成现代化经济体系,为中国新型智慧城市建设指明了新方向。2021年3月,《中华人民共和国国民经济和社会发展第十四个五年规划和2035年远景目标纲要》指出,要"统筹推进传统基础设施和新型基础设施建设,打造系统完备、高效实用、智能绿色、安全可靠的现代化基础设施体系",主要包括信息基础设施、融合基础设施和创新基础设施三个方面:

一是信息基础设施。主要是指基于新一代信息技术演化生成的基础设施,比如以5G、物联网、工业互联网、卫星互联网为代表的通信网络基础设施,以人工智能、云计算、区块链等为代表的新技术基础设施,以数据中心、智能计算中心为代表的算力基础设施等。

二是融合基础设施。主要是指深度应用互联网、大数据、人工智能等技术,支撑传统基础设施转型升级,进而形成的融合基础设施,比如智能交通基础设施、智慧能源基础设施等。

三是创新基础设施。主要是指支撑科学研究、技术开发、产品研制的具有公益属性的基础设施,比如重大科技基础设施、科教基础设施、产业技术创新基础设施等。

顾名思义,新型基础设施建设(简称新基建)是区别于传统基建的基础设施建设。相对于传统基建,新型基础设施在建设主体方面,有多元化主体,如企业、市场、政府等;新基建的科技含量更高,需要行业产业协同;新基建更注重新一代信息技术和数据的应用;新基建的渗透性更强,渗透到了社会的衣食住行、科教文卫等各个领域;相对传统基建而言,新基建呈现出了规模乘数效应,长期着眼于支撑经济社会数字化转型。

一方面，新基建布局了全新的信息化、智能化、绿色化的城市基础设施，如新一代智能信息网络，包括 F5G（千兆位光纤宽带）、5G、物联网、云计算、边缘计算、新型互联网交换中心等；另一方面新基建利用新一代信息技术、绿色技术与交通运输、能源水利、市政、环保、公共卫生等传统城市基础设施的融合，对传统城市基础设施进行数字化、网络化、智能化、绿色化升级，形成和建设了新的基础设施。

新型基础设施是以新发展理念为引领，以技术创新为驱动，以信息网络为基础，面向高质量发展需要，提供数字转型、智能升级、融合创新等服务的基础设施体系。充分运用新基建的成果，面向城市高质量转型发展需要，构建提升城市品质和人居环境质量、提升城市管理水平和社会治理能力的信息数字化城市基础设施体系，已成为大势所趋。

## 1.2 新型城市基础设施建设

《2021 年国务院政府工作报告》明确"十四五"时期要深入推进以人为核心的新型城镇化战略，实施城市更新行动。住房和城乡建设是贯彻落实新发展理念的重要载体，又是构建新发展格局的重要支点。

为落实中央关于加强新型城镇化建设和新基建的决策部署，住房和城乡建设部会同中央网信办、科技部、工业和信息化部等六部委于 2020 年印发了《关于加快推进新型城市基础设施建设的指导意见》，首次提出了新型城市基础设施建设（新城建）概念，即对城市基础设施进行数字化、网络化、智能化建设和更新改造，以新城建对接新基建，引领城市转型发展，整体提升城市的建设水平和运行效率。在住房和城乡建设部 2021 年的工作计划中，又重点提出要立足城市发展新形势，加快推进新城建。推进新城建是贯彻落实习近平总书记重要指示精神和党中央决策部署的重要举措，是实施扩大内需战略的重要抓手，是满足人民美好生活需要的重要着力点，是促进城市发展方式转变和提升城市治理效能的有效途径。

城市为 5G、物联网、大数据、工业互联网等新一代信息技术提供了广阔的应用场景和创新空间。通过对城市基础设施进行数字化、网络化、智能化建设和更新改造，既可以使新技术、新产业、新业态、新模式与城市规划建设管理深度融合，提升城市的承载力和管理服务水平，促进转变城市开发建设方式，推动城市高质量发展，又可以充分释放我国城市发展的巨大潜力，培育新的经济增长点，发挥城市建设撬动内需的重要支点作用，推动构建新发展格局。

新城建主要包括七个方面的内容：一是全面推进城市信息模型（City Information Modeling，CIM）基础信息平台建设；二是推动智能化市政基础设施建设和更新改造；三是协同发展智慧城市和智能网联汽车；四是建设智能化城市安全监管平台；五是加快推进智慧社区建设；六是推动智能建造和建筑工业化协同发展；七是推进城市综合管理服务平台建设。全国各地正在充分利用数字化、网络化、智能化变革的机遇，加快推动项目落地实施，形成一批可复制可推广的运作模式，共同为我国全面建设社会主义现代化国家做出新的贡献。

新基建为推进基于信息化、数字化、智能化的新型城市基础设施建设提供了强有力的技术支撑，为城市发展注入新活力、新动能；新城建为大数据、人工智能、工业互联网、5G 等前沿技术提供了最广阔的应用场景和创新空间，为城市提质增效转型升级带来新机遇、新发展。新基建与新城建之间融合发展、相互促进，共同推动了城市的智慧化建设。

## 1.3 新基建和新城建推动智慧城市新发展

当前,我国城市正处于新旧治理模式交替、城镇人口快速增加、信息技术蓬勃发展的阶段,智慧城市的建设发展因时制宜、因势利导成为多地政府的一致选择。新基建下的新城建,科技创新推动着智慧城市的快速发展。

新基建由数字化向数智化转型已成必然趋势。近年来,5G、人工智能、工业互联网、物联网等新基建已成为国家经济建设的重点任务。在中国宏观经济发展"六稳"的总基调下,新基建已经成为新一轮经济增长的强劲动力。5G、特高压、城际高速铁路和城际轨道交通、新能源汽车充电桩、大数据中心、人工智能、工业互联网等领域,将面临新的更好发展机遇。从某种意义上讲,新基建之路离不开数字化,是数字化在各行各业的延伸和拓展。尤其是伴随着"数字化+智能化"的浪潮,互联网与物联网将深度融合,更使数字化和智能化深度融合,各行各业的数智化进程普遍提前和加快,新基建由数字化向数智化转型已成为必然。

城市是推动新基建和绿色技术创新的核心载体。我国在 2012 年启动了智慧城市试点,将物联网、云计算、大数据等技术业态推向实践,可看成我国在新基建领域的一项尝试。这是由于:从智慧城市的概念和内容来看,我国布局实施的"智慧城市建设"是发轫于数字化、信息化等科技端的基础设施建设,是数字经济背景下对以"铁路、公路和基建"为代表的传统基建的扬弃。尤其是其中所涉及的物联网、云计算、大数据等领域与新基建涵盖的内容具有高度一致性。因此,智慧城市与新基建之间相辅相成、密不可分,可被视为新基建的一项先行探索和有益尝试。智慧城市建设的本质是城市发展方式的转变,且自带高质量发展的要求和属性。作为城市发展由要素驱动、投资驱动向创新驱动转变的重大举措,智慧城市可以通过技术创新、产品创新、市场创新、资源配置创新和组织创新引领移动互联、人工智能等一批绿色且技术密集型产业的兴起,实现城市从传统发展到绿色发展的形态跃迁,对于推动绿色技术创新具有赋能聚力的重要作用。

新时期,新基建有力支撑着智慧城市变革,成为智慧城市发展的动力和基石。在通信设施建设方面,新基建为智慧城市建设夯实了通信基础,开启了万物智联时代。通信网络基础设施的建设与发展,将使得网络连接主体更加广泛、传输更加快速、需求更加灵活。5G 具有超大规模的连接能力,能够将人、物、组织等每一个城市部件都连接起来,形成庞大、智能的感知网络,满足各类终端的广泛连接需求,逐步实现"万物互联"向"万物智联"升级迭代,更好地满足网络连接的差异化需求,提升智慧城市的应变能力。

在城市数据利用方面,新基建释放了城市数据价值,能够加速人工智能的发展。5G 时代,大数据、人工智能、物联网、云技术等形成的聚合效应,推动"万物互联"迈向"万物智联"。智能可穿戴设备、智能家电、智能网联汽车、智能机器人等数以万亿计的新设备将接入网络,形成海量数据,应用呈现爆发式的增长。数据中心的建立与普及也将增强数据收集、存储与分析能力。这些经过处理的数据,为人工智能提供了丰富的数据积累和训练资源,可加速人工智能的发展。随着终端进行更多的数据处理与应用,人工智能将广泛落地在边缘侧,边缘智能也将崛起。

在城市综治方面，新基建将提升城市服务水平，增强社会治理能力。推进城市治理体系和治理能力现代化，是实现国家治理体系和治理能力现代化的重要方式与突出体现。新基建可以助力智慧城市实现全周期、全天候、无死角的城市动态感知和管理，辅助城市管理者、服务者进行决策与实施；以人为核心、以智慧城市为落脚点，推动城市建设、治理、服务走向标准化、精细化、智慧化，以新基建助推城市治理体系和治理能力现代化。

# 第 2 章
# 智慧城市时空大数据平台

党的十九大报告中提出,推动互联网、大数据、人工智能和实体经济的深度融合,建设数字中国、智慧社会。智慧城市时空大数据平台/智慧城市时空信息云平台是数字中国时空信息数据库的重要组成部分,是智慧城市的基础支撑。

自 2008 年智慧地球概念被提出后,世界各国都给予了广泛关注,并聚焦经济发展最活跃、信息化程度最高、人口居住最集中、社会管理难度最大的城市区域,先后启动了智慧城市相关计划。我国也高度重视智慧城市建设,2014 年,经国务院同意,国家发展和改革委员会等八部门联合出台的《关于促进智慧城市健康发展的指导意见》(发改高技〔2014〕1770号)提出"智慧城市是运用物联网、云计算、大数据、地理信息集成等新一代信息技术,促进城市规划、建设、管理和服务智慧化的新理念和新模式。建设智慧城市,对加快工业化、信息化、城镇化、农业现代化融合,提升城市可持续发展能力具有重要意义。"2016 年,中共中央国务院印发的《关于进一步加强城市规划建设管理工作的若干意见》要求,推进城市智慧管理,建成一批特色鲜明的智慧城市。原国家测绘地理信息局、自然资源部先后于 2015年、2017 年和 2019 年相继发布了三版智慧城市时空信息云平台的技术大纲,分别为《智慧城市时空信息云平台建设技术大纲(2015 版)》《智慧城市时空大数据与云平台建设技术大纲(2017 版)》《智慧城市时空大数据平台建设技术大纲(2019 版)》。

## 2.1 智慧城市时空大数据平台的建设目标

根据《智慧城市时空大数据平台建设技术大纲(2019 版)》的定义,智慧城市时空大数据平台/智慧城市时空信息云平台是在数字城市地理空间框架的基础上,依托城市云支撑环境,实现向智慧城市时空大数据平台/智慧城市时空信息云平台的提升,开发智慧专题应用系统,为智慧城市时空大数据平台/智慧城市时空信息云平台的全面应用积累经验。凝练智慧城市时空大数据平台/智慧城市时空信息云平台的建设管理模式、技术体系、运行机制、应用服务模式、标准规范及政策法规,为推动全国数字城市地理空间框架建设向智慧城市时空大数据平台/智慧城市时空信息云平台的升级转型奠定了基础。

## 2.2 智慧城市时空大数据平台的构成

时空大数据平台是基础时空数据、公共管理与公共服务涉及专题数据的"最大公约数"

（简称公共专题数据）、物联网实时感知数据、互联网在线抓取数据、根据本地特色扩展数据，及其获取、感知、存储、处理、共享、集成、挖掘分析、泛在服务的技术系统。时空大数据平台连同云计算环境、政策、标准、机制等支撑环境，以及时空基准共同组成了时空基础设施。时空大数据平台的构成如图2-1所示。

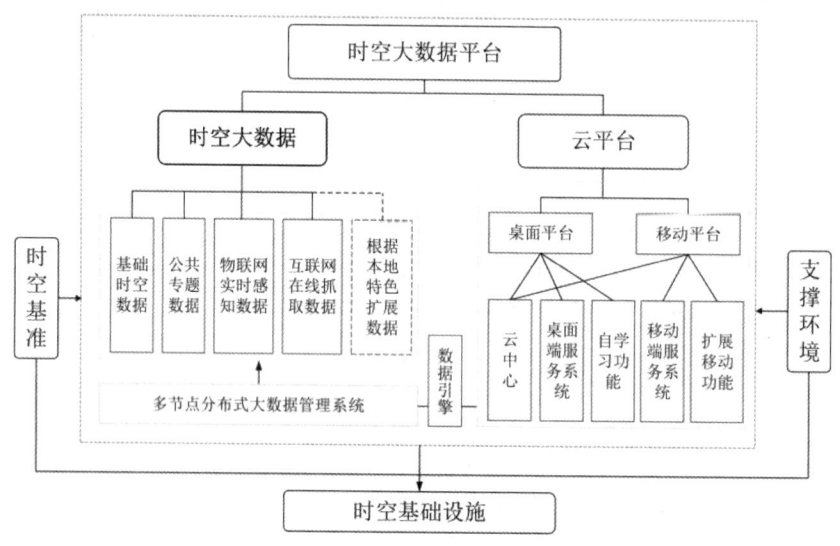

图2-1 时空大数据平台的构成

智慧城市建设的典型结构包括感知层、网络层、计算存储设施层、公共数据库层、公共信息平台层、智慧应用层、用户层，以及制度安全保障体系和政策标准保障体系。

智慧城市时空大数据平台/智慧城市时空信息云平台的内容在智慧城市总体架构中的位置分别是：时空大数据蕴含在公共数据库层，其中的基础时空数据是政务、民务、运营和感知等其他城市大数据时空化的基础；云平台是公共信息平台层的重要组成部分，是其他专题应用平台的基础性支撑平台；平台运行服务依赖的云计算环境是计算存储设施层的核心；相关的政策机制、标准规范等软环境包含在制度安全保障体系和政策标准保障体系中。

## 2.3 时空大数据

时空大数据包括基础时空数据、公共专题数据、物联网实时感知数据、互联网在线抓取数据，及其驱动的数据引擎和多节点分布式大数据管理系统。依托基础时空数据，采用全空间信息模型形成全空间的时空化公共专题数据、物联网实时感知数据、互联网在线抓取数据，通过管理系统及数据引擎实现一体化管理。在完成上述四类数据基础上，根据实际情况，各地扩展示范应用建设所需要的其他专题数据，其范围和数量根据本地的信息化基础、应用需求和智慧城市顶层设计，逐步丰富。时空大数据建设可概括为四个步骤：资源汇聚、空间处理、数据引擎开发和分布式管理系统开发。

**1. 资源汇聚**

对于基础时空数据，定期从自然资源相关部门将分级分类后可共享的数据内容离线复制；对于人口、法人、宏观经济等公共专题数据，通常源于部门之间的信息共享；对于智能感知的基础时空数据，依照国家相关保密规定，在线或离线共享，行业专题可共享的实时数据，通过有线或无线网络接入；对于互联网在线抓取的数据，面向任务需求实时动态抓取，确有必要时，经时空序列化后动态追加至时空大数据。

### 2. 空间处理

对结构化、非结构化的时空大数据，时空序列化前的处理工作包括：统一格式、一致性处理和空间化。

### 3. 数据引擎开发

建立全空间信息模型，实现地上地下、室内室外、虚实、开放、鲜活的时空大数据一体化管理，克服非关系数据库存储时空大数据时存在的存储与访问的效率低下，难以满足高并发、大数据量下的实时性要求问题，充分发挥非关系数据库的性能优势；支撑云平台，帮助用户在线调用现成的时空大数据中的数据。

### 4. 分布式管理系统开发

包括动态数据获取、数据管理、分析量测、模拟推演、大数据挖掘、大数据管理等功能。

## 2.4 云平台

针对应用场景不同，云平台可分为桌面平台和移动平台，以供用户便捷地使用。两类平台均以云中心为基础，分别根据运行网络和硬件环境，开发构建相应的桌面端和移动端服务系统及功能。

### 1. 云中心

包括服务资源池、服务引擎、地名地址引擎、业务流引擎、知识引擎和云端管理系统等六部分。云中心以计算存储、数据、功能、接口和知识服务为核心，形成服务资源池，建立服务引擎、地名地址引擎、业务流引擎和知识引擎，连同时空大数据的数据引擎，通过云端管理系统进行运维管理，为桌面平台和移动平台提供大数据支撑和各类服务。

### 2. 桌面平台

桌面平台是依托云中心提供的各类服务和引擎，是面向笔记本电脑、台式机等桌面终端设备，运行在内部网、政务网或互联网上的服务平台。除包括原有地理信息公共平台的桌面服务系统的基础功能外，桌面平台新增了任务解析模块、物联网实时感知模块、互联网在线抓取模块和可共享接口聚合模块等，以体现系统开放性和自学习能力。

桌面平台能够在线智能解析用户需求，提炼所需的数据、功能和业务流程等技术指标，根据需求自动调取现有储备的相关数据服务、功能或接口服务，缺失的数据通过实时感知和在线抓取模块实时感知抓取，缺失的功能或接口通过接口聚合模块从网络上可共享的功能及接口进行聚合，自适应达到用户预期目标。当感知、抓取或聚合的数据、功能或接口需求频率较高时，可将其动态追加至服务资源池中。

3. 移动平台

移动平台是依托云中心提供的服务，以移动应用程序或软件形式部署在移动端设备、运行在移动网或无线网上的服务平台。

## 2.5 运行服务及支撑环境

时空大数据平台的成果内容应部署在云计算环境中，并对外提供服务。

### 1. 全市统一云计算环境建设的集约模式

政府牵头采用多元化投融资模式，整合现有云计算资源，建立全市统一的云计算中心，面向全市各部门提供统一的云服务（数据服务、接口服务、功能服务、计算存储服务、知识服务）。全市所有新建应用系统及非涉密时空大数据平台，都应部署在统一的云计算环境中。

### 2. 全市虚拟云计算环境建设的过渡模式

以现有的数字城市地理信息公共平台支撑环境为基础，进行升级改造，将新建的基础平台和数据库都部署在云计算环境中，各部门负责本部门的业务系统建设，通过政务网分布式调用时空大数据平台的服务。

## 2.6 建设内容

为保障智慧城市时空大数据平台/智慧城市时空信息云平台的有序开展和长效运行，其建设内容涵盖五部分。

### 1. 统一时空基准

时空基准是指时间和地理空间维度上的基本参考依据和度量的起算数据。时空基准是经济建设、国防建设和社会发展的重要基础设施，是时空大数据在时间和空间维度上的基本依据。

### 2. 丰富时空大数据

时空大数据主要包括时空序列化的基础时空数据、公共专题数据、物联网实时感知数据、互联网在线抓取数据、根据本地特色扩展数据，以及构成智慧城市建设所需的地上地下、室内室外、虚实一体化的、开放的、鲜活的时空大数据资源。

### 3. 构建云平台

面向两种不同应用场景，构建桌面平台和移动平台。通过时空大数据池化、服务化，形成服务资源池，内容包括数据服务、接口服务、功能服务、计算存储服务、知识服务；扩充地理实体、感知定位、接入解译及模拟推演 API 接口，形成应用接口；新增地名地址引擎、业务流引擎、知识引擎、服务引擎。在此基础上，开发任务解析模块、物联网实时感知模块、互联网在线抓取模块、可共享接口聚合模块，创建开放的、具有自学习能力的智能化技术系统。

**4．搭建云支撑环境**

有条件的城市，将时空大数据平台迁移至全市统一、公用的云支撑环境中；不具备条件的城市，改造原有部门支撑环境，部署时空大数据平台，形成云服务能力。

**5．开展智慧应用**

基于时空大数据平台，根据各城市的特点和需求，本着急用先建的原则，开展智慧应用示范。实施过程中，在城市人民政府统筹领导下，以应用部门为主，在原有部门信息化成果基础上，突出实时数据接入、时空大数据分析和智能化处置等功能，采用多元化的投融资模式，开展深入应用。

智慧城市时空大数据平台/智慧城市时空信息云平台作为智慧城市的重要组成，既是智慧城市不可或缺的、基础性的信息资源，又是其他信息交换共享与协同应用的载体，为其他信息在三维空间和时间交织构成的四维环境中提供时空基础，实现基于统一时空基础下的规划、布局、分析和决策。

作为智慧城市建设的重要组成，智慧城市时空大数据平台/智慧城市时空信息云平台已经在智慧城市建设和城市运行管理中得到了广泛深入应用，发挥了基础支撑作用，极大提高了城市管理能力和水平。随着社会治理的精细化发展，社会各界各部门对时空大数据的要求越来越高、需求越来越迫切，测绘技术与互联网、大数据、云计算等高新技术不断融合发展，无尺度地理要素数据（NSF）、空地一体测绘、网络信息抓取等测绘新技术不断涌现，信息化测绘体系和新型基础测绘体系逐步形成。

# 第 3 章
# 智慧城市时空信息云平台在新城建和新基建中的应用和发展趋势

新基建把基础设施从物理空间延伸到其与网络空间一体化的新万物互联时代，也就是数字孪生时代。智慧城市时空信息云平台能够为新基建提供完整性好、现势性强、精准度高的时空大数据，从而实现国家要求的数字产业化和产业数字化。

在构建物理空间与网络空间一体化的万物互联时代，新基建同时作用于物理世界与数字世界，形成数字孪生世界。在此形势下，智慧城市时空信息云平台既为数字孪生提供了框架和地理底座，又是记录人车物和水电气等万物活动时空大数据的手段。因此，应当将以空天地对地观测与导航等地理信息技术为代表的地球空间信息技术纳入新基建的信息基础设施中。

在新基建时代，对高精度时空大数据进行整理、挖掘、分析，以满足社会需求，是融合基础设施的重要组成部分。应运用时空大数据对物理空间的静态和动态目标进行数字化，并传输到网络空间，实现数字孪生，以支持融合基础设施发展，实现产业数字化和数字产业化，支持实体经济和数字经济双发展。

随着我国各省市智慧城市底层框架的逐步成熟，IDC（智慧城市智能运行中心）的建设也初现端倪。近年来，来自各行各业的指挥调度系统、监控大屏中汇集了来自城市运营体系中的各类数据资源，从而为城市管理者提供了更全面、更深层次的决策支撑。新基建将影响和改善整个城市功能体系的各个层面，包括（但不限于）城投、水务、环保、燃气、供热、轨道、高速、港口、公交、机场航空、地产产业园区等在内的十余个行业都会受益于新基建，大大改善和提升服务水平和管理水平，从而在城市功能体系中发挥更大的作用。

## 3.1 智慧城市时空信息云平台在新城建和新基建中的应用

以新基建推动智慧城市建设，进一步推进国家治理能力现代化已成为时代共识，也是国家落实新型城镇化的重要抓手。

**1. 新基建迭代升级智慧城市**

以 5G、物联网、人工智能为代表的新基建不仅从技术上迭代升级了智慧城市的内容，也对智慧城市的理念进行了重构和升维。

（1）以信息网络为载体，构建万物智联。5G 作为新一代无线通信技术，以其超大连接、高速率、低时延的特点成为新型智慧城市的关键基础设施，能够满足各类终端之间的广泛连接和高速传输，同时通过与云计算、大数据、人工智能以及物联网等新一代信息技术的深度融合，根据末端应用场景灵活配置信息网络资源，满足城市对信息网络连接的差异化需求，实现从"万物互联"到"万物智联"的升级迭代，提升城市的感知、传输和应变能力。

（2）以融合应用为导向，转变运营模式。以机器学习为代表的人工智能技术，通过挖掘海量数据价值，正在实现从模拟人到超越人的跨越，构建复杂形势下快速反应、推演预判和决策行动的能力。将人工智能等技术应用到城市生产、生活等各类应用场景中，实现数字技术与实体经济的深度融合，提供智能化、协作化的多元服务，能够转变过去以政府为绝对主导的智慧城市建设运营方式，开创政府、企业和社会组织共赢合作的新局面，广泛动员全社会力量参与和共治。

（3）以技术创新为驱动，赋能数字经济。数字经济是加速重构经济发展与治理模式的新型经济形态，在国民经济中的地位进一步凸显。数字经济的下半场，必将以技术创新为驱动，推进数字产业化、产业数字化、数字化治理和数字价值化，通过重塑生产力，变革生产关系，重构生产要素体系来持续赋能数字经济。

## 2. 新基建和智慧城市建设相融一体、共存共生

在新基建浪潮下，随着大数据和人工智能技术等数字化科技手段的持续发展，用大数据和人工智能技术打造的智慧城市，将引领我们的城市建设迈入全新的发展阶段。

从基本属性而言，智慧城市是基于城市搭建的一个开放平台，政府、企业、市民等各主体可基于这一平台共建共享。从价值定位而言，智慧城市操作系统既是技术平台，又是应用平台。以 5G、大数据中心、人工智能等为代表的新技术和基础设施为智慧城市建设提供了数字化技术支撑，而智慧城市乃至智慧交通、智慧能源、智慧信用、智慧政务等垂直应用领域则为新基建的落地开花提供了最基本的应用场景。

首先，智慧城市的建设离不开 5G、大数据、人工智能等新基建的支持和保障。以大数据为例，大数据是智慧城市建设的基础和底座。不断积累的数据已成为社会基础性战略资源，蕴藏着巨大的潜力和能量。未来的城市一定是建立在数据维度上的整体性城市，也就是在物理城市空间基础上，构建一个全新的数字城市空间。

其次，智慧城市为新基建的落地开花提供最基本的应用场景。智慧城市从解决城市痛点的角度出发，不仅注重点、线、面结合的顶层设计，以规划、运维、预测的闭环思路，帮助城市实现科学可持续的发展；还致力于将大数据和人工智能技术应用到环境、交通、规划、能源、商业、安全、医疗、信用和电子政务等众多垂直产业中，助力产业实现数字化和智能化转型，可谓新基建落地开花的基本容器。

在策略层面，应用新基建服务智慧城市发展既要注重顶层框架的设计和搭建，又要保持开放合作、共建共享的建设思路。

在顶层设计方面，智慧城市建设不仅需要硬核的数字科技武装，更需要明晰的顶层框架指引。城市是一个复杂的系统，智慧城市的建设自然也需要搭配一套智能化的"操作系统"，提供点、线、面结合的顶层设计框架，推动城市以规划、运维、预测的闭环思路实现可持续发展。城市操作系统是构建智慧城市的数字基石和容器，是搭建智慧城市解决方案的组件库，是驱动智慧城市应用的核心引擎，以及连接城市底层硬件基础设施和上层智能应用的桥梁。

在建设思路方面，开放合作和共建共享是搭建城市操作系统的必然要求。应用新基建助力智慧城市建设是一个复杂的系统性工程，不仅与城镇化、数字化、市场化等趋势现象相关，

还涉及地域文化、历史沿革、消费习惯、投资心理等宏观和微观领域的方方面面,单一地依靠政府部门、学院派或者企业主导都容易导致"一叶障目"的偏差。城市的复杂性决定了搭建城市操作系统需要"多维度"的知识体系,人工智能和大数据等技术知识必不可少,行业知识是解决行业问题的关键前提,宏观经济知识亦能为城市操作系统的搭建提供方向性的指引。其中,掌握信息技术的数字科技企业的作用尤其不能忽视。

### 3. 融合时空大数据,高效服务城市管理是建设智慧城市的主要目标

基于大数据和人工智能技术的共享协同是新时期智慧城市发展的主旋律,横向云端化、纵向前端化,以及共享协同代表了当前智慧城市的主要发展方向。随着云计算环境日趋成熟,政府 IT 采购开始向云服务倾斜,同时出台了一系列文件,从制度管理、采购管控、评估认证、规范合同、建立标准等多个环节支持政务服务向"云端"迈进。基于云计算技术,可以帮助政府高效管理海量的时空大数据,改变现有的生产力和生产关系,提升社会服务能力和经济运行效率,以及应对危机的水平,夯实智慧城市的数字底座。

### 4. 智慧城市以新基建为重点任务

新基建以数字化为核心,为智慧城市的实现提供了新技术、新场景、新动力,有助于完善城市基础设施,丰富技术应用场景,带动数字经济产业发展,实现数字协同的城市治理,从硬件和软件上为智慧城市提供支撑。

(1)全面建设信息基础设施。以 5G、数据中心、城市信息模型基础信息平台等为代表的信息基础设施是数字经济发展和智慧城市建设的战略基石。5G 通过解决超大连接问题,将大大加速人、机、物深度融合的数字孪生城市建设。数据中心作为数据中枢和算力载体,能够以大规模计算能力支撑政务协同办公、线上高清直播、远程医疗等新型智慧应用场景。城市信息模型基础信息平台是以建筑信息模型(BIM)、地理信息系统(GIS)、物联网(IoT)等技术为基础,整合城市地上地下、室内室外、现状未来多维信息模型数据和城市感知数据,构建三维数字空间的城市信息有机综合体。

(2)强化升级融合基础设施。将传统基建升级为新基建是运用新技术改善人们生活、实现现代化城市治理和城市服务的一种重要方式。这种升级改造,一方面体现在车联网设施、智能化道路等智能交通设施,以及分布式发电站、智能电网等智慧能源设施上,将新技术与城市的传统基础设施进行融合,为智慧应用场景的落地推广提供更加完备的基础。另一方面也体现在构建覆盖城市主要公共场所、城市生命线等基础设施的物联感知体系,建立统一的物联网平台,实时精准地掌控各类设施的运行状态,实现设备统一管理、数据统一采集、信息统一发布。

(3)超前布局创新基础设施。创新基础设施可在我国科技创新进入"深水区"的关键阶段为产业和社会的发展提供"加速度"。新能源、新材料、智能装备等先进技术领域的企业孵化器、高校研究所、技术创新实验室、政产学研协同创新平台等产业基础设施将作为创新载体,促进高新技术领域的科研成果转化,推动原有产业活化升级、创新产业链集聚,构建人才、技术、资本集聚的创新基础新生态,为智慧城市发展提供源源不断的内在动力。

### 5. 智慧城市是新基建的最大应用场景

2020 年 4 月 20 日,国家发展和改革委员会首次明确新基建的范围:一是以通信网络基础设施、新技术基础设施和算力基础设施为代表的信息基础设施;二是以智慧交通、智慧能

源为代表的融合基础设施;三是以重大科技基础设施、科教基础设施和产业技术创新基础设施为代表的创新基础设施。这三类基建的主要应用场景就是智慧城市。

智慧城市是新基建的最大应用场景。首先,新基建的主要建设责任以城市为主体,各个省市制定新基建的三年行动计划,其中规划的重点任务都是以城市为责任主体进行建设的。其次,各省市规划的新基建应用场景都与智慧城市密切相关,如"智慧+产业""智慧+民生""智慧+服务""智慧+交通"等,在多个领域形成特色鲜明、亮点突出、可复制可推广的典型应用场景。

一方面,新基建为智慧城市自主创新提供条件,同时智慧城市为创新基础设施的落地应用提供载体和场景,如通过人工智能示范产业园区建设,通过开放智能办公、智能商业、智能生活、智能休闲、智能生产等各类智能化应用场景,加速人工智能技术的商业化应用。另一方面,智慧城市中大数据、人工智能平台建设,可以为创新技术提供更好的算力资源,加速产业技术创新。智慧城市中大数据、云计算、人工智能等平台的建设,为城市提供了无限的资源共享、智能计算空间。以数据中心为例,首先,数据中心为城市海量的数据资源存储、计算带来支撑,成为激发数据要素创新的赋能器。与新基建、新城建中的应用场景结合,大数据在城市治理精准化、公众服务个性化等方面发挥着越来越重要的作用,驱动城市社会经济发展的能力越来越强。

智慧城市建设的细分领域体系化地诠释了组成智慧城市的主体,在新的历史时期下,完成整个城市体系的建设,必须依靠新基建结合城市功能的重新定义,保障城市服务能力的再优化、再提升,为政府、企业、民众提供更有效的基础服务保障。

## 3.2 智慧城市时空信息云平台在新城建和新基建中的发展趋势

新型智慧城市要以新基建这一难得的国家重大战略为起点,借助 5G、物联网、工业互联网、卫星互联网等通信网络基础设施,人工智能、云计算、区块链等新技术基础设施,数据中心、智能计算中心等算力基础设施的建设,在体制、机制上尽快解决制约自身发展的条条框框,争取使智慧城市或新型智慧城市建设更稳、更快发展。在新基建的带动下,智慧城市建设将呈现新的发展趋势,突出表现为三个方面。

### 1. 在新基建下,智慧城市建设将呈现加速推进趋势

随着新基建的开展,城市数字化基础设施能力将得到全面提升。对于已经开展智慧城市建设的城市而言,新基建将在原有的智慧城市基础上,叠加新技术的广泛应用,从而进一步夯实城市数字化基础,给已经开始智慧城市建设的城市带来新的机遇;对于尚未开展智慧城市建设的城市而言,新基建的全方位开展将推进城市基础设施全面或者部分数字化,从而倒逼城市进行智慧化应用。总体而言,新基建的全面开展,给智慧城市提供了良好的发展机遇,未来中国智慧城市建设将呈现智慧城市、智慧县域、智慧产业园区百花齐放的局面。

### 2. 新基建下的智慧城市,将集中凸显"兴业"价值

传统智慧城市的建设目标一般围绕政府的城市管理、公众服务、产业发展这三大需求展开。未来在新基建的推动下,智慧城市在产业发展中的价值会越来越凸显。一是新基建的推进,将夯实城市数字化基础,在智慧城市的建设下,进一步提高城市服务能力、精细化管理

水平，优化城市营商环境，提升城市吸引力；二是随着新基建的开展，可以借助城市大脑对城市经济中的关键指标（如产值、利润、税收、用工、用电等）进行大数据分析，实现产业动态跟踪，精准施策；三是将新基建新技术应用与智慧城市建设场景紧密结合，加快新技术的落地步伐；四是针对智慧城市建设中ICT领域上游的关键产品和关键零部件，如基础软件、芯片等，借助新基建项目，部署此类核心关键产品的项目研发、建设，达到产业链强链补链目标。

### 3. 未来智慧城市运营将受到更多关注，而运营将围绕具体场景开展

随着新基建的全面开展，未来城市的各类基础设施、各类场景将不同程度地实现智能化，城市的设施运行也将实现全面智能化运营，良好的运营所带来的社会价值、经济价值，将成为智慧城市持续发展的有力支撑。在新形势下，智慧城市运营需要跟随新基建的推进脚步，由关注数据平台本身，转向数据叠加专业的运营场景，探索差异化运营模式，实现多方共赢。

# 第 4 章
# 智慧广州时空信息云平台

党的十九大报告中提出，推动互联网、大数据、人工智能和实体经济深度融合，建设数字中国、智慧社会。城市是社会发展最活跃的地区，智慧城市建设是智慧社会的重要组成部分。时空信息智能化平台是智慧城市建设与运行的基础，它既是履行自然资源管理"两统一"职责的技术支撑，又是为城市管理提供一张底板、一个平台、一套数据的重要基础。时空信息能直观展现城市空间布局，并能细致刻画具有一定时间积累的城市演变过程，全面发挥时空信息智能化平台的基础性作用，是促进城市高质量发展的关键。时空信息智能化平台是智慧城市建设与运行不可或缺的基础性支撑。传统的时空信息云平台通常独立处理城市人、机、物三元世界的多模态数据，且跨模态数据存在融合壁垒，缺乏多知识、跨领域的挖掘分析，无法诠释城市时空脉动过程从显性特征到隐形规律的本质关系，严重制约了城市管理决策和服务能力。为突破上述问题，引入智能化技术来实现大场景、多模态时空信息的感知融合处理，以服务于城市智能管理，是学科发展的必然。但是，时空信息智能化平台涉及城市各个要素，让机器打破多元信息壁垒，理解城市时空演变过程、挖掘其背后隐含的本质，在人工智能与地理信息科学领域均属前沿难题。

广州市以创新为引领、以制度为保障、以服务为目标，按照国内外技术发展趋势和国家技术大纲要求，以"自感知、自适应、自优化"为技术特征，强调"五大空间"和"集中统一共享，分层分级管理"的建设理念，积极推进智慧广州时空信息云平台的建设和应用。

## 4.1 一套标准规范

智慧广州时空信息云平台在参考《智慧城市时空信息云平台建设技术大纲（2015 版）》《智慧城市时空大数据与云平台建设技术大纲（2017 版）》《智慧城市时空大数据平台建设技术大纲（2019 版）》的基础上，结合广州市的实际情况，建立了《智慧广州时空信息云平台接口规范》《智慧广州时空信息云平台数据规范》《智慧广州时空信息云平台使用管理规定》等 16 项标准规范，涵盖了数据标准类、系统建设类、运行维护类，为自身的建设、管理、运维等提供了支撑。

此外，依托上述标准规范，智慧广州时空信息云平台项目的相关人员主编、参编了国际标准、国家标准、行业标准、团体标准、地方标准共 14 项，包括《智慧城市基础设施：智慧城市规划数据融合框架》《智慧城市基础设施：突发公共卫生事件居民社区基础设施数据获取和利用规范》《智慧城市　数据融合　第 5 部分：市政基础设施数据元素》《智慧城市基

础设施　绩效评价的原则和要求》《地理时空信息云平台运行维护规范》等。

## 4.2 一套支撑环境

### 1. 搭建云计算网络环境

智慧广州时空信息云平台采用云计算架构，基于"云+端"的服务模式进行搭建，即平台"云"中的所有的计算资源、存储资源、数据、功能、应用等都以资源的形式向"端"用户提供服务，实现了资源可池化、使用可监控、站点可调度、服务可度量、用户可租用等目标，较好地解决了系统分散维护的难题。

（1）资源可池化：通过虚拟化软件及相关的软/硬件工具，使得平台数据中心的计算资源、存储资源、网络资源等基础设施资源可池化，达到了基础设施即服务的目标。

（2）使用可监控：智慧广州时空信息云平台可对用户使用的计算资源、存储资源、数据资源等进行实时监控。

（3）站点可调度：智慧广州时空信息云平台为用户提供的计算能力都以云 GIS 站点为单位，一个站点对应一个或多个集群，而一个集群可以配置一个或多个 GIS 计算节点，当计算资源不足时，管理员可通过手动或自动的方式为用户增加 GIS 计算节点，反之可以手动或自动减少 GIS 计算节点，体现了按需服务、弹性调整的云计算思路。

（4）服务可度量：管理人员通过统计与分析功能，可对某个部门，甚至任意某个用户使用平台的资源情况进行分析、度量。

（5）用户可租用：用户可对智慧广州时空信息云平台中的基础设施资源和 GIS 服务资源提出申请，管理员通过运维系统对用户提出的申请进行审批，审批通过后的用户可在许可的时间范围内使用相应的服务资源。

### 2. 统一全广州市空间基准

依托"广州 2000 坐标系的城市空间基准建立项目""广州连续运行卫星定位服务（GZCORS）系统"的项目成果，搭建了广州市统一的时空基准。统一的时空基准是智慧城市时空大数据平台的核心。

## 4.3 四类时空大数据

在统一的时空基准下，建立了以下四类时空大数据。

### 1. 历史与现状的基础地理数据

包括地理实体数据、影像数据、高程模型数据、地名地址数据、三维模型数据和新兴测绘产品数据（倾斜摄影测量数据、实景数据、激光点云数据、室内地图数据等）。

### 2. 历史与现状的公共专题数据

包括法人数据、人口数据、宏观经济数据和民生兴趣点数据。

### 3．智能感知的实时数据

包括采用空、天、地一体化对地观测传感网实时获取的基础地理数据，以及依托专业传感器感知的可共享的行业专题实时数据。

### 4．空间规划数据

包括由城市发改、国土、规划、环保等不同行业部门制定的发展蓝图，如主体功能区规划、城乡总体规划、土地利用规划、生态环境规划等。

## 4.4 五大平台服务

### 1．基础设施即服务

用户无须自己购买服务器、数据库及相应的软件，通过智慧广州时空信息云平台在数分钟内即可创建 GIS 集群、GIS 桌面、GIS 数据库、GIS 服务器等。基础设施即服务如图 4-1 所示。

图 4-1　基础设施即服务

### 2．数据即服务

用户可按照来源部门、行业领域、数据类型、服务类型等不同方式，在线申请智慧广州时空信息云平台中可共享的数据服务。数据即服务如图 4-2 所示。

### 3．功能即服务

用户无须自己开发，通过在线申请即可使用云平台提供的查询、浏览、统计、分析等专业的 GIS 功能服务。

图 4-2　数据即服务

**4．接口即服务**

　　智慧广州时空信息云平台提供支持桌面端、移动端等数百个二次开发接口，可全面满足各委办局高级用户进行定制开发的需要。接口即服务如图 4-3 所示。

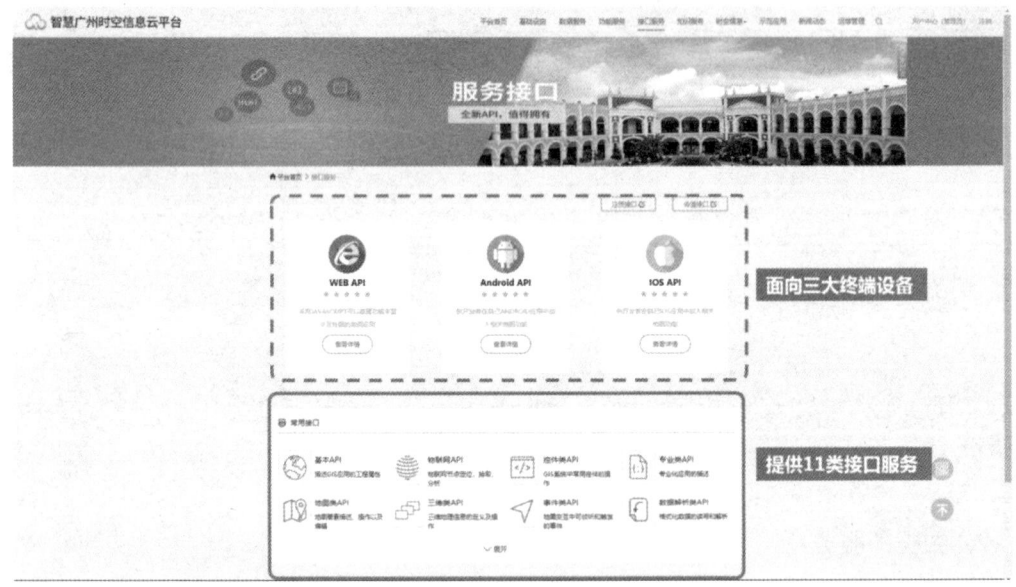

图 4-3　接口即服务

**5．知识即服务**

　　智慧广州时空信息云平台提供监督学习（逻辑回归、K 近邻、朴素贝叶斯、随机森林、支持向量机、决策树）、无监督学习（K-means、DBScan、协同过滤）、深度学习（深度 DNN、卷积 CNN、循环 RNN）等数十种算法，可全面满足用户数据挖掘的需要。知识即服务如图 4-4 所示。

第 4 章　智慧广州时空信息云平台

图 4-4　知识即服务

## 4.5 五大功能引擎

**1. 地名地址引擎**

智慧广州时空信息云平台以在线和离线的方式，支持各委办局非空间数据的自动化匹配与落图。

**2. 业务流引擎**

业务流引擎可帮助用户完成业务定制可视化。业务流引擎如图 4-5 所示。

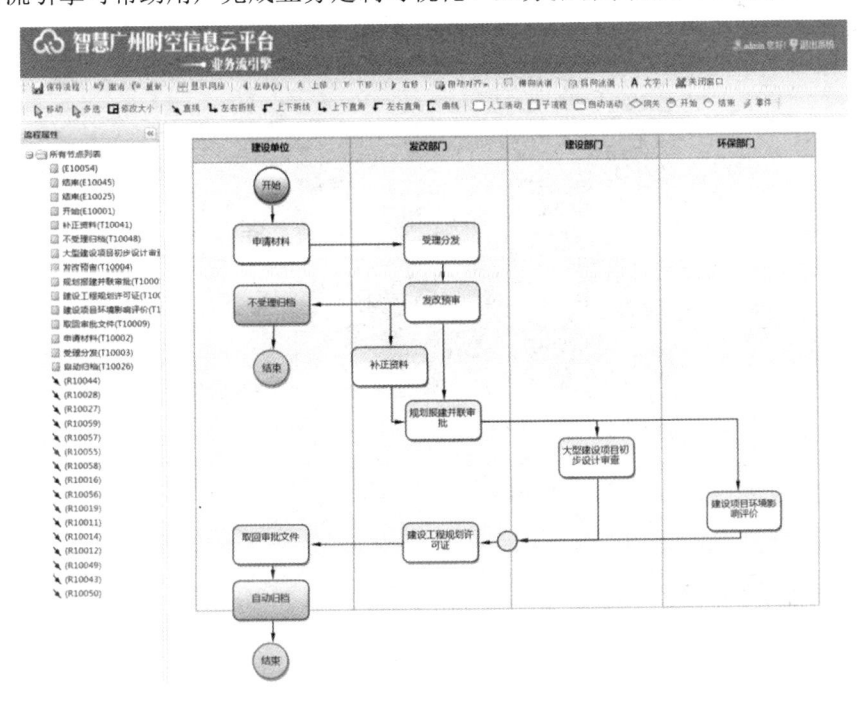

图 4-5　业务流引擎

### 3. 物联网引擎

支持对接物联网世界中的各种类型的传感器，并对接入的实时数据进行高效处理和分析，形成各种专题应用，包括物联网态势感知、固定资产监控、移动目标监控、人员智能管理、社会舆情关注、实时历史数据挖掘等。

### 4. 知识化引擎

以搭积木、拖曳的简单方式，智慧广州时空信息云平台实现了复杂、专业、抽象的时空大数据挖掘，可帮助用户发现隐藏在数据背后的知识。知识化引擎如图4-6所示。

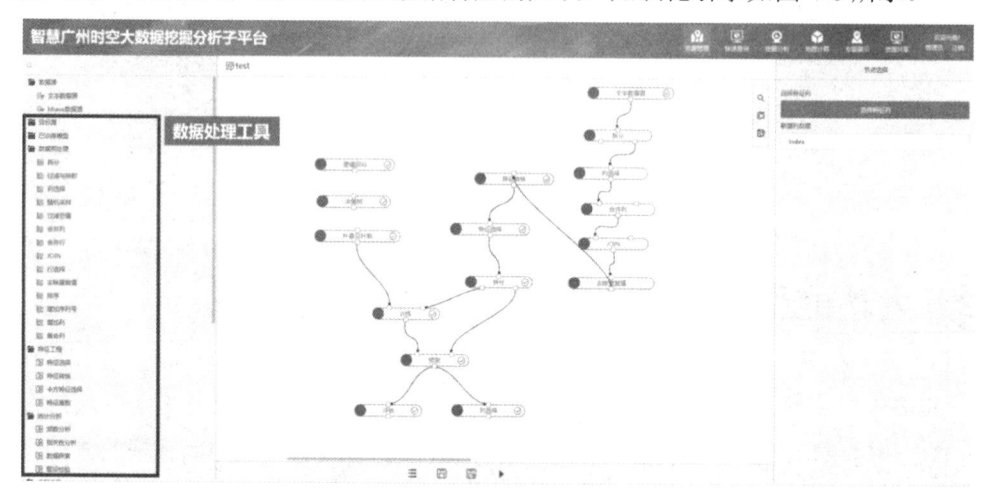

图4-6 知识化引擎

### 5. 服务引擎

实现了智慧广州时空信息云平台中各类服务的鉴权、服务的处理、服务的转发、日志记录等功能。服务引擎如图4-7所示。

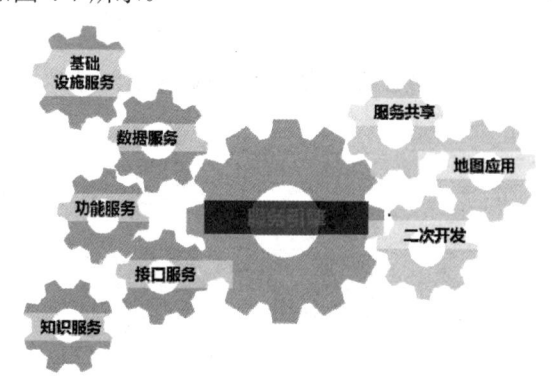

图4-7 服务引擎

## 4.6 八大应用系统

在上述数据、服务、引擎的支撑下，智慧广州时空信息云平台建立了完整的云服务体系，面向不同用户、针对不同的应用场景，提供了以下八大应用系统。

（1）全空间地理信息服务系统：支持时空大数据地上与地下、二维与三维、室内与室外、虚拟与现实的全空间、一体化展示与分析等。

（2）时空大数据汇聚系统：满足用户对 CAD 格式、GIS 格式、栅格、空间数据库、NoSQL 大数据等超过 335 种数据格式间转换、汇聚的需要。

（3）在线智能制图系统：用户通过简单的浏览器终端，即可进行在线的、智能化的地图制图，从而满足智慧城市各部门在线与智能化制图的需要。

（4）在线应用定制系统：实现用户"从无到有"地搭建一个完整、个性化的 GIS 应用系统，支持主题、样式、底图、功能等全方位的定制。

（5）时空大数据管理分析系统：实现时空大数据的动态获取、输入输出、编辑与处理、查询统计、分析量测、数据可视化、动态更新、历史数据管理、元数据管理、安全管理等功能。

（6）运维管理系统：实现智慧广州时空信息云平台中 GIS 服务资源（数据服务、功能服务、接口服务、知识服务）、基础设施资源、部门用户的统计、分析、运维、监控、管理等功能。

（7）地名地址匹配管理系统：可对地址文字与地理空间位置信息进行双向检索，支持成果在线审核与提交，提供地址在线更新接口。

（8）时空大数据可视化展示系统：支持土地现状、空间规划、自然资源、四标四实、公共服务设施、企业法人、产业园区、重点项目等时空大数据的实时分析、展示。

### 1．全空间地理信息服务系统

全空间地理信息服务系统提供了数据、功能、接口的社会化服务，面向政府部门、企事业单位等，提供基于全空间一体化相关数据的基础和增值信息服务。主要功能包括：用户管理、二三维地图查询浏览、二三维空间分析、街景实景等。

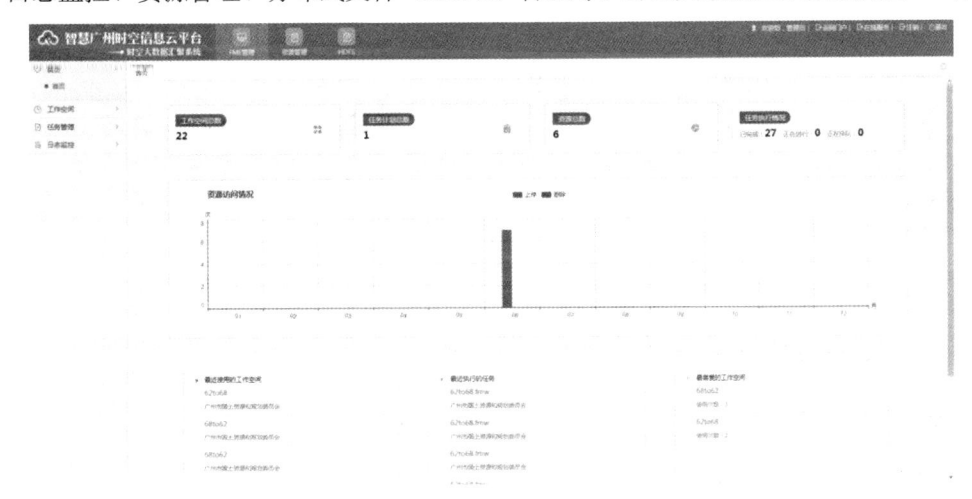

### 2．时空大数据汇聚系统

时空大数据汇聚系统可以对全广州市共享的数据进行汇聚，实现数据的提取、传输，满足政府不同职能部门的数据共享需求。主要功能包括系统首页、仓库管理、任务管理、计划任务、日志监控、资源管理、分布式文件（HDFS）管理等。时空大数据汇聚系统如图 4-8 所示。

图 4-8　时空大数据汇聚系统

### 3. 在线智能制图系统

在线智能制图系统可实现空间要素的展示、空间数据的符号化、在线分析地理数据、制图成果的保存与分享、在线打印专题图等。主要功能包括空间数据展示、空间数据加载、地图处理分析、在线专题图制作、地图保存与发布、地图打印等。

### 4. 在线应用定制系统

在线应用定制系统支持用户在无任何硬件、软件环境的情况下根据需求搭建自己的业务系统应用。主要功能包括系统登录、应用装配、主题配置、底图配置、微件配置、预览系统、申请服务等。

### 5. 时空大数据管理分析系统

时空大数据管理分析系统实现了地理信息数据的全过程管理，主要功能包括用户管理、动态数据获取、GIS常用功能、输入输出、数据编辑处理、查询统计、数据可视化、动态更新、历史数据管理、元数据管理、安全管理等。

### 6. 运维管理系统

运维管理系统实现了对用户、角色、部门信息、权限信息、应用系统、资源、日志等的管理，实现了对智慧广州时空信息云平台运行情况的监控、对监控和日志的分析，提供了用户、角色、组织机构、权限、任务、资源、日志、新闻、平台巡检、平台监控、统计分析等功能。运维管理系统如图4-9所示。

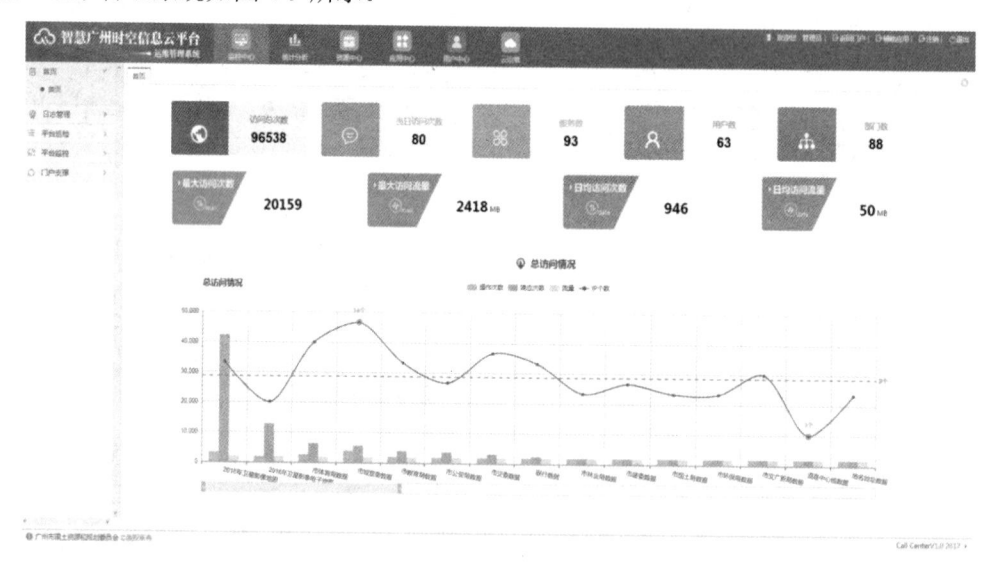

图4-9 运维管理系统

### 7. 地名地址匹配管理系统

地名地址匹配管理系统具有对地址文字与地理空间位置信息进行双向检索功能，能做到成果快速上图、在线编辑，并结合工作流进行成果在线审核与提交，提供地址在线更新接口，可为各部门快速、灵活构建适用于本部门和行业管理的专题地理图层提供服务

### 8. 时空大数据可视化展示系统

时空大数据可视化展示系统以统一的时空资源一张图为展示底图，分专题、以多样的可

视化方式展示各类时空大数据的统计分析结果。主要功能包括时空信息展示、分析图表展示、数据中心、专题场景、系统样式等。

## 4.7 五种使用模式

智慧广州时空信息云平台针对不同用户的功能和业务需求，提供以下五种使用模式。

（1）无空间应用系统的直接使用模式：直接使用智慧广州时空信息云平台提供的全空间地理信息服务系统。

（2）无空间应用系统的应用定制模式：使用智慧广州时空信息云平台的应用定制功能，自定义个性化应用系统。

（3）有空间应用系统的数据服务模式：使用智慧广州时空信息云平台提供的数据服务，丰富本部门系统的专题数据。

（4）有空间应用系统的定制开发模式：使用智慧广州时空信息云平台提供的接口服务，进行高级二次定制开发。

（5）有空间应用系统的知识挖掘模式：使用智慧广州时空信息云平台提供的知识服务，进行时空大数据的挖掘。

## 4.8 智慧广州时空信息云平台的主要成效

智慧广州时空信息云平台通过开展高层次的顶层设计，构建了广州市的统一空间基准，加快了数字广州空间建设，建立了原始、政务、公众版数据脱密处理机制，按照"市—区—镇街—村—网格"开展了广州市各层级的资源划分和动态管理，通过运用神经网络人工智能技术，建立了五大核心服务，支撑了广州市高水平建设智慧应用。云平台应用的成效如下：

### 1. 支持广州市空间"一基准"

按照国务院关于推广使用 2000 国家大地坐标系的有关要求，结合广州市实际积极开展科技攻关，研究建立了广州 2000 坐标系，并于 2016 年 11 月经国家测绘地理信息局批准成为广州市权威的、唯一的地方坐标系，同时也是智慧广州时空信息云平台的基础空间基准。这是广州市历史上首次在行政、技术、法理方面实现了广州市坐标系的统一，未来广州市的各类空间信息将在统一空间框架下实现无缝衔接和交换共享。

### 2. 打造广州市时空"一套图"

根据国家建设大纲，充分梳理集中广州市城建、国土、规划等部门历年来积累的海量空间数据，以及其他各委办局适合落地的专题数据，包括卫星遥感影像、航空摄影数据、地形地貌、城市三维、街景、地名地址、土地利用、城乡规划、地质地矿、环境保护、建筑设计等基础地理数据，以及其他 20 多个委办局专题数据，构建了覆盖地下-地表-地上和市内市外的，多来源、多尺度、多类型的立体化广州市时空大数据资源体系。

### 3. 构建广州市信息"一平台"

智慧广州时空信息云平台基于人工智能技术，按照"集中统一共享、分层分级管理"的思想进行设计和部署，在云平台上运行的数据、功能、服务、用户均按照行业和职能进行横向划分，按照"市—区—镇街—村或社区—网格"这一行政层级进行纵向组合，实现了云平台的可嵌套、可复用、可迭代，将大大促进信息实时共享、数据信息对称和动态更新，避免了信息孤岛和大量的重复投资建设。

### 4. 提供广州市服务"一窗口"

通过建立智慧广州时空信息云平台的信息门户和移动终端，广州市的各政府部门、社会机构和人民群众都可以快速、便捷、安全地获取和上传各种权威的、统一的信息，各类业务系统也将接入和共享通用的空间信息，实现任何人都能依据权限在任何时间、任何地点、任何环境下获取任何信息、做任何事情的智慧愿景。城市也将在智慧广州时空信息云平台的支撑下逐步达到自感知、自适应和自优化的智慧化运行，城市的发展将更深入地和人民幸福结合在一起。

智慧广州时空信息云平台构建了可嵌套、智慧化的组织管理和应用服务模式，被列入广州市重点可共用复用系统。作为广州市信息化项目立项基础条件，智慧广州时空信息云平台将进一步夯实时空大数据共享服务应用基础，加强对广州市各政府部门的支撑保障力度，为推动广州市构建自感知、自适应、自优化的城市智慧生命体，实现可持续发展的智慧社会探索一条可行之路。

## 4.9 智慧广州时空信息云平台的典型应用示范

面向新型城市基础设施建设（新城建）的需求，按照"建用并举、以用促建"的思路，依托智慧广州时空信息云平台，广州市已在城市信息模型基础信息平台、工程建设项目审批制度改革、不动产统一登记管理、城市运行体征监测、城市体检与评估、人工智能与数字经济试验区 CIM 应用、城中村精细化管理、智慧社区信息化管理、历史文化名城管理、招商引资信息管理、数字孪生城市管理、地下管线开挖及会签、地下市政基础设施管理、遥感大数据应用、城市更新改造管理、产业园区信息管理、疫情防控等方面开展了信息共享和服务保障试运行工作，应用范围覆盖住建、规划、不动产、林业园林、公共安全等多个领域，涉及 50 多个应用项目，支撑了国家相关部委下达给广州市的城市信息模型基础信息平台、城市体检、工程建设项目审批改革、城市总体规划编制、国土空间规划先行先试、多要素城市地质调查、运用 BIM 系统进行工程建设报建等 7 项应用示范试点工作。

本书后续章节将详细介绍智慧广州时空信息云平台在城市信息模型基础信息平台、工程建设项目审批制度改革、不动产统一登记管理、城市运行体征监测、城市体检与评估、人工智能与数字经济试验区 CIM 应用、城中村精细化管理、智慧社区信息化管理、历史文化名城管理、招商引资信息管理、数字孪生城市管理、地下管线开挖及会签、地下市政基础设施管理、遥感大数据应用、城市更新改造、产业园区信息管理、疫情防控等方面的应用项目或系统。

# 第 5 章
# 城市信息模型基础信息平台

城市信息模型是三维城市空间模型和城市动态信息的有机综合体,是对微观建筑信息模型、宏观地理空间数据、物联网数据进行统一,形成的综合数据处理计算平台。城市信息模型汇聚了各种现状数据、专业规划和建设项目全生命周期信息,全面接入了移动、监控、城市运行、交通出行等实时动态数据,构建了面向智慧城市的数字城市基础设施平台,为城市规划、建设、管理提供支撑。

## 5.1 平台需求分析

城市信息模型基础信息平台需要以工程建设项目三维数字报建为切入点,汇聚城市、土地、建设、交通、市政、教育、公共设施等各种专业规划和建设项目全生命周期信息,全面接入移动、监控、城市运行、交通出行等实时动态数据,构建面向智慧城市的数字城市基础设施平台,为工程建设项目的报建、图审、备案等提供应用支撑,为城市精细化管理的其他部门、企业、社会提供城市基础大数据和城市级计算能力。作为智慧城市基础平台的重要组成部分,城市信息模型基础信息平台具有规划审查、建筑设计方案审查、施工图审查、竣工验收备案等功能,可精简和改革工程建设项目审批程序、减少审批时间、承载城市公共管理和公共服务。智慧城市基础平台的建设,为智慧交通、智慧水务、智慧环保、智慧医疗等提供了支撑,为城市的规划、建设、管理提供了支撑。

## 5.2 平台架构体系

城市信息模型基础信息平台以工程建设项目审批为主线,以 BIM 为支撑,构建面向规建管一体化的城市建设信息模型智能平台,贯穿建设工程全生命周期,实现城市级 BIM 的全生命周期管理维护及各部门业务协同、系统衔接,提速了审批改革。城市信息模型基础信息平台的架构如图 5-1 所示。

(1)基础层:包括基础设施层和感知层,基础设施层将计算资源、存储资源、网络资源等物理资源进行整合,形成可动态扩展的高性能计算环境、大容量存储环境,满足海量数据存储、多类型用户并发应用和信息公开共享查询,以及各级业务系统接入城市信息模型基础信息平台的需要。感知层用于获取各种类型的数据。

（2）数据层：数据层由 CIM 街区单元和 CIM 项目单元的数据等组成，负责数据的统一组织、存储和管理，对应用层的数据展示、信息挖掘分析提供数据支撑。

（3）平台层：包括 CIM 一张蓝图系统、CIM 数据协同系统、CIM 规划决策系统。

（4）应用层：主要包括城市管理、城市治理、公共安全、社区服务、运行监控等功能，面向用户提供数据展示、分析等功能应用。

（5）政策法规与标准规范体系：包括数据和应用服务方面的技术标准规范及管理制度，确保平台各组成部分之间，以及平台与外部系统的交互能够有效衔接、规范运转。

（6）安全保障体系：包括安全管理制度、安全基础设施、网络安全、主机安全、应用安全、数据安全等内容，保障数据存储、传输、访问、共享的安全。

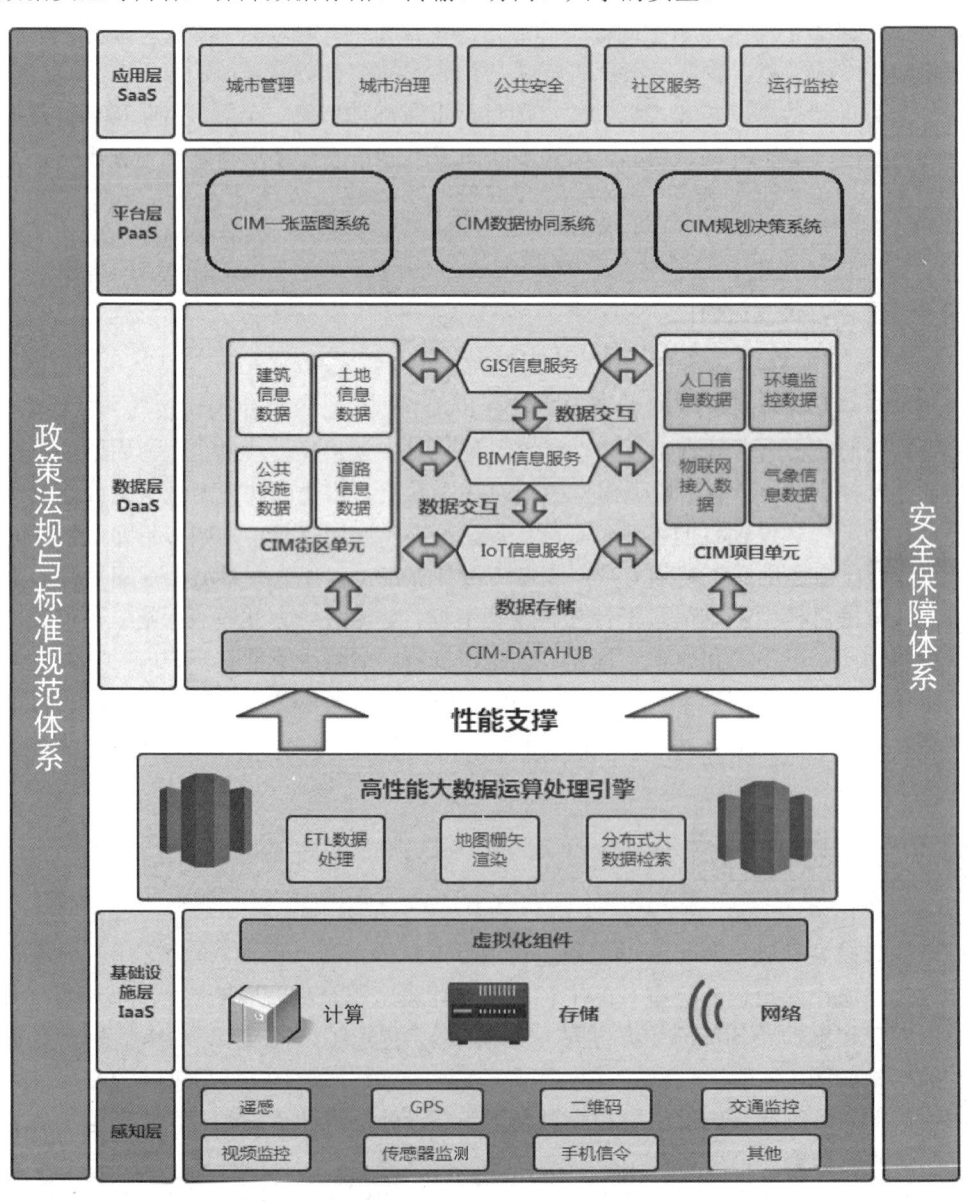

图 5-1 城市信息模型基础信息平台的架构

## 5.3 平台数据资源

### 5.3.1 数据总体架构

城市信息模型基础信息平台的数据架构如图 5-2 所示，包括数据应用展示层、数据分析服务层、数据存储管理层、数据采集汇聚层和数据治理体系。

（1）数据治理体系：构建统一的城市治理体系，建立统一数据目录、制定数据治理标准规范，建立数据治理保障机制，为提高数据的质量、保证数据的安全性、充分发挥城市数据的价值、促进数据之间的有效互联互通提供保障。

（2）数据采集汇聚层：对已有的城市基础和三维模型等数据按照数据治理体系进行治理和融合，并通过数据共享交换机制汇聚整合农业、水利、发改、住建、交通、环保等部门的相关数据，以及互联网的大数据，基于统一的标准规范、统一的空间基准、统一的注册接入，对跨业务、跨行业的数据进行汇聚、融合；同时还要进行数据的管理、维护和更新，确保数据实时互通共享和同步更新。

（3）数据存储管理层：按照数据分类，对城市基础数据进行统一存储与管理。面向城市管理业务应用，建立指标库、模型算法库、知识库等，为数据分析与服务提供基础。

（4）数据分析服务层：通过城市信息模型，对城市基础数据进行统一管理、应用与服务，通过数据服务、数据分析、报表服务等的 API 实现城市运行管理大数据的分析和服务，支撑规划监督统一管理、开发利用保护、行政审批、城市运行辅助决策支持等应用。

（5）数据应用展示层：采用大数据可视化技术，实现大数据、指标数据、数据关系等的直观展示；充分结合大数据和人工智能分析结果，实现大数据在业务场景中的嵌入式应用。

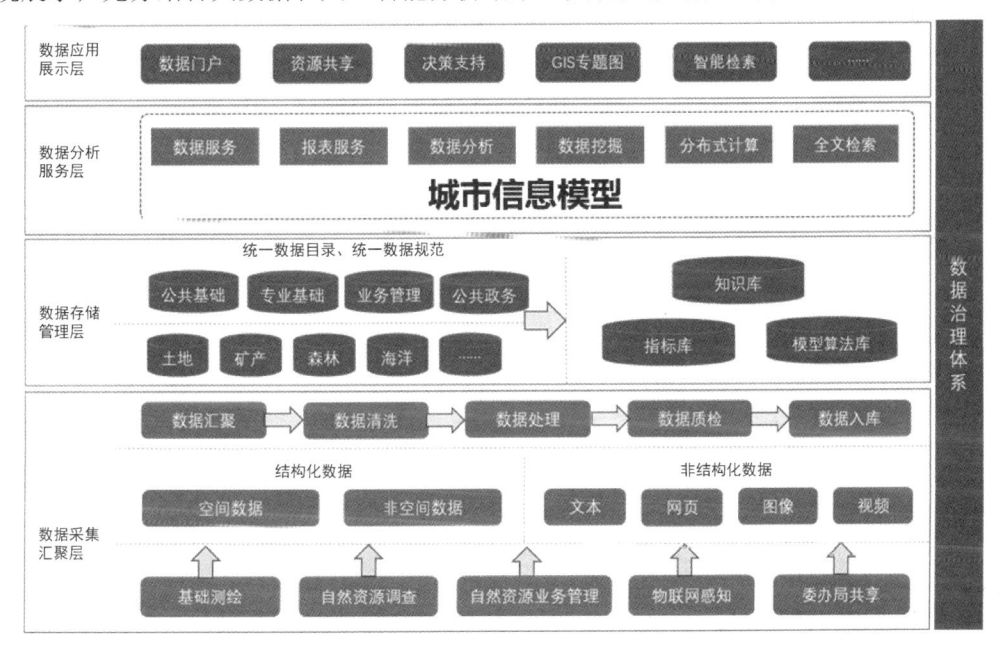

图 5-2 城市信息模型基础信息平台的数据架构

### 5.3.2 数据资源体系

城市信息模型基础信息平台的建设离不开 CIM 基础数据库的建设。CIM 基础数据库需要整合基础地理数据、城市现状三维信息模型数据、多源 BIM 数据、住建业务 GIS 数据、基础设施专题数据、新型大数据、物联网实时感知数据等。

城市信息模型基础信息平台基于云平台的大容量、高并发、高可用的 CIM 数据库框架、结构和内容体系，管理目前常见的城市 GIS 二维数据、GIS 三维数据和 BIM 数据，支持大场景宏观管理、空间分析，中小场景的快速三维可视化、空间规划、城市设计，并建立数据更新、数据安全管理体系，各行业 CIM 应用通过共享服务访问数据库。主要的数据资源体系如下：

**1. 城市现状三维数据的接入**

CIM 基础数据库可通过接入或整理入库的方式获取城市的各种三维模型数据，包括白模数据接入、传统精细模型数据接入、倾斜摄影数据接入，以及城市信息模型基础信息平台采集的倾斜摄影数据等。

（1）白模数据接入：城市建筑物的白模数据，可由基础测绘中的地形图数据的房屋面数据生成。

（2）传统精细模型数据接入：城市的精细三维模型需完成三维建模与外观贴图工作。

（3）倾斜摄影数据接入：在航片的基础上进行空间三维解算可形成倾斜摄影模型数据。

**2. BIM 数据的接入**

CIM 基础数据库需要收集并录入项目审批全生命周期的所有 BIM 数据，不仅包括规划报建 BIM 数据、建筑设计方案 BIM 数据、施工图 BIM 数据、竣工验收 BIM 数据等，还包括与这些模型关联的工程文档、报表、多媒体信息等数据。

（1）规划报建 BIM 数据接入：接入立项用地规划许可阶段和工程建设许可阶段的 BIM 数据，包括建筑 BIM 数据和市政道路 BIM 数据。

（2）施工图 BIM 数据接入：对施工许可阶段的施工图 BIM 数据整理建库。

（3）竣工验收 BIM 数据接入：对竣工验收阶段的竣工验收 BIM 数据整理建库。

**3. GIS 数据接入**

接入各业务系统中带坐标的数据及其关联数据。

**4. 国土空间基础信息平台数据的接入**

需要通过服务的方式接入国土空间基础信息平台的各种数据。

**5. 基础设施专题数据的接入**

接入外部系统的道路、桥梁、隧道等的 GIS 数据。

## 5.4 平台业务模型

城市信息模型基础信息平台以城市现状和规划数据，以及三维数据为基础，运用大数据、云计算技术感知城市，将工程建设项目审批作为主线来贯穿建设工程的全生命周期，实现业务协同，支撑工程建设项目的审批改革；实现工程建设项目的 BIM 报建，提升建设工程审批的统一、协同、精细化水平，推进审批机制改革；实现与项目审批信息平台的衔接，形成综合城市信息模型，实现城市数据聚集共享，为智慧城市的规划、建设、管理与社会治理提供数据基础。

城市信息模型基础信息平台在建设工程项目审批过程中，与各流程深度融合，支撑项目策划生成、协同会审、立项用地规划许可审批、施工许可审批、竣工验收、运营管理等；利用城市信息模型在三维空间上的优势，复现真实场景中的建筑模型，在场景内完成工程项目的具体化，能够结合现实情况完成项目审批；贯穿建设工程项目审批管理的全生命周期，提供监管的有效抓手。城市信息模型基础信息平台支撑项目审批流程如图 5-3 所示。

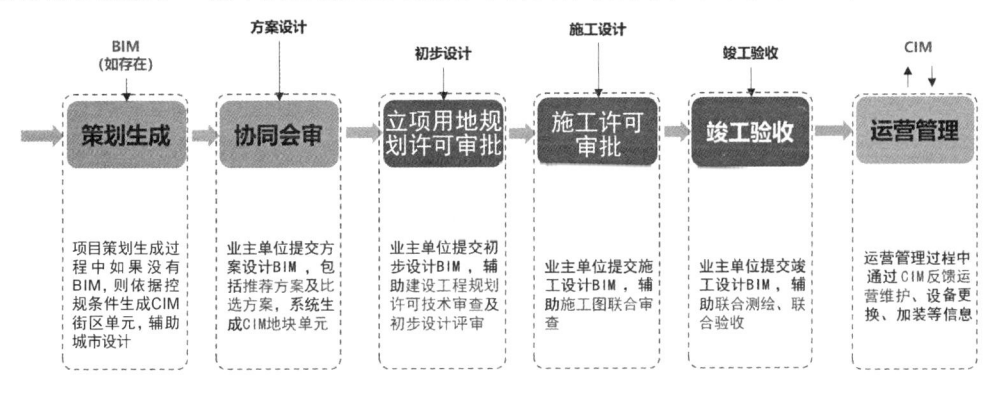

图 5-3　城市信息模型基础信息平台支撑项目审批流程

城市信息模型基础信息平台基于智慧城市时空信息云平台以及国土空间基础信息平台的建设成果，接入多源数据资源，为工程项目审批提供数据基础。城市信息模型基础信息平台的业务模型架构如图 5-4 所示。

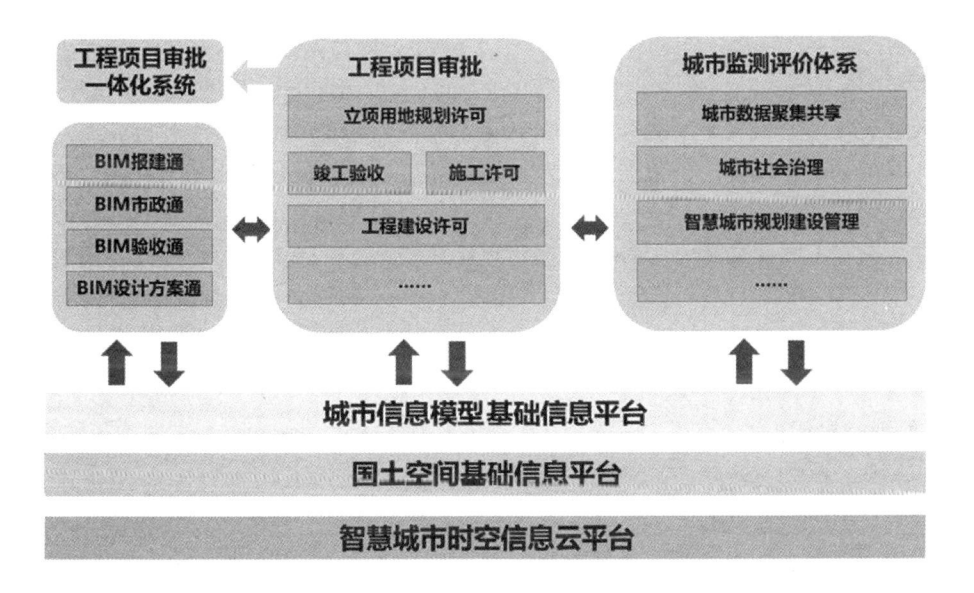

图 5-4　城市信息模型基础信息平台的业务模型架构

## 5.5 平台主要功能

在国土空间基础信息平台的基础上，以城市建设、城市智能管理为导向，构建具有施工图审查、竣工验收备案等三维电子报批功能的城市信息模型基础信息平台，可以反映建筑物内部重要信息，实现各种 BIM 的集成与轻量化建库、多尺度仿真模拟和分析等功能，为实现建设工程规划建设全过程精细化管理和打造智慧城市基础平台奠定基础。具体功能如下所述。

### 5.5.1 CIM 一张蓝图系统

#### 1. BIM 轻量化功能

随着 BIM 的应用越来越深入，无论在民建领域还是在基建领域，BIM 变得越来越精细、越来越大已经成为一种现实与趋势，大部分建设工程的施工图 BIM、施工 BIM、竣工验收 BIM 包含的构件都非常多，文件非常大。如果将这些模型全量加载到城市信息模型基础信息平台，对于 BIM 的浏览，其应用体验并不好。BIM 轻量化引擎主要是为了对 BIM 进行轻量化处理，方便不同的系统、不同的终端使用 BIM 开展各类应用，实现 BIM 在 Web 端、移动端的轻量化应用模式。

#### 2. CIM 数据引擎

实现海量多源异构 CIM 数据的加载、渲染、浏览、操作、漫游、二三维联动、BIM 比对等功能，并实现与视频的融合。

#### 3. 数据管理子系统

实现对 CIM 数据的管理，包括 BIM 管理、GIS 空间数据管理、服务管理、数据授权等。

#### 4. 数据集成网关

城市信息模型基础信息平台作为智慧城市基础平台，必须具备接入不同格式、不同性质、不同时效性外部数据的能力。数据集成网关的目标是对各种外部数据进行接入、转换、管理和分发等处理。

例如，来自起重机械安全监控的数据可以组织成 WebService 的服务，通过定义数据接入接口，实现监控数据的不断接入。在数据接入过程中，可设置规则对数据进行清洗和转换，最后将数据分发到城市信息模型基础信息平台中的起重机对象，以多种方式显示其监控数据，并提供监控数据的分析报告。

#### 5. 数据驱动引擎

以 BIM 为基础数据建立起来的城市信息模型基础信息平台，需具备对 BIM 中构件的事件响应能力，驱动 BIM 构件完成规定的动作，在智慧路灯、智能监控、智慧井盖等方面具有广泛的应用场景。数据驱动引擎能够识别可响应动作的实体，根据用户请求或实时数据接入模块驱动实体对象完成指定的行为。

#### 6. 数据模拟与分析子系统

数据模拟与分析子系统充分利用 BIM 的可模拟性，结合二维地图、三维模型等数据，实现了疏散模拟、事故仿真的事前分析与模拟，从而协助各项决策。

基于二维地图、三维模型、BIM 等数据，数据模拟与分析子系统提供了统计分析、景观可视度分析、净高分析、视线分析、视域分析、标高核查、装配率统计等数据分析功能，可为工程建设项目各个环节的审批提供智能辅助决策，加快审批速度。

#### 7. 数据交换与定制开发子系统

数据交换与定制开发子系统通过接入多源异构数据服务和 API 接口，实现了城市信息模型基础信息平台的数据集成与扩展，提供了 Revit、Bentley、CATIA 等常见 BIM 软件生成的模型和基于 IFC（Industry Foundation Classes）标准的模型，可提供按模型交付标准的导入导出服务，完成模型服务交换。

#### 8. 移动应用子系统

城市信息模型基础信息平台支持通过移动端实现对 BIM 的浏览，方便用户随时随地访问平台的数据库，包括 BIM 浏览、CAD 图纸浏览、漫游、构件属性查看等功能。

### 5.5.2 CIM 数据协同系统

通过定义一个面向规划的 CIM 交付的独立数据格式，根据 CIM 尺度不同将其分为中观与微观两个层次，定义为 CIM 街区单元与 CIM 项目单元。

通过达到模型 LOD200 标准（细化至房间单元）的 CIM 单元数据，能实现规建管数据的无缝交换，并实现数据互操作。设计阶段的 CIM 单元与施工运营阶段的 CIM 单元共用一套编码标准，分开组织 CIM 单元的几何数据与非几何数据，将模型唯一性编码与项目工程审批信息、进度、质量、成本等信息进行唯一性映射，实现管理业务与 CIM 构建的对应统一。

通过 CIM 数据协同系统，城市信息模型基础信息平台提供了规范化的数据传输与控制逻辑，形成了 CIM 的规建管一体化管理闭环，实现了建设工程项目全生命周期的数据共享和信息化管理。

### 5.5.3 CIM 规划决策系统

#### 1. 规划监督模块

通过 CIM 与国土空间基础信息平台的对接，城市信息模型基础信息平台实现了对城市空间全要素、定量化、精细化、多维度的分析与呈现，能够更清晰直观地表达各类规划的管控要求。将 CIM 技术嵌入规划编制体系和规划实施监督工作，可逐步探索城市从宏观、中观到微观管控落地的指标控制与实施传导内容。

#### 2. 城市设计模块

CIM 规划决策系统实现了面向城市设计的智慧化管理、辅助城市设计及审查等功能。根据城市设计的要求，CIM 规划决策系统重点开发了通用量化分析功能，以及基于 CIM 街区单元的城市设计控制要素符合性审查、断面分析、视廊模拟分析等辅助审查分析功能。

CIM 规划决策系统明确了城市信息模型基础信息平台中控规（控制性详细规划）与城市设计的核心内容、管控要素、规划设计指标体系等的生成、表达及应用模式，明确了控规与城市设计纳入 CIM 的数据标准体系。

### 3. 城市设计应用

CIM 规划决策系统提供了天际线、控高、道路退让、日照及阴影、视域视线、可视度等分析功能，实现了传统城市设计与结合 CIM 的城市设计的流程对比等。城市设计流程如图 5-5 所示，城市设计效果如图 5-6 所示。

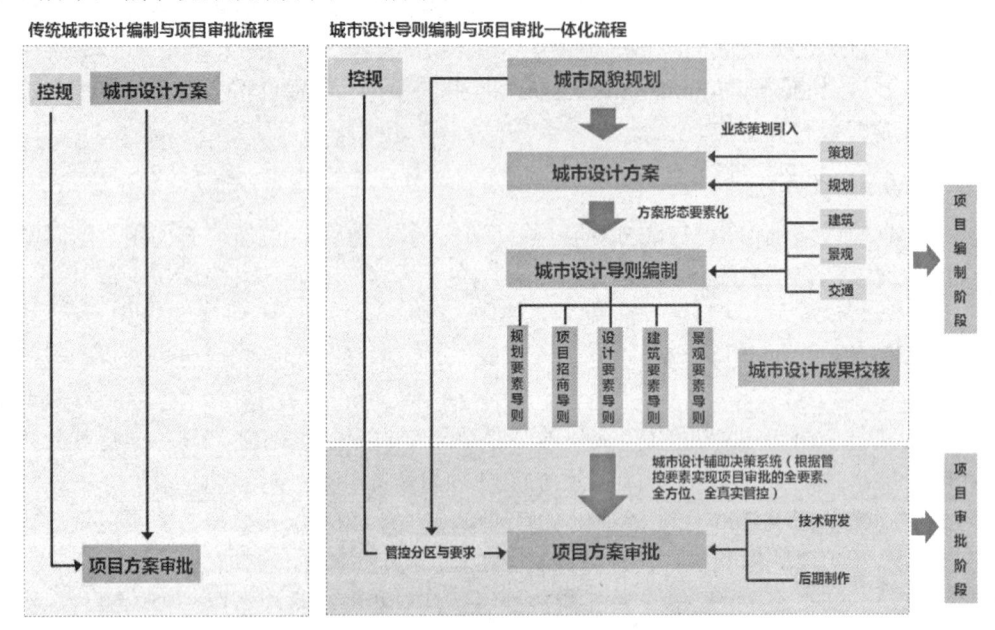

图 5-5 城市设计流程

图 5-6 城市设计效果

#### 4．建筑设计应用

建筑设计应用的典型案例是开展基于 BIM 的三维报建。BIM 三维报建图如图 5-7 所示，三维模型信息如图 5-8 所示。

图 5-7　BIM 三维报建图

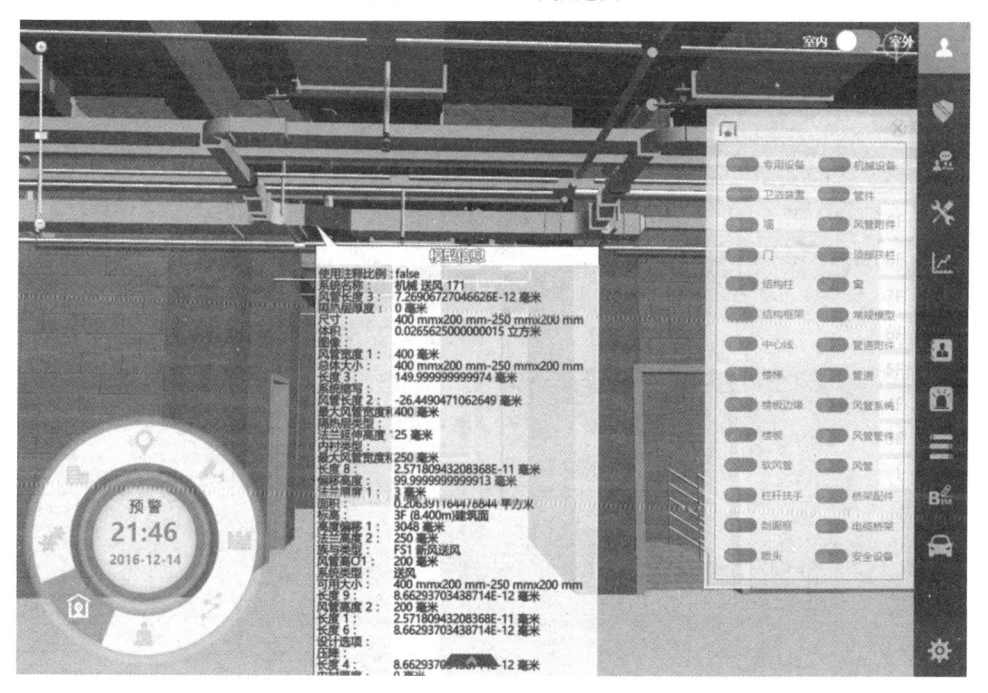

图 5-8　三维模型信息

#### 5．城市安全应用（消防和应急）

通过历史轨迹回放、视频接入、物联网数据接入及分析等功能，可支撑城市消防、城市应急等应用。历史轨迹回放如图 5-9 所示，视频接入如图 5-10 所示，物联网数据接入及分析如图 5-11 所示，城市应急应用如图 5-12 所示，城市消防应用如图 5-13 所示。

图 5-9　历史轨迹回放

图 5-10　视频接入

图 5-11　物联网数据接入及分析

图 5-12　城市应急应用

图 5-13 城市消防应用

**6．不动产管理应用**

通过不动产管理应用，可方便实现"房落幢、幢落宗、宗落图"，支持用户建立分户图等。

**7．方案审查模块**

方案审查模块实现了 CIM 单元数据更新、建筑量化指标的自动化统计校核；实现了对建筑总面积、容积率等指标的一键可视化自动化提取，并能够与规划地块信息进行核对；能够对建筑控高、建筑间距等进行自动量化分析，并判断是否满足相关规范要求，辅助建管审批。

## 5.5.4 施工图三维数字化审查系统

施工图三维数字化审查系统包括智能审查引擎、规范条文拆解及规则库编写、公共数据标准及软件插件、项目管理、轻量化浏览、专业专项审查、辅助审查及批注、规范检索、审查报告、AI 审查知识库、AI 语音助手等模块，并能够与联合审图系统集成，支撑施工图三维数字化智能审查。

## 5.5.5 施工质量安全管理和竣工图数字化备案系统

施工质量安全管理和竣工图数字化备案系统包括在建工程质量安全管理、工程变更管理、竣工 BIM 登记、模型对比、现场验收模型浏览、验收资料模型关联与档案管理、验收报告管理、与联合验收系统对接、与城市信息模型基础信息平台对接等功能。

## 5.5.6 基于 CIM 的统一业务办理平台

基于 CIM 的统一业务办理平台包括统一集成应用、房屋管理应用、建设工程消防设计审查和验收应用、城市更新领域应用、公共设施应用、美丽乡村应用、建筑行业应用、城市体检应用、建筑能耗监测应用等功能。

### 5.5.7 开发中心

开发中心为第三方的调用和对接提供了开发指南,可以指导开发者如何调用接口、如何使用接口,帮助开发者进行二次开发。主要包含:

(1) 快速入门模块:提供浏览器脚本使用介绍。

(2) 示例代码模块:根据服务类型提供相对应的示例代码,包括地图服务、数据服务、空间查询服务、三维服务、三维分析服务等。

(3) WEBAPI 模块:提供具体的 Web API,包括 Leaflet API、ECharts API、WebGL API、移动端 SDK 等。

### 5.5.8 数据资源管理系统

数据资源管理系统包括服务发布、空间数据发布、非空间数据发布、地图服务发布、数据库数据发布、交换任务管理等模块。

#### 1. 服务发布模块

服务发布模块可提供服务注册,支持按照要注册的服务地址、服务名称和资源名称来选择服务类型、接口类型、图层、行政区划和专题类型,提供注册服务。

#### 2. 空间数据发布模块

空间数据发布模块能够按照发布数据的要求填写相关元数据信息,根据要求上传相关文件;支持字段级别的设置,如是否发布、字段别名更改、共享权限类型等,用户可根据需要设置这些字段;在发布空间数据时,可自动为该数据注册相应的弹性文件服务(Scalable File Service,SFS),并可在资源管理中预览数据、查看 SFS 的自动注册结果;对于刚发布成功的数据,既可以查看发布该空间数据时自动注册的服务信息,也可以根据需要查看详细的服务信息。

#### 3. 非空间数据发布模块

非空间数据发布与空间数据发布的不同之处在于选择的文件不同;另外,非空间数据发布模块不会自动为数据注册 SFS,非空间数据是没有字段的,非空间数据发布模块最多支持同时上传 10 个文件。

#### 4. 地图服务发布模块

地图服务发布模块实现了一键发布地图功能,并能够自动注册资源。

#### 5. 数据库数据发布模块

数据库数据发布模块可以选择并上传数据库中的文件、选择属性数据库或空间数据库、选择不同的数据库、选择不同的数据发布方式(包括属性数据发布、空间数据发布)。

#### 6. 交换任务管理模块

交换任务管理模块支持资源的交换,并显示对应的资源状态。在查看资源时,如果在结束时间一栏出现结束时间,则说明对应的资源发布任务完成了;否则表示还没有完成发布。通过资源中的相应操作图标,可查看资源发布的详情,以及资源元数据的信息。

## 5.6 平台应用框架

城市信息模型基础信息平台以 CIM 一张蓝图系统、CIM 规划决策系统、CIM 数据协同系统、施工图三维数字化审查系统、施工质量安全管理和竣工图数字化备案系统、CIM 统一业务办理平台、开发中心和数据资源管理系统为载体，提供城市规划、建设、管理和治理的信息化支撑。通过连接各委办局的业务系统，可接入各类城市管理所需的数据，并向全市提供基础服务能力。利用城市信息模型基础信息平台的应用模块，可以实现城市信息模型的深度应用。城市信息模型基础信息平台的应用框架如图 5-14 所示。

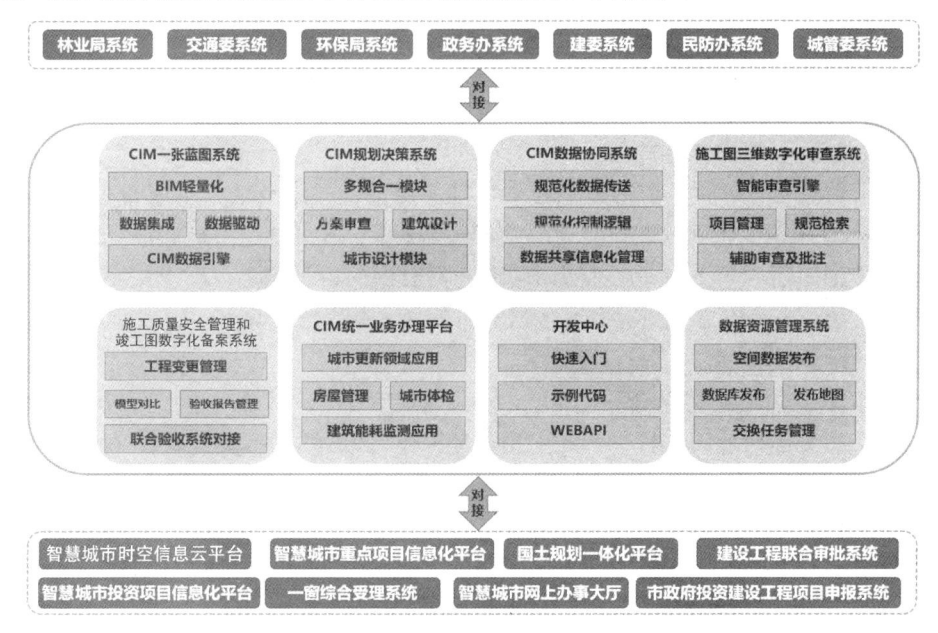

图 5-14 城市信息模型基础信息平台的应用框架

城市信息模型基础信息平台通过接入基于 BIM 的报批系统、国土空间基础信息平台、智慧时空信息云平台，形成了基础组装-模型构建-决策服务-运行管控的基本应用体系，接入了 IoT 设备信息，为城市运行管理以及智慧城市应用，如智慧市政、智慧交通等提供了基本应用支撑。城市信息模型基础信息平台的应用支撑图如图 5-15 所示。

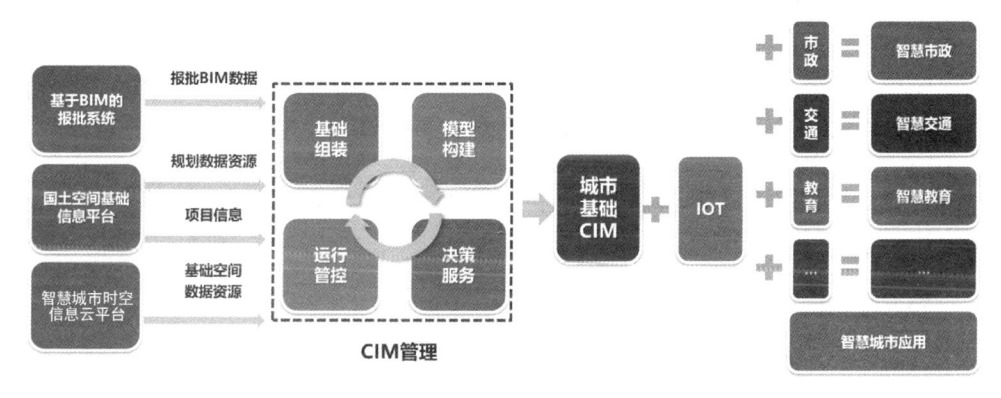

图 5-15 城市信息模型基础信息平台的应用支撑图

## 5.7 平台关键技术

### 5.7.1 超大规模数据的在线处理和管理

大数据具有数据体量大、种类多、变化快以及价值密度低等特点，常规软件工具无法进行有效的处理，需要借助更加先进的技术才能实现价值的提取，形成具备更强决策力、洞察力和流程优化能力的数据资产。基于城市信息模型基础信息平台构建的城市基础大数据体系，属于大数据范畴。

城市信息模型基础信息平台采用空间大数据存储与计算技术，通过先进的大数据技术与GIS内核技术进行深度融合，不仅实现了空间大数据的分布式存储和计算，还大幅度地提升了海量空间数据的管理和计算能力。

在空间大数据存储方面，城市信息模型基础信息平台在传统数据引擎的基础上，扩展了分布式文件系统、分布式数据库，实现了空间大数据的高效稳定存储和管理能力。

高性能数据库面向事务处理类应用，兼顾各类数据分析类应用，可用作为管理信息系统、业务及生产系统、决策支持系统、多维数据分析系统、全文检索系统、地理信息系统（GIS）、图片搜索等的承载数据库。

城市信息模型基础信息平台采用高性能大数据运算处理引擎，不仅可以存储栅格切片（也称为瓦片）、矢量切片和三维切片（S3M）等，还可以存储矢量点、线、面，也可以支持空间索引和空间查询。

Elasticsearch 是一个开源的搜索引擎，可实现分布式多用户能力的全文搜索，可以在云计算环境中满足实时搜索、稳定、可靠、快速等需求。城市信息模型基础信息平台中的 Elasticsearch 用于存储流数据。

HDFS（Hadoop Distributed File System）是 Hadoop 中的核心，在处理超大文件方面具有非常大的优势，支持流式访问数据。HDFS 的设计建立在"一次写入、多次读取"任务的基础上。在 HDFS 中，数据资源会被复制并分发到不同的存储节点，用以响应不同的数据请求。城市信息模型基础信息平台中的 HDFS 可以用来存储基础的非结构化空间大数据，为其他时空大数据应用系统提供基础数据资源服务。

HBase（Hadoop Database）是一种构建在 HDFS 上面向列的高可靠性、高性能、可伸缩、可实时读写的分布式开源数据库系统，适用于需要实时读写、随机访问超大规模数据的场景。城市信息模型基础信息平台中的 HBase 可用于存储矢量切片、栅格切片等多种文件数据。

在空间大数据计算方面，城市信息模型基础信息平台采用从 GIS 内核技术扩展的 Spark 空间数据模型，基于分布式计算技术重构已有的空间分析算法，提升了海量空间数据分析的效率，并且针对大数据研发了新的空间分析算法，解决了空间大数据的分析和应用难题。

### 5.7.2 数据挖掘与智能分析

作为管理人员决策支撑的重要手段，数据挖掘与智能分析必须快速响应管理人员的业务分析需求，通过对业务问题进行深入分析，为管理人员提供完整的决策信息。因此城市信息模型基础信息平台需要具备：

（1）可靠及时的数据管理模式。数据挖掘与智能分析需要正确的数据资源，通过稳定可靠的数据获取和管理模式，用户能够对分析所需的数据进行完善的管理。可靠及时的数据管理模式是数据挖掘和分析的坚实基础。此外，及时便捷地获取所需的数据资源也是保障数据挖掘与智能分析有效性的关键因素。

（2）可配置的多样化图形分析展示工具。数据挖掘与智能分析需要满足不同业务分析的要求，不同的分析目的导致分析过程和展示结果存在较大的差异，为了能够满足不同管理人员对于不同业务的分析要求，城市信息模型基础信息平台必须为管理人员提供灵活的多样化图形配置工具，使得他们能够按照自己的分析思路和目标，通过图形化的配置迅速完成分析工作。此外，图形展示和界面操作的交互性、友好性也是展示工具的重要特点和要求。

### 5.7.3 二三维一体化

二三维一体化可以保证二维 GIS 技术与三维 GIS 技术的无缝融合。二三维一体化技术体系包括二维与三维在数据模型、数据存储方案、数据管理、符号、可视化和分析功能的一体化，海量二维数据直接在三维场景中的高性能可视化功能，二维分析在三维场景中的直接操作和越来越丰富的三维分析功能。二三维一体化技术体系突破了只能在三维场景中查一查、看一看的瓶颈，推动了三维 GIS 升华为面向业务管理和辅助决策的深度应用。

城市信息模型基础信息平台以二三维一体化技术体系为基础框架，融合倾斜摄影、BIM、激光点云等三维技术，通过室外室内一体化，宏观微观一体化，以及空天、地表、地下一体化，实现了多类型城市管理数据管理、分析的全新模式。

## 5.8 平台特色亮点

#### 1. 社会感知理论体系

城市信息模型基础信息平台构建了社会感知、物联感知与空天地遥感协同的人机物一体化的综合感知技术方法体系，提出了基于通道注意力机制的城市目标动态感知与获取方法，构建了"人机物融合、空天地一体"泛在感知的物联网引擎，解决了人地关联城市感知和识别问题。

#### 2. 大场景、多模态复杂时空大数据的高性能组织管理和自适应可视化技术

城市信息模型基础信息平台提出了"数据驱动+模型驱动+交互驱动"的多模态时空大数据增强可视化分析体系架构，发展了大场景时空大数据高效组织管理的多模态、多层次混合时空索引方法，建立了具有诊断性的时空对象关联与分布模型，突破了任务、数据、计算、绘制并行复杂交织导致的高性能自适应可视化难题，为精确融合、描述、展示和分析时空信息提供强有力的技术支撑。

#### 3. 智能决策与服务的基础性平台

城市信息模型基础信息平台将智慧城市作为生命体来打造，实现了城市多空间的有机整

合，有力支撑了多级城市基础大数据的智能化管理；运用新一代信息技术，打造了数据全域融合、时空多维呈现、要素智能配置的智能化和精细化城市治理新范式，可通过城市信息三维模型进行相关的三维空间分析，切实解决了实际的问题（天际线、日照分析、邻近设施等），进一步提高了城市规划的可行性，为新型智慧城市建设提供了重要的时空信息基础设施。

### 4．城市基础数据云计算及云服务

城市信息模型基础信息平台首次定义了多模态时空场景数据，设计了一种全局-局部混合时空索引体系结构；构建了面向多模态时空大数据自适应可视化的展示、分析、探索多层次可视化任务模型，研发了任务感知的多模态时空大数据增强可视化引擎。城市信息模型基础信息平台采用云计算技术研发共享系统，支持公众通过不同客户端登录，共享信息资源；为城市精细化管理的其他部门、企业、社会提供了城市大数据、城市级计算能力，具有规划审查、建筑设计方案审查、施工图审查、竣工验收备案等功能，为智慧交通、智慧水务、智慧环保、智慧医疗等提供了支撑。

# 第6章
# 规建管一体化审查系统

2018年5月国务院办公厅发布了《关于开展工程建设项目审批制度改革试点的通知》。2018年11月住房和城乡建设部将北京城市副中心、广州、南京、厦门、雄安新区列入"运用建筑信息模型（BIM）进行工程项目审查审批和城市信息模型（CIM）平台建设"的五个试点城市，主要完成运用BIM系统实现工程建设项目电子化审查审批、探索建设城市信息模型平台、统一技术标准、加强制度建设、为"中国智能建造2035"提供需求支撑等任务，逐步实现工程建设项目全生命周期的电子化审查审批，促进工程建设项目规划、设计、建设、管理、运营全周期一体联动，不断丰富和完善城市规划建设管理数据信息，为智慧城市管理平台建设奠定基础。

2019年3月国务院办公厅发布《关于全面开展工程建设项目审批制度改革的实施意见》，强调统一审批流程、统一信息数据平台、统一审批管理体系、统一监管方式四个审批阶段，实现工程建设项目审批"四统一"；改革覆盖工程建设项目审批全过程（包括从立项到竣工验收和公共设施接入服务），主要是房屋建筑城市基础设施等工程，不包括特殊工程和交通、水利、能源等领域的重大工程；将工程建设项目审批流程主要划分为立项用地规划许可、工程建设许可、施工许可、竣工验收四个阶段。

作为试点城市，广州率先开展了研究与探索，建设了规建管一体化审查系统，探索工程建设项目全流程智能审查、审批的应用模式。

## 6.1 系统需求分析

规建管一体化审查系统集成了地上、地表、地下一体化信息数据，构建了二三维一体化城市信息模型，并以此为基础，以BIM审查审批与规划审批为突破口，在控规（控制性详细规划）审查、规划条件审查、规划方案审查、工程建设审批方面，通过优化审批流程、规范技术审查标准，推动了"人审变机审"，精简和改革工程建设项目审批程序，减少了审批时间。系统需求分析汇总如下。

（1）规建管一体化审查系统是规划审查"标智化"的需求。规建管一体化审查系统以城市信息模型基础信息平台为基础，以BIM审查审批与规划审批为突破口，梳理了规划管控要素；基于数据模型的降维计算、规则建模、场景表达、三维空间运算、三维空间关系判断以及三维空间查询和分析等功能，依据城市规划控规条例等，构建了数字化规则库，支持全量规划审批指标的自动计算；基于规则库，利用三维空间分析接口对BIM数据进行全流程、全自动规划的智能审批，高效加载了百万点要素级的 BIM，实现了 BIM、倾斜摄影、地下管线、地质数据、数字高程模型（Digital Elevation Model，DEM）、数字正射影像（Digital Ortho Map，DOM）、矢量等 TB 级数据的融合、展示和审批，推动了规划审查智能化、规划成果规范化、规划决策精细化，提升了规划行政管理效率和审批效率，缩短了审批时间。

（2）规建管一体化审查系统是工程建设审批"机智化"的需求。

## 6.2 系统架构体系

规建管一体化审查系统的架构如图 6-1 所示。

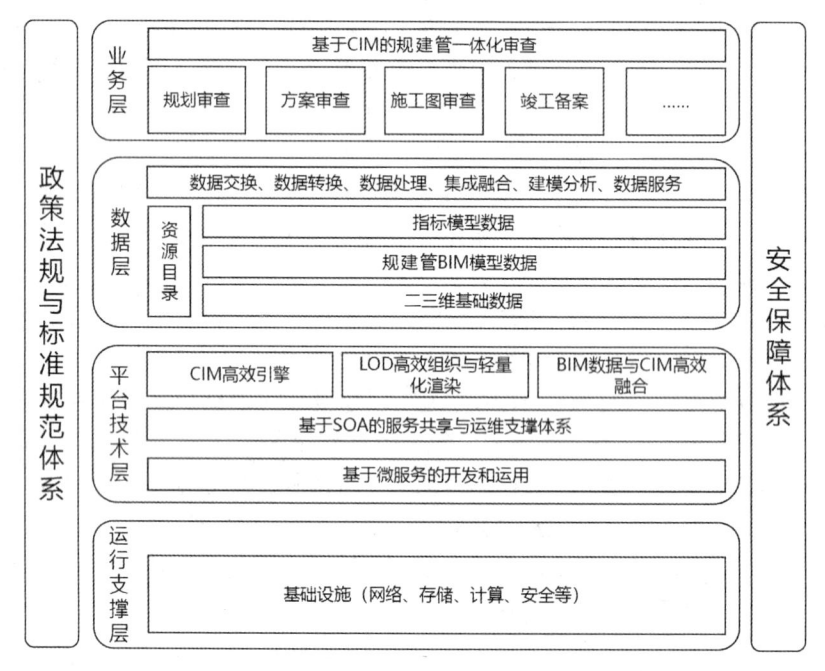

图 6-1 规建管一体化审查系统的架构

（1）运行支撑层：是构建规建管一体化审查系统的基础，提供系统运行所需的基础设施（如网络、存储、计算、存储、安全等 IT 资源）。在智慧广州时空信息云平台的城市信息模型基础信息平台基础上，规建管一体化审查系统提供了云端资源统一的访问方式。

（2）平台技术层：通过 CIM 高效引擎、LOD（Levels of Detail）高效组织与轻量化渲染、BIM 数据与 CIM 高效融合等技术，为海量数据搭建了可动态扩展的高性能计算环境、大容量存储环境，满足了海量数据的高性能渲染与表达需要，通过微服务和 API 接口为业务层的应用提供功能服务。

（3）数据层：数据资源主要包括指标模型数据、规建管 BIM 数据、二三维基础数据等，数据层对从后台流入的这些数据进行数据交换、数据转换、数据处理、集成融合、建模分析，并进行统一管理，以微服务和 API 接口的形式为前端应用提供数据服务。

（4）业务层：以工程建设项目全流程智能审查审批为应用主线，重点提供规划审查、方案审查、施工图审查、竣工备案等功能服务。

（5）政策法规与标准规范体系：包括数据和应用在服务方面的技术标准规范及管理制度，确保系统各组成部分之间，以及系统与外部系统交互能够有效衔接、规范运转。

（6）安全保障体系：包括安全管理制度、安全基础设施、网络安全、主机安全、应用安全、数据安全等内容，保障数据存储、传输、访问、共享的安全。

## 6.3 系统数据资源

规建管一体化审查系统以城市信息模型基础信息平台的数据为基础，同时需要融合相关的业务专题数据，涉及的数据资源目录如表6-1所示。

表6-1 规建管一体化审查系统涉及的数据资源目录

| 一级目录 | 二级目录 | 三级目录 |
| --- | --- | --- |
| 基础地理数据 | 自然地理数据 | 数字高程模型 |
| | | 航拍摄影影像 |
| | | 卫星遥感影像 |
| | | 激光点云 |
| | | …… |
| | 政务底图 | 政务电子地图 |
| | | 行政边界 |
| | | …… |
| | 国民经济与社会发展数据 | 企业数据 |
| | | 经济数据 |
| | | …… |
| | 土地利用现状数据 | 历次全国土地调查数据 |
| | | 往年土地利用现状更新数据 |
| | | 第三次全国国土调查数据 |
| | | …… |
| | 生态环境数据 | 生态环境数据 |
| | | …… |
| | 交通现状 | 道路交通 |
| | | …… |
| | 市政现状 | 公共服务设施 |
| | | 市政设施 |
| | | …… |
| | 公共专题数据 | 四标四实 |
| | | 城市体检 |
| | | …… |

续表

| 一级目录 | 二级目录 | 三级目录 |
|---|---|---|
| 城市现状三维模型 | 城市基础三维模型 | 倾斜摄影整体模型 |
| | | …… |
| | 城市建筑三维模型 | 建筑白模数据 |
| | | 人工建模数据 |
| | | 单体化数据 |
| | | …… |
| | 城市设施三维模型 | 地下管线 |
| | | 综合管廊 |
| | | 市政设施 |
| | | 桥梁隧道数据 |
| | | …… |
| BIM 数据 | 建设项目 BIM 数据 | 规划报建 BIM |
| | | 施工图 BIM |
| | | 竣工验收 BIM |
| 城市规划数据 | 国土空间规划底线数据 | 永久基本农田 |
| | | 城镇开发边界 |
| | | 生态保护红线 |
| | | 管控盒子 |
| | | …… |
| | 规划编制数据 | 近期建设项目 |
| | | 城市总体规划 |
| | | 交通等专项编制数据 |
| | | …… |
| | 规划审批数据 | 年度政府投资项目计划 |
| | | 重点项目 |
| | | …… |
| | 已批规划数据 | 城市总体规划 |
| | | 土地利用总体规划 |
| | | 控规导则 |
| | | 修建性详细规划 |
| | | 村庄规划 |
| | | 历史文化名城保护规划 |
| | | 地质灾害防治规划 |
| | | 三区三线 |
| | | …… |

续表

| 一级目录 | 二级目录 | 三级目录 |
|---|---|---|
| 城市建设数据 | 建设项目审批数据 | 施工图审批数据 |
| | | 住建业务专项数据 |
| | | …… |
| | 建设项目数据 | CAD图纸 |
| | | 房建在建工程信息 |
| | | 项目开发建设进度 |
| | | 存量房屋基本信息 |
| | | …… |
| 城市管理数据 | 城市基础数据 | 城市部件 |
| | …… | …… |

## 6.4 系统业务模型

### 6.4.1 规划审查"标智化"

在控规审查、规划条件审查、规划方案审查、建筑设计方案审查、市政交通项目审查、历史文化名城保护审查等方面，规建管一体化审查系统通过优化审批流程、规范技术审查标准，推动了"人审变机审"的进展。开展三维数据报批，可以从以下两个方面对现有的规建管一体化审查系统进行升级：一是规划条件指标表单化、标准化、结构化，为实现建筑方案和规划条件的机审比对，对规划条件业务表单、必填项检测进行调整，初步实现控规刚性指标的一键提取，实现规划条件数据表单化、标准化、结构化设计；二是规划条件智能获取，通过带图审批、预录红线、空间检测等功能，快速准确地获取用地规划条件指标数据，支撑建筑设计方案智能审查，推动"人审变机审"的进展。升级后的规建管一体化审查系统能够初步实现规划设计条件智能化管理，系统的具体建设内容如下：

（1）在控规审查上，实现控规编制的标准化、基础数据的清单化、成果入库的智能化等功能。

（2）在规划条件审查上，将城市设计在高度、公共空间、通廊等方面的要求纳入控规刚性指标，一键自动生成规划条件。

（3）在规划方案审查上，通过带图审批、预录红线、空间检测等功能，对规划条件中容积率、建筑密度、绿地率等5项刚性指标与电子报批软件推送进来的设计方案进行自动比对，生成审查报告，实现规划方案审查的智能化。

（4）在建筑设计方案审查上，开发具有自主知识产权的二维电子报批软件和三维电子报批工具，形成设计端、窗口端、审批端的智能化报建工具集，建立差异化的分类审批管理制度，实现建筑设计方案审查的智能化。

（5）在市政交通项目审查上，开展要素符合性审查和环境比对，推动轨道交通规划报批从二维走向三维，提高审批效率和精度。

（6）在历史文化名城保护审查上，构建历史文化名城保护全要素数字标准，完成全要素分层次数字化建设，对保护对象进行多维度建模，探索历史文化名城保护数据的融合应用，开发历史文化名城专项一键审查功能并生成审查报告。

### 6.4.2 工程建设审批"机智化"

为了深化工程建设审批制度改革，提升审批效率，规建管一体化审查系统依托城市信息模型基础信息平台，实现了建设工程项目四个阶段的三维数字化报建和智能辅助审查，进一步扩大了"机审辅助人审"业务范围，理顺了工程建设项目其他审批环节流程设置、业务关系和数据要求，重点加强了规划要素在审查全流程中的自动提取、智能比对等智能应用，推动更多业务环节、更多场景、更多项目实现智能化审批，最终实现"人审变机审"。

### 6.4.3 建筑设计方案审查的"全机审"

规建管一体化审查系统升级了建筑设计方案审查模块的三维审查功能，融合了三维现状、BIM、二维基础数据，实现了一库管理、一屏展示。智能审查工具也逐步由二维向三维转变，加深了与审查系统的融合，提升了建筑设计方案审查的效率与准确度，逐渐实现了建筑设计方案审查的"全机审"。

### 6.4.4 施工图审查的智能化

在建立统一的联合审图系统并实现工程施工图数字化交付之后，施工图审查模块通过统一图纸的标准和格式，最终达到了缩短施工图审查周期以及提高审查质量和效率的目标。规建管一体化审查系统积极开展了三维技术的应用，探索施工图的三维数字化审查，升级了三维数字化施工图审查系统。针对施工图审查中的部分刚性指标，通过施工图审查模块，规建管一体化审查系统实现了计算机机审，减少了人工审查部分，并提供了三维浏览、自动审查、手工辅助审查、自动生成审查报告等功能，实现了快速"机审"与"人工审查"的协同配合。规建管一体化审查系统在 BIM 审查数据交付标准体系的基础上，研发施工图三维数字化智能审查审核工具（施工图审查模块），探索施工图三维数字化智能审查系统与城市信息模型基础信息平台的衔接，形成了统一的数据交付标准、数据格式标准和管理规范，为其他各地开展工程建设项目 BIM 施工图三维审查并与"多规合一"管理平台衔接提供可复制、可推广的经验，促进了 BIM 报建数据成果在城市规划建设管理领域的共享。施工图审查模块的功能包含智能审查引擎、规范条文拆解及规则库编写、公共数据标准及软件插件、项目管理、轻量化浏览、专业专项审查、辅助审查及批注、规范检索、审查报告、AI 审查知识库、AI 语音助手、后台管理程序开发等。

### 6.4.5 竣工验收备案的智能化

竣工验收备案模块旨在将所有的备案审查工作和工作环节都纳入城市信息模型基础信息平台，实现项目二维、三维数据的记录备案。配合规划审查系统、方案审查模块、施工图审查模块等,对审查的规范性文件与相关法律法规进行智能匹配,对所有条款都进行比对分析,对发现可能存在不适当问题的条款进行自动标记并自动生成意见,协同实现审查备案工作全过程、各环节的电子化,全程留痕,形成倒逼机制,确保有备必审。竣工验收备案模块不仅可以使备案审查工作更加高效、便捷,还可以促进数据的流通和共享,为各部门协同工作夯实基础。

## 6.5 系统主要功能

### 6.5.1 辅助项目选址模块

当项目被发起立项联审决策时,辅助项目选址模块提供"多规"合规性检查功能,实现项目选址红线与各类空间规划的自动比对,形成合规性审查报告,辅助项目科学选址。

### 6.5.2 规划审查模块

(1)在进行控规审查时,规划审查模块提供了控规编制标准化、基础数据清单化等功能。

(2)在进行规划条件审查时,规划审查模块可提取城市设计在高度、公共空间、通廊等方面的控规刚性指标,并一键自动生成规划条件。

(3)在进行规划方案审查时,规划审查模块提供了带图审批、预录红线、空间检测等功能,可以对规划条件中的容积率、建筑密度、绿地率等5项刚性指标与电子报批软件推送进来的设计方案进行自动比对,并生成审查报告,实现规划方案的智能化审查。

规划审查模块控规检测功能示意图如图6-2所示。

图 6-2 规划审查模块控规检测功能示意图

### 6.5.3 方案审查模块

(1)在进行建筑设计方案审查时,方案审查模块提供了设计端、窗口端、审批端的智能化报建工具集，支持 7 类共 58 项指标机审自动比对规划条件，并可生成审查报告。

（2）在进行市政交通项目审查时，方案审查模块支持要素符合性审查和环境比对。

（3）在进行历史文化名城保护审查时，方案审查模块基于全要素、分层次的历史文化名城保护数据，支持历史文化名城保护专项一键审查，并生成审查报告。

方案审查模块市政交通项目智能审查报告生成功能示意图如图 6-3 所示。

图 6-3　方案审查模块市政交通项目智能审查报告生成功能示意图

## 6.5.4　施工图审查模块

在统一图纸标准和格式的基础上，施工图审查模块可以对施工图审查中的部分刚性指标进行计算机机审，减少人工审查部分。施工图审查模块提供了三维浏览、自动审查、手工辅助审查、自动出具审查报告等功能，实现了快速"机审"与"人工审查"的协同配合。

施工图审查模块功能示意图如图 6-4 所示。

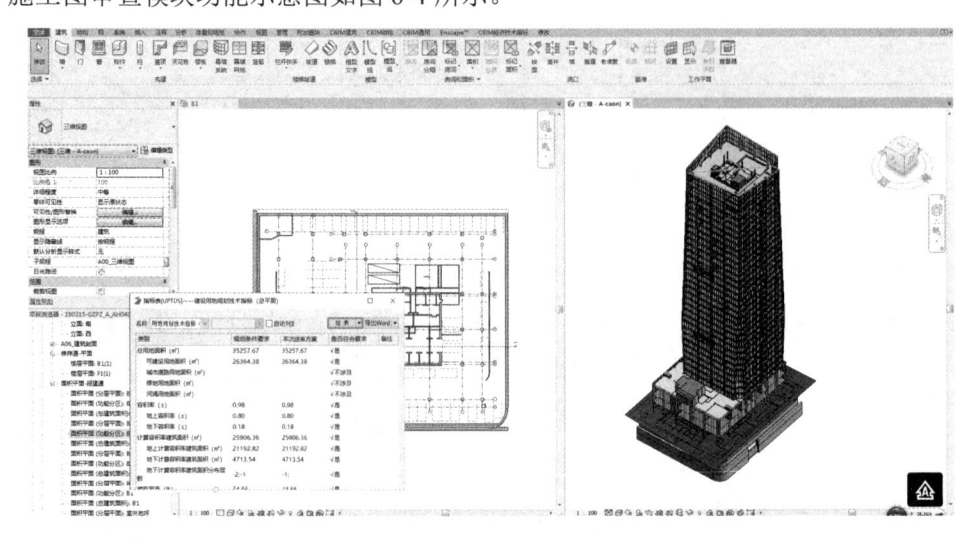

图 6-4　施工图审查模块功能示意图

## 6.5.5 竣工验收备案模块

竣工验收备案模块支持"规划核实、消防验收、人防验收、质量验收"的竣工验收备案，各部门可查看、浏览相应的模型及关联资料，实现模型比对，完成验收意见留痕。通过BIM与资料系统的关联，竣工验收备案模块实现了二三维联动的图模对比查看，可辅助质量、消防、人防三大专项主管部门进行验收备案审查。

## 6.6 系统应用框架

规建管一体化审查系统的应用框架如图6-5所示，在立项用地规划许可、工程建设许可、施工许可、竣工验收四个阶段，通过优化审批流程、规范技术审查标准，广泛利用了BIM，推动了"人审变机审"，精简和改革了工程建设项目审批程序，减少了审批时间，实现了工程建设项目全流程智能化审查审批。

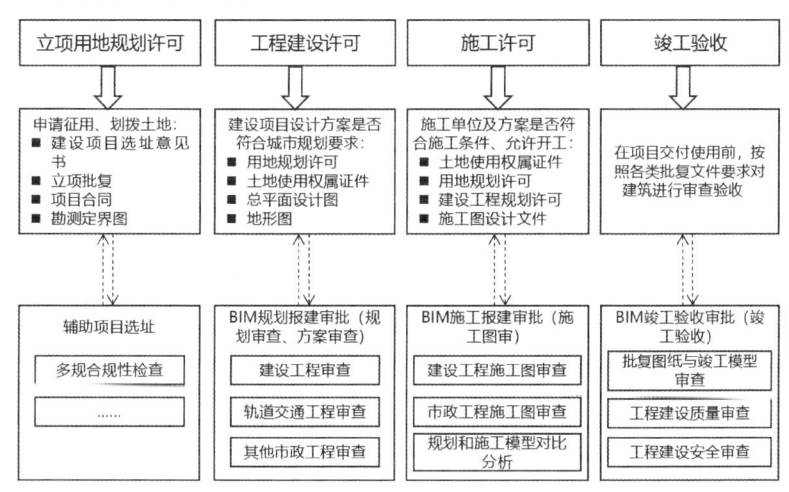

图 6-5 规建管一体化审查系统的应用框架

## 6.7 系统关键技术

### 6.7.1 LOD高效组织与轻量化渲染技术

规建管一体化审查系统中存在大量三维模型的原始数据，这些原始数据具有几何精度高、纹理精细等特点，但存在数据加载缓慢、内存和显存资源占用高、平台渲染压力大等问题。利用LOD技术、LOD层级数据生成技术，基于场景图的LOD组织管理技术，以及多任务、多机器、多进程、多线程并行的数据处理技术，规建管一体化审查系统解决了三维模型原始数据资源占用不可控，以及调度渲染效率低的问题。

基于多级LOD组织，利用多种数据处理算法、空间索引技术、数据动态加载，以及多级缓存等方法，规建管一体化审查系统有效提高了三维数据的调度性能，实现无缓存的高速加载调用。

### 6.7.2 BIM 数据与 CIM 高效融合技术

数据融合发布需要经过数据资源汇聚、服务聚合发布、平台服务 BIM 数据与三维 GIS 数据的二三维一体化等应用层环节。规建管一体化审查系统对数据进行了汇聚，形成了数据资源池，可对各类异构数据进行数据配置、数据校验、空间化生成、数字签发等，通过标准协议进行服务分发。分发后的服务进入智慧广州时空信息云平台进行服务聚合，聚合后的服务通过 SOAP（Simple Object Access Protocol）接口对外提供统一的服务。

智慧广州时空信息云平台设计了逻辑服务，在单个服务发布完成后，用户通过添加逻辑服务可以将多个服务组织成一个逻辑服务，也可以将一个服务拆分成几个服务，将需要的服务添加进逻辑服务，并重新进行发布。用户可根据自己的需要配置逻辑服务。

### 6.7.3 CIM 高效引擎技术

随着 CIM 规模和复杂性的增加，单机处理 CIM 的存储和分析变得越来越困难。对于单独的计算机来说，多个大型场景的渲染或者城市级数量的 BIM 渲染具有一定难度，而建立 CIM 的要求则更高。在对城市级数量的 BIM 进行渲染时，需要结合地理信息数据进行展示，对计算机性能的要求很高，同时也需要非常长的渲染时间。

智慧广州时空信息云平台使用 CIM 高效引擎技术提高渲染效率：利用空间填充曲线算法对二三维数据重新进行索引，实现了索引的降维；采用基于 Hadoop 的分布式存储构建空间数据库，建立 Geo 索引，实现了海量遥感数据的并行计算，解决了传统遥感数据存储和调度的性能瓶颈问题；采用基于 Hadoop 的动态调度，通过 Map 函数将渲染作业划分为细粒度的 MapReduce 作业，并分发到集群节点上进行并行计算，在生成中间结果后通过 Reduce 函数进行合并形成最终结果。

## 6.8 系统特色亮点

**1. 逐渐实现规建管全业务流程的"人审变机审"**

通过规建管一体化审查系统的建设与应用，广州目前已经在工程建设项目审批的多个阶段实现了"机审辅助人审"的改革。在控规审查、规划条件审查、规划方案审查、建筑设计方案审查、市政交通项目审查、历史文化名城保护审查等方面，以及在项目策划生成阶段，通过规建管一体化审查系统优化审批流程、规范技术审查标准，推动了"人审变机审"的进展。

**2. 逐渐实现建筑设计方案审查工具的二维向三维转变**

通过大范围部署城市三维模型，规建管一体化审查系统升级了建筑设计方案审查系统的三维审查功能，融合了三维现状、BIM、二维基础数据，实现了一库管理、一屏展示，智能审查工具也逐步由二维向三维转变。

# 第 7 章
# 住建房屋数据库管理系统

城市房屋数据是城市建设与管理中极为重要的数据资源,不仅是支撑城市各项房屋管理工作的基底数据,也是政府宏观规划和建设实施的基础单元。住建房屋数据库管理系统以房屋幢数据为底板,整合关联了房屋数据与"四标四实"标准地址,集成共享了多种房屋管理专题数据,实现了房屋全业务链条的串联,可支撑房屋各项业务的监控与管理,以及房屋管理数字化、可视化的智慧管理。

## 7.1 系统需求分析

房屋建筑是自然人、法人、事件等社会治理与城市运行基础要素的重要载体。统一的房屋建筑空间信息及基本属性数据是实现基于房屋建筑的社会、经济、人口、城市运行状况等信息空间化的关键与基础。长期以来,在房屋建筑管理中,由于缺少完整、统一的房屋建筑对象,造成不同管理者、使用者难以准确掌握房屋建筑的空间关系、属性数据和业务数据等,信息共享工作的开展变得十分困难。

以新一代信息技术为支撑,通过对广州市全域全量的房屋数据进行整合关联,住建房屋数据库管理系统实现了业务联动,重塑了房屋数据的管理架构、业务架构、技术架构,构建了由大数据驱动的新平台、新渠道,全面提升了房屋管理单位在经济调节、市场监管、社会治理、公共服务等领域的履职能力,形成了"用数据对话、用数据决策、用数据服务、用数据创新"的现代化治理模式。

## 7.2 系统架构体系

广州市住建房屋数据库管理系统的开发和建设充分利用了现有的信息化成果,集成整合了房屋数据,融合了大数据技术,实现了多源、多类型数据的统一管理,以及空间数据与非空间数据的一体化存储。住建房屋数据库管理系统采用"集中开发、分级部署、个性定制、互联互通、共同管理"的研发部署模式,为应用部门提供了业务协同、信息共享等服务。

住建房屋数据库管理系统采用微服务架构,便于系统的扩展性和对外异构关联,实现了数据即服务、应用即服务的设计目标,建立了房屋数据管理的相关标准规范体系,以及长效的数据更新、共享服务等机制。住建房屋数据库管理系统的架构图 7-1 所示。

图 7-1 住建房屋数据库管理系统的架构

（1）基础设施层。基础设施层对服务器、存储设备、网络设备等物理资源进行整合，形成可动态扩展的高性能计算环境、大容量存储环境，可满足海量数据存储、多类型用户并发应用和信息共享查询，以及各级业务系统接入智慧广州时空信息云平台的需要。

（2）数据层。数据层由不动产相关数据、基础地理数据、住建专题数据等组成。数据经过整合、清洗、整理后，形成了包括广州市宗地、房屋和地址在内的住建房屋数据库。通过统一的组织、存储和管理，数据层可对住建房屋数据库管理系统的信息交换、共享和查询，以及信息挖掘分析提供数据支撑。

（3）服务应用层。服务应用层主要包括房屋一张图综合应用子系统、房地产市场分析报表管理子系统、房屋数据共享交换子系统以及对外功能应用接口。服务应用层提供房屋相关数据的查询、分析、交换、共享服务，以及综合应用服务。

（4）用户层。用户层面向各类用户，包括管理用户、其他共享部门和社会工作。根据不同用户业务需求，住建房屋数据库管理系统可以设置对应的应用层访问权限，从而为不同用户提供应用服务。

（5）政策法规与标准规范体系。政策法规与标准规范体系包括数据和应用服务方面的技术标准规范以及管理制度，确保住建房屋数据库管理系统各组成部分之间，以及该系统与外部系统的交互能够有效衔接、规范运转。应用系统科学的理论和方法，在严格参照与遵循国家、地方、行业相关规范和标准的基础上，结广州市的实际情况，住建房屋数据库管理系统制定了适用的、开放的、先进的标准化体系，满足了广州市房屋数据的生产、整理、管理与服务等要求。

（6）安全保障体系。安全保障体系包括安全管理制度、安全基础设施、网络安全、主机安全、应用安全、数据安全等内容，用于保障数据存储、传输、访问和共享等的安全。

## 7.3 系统数据资源

住建房屋数据库中的数据包括空间数据和非空间数据，融合了已登记的房屋数据，以及住建业务数据库中的 CIM 及房屋相关专题数据，达到了全域全量数据整理的要求，并引入了"四标四实"数据的标准地址库，使房屋数据更加完善与规范，可以满足不同业务及不同部门的应用需求。住建房屋数据库的结构如图 7-2 所示。

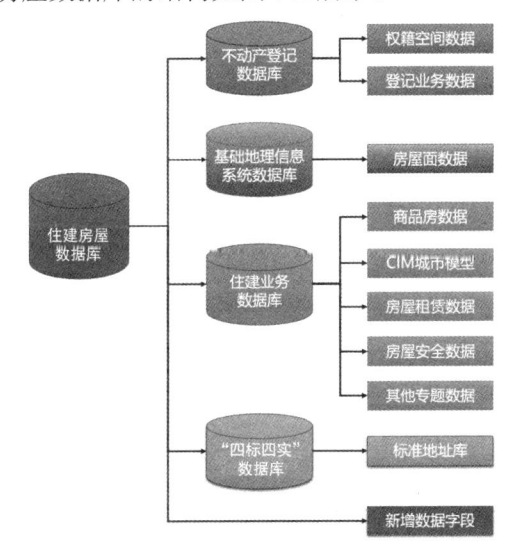

图 7-2　住建房屋数据库的结构

住建房屋数据库的主体分为地、楼、房三个部分，根据不动产登记数据库、住建业务数据库、"四标四实"数据库的特性进行了融合，建立了数据之间的逻辑关联关系，如图 7-3 所示。其中权籍空间数据中的相关属性，即行政区划、宗地基本信息等为住建房屋数据库的空间参考图层，房屋表为住建房屋数据库的重点图层。

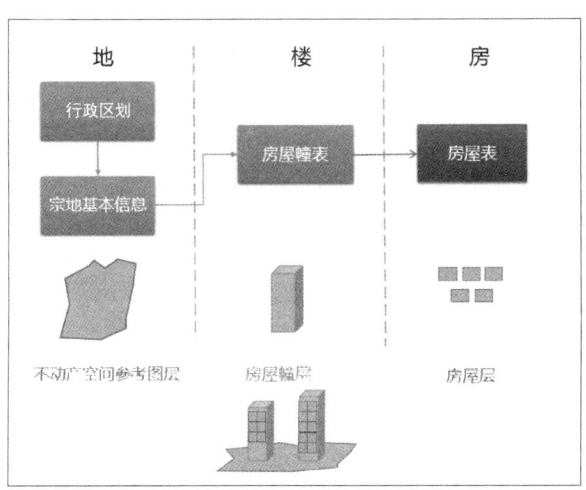

图 7-3　住建房屋数据库的逻辑关联关系

根据住建房屋数据库的结构及逻辑关联关系,可将多源融合后的数据分为空间数据和非空间数据,不动产空间参考图层来自权籍空间数据,幢数据是由房屋面、遥感影像等进行整合的空间整合层。幢数据建立了不动产登记自然幢数据、"四标四实"门牌地址、"四标四实"房屋建筑、CIM等数据的关联关系。房屋表则为属性数据,可根据不动产登记数据库、住建业务数据库、"四标四实"数据库的关键字段进行融合并落入房屋幢数据,并根据政策、业务等相关需求增加新的字段,以满足日常数据的应用需求。住建房屋数据库的表结构及其关联关系如图7-4所示。

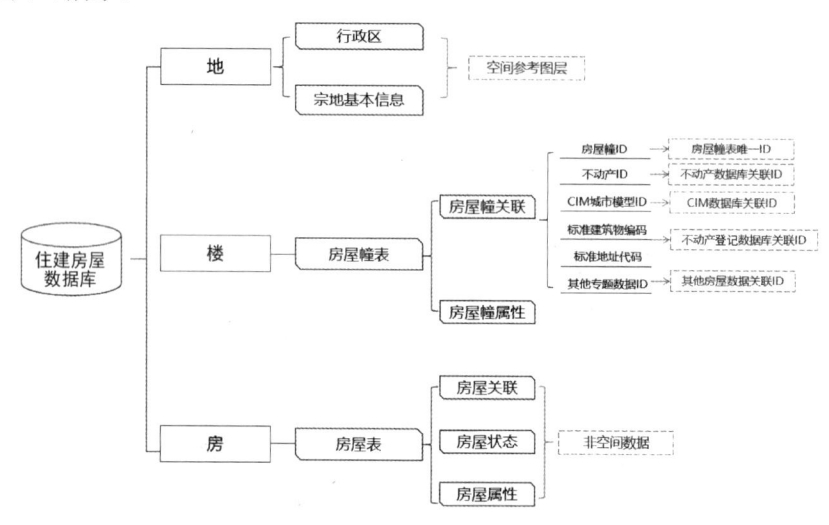

图7-4 住建房屋数据库的表结构及其关联关系

## 7.4 系统业务模型

住建房屋数据库管理系统建立了统一的全域全量的广州市住建房屋数据库,为房屋管理部门提供了房屋数据的共享、交换服务,满足房屋管理部门共享数据的需求。住建房屋数据库管理系统的业务流程如图7-5所示。

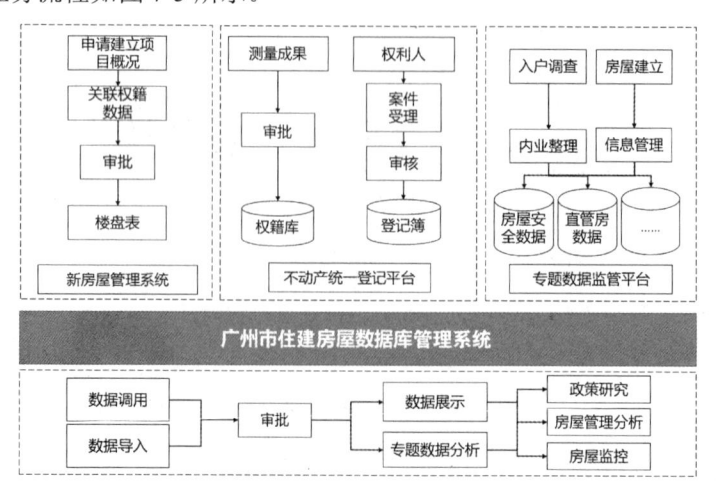

图7-5 住建房屋数据库管理系统的业务流程

## 7.5 系统主要功能

住建房屋数据库管理系统包括房屋一张图综合应用子系统、房地产市场分析报表管理子系统、房屋数据共享交换子系统和对外功能应用接口。

住建房屋数据库管理系统为广州市的房屋数据提供了弹性、可伸缩、分布式的房屋数据云服务管理平台，实现了市住建局内部以及市住建局与市属其他单位的数据共享交换，提高了房屋数据的工作管理水平，提升了房屋管理的系统性和科学性。

### 7.5.1 房屋一张图综合应用子系统

房屋一张图综合应用子系统为房屋数据管理提供了基础数据现状一张图及相关应用，实现了房屋等空间数据、属性数据的展示管理功能，包括数据浏览、房屋专题图制作、房屋数据查询等。房屋一张图综合应用子系统的功能模块如图 7-6 所示。

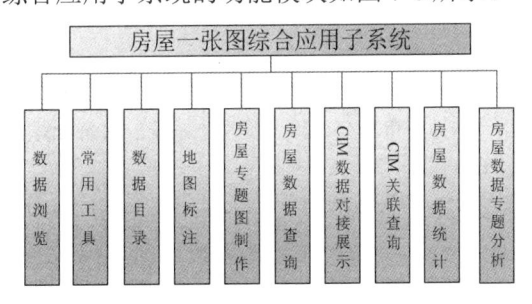

图 7-6 房屋一张图综合应用子系统的功能模块

### 7.5.2 房地产市场分析报表管理子系统

房地产市场分析报表管理子系统提供了基础报表文件管理及审核功能，实现了基于房地产的一手网签、二手交易、可售、批准预售等基础报表数据的展示管理功能，以及房地产市场分析所需的各类报表汇总统计等功能。房地产市场分析报表管理子系统的功能模块如图 7-7 所示，其报表计算界面如图 7-8 所示。

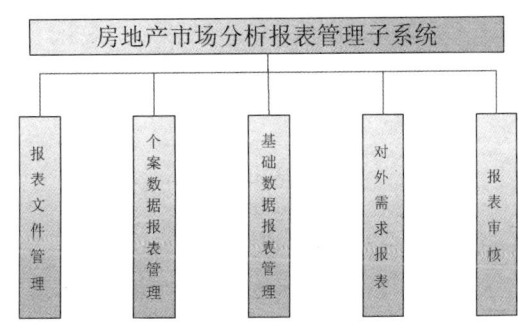

图 7-7 房地产市场分析报表管理子系统的功能模块

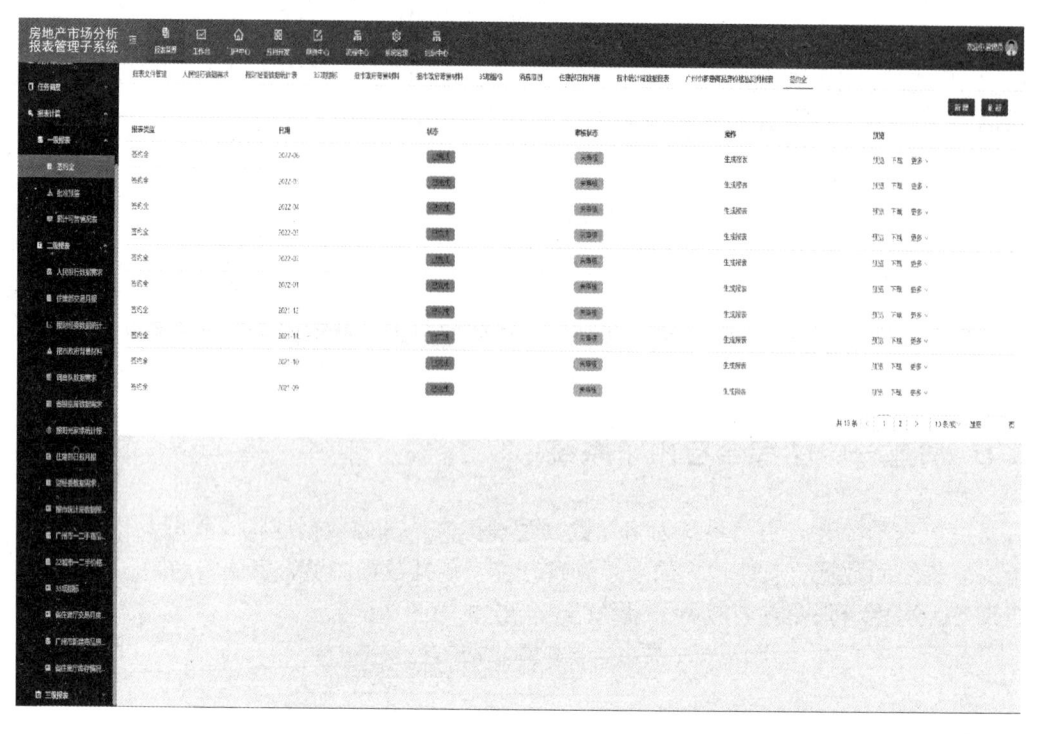

图 7-8　房地产市场分析报表管理子系统的报表计算界面

## 7.5.3　房屋数据共享交换子系统

房屋数据共享交换子系统开发了共享交换平台，支持数据共享交换，为其他相关的系统提供数据服务，提供了房屋数据在不同部门间的共享与交换解决方案，消除了信息孤岛，同时还提供了服务资源的注册申请管理功能。房屋数据共享交换子系统的功能模块如图 7-9 所示，其界面如图 7-10 所示。

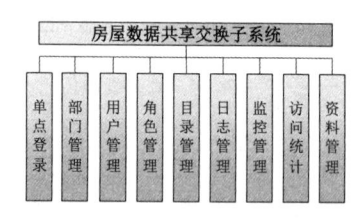

图 7-9　房屋数据共享交换子系统的功能模块

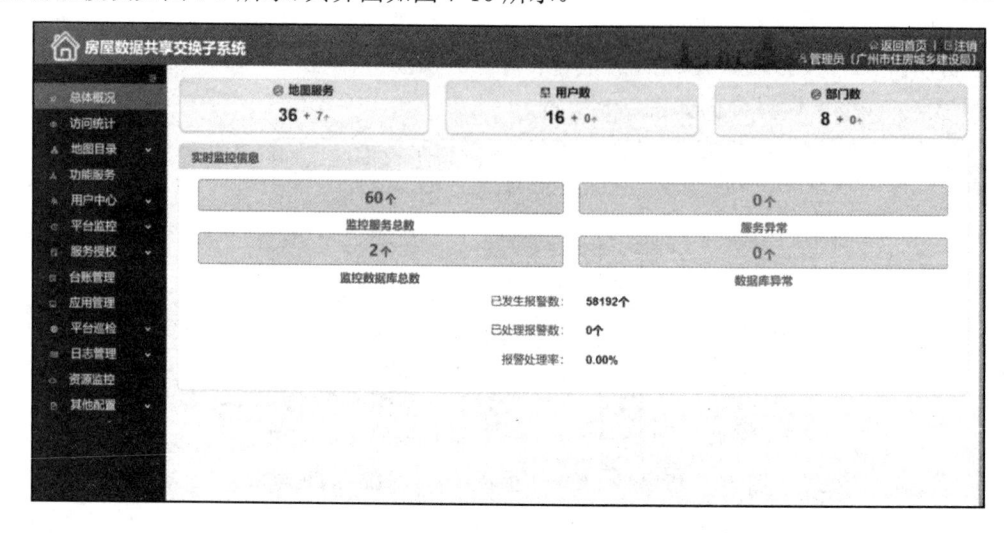

图 7-10　房屋数据共享交换子系统的界面

## 7.5.4 对外功能应用接口

住建房屋数据库管理系统的对外功能应用接口包括门牌地址服务接口、地形图房屋服务接口、商品房服务接口、直管房服务接口、保障性住房服务接口、拆迁安置房服务接口、房屋安全数据服务接口。房屋管理平台对外接口的功能模块如图 7-11 所示，房屋管理平台对外接口的界面如图 7-12 所示。

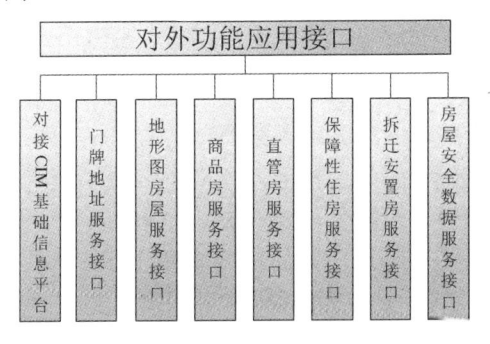

图 7-11　房屋管理平台对外接口的功能模块

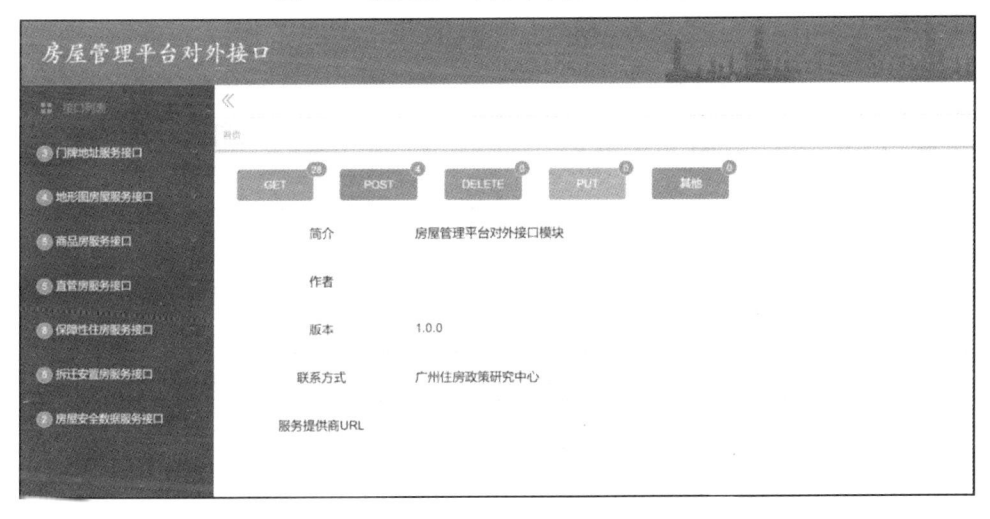

图 7-12　房屋管理平台对外接口的界面

## 7.6 系统关键技术

### 7.6.1 基于 SpringBoot 的分布式微服务架构

微服务（MicroService）架构是一项在云中部署应用和服务的新技术，是一种使用微服务来开发应用的方式，每个服务运行在各自的进程中，并使用轻量级机制进行通信，通常是 HTTP API。这些微服务是基于业务能力构建的，并能够通过自动化部署机制来独立地进行部署。微服务可以使用不同的编程语言和存储技术，能够保持最低限度的集中式管理。微服务架构的关键其实不仅仅是微服务本身，还需要系统能够提供一套基础的架构，这种架构使得微服务可以独立地部署、运行、升级。微服务架构使微服务之间在结构上实现了松耦合，但在功能上则表现为一个统一的整体，因此，微服务架构的目的是有效拆分应用，实现敏捷开发和部署。

在传统的应用程序开发中，应用程序都是单体型架构的，在开发和部署上比较方便。随着业务的不断增加，开发迭代和性能瓶颈等问题都会增加开发难度。微服务架构正是为解决这一问题而产生的。微服务架构可以将复杂的应用分成数十乃至上百个微服务，从而增加了选择编程语言和框架的灵活性，缩短了应用开发的上线时间，使开发人员可以根据不同的工作负载和资源要求对服务进行缩扩等。

不同于传统的单体型架构，微服务架构是一种为了适应当前互联网后台服务的高并发、高性能、高可用而开发的架构，微服务可以在"自己的程序"中运行并通过轻量级机制进行通信，从而可以将服务公开与微服务架构区分开来。在服务公开中，许多服务都会被内部独立进程所限制，如果其中任何一个服务需要增加某种功能，就必须缩小进程范围。在微服务架构中，只需要在特定的服务中增加所需的功能即可，不会影响整体进程的架构。

基于 SpringBoot 分布式的微服务架构如图 7-13 所示。

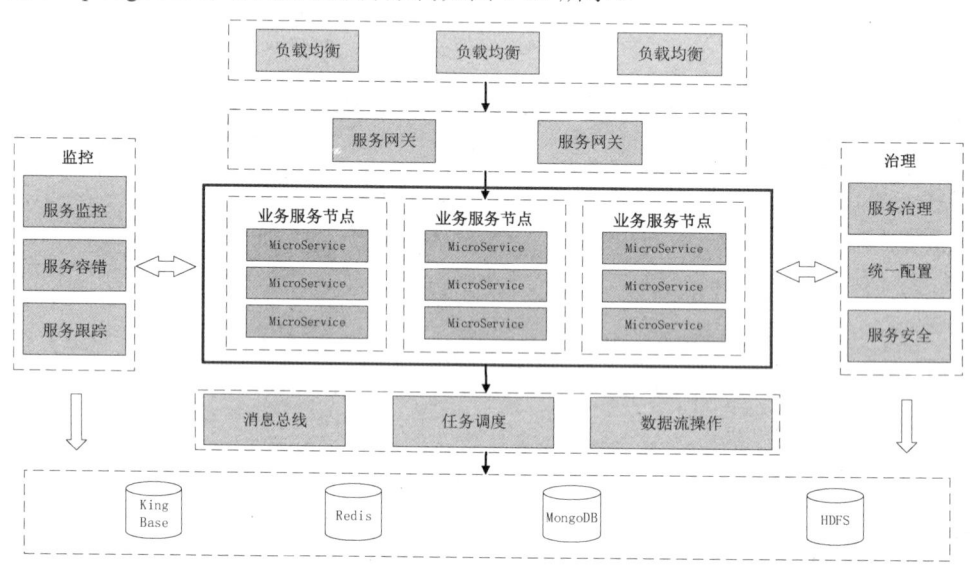

图 7-13　基于 SpringBoot 分布式的微服务架构图

## 7.6.2　地图分块技术和浏览器缓存技术

基于 Ajax 引擎，客户端可以与服务器进行异步多线程的数据交互。采用地图分块技术可以充分发挥 Ajax 引擎的优点。

首先，将浏览器地图容器分割成尺寸为 256×256 像素大小的若干个正方形地图方块，每个地图方块都处在该地图容器中，拥有一定的具体参数，如缩放级别、投影类型和地理坐标。通过相应的算法，Ajax 引擎可以根据这些参数向服务器请求地图方块来进行地图填充操作。其次，Ajax 引擎负责这些地图方块的无缝拼接、整体移动和地图填充，当用户需要进行一定的地图操作（如平移、放大、缩小）时，Ajax 引擎会根据相应的算法计算出需要加载的地图方块，并异步、多线程地向服务器发出请求。最后，当地图方块传回客户端时，Ajax 引擎可以无刷新地无缝拼接成用户浏览器界面中的大地图。如果浏览器已经获得了地图方块，利用浏览器缓存技术，则可以在下次使用这些地图方块时无须向服务器再次请求，直接利用浏览器缓存的地图方块即可。

以地图漫游为例具体说明。用户可以用鼠标拖曳地图来进行地图漫游，通过 Ajax 引擎可以使各个地图方块作为整体随着鼠标的拖曳方向移动，如果移动得足够远，要显示一些新的区域时，则这些区域的地图方块会被异步加载。在地图更新过程中，用户可以继续移动地图进行漫游，触发更多的更新操作。这些地图方块在用户的会话过程中会被浏览器缓存起来，当用户回到以前曾经访问过的区域时，浏览器的显示速度会被变得非常快。

### 7.6.3 基于 Vue 的渐进式前端框架技术

Vue 是一套用于构建用户界面的渐进式 JavaScript 框架。与其他大型框架不同的是，Vue 可以自底向上逐层应用，Vue 的核心库只关注视图层，不仅易于上手，还便于与第三方库或已有的项目整合。当与其他工具链以及各种支持类库结合使用时，Vue 也完全能够为复杂的单页面应用提供驱动。Vue 的设计目标是通过尽可能简单的 API 来绑定和组合相应数据的视图组件。因为 Vue 只注重视图层，所以可以非常容易地和其他库或已有的项目进行整合。

MVVM（Model-View-ViewModel）响应式编程模型如图 7-14 所示，基于 Vue 的组件化开发模式如图 7-15 所示。

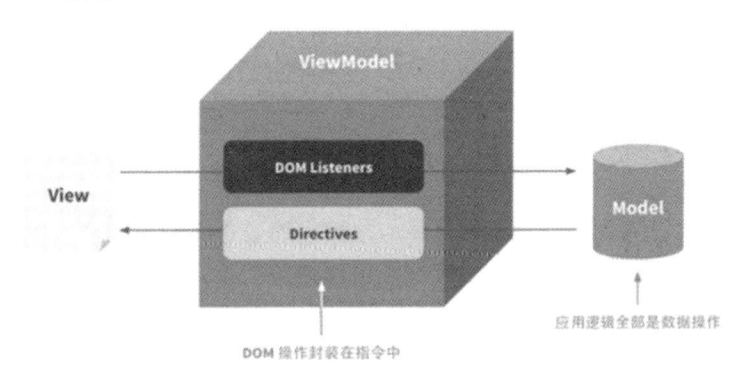

图 7-14 MVVM 响应式编程模型

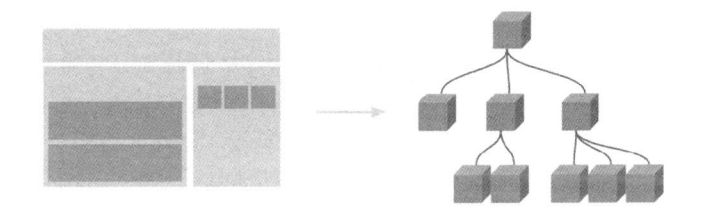

图 7-15 基于 Vue 的组件化开发模式

### 7.6.4 海量空间数据的矢量切片技术

通过矢量切片数据可以快速地构建巨大的地图，并增强设计的灵活性。矢量切片相当于是网络映射的图像切片的矢量数据，能够以 GeoJSON、TopoJSON 和 MapBox Vector Tile 等形式呈现。矢量切片技术继承了矢量数据和切片地图的双重优势，具有多方面优点。对于栅格切片（栅格数据），矢量切片可以实现更灵活、更细粒度（如要素级别）的数据划分；数据（栅格数据和矢量数据）接近于无损，体积更小；用户在请求指定的地物信息时，可以直接在客户端获取，无须请求服务器；可改变和定制样式，矢量切片可以在客户端或者服务器端按照用户指定的样式渲染。对于原始的矢量数据，矢量切片进行了重新编码和切分，更加小巧，客户端可以只返回请求区域和相应级别的数据；数据更新快，甚至可以达到实时的程度，当数据库中的空间数据变化后，再次请求获得的数据是改变后的数据，在客户端渲染后可获得最新的情况；矢量切片更加灵活，可以只返回每个专题数据的图层，而不像栅格切片那样把很多专题数据渲染在一个底图中。

### 7.6.5 地理空间信息技术

对于房屋成果数据而言，空间数据是最核心的一类数据，住建房屋数据库管理系统的全过程都会有空间数据的身影。和普通的非空间数据不同，空间数据在生产、存储、坐标参考、空间索引、空间查询、拓扑分析、图形展示等方面都有其特殊性。地理空间信息技术提供了一整套处理空间数据的技术方案。在空间数据生产方面，地理空间信息技术提供了 CAD 和 GIS 无缝衔接的技术；在空间数据存储方面，通过对关系数据库进行扩展，地理空间信息技术实现了空间数据和非空间数据的一体化存储。在空间数据应用方面，基于空间数据标准，地理空间信息技术提供了一整套数据查询分析接口。在空间数据展示方面，地理空间信息技术提供了丰富的符号化方法，以及适应多平台的空间数据展示的接口。

### 7.6.6 基于关联机制的房产数据关联融合技术

针对广州市多源住建房屋数据库，住建房屋数据库管理系统面向房产领域，提出了一个基于关联规则的计算框架，实现了广州市不同房屋业务数据之间关联的自动构建。关联数据通过 RDF（Resource Description Framework）链接机制构建了互联的数据网络，使得用户能够自由地浏览数据网络中的所有关联数据集，为用户提供了更深层次的决策信息。

### 7.6.7 高性能时空大数据技术

高性能时空大数据技术采用分布式存储模式、并行计算技术，使海量的空间数据无须缓存切片即可实现动态渲染、秒级显示，大大减轻了切片数据在维护、发布、管理方面的工作量。住建房屋数据库管理系统利用高性能时空大数据技术，帮助用户管理项目中的房屋数据，实现了房屋数据的秒级查询统计分析，同时提供了对外功能接口，可实现秒级的专题数据查询统计功能。

## 7.7 系统特色亮点

（1）住建房屋数据库管理系统实现了房屋信息的综合查询，有效促进了多部门之间的协同。基于房屋幢数据，住建房屋数据库管理系统集成了"四标四实"、不动产登记、物业小区、房屋交易、房屋租赁、危房、直管房、玻璃幕墙等多种房屋管理业务数据，实现了房屋全业务链条的串联。

（2）住建房屋数据库管理系统可以进行科学管理和统计，能够动态监测房地产市场走势。住建房屋数据库管理系统实现了报表数据库的高速交互，支持秒级、百万数据量的导入，通过报表自动化计算减少了业务人员人工负担，提高了报表成果的规范性与准确性，支撑对历史数据的智能化管理，实现了报表数据的可视化，为房屋市场数据挖掘与管理决策提供了基础。

# 第 8 章
# 城市体检与评估系统

为贯彻落实中央城市工作会议和《中共中央 国务院关于推动高质量发展的意见》等精神，牢固树立以人民为中心的发展思想，加快转变城市发展方式，创新城乡规划建设管理方式，全面推动城市绿色发展和人居环境高质量发展，2019 年 4 月，住房和城乡建设部印发了《住房和城乡建设部关于开展城市体检试点工作的意见》（建科函〔2019〕78 号），选取广州、福州、长沙等 11 个城市开展城市体检试点工作。试点城市工作内容的要求之一是：试点城市在开展城市体检工作的同时，同步完成城市体检与评估系统建设。

通过建设城市体检与评估系统，保障支撑"一年一体检、五年一评估"的制度和"城市体检—问题反馈—决策调整—持续改进"的机制长效运行。把脉"城市病"，是实现城市治理精准化、空间化、智能化的有效技术手段，也是贯彻落实"数字政府"改革，健全政务大数据管理工作的有益探索，辅助支撑政府工作的高质高效开展。城市体检与评估系统的建设，不仅可以支撑体检工作本身，还可以充分发挥城市体检对自然资源、生态环境、交通、林业、住建、水务等其他政府部门业务的支撑作用，实现共建共用，从而促进数字城市、智慧社会的建设。

## 8.1 系统需求分析

城市的发展离不开城市治理，开展城市治理工作的前提是城市体检与评估。城市体检与评估系统为把脉"城市病"，实现城市治理精准化、空间化、智能化提供了技术支撑。城市体检与评估系统以城市治理为出发点，在建立统一标准规范和数据交换体系的基础上，结合城市发展现状，梳理了城市体检与评估系统的实际业务需求。需求分析汇总如下：

（1）落实"数字政府改革"、健全城市体检评估信息系统建设的要求。住房和城乡建设部于 2019 年 4 月印发了《住房和城乡建设部关于开展城市体检试点工作的意见》，将 11 个城市列为城市体检试点，明确要求着力治理"城市病"，通过对城市生态宜居、城市特色、安全韧性、城市活力等进行评价，督促推进城市高质量发展。

（2）城市自身发展的需求和智慧化管理的需要。城市体检与评估系统遵循"城市体检—问题反馈—决策调整—持续改进"的城市科学发展的长效机制，通过建立图文一体的城市体检指标数据库，实现了对多种体检成果的统一管理、动态入库，形成了城市体检工作统一的数据底板，并以城市体检指标数据库为基础，结合各部门共享的业务数据、城市管理数据，实现了城市体检相关的综合查询、统计分析、评估预警等功能，为治理"城市病"提供了有效辅助决策,为城市规划建设管理和城市治理提供了支撑服务。

(3)提升城市社会管理和公共服务水平的需求。通过建设集"数据采集、校核更新、模型分析、评估预警"于一体的城市体检评估系统,保持了城市体检指标数据库的现势性,保障了"城市体检—问题反馈—决策调整—持续改进"的城市科学发展的长效机制有效运行,从而提高了城市治理智能化、标准化、精细化水平,为数字城市、智慧社会建设和公共服务水平提升提供了基础支撑。

## 8.2 系统架构体系

城市体检与评估系统采用了面向服务架构(SOA),实现了系统的扩展性和对外异构关联,以及与市区政府各部门业务系统的统一。城市体检与评估系统的架构如图8-1所示。

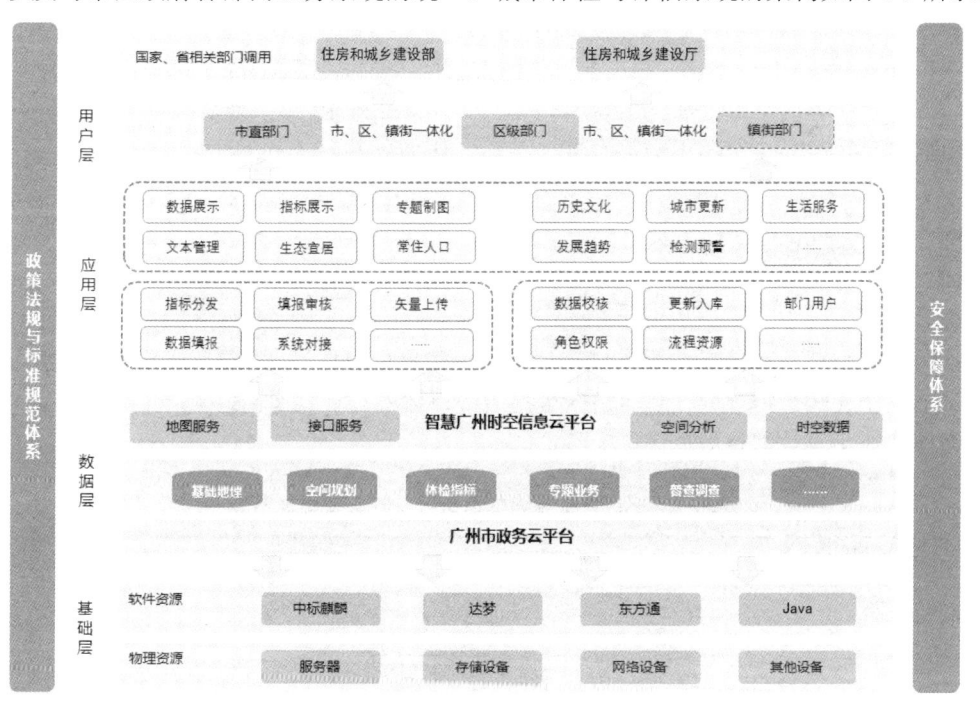

图 8-1 城市体检与评估系统的架构

(1)基础层:对计算资源、存储资源、网络资源等物理资源进行了整合,形成了可动态扩展的高性能计算环境、大容量存储环境,满足了海量数据存储、多类型用户并发应用、信息公开共享查询,以及各级业务系统接入的需要。

(2)数据层:由基础地理、空间规划、体检指标、专题业务、普查调查、国土空间调查、网络感知等数据组成,负责数据的统一组织、存储和管理,为应用层的体检成果信息交换、共享和查询、信息挖掘分析提供了数据支撑。

(3)应用层:主要包括指标数据质量管理、时空综合展示分析、体检指标数据库管理、体检成果共享交换、城市体检一张图、体检成果健康评估,以及与其他部门业务系统对接等模块。应用层提供了体检成果信息的查询、分析、交换,共享服务和综合应用服务。通过城市体检与评估系统和其他部门业务系统对接，应用层提供了直接应用服务，实现了部分数据的接入。

（4）用户层：面向各类用户，包括体检成果报送部门、体检成果管理部门和体检成果共享部门，分为国家级用户（如住房和城乡建设部）、省级用户（如住房和城乡建设厅）、市级用户（如市直部门）、区级用户（如区级部门）和镇街用户（如镇街部门）。根据不同用户业务需求，城市体检与评估系统设置了对应的应用层访问权限，为不同用户提供应用服务。

（5）智慧广州时空信息云平台：利用智慧广州时空信息云平台现有的技术成果，发挥云平台在服务资源上的优势，直接为城市体检与评估系统提供丰富的服务。智慧广州时空信息云平台的数据服务为城市体检与评估系统提供了在线政务电子地图、遥感影像地图等基础地理数据服务，以及国土规划、人口、设施、社会经贸等专题图层服务，丰富了城市体检与评估系统的地理信息资源。

（6）政策法规与标准规范体系：包括数据和应用服务方面的技术标准规范及管理制度，确保城市体检与评估系统各组成部分之间，以及城市体检与评估系统与外部系统交互能够有效衔接、规范运转。

（7）安全保障体系：包括安全管理制度、安全基础设施、网络安全、主机安全、应用安全、数据安全等内容，保障了数据存储、传输、访问、共享等的安全。

## 8.3 系统数据资源

城市体检与评估系统需要采集城市体检指标数据信息资源。非空间指标数据通过城市体检与评估系统在线填报获取，空间指标数据由城市体检与评估系统在线上传。城市体检与评估系统涉及的主要数据资源如表8-1所示。

表8-1 城市体检与评估系统涉及的主要数据资源

| 编号 | 数据提供单位 | 数据主题名称 | 数据项 |
| --- | --- | --- | --- |
| 1 | 规划和自然资源局 | 市辖区建成区面积 | 面积、行政区划、几何形状等 |
| 2 | | 市辖区建设用地面积 | |
| 3 | | 保存较完好的历史建筑、传统民居数量 | |
| 4 | | 全市历史建筑、传统民居的总数量 | |
| 5 | | 经法定审批的历史文化街区保护规划数量 | |
| 6 | | 经法定公布的历史文化街区数量 | |
| 7 | | 全市社区服务圈 | |
| 9 | 民政局 | 市辖区面积 | 面积、行政区划、几何形状等 |
| 10 | | 养老服务机构 | 行政区划、点坐标等 |
| 11 | | 全市街道总数量 | 行政区划、街道名称等 |
| 12 | | 接受社区养老服务的65岁以上老年人口数量 | 行政区划、数量等 |
| 13 | | 特困人员救助供养数量 | |
| 14 | | 困难残疾人生活补贴和重度残疾人护理补贴数量 | |
| 16 | | 城市的城乡低保标准 | 低保标准 |

续表

| 编号 | 数据提供单位 | 数据主题名称 | 数据项 |
|---|---|---|---|
| 17 | 公安局 | 城市常住人口总数 | 人口数量、行政区划、人口类型等 |
| 18 | 公安局 | 3周岁以上、6周岁以下适龄儿童总数量 | 人口数量、行政区划等 |
| 19 | 公安局 | 城市65岁以上老年人口总数量 | |
| 20 | 公安局 | 交通事故死亡人数 | 数量、行政区划等 |
| 21 | 公安局 | 机动车拥有量 | |
| 22 | 公安局 | 城市发生的刑事案件数量 | |
| 23 | 公安局 | 小学适龄儿童人口总数量 | |
| 24 | 公安局 | 城市常住人口中14~35岁年龄段人口总数量 | |
| 25 | 生态环境局 | 一年中城市空气质量达到优良的天数 | 天数、行政区划等 |
| 26 | 生态环境局 | 集中式饮用水水源水质抽查站点数量 | 水质点位置、达标数量等 |
| 27 | 城市管理综合执法局 | 设置垃圾分类设施的城市社区数量 | 行政区划、数量等 |
| 28 | 城市管理综合执法局 | 城市社区总数量 | |
| 29 | 城市管理综合执法局 | 生活垃圾清运量 | |
| 30 | 城市管理综合执法局 | 可回收物回收利用量 | |
| 31 | 城市管理综合执法局 | 餐厨垃圾回收利用量 | |
| 32 | 城市管理综合执法局 | 垃圾站点设施 | |
| 33 | 城市管理综合执法局 | 公共厕所设施 | |
| 35 | 水务局 | 污水处理厂进厂水量 | 处理厂名称、处理量等 |
| 36 | 水务局 | 污水处理厂进厂的生活污染物浓度 | 生活污染物浓度等 |
| 37 | 水务局 | 人均日生活污染物排放量 | 排放量、行政区划等 |
| 38 | 水务局 | 城区用水总人口数量 | 人口数量、行政区划等 |
| 40 | 水务局 | 城市主要内涝点 | 内涝点名称、排干时间、内涝点位置等 |
| 41 | 林业园林局 | 城市建成区中乔木、灌木、草坪等所有植被的垂直投影面积 | 面积、几何形状 |
| 42 | 林业园林局 | 公园绿地面积 | 面积、名称、几何形状 |
| 43 | 林业园林局 | 已建成绿道总长度 | 长度等 |
| 45 | 林业园林局 | 公园广场 | 名称、面积等 |
| 46 | 住房城乡建设局 | 总建筑面积 | 面积、数量等 |
| 47 | 住房城乡建设局 | 年度竣工验收的老旧建筑数量 | 数量等 |
| 48 | 住房城乡建设局 | 城市建成区内老旧建筑的总数量 | 数量等 |
| 49 | 住房城乡建设局 | 城市住宅的平均租金 | 租金 |
| 50 | 住房城乡建设局 | 公共租赁住房 | 数量、行政区划 |
| 51 | 住房城乡建设局 | 农村危房改造 | |
| 53 | 住房城乡建设局 | 城市甲级写字楼空置房屋面积 | 面积、行政区划 |
| 54 | 住房城乡建设局 | 城市甲级写字楼房屋总面积 | |

续表

| 编号 | 数据提供单位 | 数据主题名称 | 数据项 |
| --- | --- | --- | --- |
| 55 | 统计局 | 城镇居民人均每月可支配收入 | 收入数据 |
| 56 | | 第三产业 GDP | GDP |
| 57 | | 城市城乡居民上年度的人均消费支出数据 | 支出数据 |
| 58 | 文化广电旅游局 | 城市节假日国内外游客量 | 数量 |
| 59 | | 文化服务机构 | 数量 |
| 61 | 交通运输局 | 建成区高峰时间平均机动车速度 | 速度值 |
| 62 | | 建成区道路网总里程 | 路网类型、几何形状 |
| 63 | | 建成区地铁站点数量 | 地铁位置、站点名称 |
| 64 | | 机动化出行总量（含公共交通出行量） | 数值 |
| 66 | 工业和信息化局 | 通信服务点 | 数量 |
| 68 | | 4G 网络信号覆盖面积 | 面积 |
| 69 | 人力资源社会保障局 | 城镇居民人均每月可支配收入 | 收入数据 |
| 70 | | 中等职业教育国家助学金人数 | 人数、行政区划 |
| 71 | | 中等职业教育免学杂费人数 | |
| 72 | | 基本公共就业服务人数 | |
| 73 | | 创业服务人数 | |
| 74 | | 城乡居民基本养老保险人数 | |
| 75 | | 大学（大专及以上）文化程度的新增就业人口 | |
| 76 | | 全年城市新增就业总人口 | |
| 77 | 教育局 | 幼儿园实际入园人数 | 数量、行政区划 |
| 78 | | 基础教育服务机构 | |
| 79 | | 义务教育 | |
| 80 | | 寄宿生生活补助人数 | |
| 81 | | 中等职业教育国家助学金人数 | |
| 82 | | 中等职业教育免学杂费人数 | |
| 83 | | 普通高中国家助学金 | |
| 84 | | 普通高中教育免学杂费补助 | |
| 86 | | 小学生新增入学人数 | |
| 87 | | 小学教育在校学生数 | |
| 88 | 卫生健康委 | 已建设社区卫生服务机构的街道数量 | 数量、行政区划 |
| 89 | | 医疗卫生服务机构 | 数量、行政区划 |
| 90 | | 居民健康档案 | |
| 91 | | 健康教育与素养促进 | |
| 92 | | 卫生计生监督协管 | |
| 94 | | 计划生育家庭特别扶助 | |

续表

| 编号 | 数据提供单位 | 数据主题名称 | 数据项 |
|---|---|---|---|
| 95 | 医疗保障局 | 城乡居民基本医疗保险人数 | 数量、行政区划 |
| 96 | | 医疗救助人数 | |
| 97 | 应急管理局 | 受灾人员救助 | 数量、行政区划 |
| 98 | | 城市紧急避难场所总面积 | 面积、行政区划 |
| 99 | 市残联 | 困难残疾人生活补贴和重度残疾人护理补贴人数 | 人数、行政区划 |
| 101 | | 残疾人托养照料服务人数 | |
| 102 | 来穗人员服务管理局 | 外来人口数据 | 人数、行政区划 |
| 103 | 市场监管局 | 城市法人企业总数 | 数量、行政区划 |
| 104 | | 城市企业总数 | |
| 105 | | 城市年末发明专利拥有量 | |
| 106 | 科技局 | 2018年在高新技术企业资格有效期内的国家高新技术企业数量 | 数量、行政区划 |
| 107 | 燃气集团 | 生活用气量 | 数量、行政区划 |
| 108 | 广东电网有限责任公司广州供电局 | 电力消耗量 | 数量、行政区划 |
| 109 | 体育局 | 已建设无障碍设施的公共空间数量 | 数量、行政区划 |
| 110 | | 体育健身服务机构 | 数量、行政区划 |
| 111 | 地方金融监管局 | 银行点 | 数量、行政区划 |
| 113 | 商务局 | 商场、菜市场、便利店 | 数量、行政区划 |

## 8.4 系统业务模型

城市体检与评估系统全面整合了现有各个业务部门的相关建设资源，在现有全市信息化资源成果的基础上进行了整合扩充，提高了信息资源共享水平，避免了重复建设，具体业务模型如图8-2所示。

（1）指标数据采集：实现了数据填报、系统对接等多种指标数据采集方式，支持不同数据获取频率。

（2）空间数据管理：提供了空间几何拓扑和属性字段等多个方面的数据质量校核功能，保障了成果数据质量和数据建库质量；提供了对指标空间数据库进行管理的工具，以及动态入库、增量更新、版本管理等功能。

（3）一张图综合展示：基于统一的空间位置，构建了城市体检成果数据一张图，对城市体检各个指标数据在空间上进行一张图加载展示。

（4）体检健康评估：通过量化分析模型，实现了城市体检指标在空间格局与功能布局位置上的定量空间分析，为体检报告的编制提供了数据支撑；根据体检指标，可对城市运行健康情况进行评估，找出"城市病"发生的原因及解决对策。

（5）系统定制管理：根据工作需求，充分利用了广州市多规管理平台、工程建设项目联合审批平台、数字城市管理平台,整合了相关部门的信息平台数据和统计数据,并与上一级的城市体检与评估系统对接;可以通过 WebService 和地图服务对接上述相关数据,并将体检成果数据封装成服务接口,实现数据联动共享。

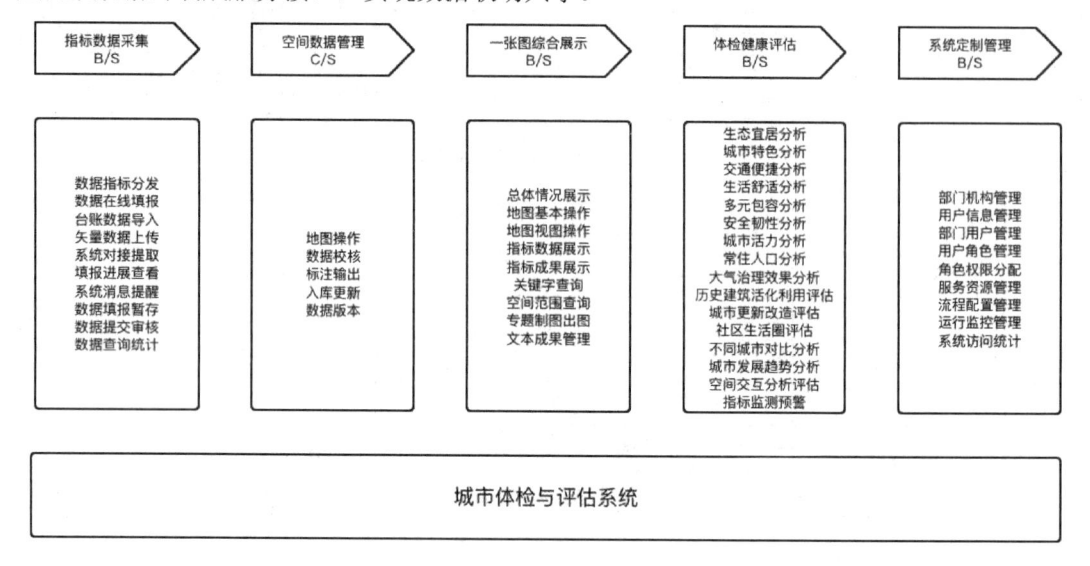

图 8-2　城市体检与评估系统的业务模型

## 8.5　系统主要功能

### 8.5.1　指标数据采集

城市体检与评估系统通过在线填报、系统对接等多种方式获取指标数据,支持实时获取、定期获取等方式,实现指标数据的多种方式采集。

(1)指标数据分发。在发起数据上报前,城市体检与评估系统提供了责任部门配置指标数据项的功能,明确了当年城市体检各个部门提交的具体指标数据项目;集成了第三方工作流组件,启动了数据上报流程,向参与城市体检的各个部门发起数据上报工作。

(2)数据在线填报。针对城市的城乡低保标准、可回收物回收利用量、城镇居民人均每月可支配收入、建成区高峰时间平均机动车速度等类型的指标数据,城市体检与评估系统提供了简单的数值填报功能;针对城市常住人口总数、小学适龄儿童人口总数量、城区用水总人口数量、创业服务人数、生活垃圾清运量等指标数据,城市体检与评估系统提供了按区填报功能。数据填报界面如图 8-3 所示。

(3)台账数据导入。针对垃圾站点设施、公共厕所设施、城市主要内涝点、集中式饮用水水源水质抽查站点数量、文化服务机构、通信服务点、基础教育服务机构等指标数据,城市体检与评估系统提供了台账数据导入功能。责任部门按照城市体检与评估系统的指引上传台账数据的电子文件,城市体检与评估系统将自动读取电子台账数据并将其导入数据库。

(4)矢量数据上传。针对建成区、全市街道、全市社区、建设用地等指标数据,城市体检与评估系统提供了矢量数据上传功能。责任部门将指标数据的矢量文件上传到矢量数据上传功能中，由人员下载校核无误后，使用空间数据库管理功能进行更新入库操作。

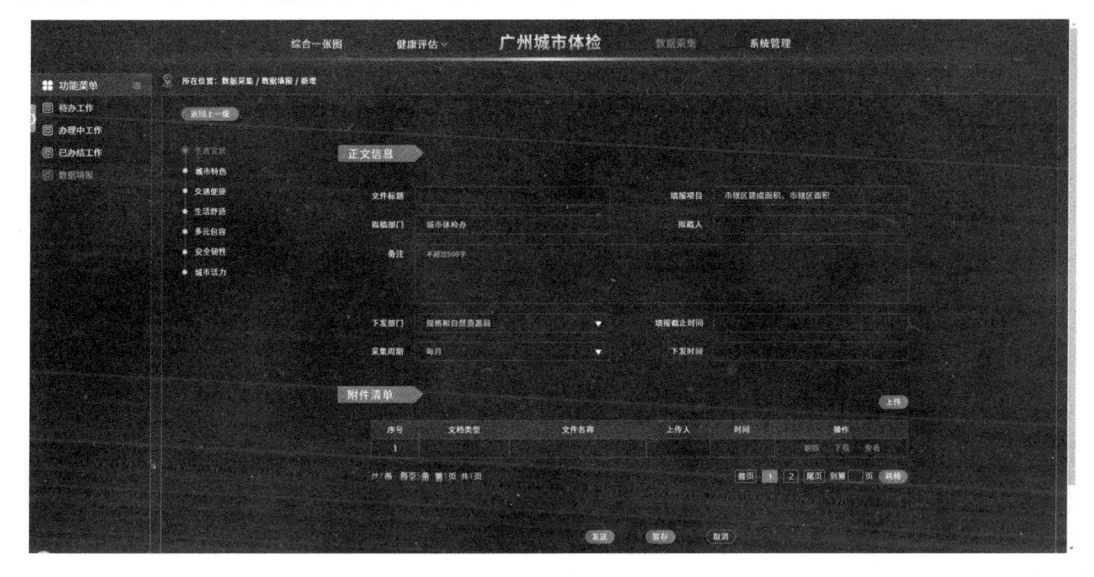

图 8-3 数据填报界面

（5）系统对接提取。针对可以通过在线服务对接的指标数据，城市体检与评估系统根据数据服务地址和数据标准提供了在线对接功能。责任部门通过和城市体检与评估系统对接来提取指标数据，在确认指标数据无误后将其导入城市体检与评估系统的数据库。

（6）填报进展查看。面向广州市城市体检工作领导小组办公室（市城检办），城市体检与评估系统提供了在线查看各部门填报指标数据进展的功能，并能够以柱状图和百分比的形式显示各部门工作进展情况。

（7）系统消息提醒。城市体检与评估系统以消息框显示填报单位需要填报的指标数据、截止时间等提醒信息；通过对接相关短信接口，能够以短信的形式发送提醒消息。

## 8.5.2 空间数据管理

面向城市体检数据上报部门和技术服务小组数据管理人员，城市体检与评估系统提供了城市体检空间数据质量校核工具，从而确保数据在更新入库前，各类空间数据符合要求，保障了成果数据质量和数据建库质量。

（1）地图操作。城市体检与评估系统提供了缩放、平移、全屏、任意浏览等基本图形浏览操作工具，包括放大/缩小/平移地图、上一个视图、下一个视图、固定放大、固定缩小、缩放到选择的要素、缩放到选择的图形、缩放到选择的图层、全图显示等用于浏览操作的功能。

（2）数据校核。城市体检与评估系统提供了空间数据拓扑校核、空间数据属性字段校核、空间数据坐标系校核等功能，可针对校核结果提供定位标注功能。数据监理检查界面如图 8-4 所示。

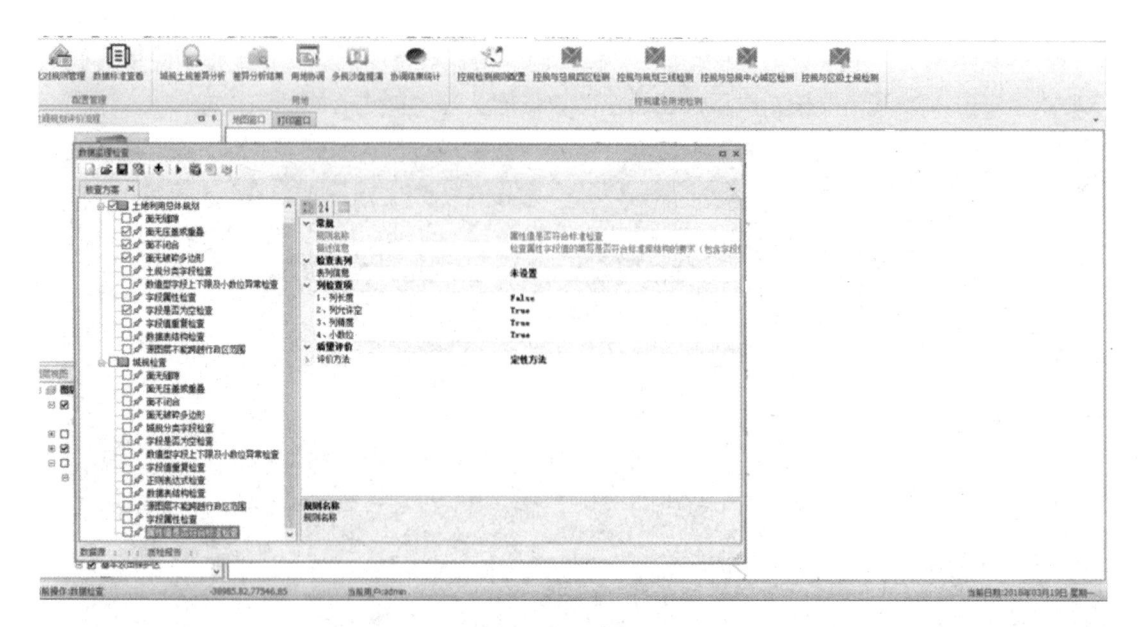

图 8-4　数据监理检查界面

（3）入库更新。对于提交的经过检查后的成果数据，城市体检与评估系统将根据固定规范将不同的数据导入指定的数据库，将矢量数据和属性数据更新入库，并以进度条的形式显示入库状态，通过增量更新的方式实现数据快速入库更新。单图层入库和图层批量入库如图 8-5 所示。

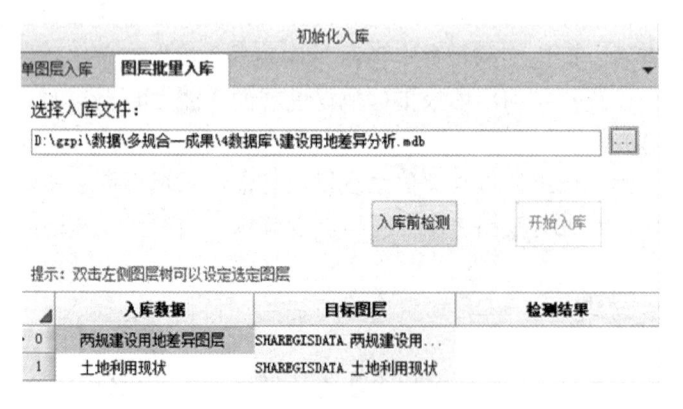

图 8-5　单图层入库和图层批量入库

（4）数据版本。城市体检与评估系统提供了现状数据与历史数据的对比浏览操作、数据版本管理、多版本数据对比查看等相关的版本管理与分析功能。

## 8.5.3　一张图综合展示

城市体检与评估系统可以对城市体检的各个指标数据在空间上进行一张图综合展示，提供了按照部门、按照指标类型分类展示，以及数据查询、统计功能。

（1）总体情况展示。城市体检与评估系统展示了体检指标中 7 项核心指标的情况，总体情况展示如图 8-6 所示。

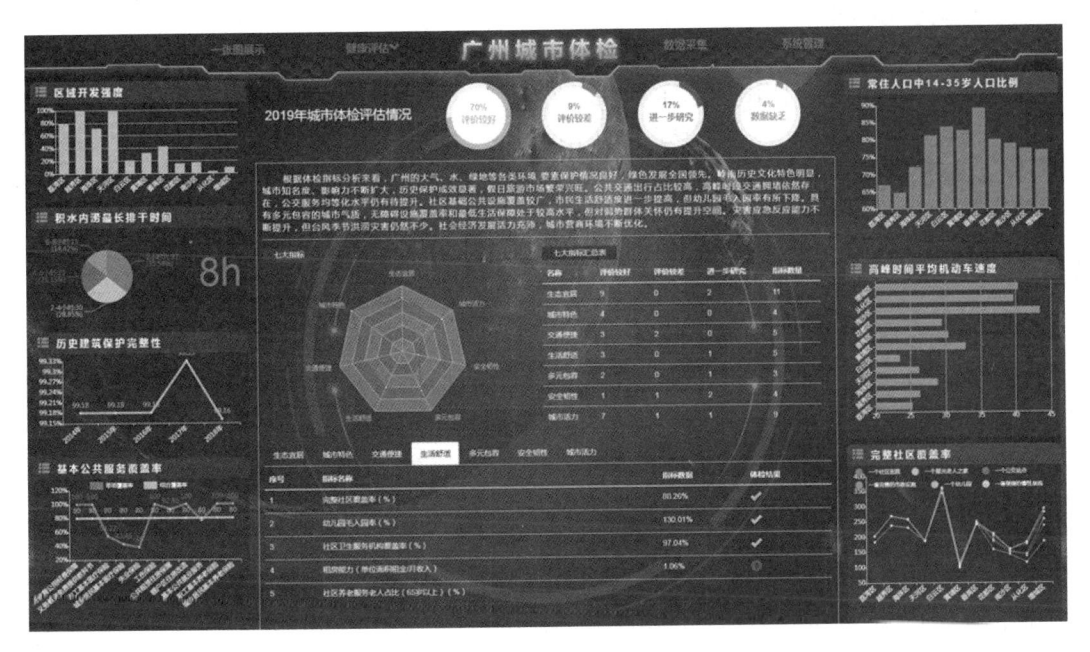

图 8-6　总体情况展示

（2）地图基本操作和视图操作。城市体检与评估系统提供了对地图的一些基本操作和视图操作功能，包括平移、缩放、透明度、多窗口对比、空间范围设置、几何形状调整、缓冲区设置、卷帘展示、矢量地块导出等。

（3）指标数据展示。城市体检与评估系统提供了指标分项数据展示功能，可对具有空间信息的指标数据进行落图处理，并根据分层分级的模式在地图上进行展示。

（4）指标成果展示。城市体检与评估系统对 41 个指标进行了逐一评估，可得到评估基本情况、分析发展趋势以及空间分布，为城市体检专项报告和总报告提供了支撑。

（5）查询匹配。城市体检与评估系统通过关键词在指标数据库进行全库模糊检索，支持地图定位，提供了空间范围查询功能。全库模糊检索如图 8-7 所示。

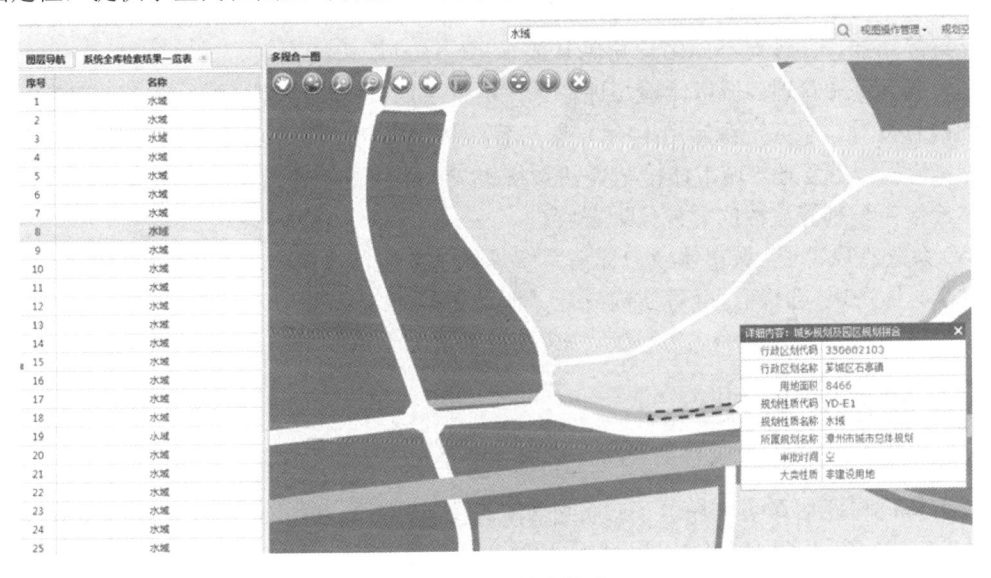

图 8-7　全库模糊检索

（6）专题制图出图。城市体检与评估系统可根据需要对地图数据进行专题符号化显示，并完成专题图的展示和打印出图功能。

### 8.5.4　体检健康评估

通过量化分析模型，城市体检与评估系统实现了城市体检指标在空间格局与功能布局位置上的定量空间分析，为体检报告的编制提供了数据支撑。

（1）生态宜居分析。针对城市的土地开发强度、大气、水、垃圾等生态环境状况，以及民用建筑能耗情况等方面，城市体检与评估系统围绕城市宜居的 11 个指标进行了体检分析，并以雷达图、空间分布图、折线图和柱状图等形式进行了展示。

（2）城市特色分析。针对各类历史文化遗迹保护与活化利用、历史文化街区保护、城市设计精细化管理等方面，城市体检与评估系统围绕城市特色的 4 个指标进行了体检分析，并配合各种可视化图表进行了展示。

（3）常住人口分析。利用城市体检部门报送的统计数据和"四标四实"中的实有人口数据，城市体检与评估系统进行了空间落图处理，从人口结构、空间分布、变化趋势等多个维度进行了分析。

（4）社区生活圈评估。针对党群服务、基础教育、医疗卫生、福利养老、公共文化、体育健身、市政公用、便民商业等公共服务设施，城市体检与评估系统进行了 15 分钟可达覆盖性分析和设施配置均衡性评估，并展示了可达性分析结果。

### 8.5.5　系统运行管理

（1）部门机构管理。城市体检与评估系统对使用其的组织机构部门进行了配置管理，包括部门列表显示、部门添加、编辑、删除等操作，可以对部门用户进行添加、移除、查询等操作。

（2）用户角色管理。城市体检与评估系统针对不同用户提供了用户角色添加、修改、删除、配置等功能，并针对不同用户角色开放了相应的功能模块权限。

（3）服务资源管理。城市体检与评估系统提供了服务资源查询、服务资源浏览、服务资源详细信息查看、服务资源启用/停用、服务资源使用文档下载等功能。

（4）流程配置管理。城市体检与评估系统集成了第三方工作流组件，实现了指标数据汇交、体检报告编制等流程的可视化配置管理。

（5）系统监控管理。城市体检与评估系统提供了系统日志监控管理功能，可对在线用户、在线时长、服务响应时间、服务访问统计、服务访问成功率等内容进行监控管理。

## 8.6　系统应用框架

城市体检与评估系统依托电子政务外网，以智慧广州市时空信息云平台为基础统筹推进、分步实施，统一了规划设计；以城市体检评估成果数据库建设为核心，规范了数据标准，整合了数据资源；充分依托数据挖掘、服务封装、服务加密等技术，强化了部门协同和资源公开共享，加强了信息安全保障；建成了各级互通、信息资源得到充分共享的信息系统。城市体检与评估系统的应用框架如图 8-8 所示。

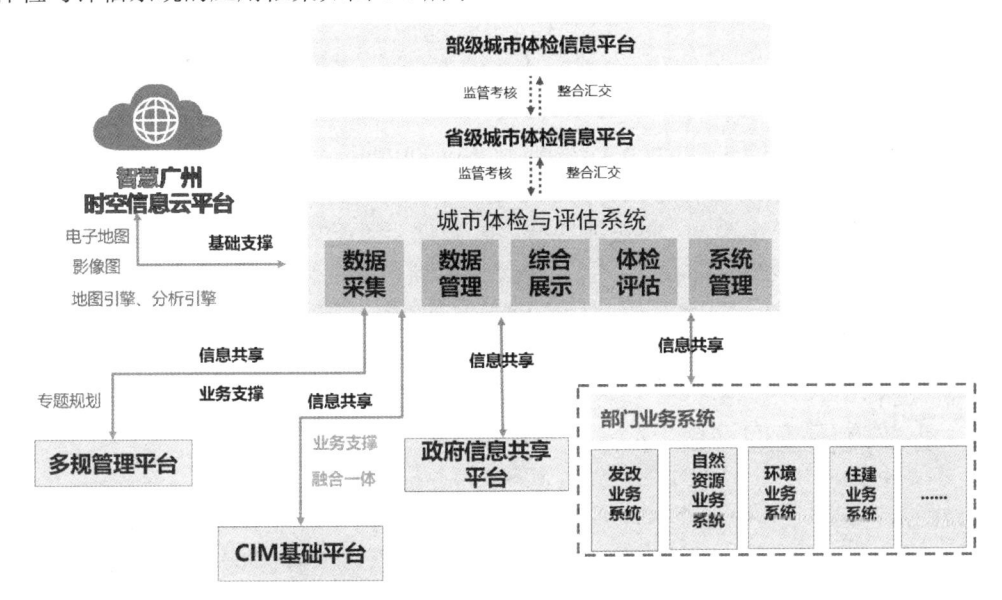

图 8-8  城市体检与评估系统的应用框架

**1. 建设面向应用的城市体检指标数据库**

城市体检与评估系统以各部门体检指标数据为基础，建立了城市体检成果数据库，通过统一的数据操作接口，整合了多源异构数据，完善了数据更新管理机制，实现了涵盖各类数据的质检、更新、管理和分析功能，可确保数据的持续更新。

**2. 构建可灵活搭建的信息系统**

出于通用性的考虑，城市体检与评估系统采用了复用度高及模块化的设计理念，充分体现了可配置、可扩展、可移植和可定制的特征，构建了通用的信息系统，便于质检、入库、更新、查询、统计、分析、交换和共享等应用系统的灵活搭建、功能扩展、易安装和个性化定制。

## 8.7 系统关键技术

### 8.7.1 面向服务架构（SOA）

面向服务架构（Service Oriented Architecture，SOA）是一个组件模型，它将应用程序的不同功能单元（称为服务）通过服务之间定义的接口和契约联系起来。接口是采用中立的方式定义的，独立于实现服务的硬件平台、操作系统和编程语言，这使得构建在各种各样的系统中的服务可以使用一种统一和通用的方式进行交互。不同部门可能已经搭建了各自的业务系统，这些业务系统可能采用不同的硬件平台、操作系统、编程语言和 GIS 平台等，城市体检与评估系统也可能采用与各业务系统不同的硬件平台、操作系统、编程语言或 GIS 平台，这就需要通过 SOA 对二者进行耦合。

### 8.7.2 服务式 GIS

服务式 GIS（ServiceGIS）将 SOA、WebService 等相关理念和技术应用到 GIS 中，服务端将 GIS 数据和功能以 OGC（Open Geospatial Consortium）标准服务对外发布，客户端按 OGC 标准发送请求，通过调用服务端发布的服务可获取所需要的结果。ServiceGIS 屏蔽了服务端、客户端的软/硬件差异，不仅能共享 GIS 数据，还能共享 GIS 功能，为解决不同部门间的信息共享与交换提供了解决方案。城市体检与评估系统以服务的形式对多源数据进行注册与申请、审批与调用，解决了城市体检与评估系统和发改、规划、国土等部门相关业务系统难以融合与集成的技术难题。

### 8.7.3 业务流程管理（BPM）

传统的流程实现通常在单个应用系统中采用工作流引擎，不能实现人与人之间、人与机器之间、机器与机器之间的有效解耦。随着时间推移，工作流系统的结构趋于混乱，难以维护和演进，建立在此基础上的业务流程难以复用和再造，不能充分发挥业务流程的价值。通过引入业务流程管理（Business Process Management，BPM）平台以及可视化建模，城市体检与评估系统建立了各业务流程的模型，实现了业务之间的衔接和贯通，并通过 BPM 平台的中间层实现了人与人之间、人与机器之间和机器与机器之间的松耦合，让业务流程尽可能脱离具体的 IT 环境，在业务层面实现快速搭建、可靠运行、有效维护和持续优化。

### 8.7.4 C/S 架构与 B/S 架构的结合

城市体检成果包含海量的空间数据，采用 C/S 架构对该部分数据进行质量管理和维护是比较适合的，且 C/S 架构的业务用户主要是体检成果的数据管理人员，用户量相对较少，维护量相对不大。对于城市体检与评估系统的其他部分应用，用户涉及面比较广，用户较多，而且涉及与其他多个外部用户的对接，从应用的方便性、灵活性等方面考虑，更适合采用 B/S 架构。城市体检与评估系统结合使用了 C/S 架构与 B/S 架构。

### 8.7.5 信息安全认证技术

城市体检与评估系统采取了信息加密、防病毒、防火墙、防黑客、安全认证、网络安全审计、网络监测等各项安全技术，同时建立了严格的分层次用户权限管理模块，包括对应用系统功能授权及对数据库访问权限的严密控制。

### 8.7.6 专题地图可视化展示技术

城市体检与评估系统采用开源 ECharts 图表框架作为专题地图可视化展示载体，其展现的数据具有挖掘和分析的互动能力。ECharts 提供了各类丰富的图表，可以流畅地运行在 PC

和移动设备上，兼容当前绝大部分的浏览器，底层依赖轻量级的 Canvas 类库 ZRender，提供了直观、生动、可交互、可高度个性化定制的数据可视化图表。ECharts 集成了地图、图表、数据表格、分类计算、动力图、热力图、气泡图等模块，提供了时空大数据可视化分析展示功能，可以快速探索并揭示数据背后的知识和规律。

## 8.8 系统特色亮点

### 1. 城市体检精准化

城市体检与评估系统整合了海量多源异构数据，提供了体检指标量化及空间布局数据，并进行了结构分析和问题研判分析，为规划、建设、管理等各个城市治理环节提供了准确的数据资源和服务。

### 2. 城市体检空间化

城市体检与评估系统对指标数据进行了空间落图，可精准定位城市问题的空间位置，并提供空间分析功能，为城市治理在全域全要素空间布局的协调均衡提供了研判分析服务。

### 3. 城市体检智能化

城市体检与评估系统利用高性能的计算引擎，通过对现有数据进行模拟分析预测，为城市治理手段的创新、服务水平的提升提供了智能高效的决策服务。

# 第 9 章
# 城市更新改造管理系统

城市更新改造管理系统以城市更新改造工作业务需求及高效管理驱动为导向,实现了城市更新改造项目的信息化、流程化管理,以及海量数据的标准化、可视化管理。城市更新改造管理系统以空间数据为基础对城市更新改造规划方案进行自动化审查、分析及经济测算,为城市更新改造决策提供了支撑,提升了更新改造项目的科学性和高效性。基于开放、共享的理念,城市更新改造管理系统与区、市级的相关政务系统及业务部门实现了系统对接和数据服务的共享共用,提升了各业务部门之间业务服务的联动性,打通了业务部门之间的数据壁垒。

## 9.1 系统需求分析

随着城市的不断发展,土地用途管制和开发的复杂程度将变得越来越大。无论土地成本与收益的计算和评估,还是规划改造方案的三维可视化表达,都需要数字化技术的支持,以提升工作的有效性和持续性。更新改造编制过程的复杂性导致了相关业务部门工作过程的复杂性,从用地现状的符合性到过程核算,涉及大量的用地校核与量化计算,必须以数字化技术为支撑来辅助管理城市更新改造过程。

为了积极响应国家政策,城市更新改造管理系统应当在建立统一的标准规范和数据共享交换体系的基础上,结合城市更新改造发展现状,梳理实际业务诉求。城市更新改造管理系统的需求分析汇总如下:

(1)急需安全可靠的信息化手段支撑更新改造项目的全流程管理。当前城市更新改造业务主要采用人工方式进行项目管理,没有采用直观、可视化的方式进行项目管理,在项目查询、项目信息统计方面的效率低,急需安全可靠的信息化手段支撑更新改造项目的全流程管理,方便相关领导快捷、直观地了解项目情况,方便经办人员办理日常的审核业务。

(2)急需精细化的基础信息支撑城市有机更新改造。与城市更新改造相关的基础数据普查、策划基础数据调查、实施项目基础数据调查等比较庞杂,没有统一的存储方式和平台进行管理,数据利用效率低,缺乏分析工具对数据进行有效利用,急需通过精细化的基础信息对数据进行标准化建库及空间可视化管理、分析,对城市更新改造数据资产进行有效管理整合。

(3)急需智能化、高效化的手段支撑提高项目审核效率。当前城市更新改造项目的范围划定、策划方案、规划调整和更新改造方案的审核全部采用人工方式,不仅耗时耗力、审核效率低,还容易出错,急需智能化、高效化的手段对改造范围划定、片区策划(片策)方案、项目实施方案的内容进行高效、准确的规范性核查,自动检测改造范围与空间约束条件的压盖、重合、缝隙、数量吻合等情况,达到"更清晰地掌握情况、更及时地发现问题、更迅速地处置问题、更有效地解决问题"的目的,提高工作效率和城市更新改造的科学决策能力。

城市更新改造管理系统能够更好地服务城市更新改造事权的下放,助力打造高质量、智能化、可持续的城市更新改造,推动城市更新改造的管理规范化、数据标准化、审核高效化,提升更新改造规划编制成果的规范性、科学性与可实施性。

## 9.2 系统架构体系

城市更新改造管理系统充分利用了现有的信息化成果,集成整合了城市更新改造的数据(包含城市更新改造基础数据普查成果、标图建库数据、城市更新改造规划计划数据、历年累积的城市更新改造项目数据,以及其他委办局共享的国土、测绘、房产数据等数据),采用了大型的关系数据库,实现了多源、多类型数据的统一管理,以及空间数据与非空间数据的一体化存储。

城市更新改造管理系统的建设采用"集中开发、分级部署、个性定制、互联互通、共同管理"的研发部署模式,做到了统一信息标准、统一图表图册。城市更新改造管理系统采用面向服务架构(SOA),便于系统的扩展性和对外的异构关联。城市更新改造管理系统的架构如图 9-1 所示。

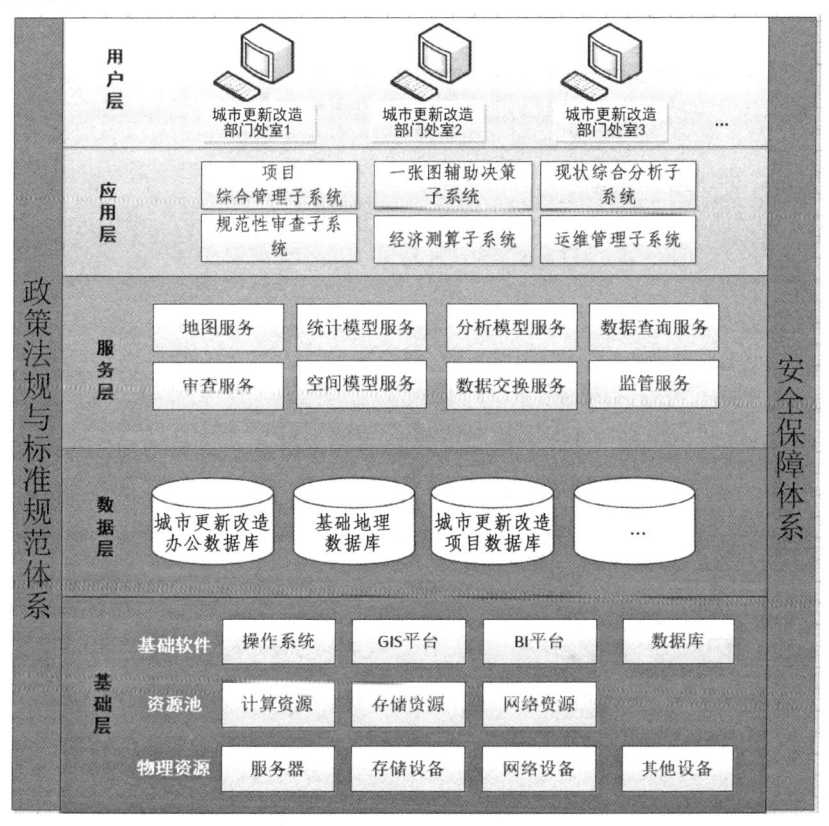

图 9-1 城市更新改造管理系统的架构

（1）基础层：对服务器、存储设备、网络设备等物理资源进行整合，形成了可动态扩展的高性能计算环境、大容量存储环境，能够满足海量数据存储、多类型用户并发应用和信息公开共享查询的需求。

（2）数据层：由城市更新改造办公数据库、基础地理数据库、城市更新改造项目数据库等组成，负责数据的统一组织、存储和管理，对服务层的地图服务、统计模型服务、分析模型服务、数据查询服务、数据交换服务等提供数据支撑。

（3）服务层：是连接城市更新改造管理系统的各类应用与后台原始数据的核心中间层，主要由数据管理、数据交换、在线服务和多维模型管理等部分构成。服务层负责为城市更新改造管理系统的元数据管理、数据入库管理、数据版本管理、数据服务注册等提供工具；为综合地图数据提供展示、加载、查询、统计分析等功能；为多维模型的分析设计、上传、在线运行等提供支持。数据层支持高级的服务自动监测与自动伸缩，使上层应用变得更加智能化、空间化。

（4）应用层：应用层可以根据不同类型、不同服务目标的用户，提供不同程度的应用服务。应用层提供了城市更新改造业务信息的查询、分析、统计、展示、管理等功能，包括项目综合管理子系统、一张图辅助决策子系统、现状综合分析子系统、规范性审查子系统、经济测算子系统、运维管理子系统等，支持基于B/S架构的浏览器终端。

（5）用户层：主要为城市更新改造部门的各处室，通过智能化的城市更新改造管理系统进行业务的综合管理及分析。

（6）政策法规与标准规范体系：按照国家和行业标准与技术规范建立统一的标准规范，指导城市更新改造管理系统的建设和管理。

（7）安全保障体系：按照国家网络安全等级保护相关政策和标准要求建立运行、维护、更新与信息安全保障体系，保障城市更新改造管理系统的数据、应用及服务的稳定运行。

## 9.3 系统数据资源

数据层是城市更新改造管理系统建设的核心内容，实现了对城市更新改造相关数据资源的集中管理。通过数据梳理、数据清洗、数据核查、数据整合、数据属性挂接、数据转换统一坐标系、空间落图等数据治理技术手段，城市更新改造管理系统形成了满足相关部门业务、管理需求的标准化数据资源。城市更新改造管理系统的数据资源如表9-1所示。

表9-1 城市更新改造管理系统的数据资源

| 序号 | 数据主题名称 | 原始格式 | 数据项 |
| --- | --- | --- | --- |
| 1 | 行政区划数据 | DWG | 要素代码、行政区划代码、行政区划名称、计算面积 |
| 2 | 镇街数据 | DWG | 要素代码、行政区划代码、街道代码、街道名称、计算面积 |
| 3 | 村居委数据 | DWG | 要素代码、行政区划代码、街道代码、社区代码、社区名称、计算面积、村简介 |
| 4 | 调查范围数据 | DWG/SHP | 要素代码、数据调查类型、城市更新改造类型 |
| 5 | 栅格影像数据 | TIFF | 无 |

续表

| 序号 | 数据主题名称 | 原始格式 | 数据项 |
|---|---|---|---|
| 6 | 标图建库数据 | SHP | 行政区划代码、图斑编号、细分编号、细化分类、国有用地面积、集体用地面积 |
| 7 | 房屋数据 | XLS/DWG | 图上编号、证载占地面积、实测占地面积、房屋地址、权属证件类型 |
| 8 | 土地利用现状数据 | DWG/SHP/XLS | 图斑编号、地类编码、地类名称、图斑面积 |
| 9 | 土地利用总体规划数据 | DWG/SHP/XLS | 行政区划代码、行政区划名称、土地用途分区代码、面积 |
| 10 | 城市总体规划数据 | DWG/SHP/XLS | 行政区划代码、规划性质编码、规划性质名称、地块面积 |
| 11 | 控制性详细规划数据 | DWG/SHP/XLS | 行政区划代码、规划性质编码、规划性质名称、地块面积 |
| 12 | 土地权属数据 | DWG/SHP/XLS | 地块编号、土地权属性质、测量面积 |
| 13 | 产业用地数据 | DWG/SHP/XLS | 地块编号、地块面积、产业分类代码 |
| 14 | 历史文化遗产数据 | DWG/SHP/XLS | 编码、名称、类别、级别、坐落村名称 |
| 15 | 公共配套及市政设施数据 | DWG/SHP/XLS | 设施类型、设施类别、坐落村名称 |
| 16 | 人口数据 | XLS | 户籍人口、常住总人口、股东人口、来穗人员总数 |
| 17 | 村集体（社区）经济数据 | XLS | 年度经济收入、分红和支出情况 |
| 18 | 地理空间信息数据 | DWG | 房屋、道路、植被、水系等地理要素 |
| 19 | 土地收储数据 | DWG | 地块信息、单位、面积 |

（1）行政区划数据：行政区划数据是地理空间信息数据的关键信息，是数据管理的有效边界线，需要依据数据标准进行有效数据管理，根据数据标准可知该项数据所需的字段包括要素代码、行政区划代码、行政区划名称、计算面积。

（2）镇街数据：坐标准确、范围准确的镇街数据是项目管理和空间计算的重要依据，根据数据标准可知该项数据所需的字段包括要素代码、行政区划代码、街道代码、街道名称、计算面积。

（3）村居委数据：村居委数据是城市更新改造项目开展项目管理和数据治理最小的行政管理界线，根据数据标准可知该项数据所需的字段包括要素代码、行政区划代码、街道代码、社区代码、社区名称、计算面积、村简介。

（4）调查范围数据：调查范围数据是城市更新改造项目最关键的管理界线之一，所有的城市更新改造项目都需要以调查范围数据为依据，开展各类基础数据摸查、测算等工作。根据数据标准可知调查范围数据所需的字段包括要素代码、数据调查类型、城市更新改造类型。

（5）栅格影像数据：栅格影像数据既是城市更新改造管理系统建设的底图之一，也是对房屋数据、范围数据进行核查、调整、补充等的重要依据。

（6）标图建库数据：针对现有的标图建库数据进行有效的空间清洗、整合等工作，根据数据标准可知该项数据所需的字段包括行政区划代码、图斑编号、细分编号、细化分类、国有用地面积、集体用地面积。

（7）房屋数据：房屋数据是城市更新改造项目建设的关键数据之一，房屋建筑是城市更新改造的核心对象，依扎精准、完备的全区房屋面数据才能有效地开展方案评估和经济测算等工作。城市更新改造管理系统需要在原始房屋数据的基础上完成数据整理、数据清洗、数据匹配、数据转换、空间落宗、属性落宗、数据建库等工作，根据数据标准可知该项数据所需的字段包括图上编号、证载占地面积、实测占地面积、房屋地址、权属证件类型。

（8）土地利用现状数据：土地利用现状数据主要用于城市更新改造的现状评估，需要根数据标准进行数据整理，该项数据所需的字段包括图斑编号、地类编码、地类名称、图斑面积。

（9）土地利用总体规划数据：土地利用总体规划是对土地利用的法定约束条件，城市更新改造需要在规划条件的约束下进行，规划条件的符合性审查是相关改造方案审查的重要环节。城市更新改造管理系统需要在现有土地利用总体规划数据的基础上根据数据标准进行数据整理，该项数据所需的字段包括行政区划代码、行政区划名称、土地用途分区代码、面积。

（10）城市总体规划数据：城市总体规划对城市的开发建设空间范围提出了一定的约束性要求，城市更新改造同样需要先进行规划条件的合规性审查，该审查主要是结合城市总体规划中的"三区四线"进行空间图斑的压盖审查。根据数据标准可知，城市总体规划数据所需的字段包括行政区划代码、规划性质编码、规划性质名称、地块面积。

（11）控制性详细规划数据：控制性详细规划是土地开发建设的重要依据，根据数据标准可知该项数据所需的字段包括行政区划代码、规划性质编码、规划性质名称、地块面积。

（12）土地权属数据：城市更新改造项目需要利用土地权属数据对城市更新改造方案的前期现状进行研判。为了满足数据管理和利用的统一需求，需要根据数据标准进行数据整理，该项数据所需的字段包括地块编号、土地权属性质、测量面积。

（13）产业用地数据：为了满足数据管理和利用的统一需求，需要根据数据标准对城市更新改造范围内的产业用地数据进行整理，该项数据所需的字段包括地块编号、地块面积、产业分类代码。

（14）历史文化遗产数据：城市更新改造范围内的历史文化遗产资源现状分布情况同样是分析研判的重点，需要在现有数据的基础上进行数据整理、数据转换、属性落宗、数据建库等数据治理工作，该项数据所需的字段包括编码、名称、类别、级别、坐落村名称。

（15）公共配套及市政设施数据：城市更新改造管理系统需要在现有公共配套及市政设施数据的基础上进行数据整理、数据转换、属性落宗、数据建库等数据治理工作，该项数据所需的字段包括设施类型、设施类别、坐落村名称。

（16）人口数据：人口数据需要明确更新改造范围内的村民人口和户数，根据数据标准可知该项数据所需的字段包括户籍人口、常住总人口、股东人口、来穗人员总数。

（17）村集体（社区）经济数据：来源于村（社区）公开财务报表，旧厂房经济数据由对应改造项目的企事业单位填写。村集体经济数据主要包括近5年村集体总收入、村集体物业收入、村支出情况等。根据数据标准可知，经济数据所需的字段包括年度经济收入、分红和支出情况。

（18）地理空间信息数据：调查更新改造范围内的最新1:500数字地形图数据，该数据是基础性的底板数据，根据数据标准可知该项数据所需的字段包括主要包括房屋、道路、植被、水系，准确的空间定位信息可满足后续分析和计算的需求。

（19）土地收储数据：与土地收储相关的数据，根据数据标准可知该项数据所需的字段包括地块信息、单位、面积。

## 9.4 系统业务模型

从城市更新改造业务的全流程角度出发，可将城市更新改造的业务流程分为项目管理、数据管理和决策支撑三个业务域。三个业务域在总体上支撑了城市更新改造业务的高效运行。城市更新改造管理系统的业务模型如图 9-2 所示。

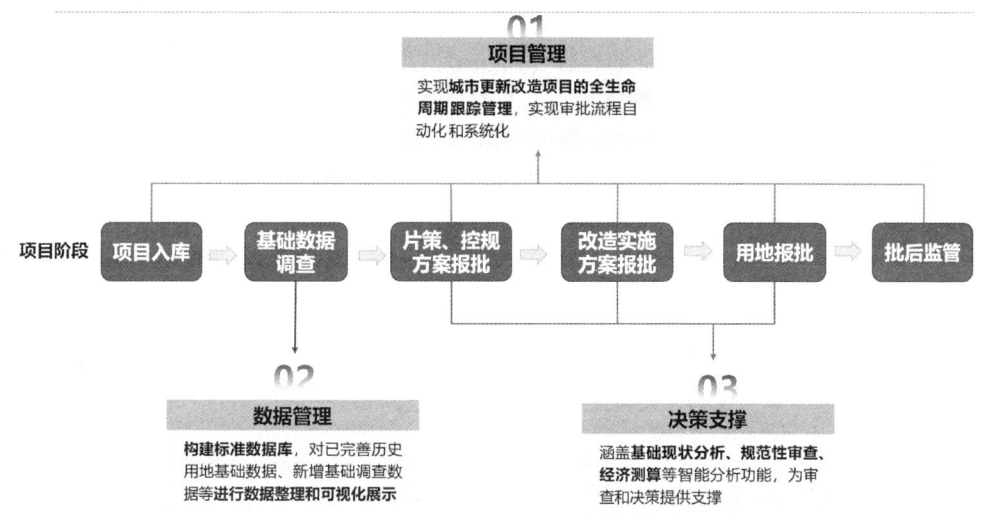

图 9-2　城市更新改造管理系统的业务模型

（1）项目管理：主要对城市更新改造中的全面改造、老旧小区微改造等项目进行全生命周期跟踪管理，如业务流转审批、项目资料管理、政策文件管理、业务数据分析等，具体包括更新改造项目信息录入、项目库管理、流程工作台、流程审批、流程监控、项目全流程监管、业务数据统计分析、业务文件管理、公告管理、系统设置等功能。

（2）数据管理：数据管理按照业务类型、空间尺度的不同，在统一空间参考、统一数据编码、统一数据分类、统一分层组织的情况下，对更新改造项目的各类资源数据进行集中式的集成管理与可视化；同时还可以根据业务管理需求、数据业务应用范围的不同，对数据进行重新整理与分析利用。

（3）决策支撑：决策支撑可以基于城市更新改造项目的现状数据进行信息化自动分析，对更新改造范围内与各类空间约束范围内的数据审查分析，判断数据之间是否存在压盖、是否满足空间约束条件等，并可以提供城市更新改造的经济测算全流程各环节的数据管理、数据分析、经济测算功能，为审查和决策提供支撑。

## 9.5 系统主要功能

### 9.5.1 项目综合管理子系统

项目综合管理子系统的功能包括：

（1）项目入库：实现城市更新改造中的全面改造、老旧小区微改造项目的信息入库和分类管理，支持交互式的信息动态更新，具体包含历史项目入库、新增项目填报、项目信息修改、项目全流程进度查看等功能。

（2）项目库管理：允许审查人员对各类更新改造项目进行增删改查等操作，具体包含项目库全览、项目查询、项目更新等功能。

（3）分处室分业务流程监管：可根据不同处室、不同更新改造项目类型、不同用户、不同权限进行各阶段审批流程的定制和管理，并支持一键导出业务公文报表。具体包括流程管理、流程定制、业务表单定制、审批流程监管、待办理查询、已办理查询、在办理查询、完成办理查询、业务公文报表导出等功能。

（4）项目全流程监管：对城市更新改造项目的全流程（包括从项目入库、基础数据调查、片策/控规（控制性详细规划）方案报批、改造实施方案报批、用地报批、批后监管等项目阶段）的项目信息、项目进度、项目各阶段材料进行管理，将项目开展事项纳入城市更新改造管理系统进行管理，提高城市更新改造的工作效率。城市更新改造管理系统的审批流程监管如图9-3所示。

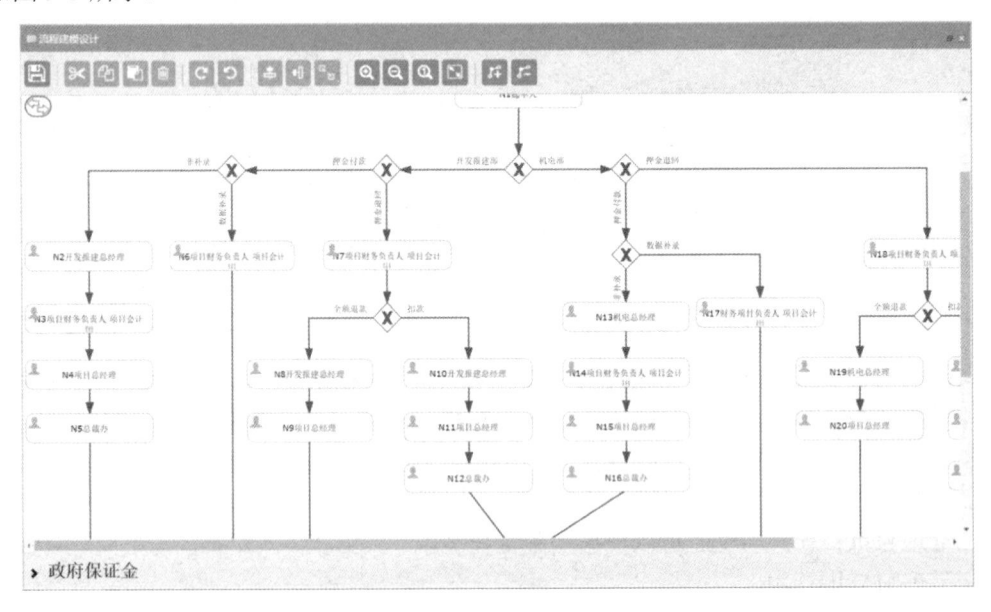

图9-3 城市更新改造管理系统的审批流程监管

（5）业务数据统计分析：支持对各个类型的项目数、各个阶段的项目数、存在的问题类型、问题解决进度等进行统计分析，以饼状、柱状、不同时间段趋势线等形式对基础数据、已办理业务量、未办理业务量、正在办理业务量等进行统计分析，便于相关部门掌握所有的项目进度情况。

（6）业务文件管理：对各项目的可行性研究方案、片策/控规方案、改造实施方案、审批批复材料等进行管理归档，在查看项目信息时可以便捷查看相关联的项目方案；对和城市更新改造项目相关的政策文件、标准规范、知识等进行分类管理与查询，以便在城市更新改造业务审批过程中查阅参考。

### 9.5.2　数据管理分析子系统

数据管理分析子系统的功能包括：

（1）全区数据整合空间化：数据管理分析子系统按照业务类型、空间尺度的不同，在统一空间参考、统一数据编码、统一数据分类、统一分层组织的情况下，对城市更新改造项目的各类资源数据进行集中式的集成管理与可视化，同时还可根据业务管理需求、数据业务应用范围的不同，对数据重新进行整理和应用。数据管理分析子系统采用地图服务的方式，为业务图层管理、综合监管、信息共享、辅助决策提供任意组合的数据综合空间化展示功能，并提供基本的地图操作功能。

（2）数据动态分析：数据管理分析子系统利用 BI（Business Intelligence）的强大数据处理能力，将丰富的 GIS 数据处理方法与空间规划相结合，依据数据中台，构建了科学统一的指标数据库，并将其封装为标准化服务，将图形语法以产品化方式呈现。用户只需要通过拖曳就可以定义分析规则，可以按需选择数据图层、分析区域、属性过滤方式、统计指标、统计方式、可视化图表类型等进行统计，灵活自主地进行数据的可视化分析展现，实现空间数据的多种类型的整合、处理、分析，满足各部门多样化的业务需求。

（3）数据专题大屏分析：根据行业业务专题分析的需求，采用独立值、范围图、点密度图、直方图、饼图、等级符号等显示方式，按用地现状、房屋现状、产业经济、公共服务设施、市政设施等行业专题图层定制不同类型的专题分析，为相关部门的决策提供辅助的数据支撑。

（4）图文联动分析：实现更新改造项目空间数据与各阶段审批文件、方案成果等的关联展示，实现图文联动可视化。

## 9.5.3 现状综合分析子系统

基于城市更新改造项目现状分析研判以及方案审查要求，现状综合分析子系统可对更新改造范围内的各相关数据（包括详查数据、规划数据、用地数据等）进行现状分析，提供业务工作的高效信息化自动分析手段。具体功能包括：

（1）区位分析：现状综合分析子系统可提供片策范围或改造范围内的与区位相关的兴趣点（Point of Interest，POI）空间分布展示及分析查询。POI 包括公交地铁站点、商服设施等。区位分析可对片策范围或改造范围内的产业空间数据进行加载展示，并对行业门类、产业结构、产业用地规模、产业建筑规模等的现状进行分析。

（2）用地现状分析：现状综合分析子系统可提供改造范围内土地利用现状的空间化展示及统计分析功能，利用土地调查空间数据，可根据土地利用分类中的三大类、一级类以及二级类等层次对土地利用现状的面积和结构进行分析。用地现状分析示例如图 9-4 所示。

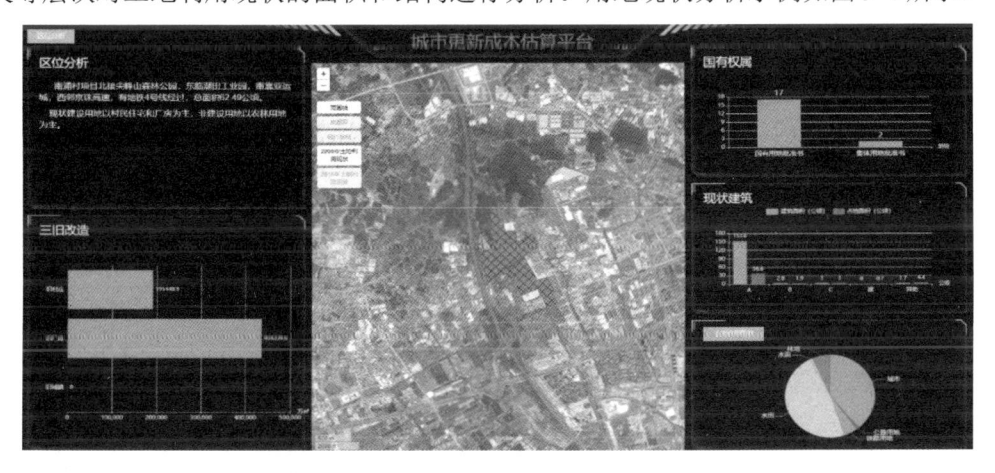

图 9-4　用地现状分析示例

(3）房屋建筑现状分析：现状综合分析子系统可对改造范围内的房屋建筑现状进行性质信息筛选与提取，可对不同使用性质的房屋基底面积、建筑面积等信息进行统计分析，并对图层空间进行加载与显示，提供建筑结构分析和建筑高度统计分析功能。

（4）公共服务及市政设施现状分析：现状综合分析子系统可根据改造范围内的不同设施类型对公共服务及市政设施的现状进行分类统计，分析公共服务及市政设施的用地面积及建筑面积。公共服务及市政设施类型主要包含教育设施、医疗卫生设施、文化设施、体育设施、行政管理与社区服务设施、商业设施、市政基础设施等。公共服务及市政设施现状分析示例如图9-5所示。

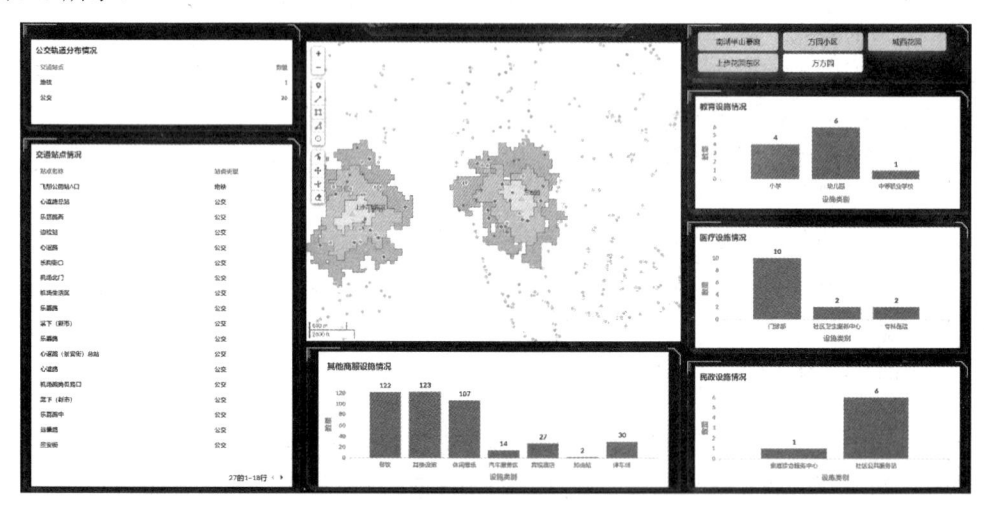

图 9-5　公共服务及市政设施现状分析示例

（5）历史文物现状分析：现状综合分析子系统可对更新改造范围内的历史文物资源空间位置信息进行上图展示，并可加载和查看任意历史文物资源的属性信息。

（6）留用地情况分析：现状综合分析子系统可针对更新改造范围内的已落地留用地、未落地留用地等的情况进行分类统计分析和上图展示。

## 9.5.4　规范性审查分析子系统

规范性审查分析子系统的功能包括：

（1）国土空间总体规划审查分析：提供更新改造范围内的国土空间规划要求的三条红线约束审查分析功能，能够在上图展示的同时对未通过规范性审查的空间位置进行标注和显示。

（2）城市总体规划审查分析：提供更新改造范围内的城市总体规划要求的"三区四线"约束审查分析功能，能够在上图展示的同时对未通过规范性审查的空间位置进行标注和显示。城市总体规划审查分析示例如图9-6所示。

（3）土地利用总体规划审查分析：提供更新改造范围内的土地利用总体规划约束审查分析功能，能够在上图展示的同时对范围内的国土规划（土规）要求下各类用地面积进行统计分析。

（4）现行控规审查分析：提供片策范围或更新改造范围内现行控规的空间叠加情况，以及各类用地面积的统计功能。若片策范围或更新改造范围与控规类型不相符，则进行提示并能准确定位到违规的空间位置。

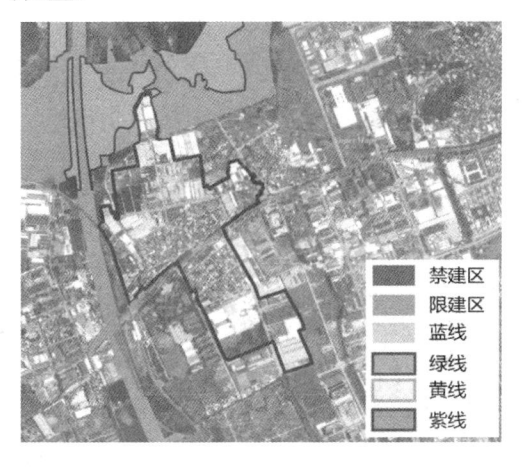

图 9-6　城市总体规划审查分析示例

（5）生态廊道控规审查分析：提供更新改造范围内生态廊道控规要求中廊道 500 米控制线、廊道 100 米控制线、严格保护地带、控制性保护利用地带的上图展示功能和空间叠加分析功能，并能够对范围的合规性进行识别和提示。

（6）工业产业区块审查分析：提供更新改造范围内工业产业区块的上图展示功能和空间叠加分析功能，并能够对其空间关系进行识别和提示。

（7）土地用地报批审查分析：提供更新改造范围用地报批要求中图斑、地类、权属、土规相关图层的上图展示和空间叠加分析功能，并能够对范围的合规性进行识别和提示。

（8）标图建库图斑分析：提供标图建库图斑补录、图斑复核分析功能。图斑补录功能支持在线增量补录图斑；图斑复核分析功能支持对补录后的图斑或原有图斑的核查分析，包括是否压盖，权属是否存在问题，土规、地类、上盖物是否符合目前的政策等。

（9）合规性审查报告：在制定国土空间规划、城市总体规划、土地利用总体规划、现行控规等上位规划条件后，规范性审查分析子系统可对生态廊道控规、工业产业区块和土地用地报批等数据的规范性进行审查分析，提供一键导出合规性审查报告的功能，可将所有的审查结果按照标准报告模板导出并存档。

## 9.5.5　经济测算子系统

经济测算子系统提供了城市更新改造经济测算全流程各环节的数字管理与数据分析功能，包括详查数据核查、核定复建量测算、更新改造成本测算、融资建设量测算、产业建设量核查以及测算报告一键生成等功能，具体如下所述。

（1）详查数据核查：经济测算子系统提供了针对详查数据中可记基底面积、可记建筑面积的核查功能，并可对核查结果异常的房屋建筑进行空间标注。

（2）核定复建量测算：经济测算子系统提供了更新改造范围内多种方式核定的复建量，包含按基底核算、按栋数核算、按户数核算等计算出的住宅复建量，以及按现有建筑面积或按用地范围核定的集体物业复建量。

（3）更新改造成本测算：经济测算子系统提供了改造范围内更新改造各环节成本测算功

能，包含前期费用测算、拆迁费用测算、复建费用测算、其他费用测算、不可预见费测算、拆迁奖励测算以及土地出让金测算等。更新改造成本测算示例如图9-7所示。

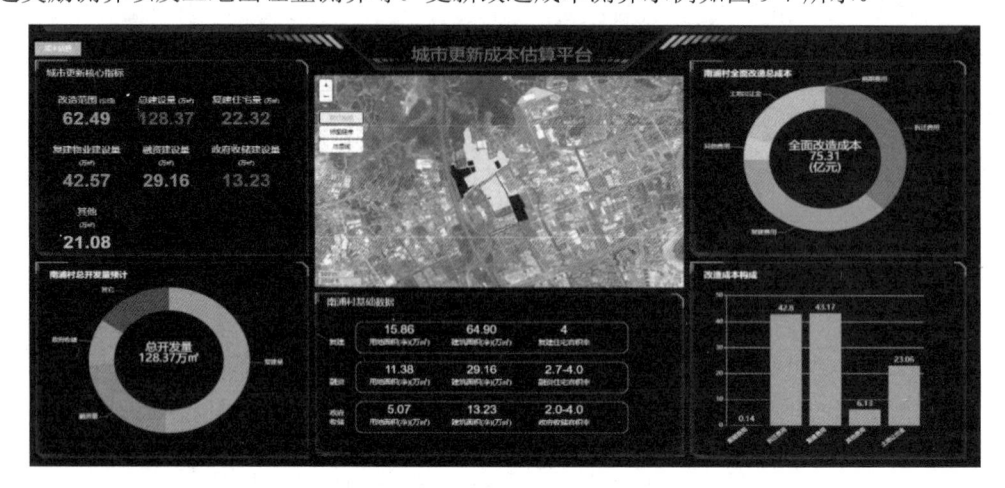

图9-7 更新改造成本测算示例

（4）融资建设量测算：经济测算子系统提供了基于改造成本和融资楼面地价进行改造范围内融资住宅（含公共配套设施）建设量、融资商业建设量计算的功能。

（5）产业建设量核查：经济测算子系统提供了产业建设量计算及圈层合规性审查功能，实现了更新改造范围与全市圈层空间范围的叠合分析，并可对产业建设量规范性审查结果进行提示。

（6）测算报告一键生成：经济测算子系统提供了涵盖核定复建量测算、更新改造成本测算、融资建设量测算以及相关指标测算结果的测算报告一键生成功能，并可选择相应文档格式进行导出，如DOC、PPT等。

## 9.5.6 数据服务子系统

数据服务子系统的主要功能包括数据入库管理、数据ETL（Extract-Transform-Load）处理、数据资源管理、数据更新管理和数据备份管理等，有效地保障了城市更新改造管理系统的数据完整性和规范性。

（1）数据入库管理：数据入库是数据管理、应用与共享的基础。针对数据的多样性，数据服务子系统建立了基于元数据的统一入库管理工具，支持多种类型的数据（如矢量数据、影像栅格数据、文件数据等）。在数据入库过程中，数据服务子系统不仅会记录数据信息，还会抽取元数据信息，给数据打上标签，建立"血缘"关系，维护数据从入库到更新的整个生命周期。

（2）数据ETL处理：可帮助用户管理、使用来自多个渠道的海量时空大数据，大大减轻切片数据的维护、发布、管理工作量，并提供高效的索引来读取、查询这些数据。数据ETL处理包括数据抽取（Extract）、数据转换（Transform）、数据装载（Load）等。

（3）数据资源管理：用于实现数据资源目录的注册、更新、维护等，具体包括目录结构设置、目录注册、目录配置、目录注销、目录导入/导出、目录浏览、目录查询等功能，从而为创建标准清晰、结构规范、层次合理、灵活全面的数据中心资源目录体系提供坚实保障。

（4）数据更新管理：可在数据管理分析子系统中直接调取空间数据并进行编辑更新，支持用户对更新改造项目的各类成果数据进行版本替换，可将被替换的数据转存入历史数据库，将最新版本的数据存入正式数据库，完成数据的更新，并记录版本的记录关联，更新后能保存历史数据、实现数据的一键式自动入库。

（5）数据备份管理：提供完备的数据备份与恢复机制，可规定备份的方式，借助相应的数据备份工具，能够方便地对系统进行备份，并在数据异常时进行快速备份。

### 9.5.7 运维管理子系统

运维管理子系统负责城市更新改造管理系统的运维管理，可实现分层分级授权、系统监控预警、服务运维管理和平台日志管理等功能，具体如下所述。

（1）分层分级授权：运维管理子系统使用分层分级的概念对用户、角色、服务进行分层分级管理，系统管理员可以针对任意层、任意级进行授权，系统权限粒度支持到功能按钮和服务发布的范围。

（2）系统监控预警：可对各类地理信息服务状态进行监控，提供服务的运行时间、访问次数、资源占用情况等信息，支持图表显示。

（3）服务运维管理：包括服务群集、服务权限管理、服务聚合、服务配置、服务发布等功能，供平台运维人员及系统管理员使用。

（4）平台日志管理：包括用户访问日志、运行维护日志、异常操作日志，以及日志的备份与恢复等功能。

## 9.6 系统应用框架

城市更新改造管理系统从城市更新改造项目的业务面出发，支撑项目管理、数据管理、综合分析、运维管理四类应用。各子系统对各类应用进行封装，为城市更新改造管理系统提供支撑。城市更新改造管理系统的应用框架如图9-8所示。

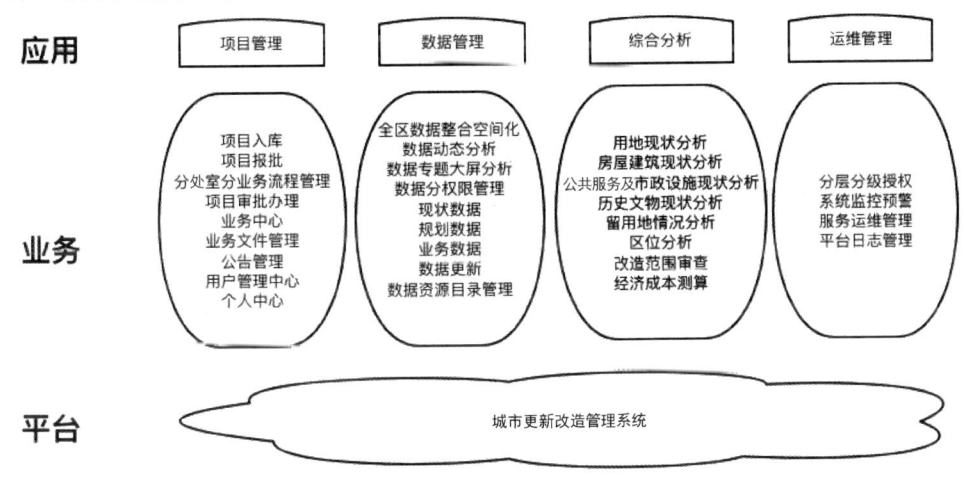

图 9-8 城市更新改造管理系统的应用框架

（1）项目管理类应用：通过对城市更新改造项目的全生命周期管理，实现了项目受理、流转信息、附件材料、规划方案等信息的一体化管理，以及更新改造项目的全生命周期各个阶段的动态监管、业务量统计分析等功能。

（2）数据管理类应用：结合城市更新改造项目的现状，制作了数据一张图，实现了基础数据的集成化、空间化、可视化管理与查看。数据管理类应用对城市更新改造项目的基础数据进行了分析，为城市存量管理、底数摸清、资源协调提供了更科学、更高效的数据依据。

（3）综合分析类应用：针对城市更新改造项目的方案审查业务，对方案中区位、用地现状、房屋建筑现状、公共服务及市政设施现状、历史文物现状、留用地情况等进行了审查对比，依据规范性审查业务要求对更新改造范围的各级各类规划要求进行了审查，解决了传统审查方式工作量大、审查周期长的问题。综合分析类应用对城市更新改造项目中的经济测算手段进行了建模，实现了经济测算的一键核查，提高了工作效率和准确性。

（4）运维管理类应用：负责城市更新改造管理系统的运维管理，包括平台分级分层授权、系统监控预警、服务运维管理、平台日志管理等功能。

## 9.7 系统关键技术

### 9.7.1 微服务技术

城市更新改造管理系统采用微服务技术，在统一组织架构、用户、权限验证、流程引擎的基础上，通过配置即服务的方式，直接发布数据服务，提供了数据服务的自助式组装与开发应用，减少了应用开发的工作量；通过数据总线，实现了数据库、文件等数据资源之间的相互同步、共享，以及大批量数据的处理。通过开发自助化、可弹性伸缩的微服务平台，城市更新改造管理系统实现了数据资源申请的自主化、微服务发布的自助化、应用运维的自由化。微服务技术的框架如图9-9所示。

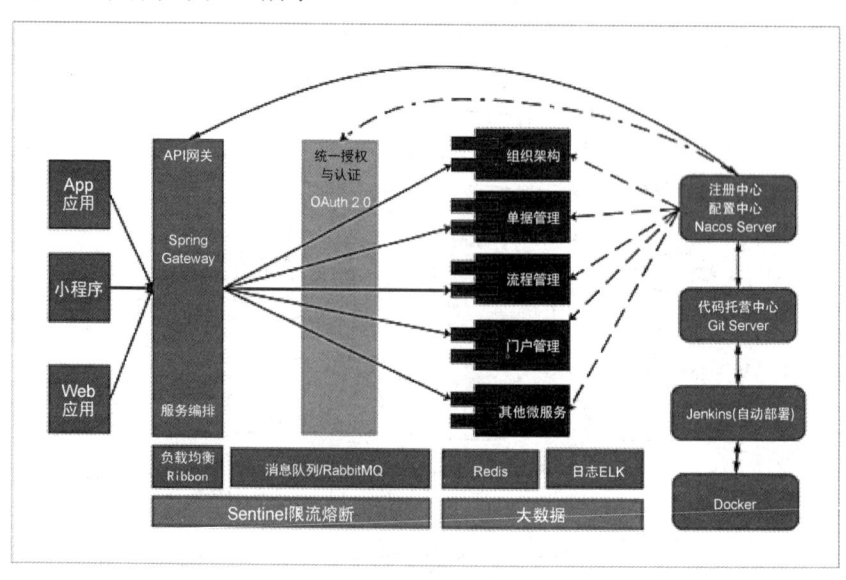

图9-9 微服务技术的框架

微服务技术提供了统一的认证功能，包括网关统一认证、支持 OAuth 2.0 的四种模式登录、URL 级权限控制、支持第三方系统单点登录等。微服务技术采用分布式架构，提供了统一的门户中心、应用中心、表单中心、权限中心、配置中心、日志中心，实现了服务注册发现、路由与负载均衡等功能。业务基础功能支持多租户（应用隔离）、高性能方法级幂等性、统一跨域处理和统一异常处理。

## 9.7.2 大数据计算技术与存储技术

完整的空间大数据分析应当包括数据的分布式存储（索引建立、数据分块），分布式的空间分析算法（需要对已有的空间分析算法进行改造，以适配分布式的数据），分析结果的可视化呈现（海量数据呈现瓶颈），其目标是在分布式集群环境中生成大规模的栅格矢量空间数据，并进行空间查询和分析，帮助用户管理、使用来自物联网、社交媒体、手机应用等的海量的时空（Spatio-Temporal）数据。通过大数据计算技术与存储技术，城市更新改造管理系统将海量的时空大数据存储到 Accumulo、HBase、Google Bigtable 和 Cassandra 等数据库中，并提供高效的索引来读取、查询这些数据。城市更新改造管理系统可以通过指定空间条件（距离和范围）来快速查询海量的时空大数据，可以对时空大数据进行接近实时流的处理，并确保将分析结果快速地展现到前端。城市更新改造管理系统的大数据计算技术与存储技术架构如图 9-10 所示。

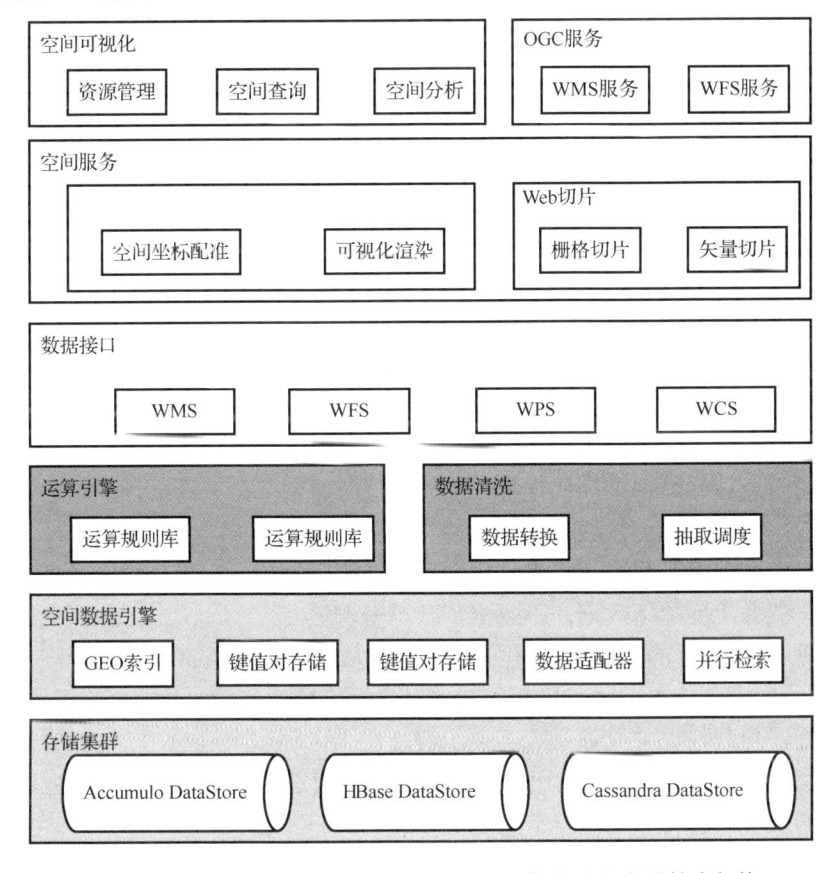

图 9-10 城市更新改造管理系统的大数据计算技术与存储技术架构

### 9.7.3 数据中台

城市更新改造管理系统基于自主可控的软/硬件体系，采用微服务架构打造了集数据及应用于一体的数据中台，可实现空间数据和业务数据的快速融合。

数据随着业务的办理在不断产生，期间或多或少地都会面临数据不准、不全、不通，以及数据质量、数据变现、数据赋能等问题。数据中台技术可赋能业务，改变传统被动的供给模式，能够主动实现更好的业务融合。借助统一的平台，数据中台通过简单的方式，就可以轻松看到城市更新改造项目的业务现状、数据资产，为项目分析提供数据基础。

数据中台并不是一个单纯的系统或者软件工具，本质上它是一个相互关联的系统工程。数据中台的建设应从数据资产化、数据业务化、资产服务化等方面展开。

（1）数据资产化：数据助力业务，数据本身不产生价值，但可以作用于现有业务，从而提高现有业务的决策效率。通过这种数据"内消"的方式，对业务办理中产生的数据进行收集、整理、分析，用于业务决策、业务流程。通常，业务办理中产生的表单等数据仅仅用于存档备案。利用数据中台技术，可以将表单数据与 GIS 数据关联起来，从而以直观、客观、可视的形式为相关领导和业务人员提供自然资源资产的存量、变化量、变化点等情况。

（2）数据业务化：关键是要沉淀数据资产化、资产服务化过程中的知识经验，同时正确把握可复用构件的粒度（地图服务控制粒度）、可变度（数据可更新、修改）、实现度（数据的完备程度），并形成真正可复用的数据资产。

（3）资产服务化：由于模型设计和实现上的差异，造成了模型共享和重用的困难，形成了明显的"地理模型孤岛"。传统的基于模型程序直接分发与集成的模型共享方式，在模型的使用和保护方面都存在不少问题，无法在网络上有效共享模型，造成了模型资源的严重浪费。业务人员在建模时难以重用已有的模型，大量的时间浪费在模型代码编写、编译配置等低水平的重复劳动上，无法集中精力关注业务问题本身。

## 9.8 系统特色亮点

城市更新改造管理系统通过整合更新改造项目的现状数据、规划数据、业务数据，对相关数据进行清洗和整备，建立了一套标准数据库，实现了对数据资源的管理；通过高性能的数据中台打通了业务和数据之间的连接，使数据资源得到了充分的利用，实现了城市更新改造项目的全流程信息化管理。城市更新改造管理系统的特色亮点如下：

（1）实现了城市更新改造业务逻辑与空间数据的一体化：利用高性能的数据中台，将数据用于业务，业务"反哺"数据，不断丰富数据资源。

（2）实现了分阶段分处室的定制化流程：针对城市更新改造业务与其他规自（自然资源和规划委员会）业务的差异、城市更新改造项目各个阶段的差异、不同业务部门的业务差异，通过定制流程，与其他相关业务系统实现了对接。

（3）实现了自动经济测算：利用详细的城市更新改造基础调查数据，结合城市改造成本测算办法，实现了定制化、精细化的智能成本测算。

（4）实现了智能审查：城市更新改造管理系统可汇总审查工作中出现的数据违规问题，并进行合规性智能审查、预警，提高了审查效率。

# 第 10 章
# 数字孪生城市管理系统

## 10.1 系统需求分析

城市治理是国家治理体系的主要组成部分,是实现社会主义现代化的重要手段之一。在"十四五"规划中,新型智慧城市建设已经成为未来城市发展的重心,而如何实现新型智慧城市的转型升级已经成为重中之重。基于数字孪生(Digital Twin, DT)技术,在数字空间内进行"数字孪生城市"的管理,模拟城市运行,实时监测分析支撑城市空间、公共设施布局、基础设施建设和城市管理服务,可以最大程度提升城市管理效率。

(1) 数字孪生城市管理系统是政策导向层面的需求。我国将数字化作为推动经济社会发展重要的战略手段之一,《中华人民共和国国民经济和社会发展第十四个五年规划和2035年远景目标纲要》中明确探索建设数字孪生城市,推进城市数据大脑建设,加快数字化发展建设数字中国。数字孪生城市管理系统的建设迫在眉睫。

(2) 数字孪生城市管理系统是城市治理的需求。重点传染病防控、洪涝灾害充分暴露了我国城市治理还存在诸多短板和弱项,包括城市风险预警预测滞后、突发事件应急响应迟钝、资源统筹协调能力不足等,将全周期管理意识落实到城市治理的具体实践中还有很多现实困难,需要解决技术应用割裂、数据碎片化分布、治理协同难等问题。通过数字孪生技术,构建韧性城市是城市智能化治理的大势所趋。

## 10.2 系统架构体系

数字孪生城市管理系统在城市动态事件实时优化、灾害模拟与影响预测、科学研究、交通路线优化等城市治理方面都有应用实践。数字孪生城市管理系统的架构如图 10-1 所示。

(1) 物理层:是整个数字孪生城市管理系统或平台架构的基础支撑,包括各类城市物理实体和智能感知设备,主要完成城市数据与信息的感知、获取与监控。传感器将城市物理对象的信号和现象转换为数字参数,并通过驱动电路对信号进行位移、缩放,从而使其与周围的边缘计算设备的数字/模拟接口和串行通信接口兼容。

(2) 交互层:即通信层,负责对智能传感设备收集的数据进行安全有效的传输,构建连接城市物理空间和数字网络虚拟空间的桥梁。由于数字孪生城市管理系统或平台涉及的传感器数量大,因此需要部署大量安全、可靠、高带宽、低时延的传输网络。

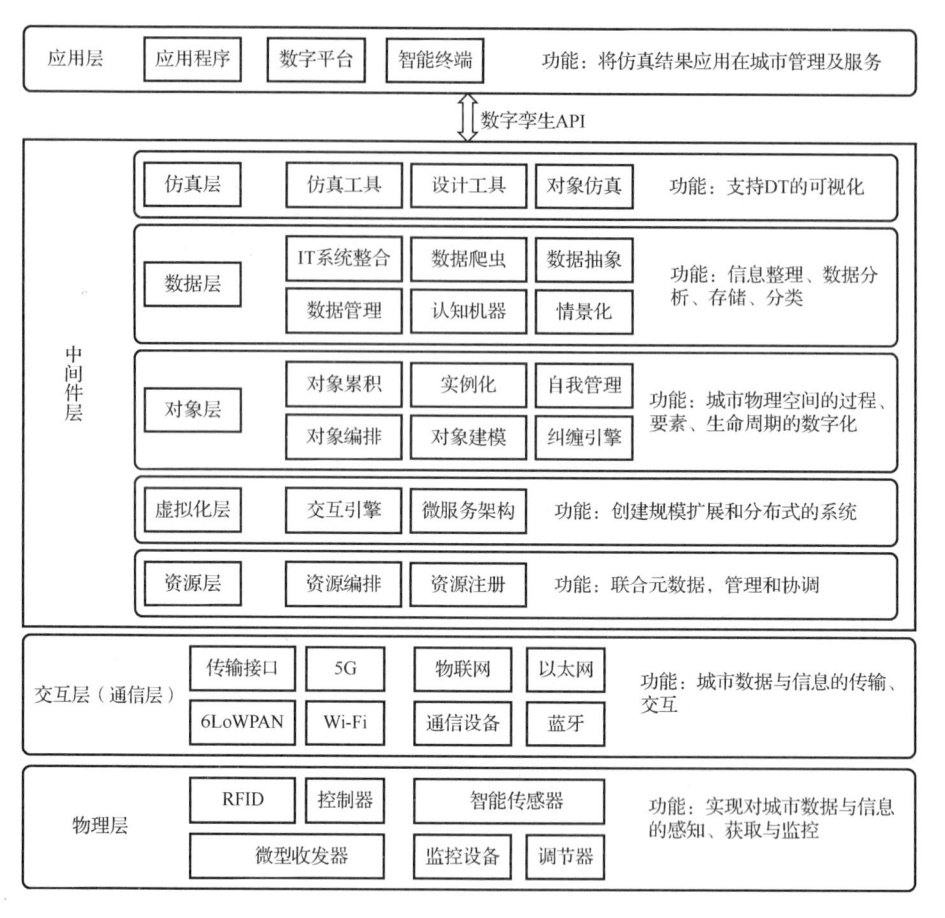

```
应用层  | 应用程序 | 数字平台 | 智能终端   功能：将仿真结果应用在城市管理及服务
                    ↕ 数字孪生API

中间件层：
  仿真层   | 仿真工具 | 设计工具 | 对象仿真   功能：支持DT的可视化
  数据层   | IT系统整合 | 数据爬虫 | 数据抽象
          | 数据管理 | 认知机器 | 情景化     功能：信息整理、数据分析、存储、分类
  对象层   | 对象累积 | 实例化 | 自我管理
          | 对象编排 | 对象建模 | 纠缠引擎    功能：城市物理空间的过程、要素、生命周期的数字化
  虚拟化层 | 交互引擎 | 微服务架构           功能：创建规模扩展和分布式的系统
  资源层   | 资源编排 | 资源注册             功能：联合元数据，管理和协调

交互层（通信层） | 传输接口 | 5G | 物联网 | 以太网
                | 6LoWPAN | Wi-Fi | 通信设备 | 蓝牙    功能：城市数据与信息的传输、交互

物理层 | RFID | 控制器 | 智能传感器
      | 微型收发器 | 监控设备 | 调节器    功能：实现对城市数据与信息的感知、获取与监控
```

图 10-1 数字孪生城市管理系统的架构

（3）中间件层：由资源层、虚拟化层、对象层、数据层和仿真层组成。资源层为数字孪生城市管理系统或平台的管理人员和开发人员提供了云资源的自动化配置和部署方案，把云上资源和服务的整套环境抽象成模板，实现了基础设施即代码。虚拟化层用于构建分布式应用程序的体系架构，将应用程序分解为独立的、松耦合的、可独立部署的服务。对象层可以根据对象来开发软件系统的静态结构，通过标识对象来实现城市物理空间的过程、要素、生命周期的数字化。数据层可以访问数据库以挖掘数据，并将结果报告给系统管理人员，评估物理对象或系统的状况，预测未来可能发生的故障和维护要求。仿真层通过仿真工具、设计工具对物理对象进行仿真，支持数字孪生（DT）的可视化。

（4）应用层：提供了与物理空间相同的模拟环境，可以提供面向城市的规划管理、运行调控、故障诊断以及服务运营等功能。数据层将城市物理运行系统转变为数字自治系统，通过记录、备份过去的信息，实时监控当前状况，支持未来的分析决策和城市运营管理，构建了多维感知、泛在智慧、多感官全息交互的城市虚拟空间，营造了城市新场景。

## 10.3 系统数据资源

数字孪生城市管理系统的建设以GIS数据和城市管理相关业务数据为依托，以相关标准规范体系和安全保障体系为基准,对数字孪生城市管理的数据资源进行了统一规划。数字孪生城市管理系统将数据资源设计为八个大类,分别为基础地理数据、资源调查数据、空间规划数据、工程建设项目数据、经济社会数据、业务数据、物联感知数据、城市三维数据。数字孪生城市管理系统的数据资源如表 10-1 所示。

表 10-1 数字孪生城市管理系统的数据资源

| 序号 | 大类 | 中类 | 小类 |
|---|---|---|---|
| 1 | 基础地理数据 | 电子地图 | 政务地图 |
| 2 | | 遥感影像数据 | 遥感影像 |
| 3 | | 地名地址数据 | 地名数据 |
| 4 | | | 地址数据 |
| 5 | | 行政区划数据 | 国家行政区划 |
| 6 | | | 省级行政区划 |
| 7 | | | 地级行政区划 |
| 8 | | | 县级行政区划 |
| 9 | | | 乡级行政区划 |
| 10 | | | 其他行政区划 |
| 11 | 资源调查数据 | 国土调查数据 | 国土调查与变化调查 |
| 12 | | 地质调查数据 | 基础地质 |
| 13 | | | 地质环境 |
| 14 | | | 地质灾害 |
| 15 | | 耕地资源数据 | 耕地资源 |
| 16 | | | 永久基本农田 |
| 17 | | 水资源数据 | 水系水文 |
| 18 | | | 水利工程 |
| 19 | | | 防汛抗旱 |
| 20 | | 房屋建筑普查 | 房屋建筑 |
| 21 | | 市政设施普查数据 | 道路设施 |
| 22 | | | 桥梁设施 |
| 23 | | | 供水设施 |
| 24 | | | 排水设施 |
| 25 | | | 园林绿化设施 |
| 26 | 空间规划数据 | 国土规划数据 | 国土规划 |
| 27 | | 城乡规划数据 | 城乡规划 |
| 28 | | 主体功能区规划数据 | 主体功能区规划 |
| 29 | | 专项规划数据 | 自然资源专项规划 |
| 30 | | | 环境保护专项规划 |
| 31 | | | 土地利用专项规划 |
| 32 | | | 道路交通专项规划 |

续表

| 序号 | 大类 | 中类 | 小类 |
|---|---|---|---|
| 33 | 工程建设项目数据 | 立项用地规划许可数据 | 项目选址 |
| 34 | | | 项目红线 |
| 35 | | | 选址与用地预审信息 |
| 36 | | | 建设用地规划审批信息 |
| 37 | | | 证照信息 |
| 38 | | | 批文、证照扫描件 |
| 39 | | 建设工程规划许可数据 | 设计方案 |
| 40 | | | 报建与审批信息 |
| 41 | | | 证照信息 |
| 42 | | | 批文、证照扫描件 |
| 43 | | 施工许可数据 | 施工图 |
| 44 | | | 施工审查信息 |
| 45 | | | 证照信息 |
| 46 | | | 批文、证照扫描件 |
| 47 | | 竣工验收数据 | 竣工验收 |
| 48 | | | 竣工验收备案信息 |
| 49 | | | 验收资料扫描件 |
| 50 | 经济社会数据 | 人口数据 | 人口基本信息、人口统计、人口结构 |
| 51 | | 法人数据 | 机关、事业单位、企业、社团 |
| 52 | | 国民经济数据 | 国内生产总值、通货膨胀与紧缩、投资、消费、金融、财政 |
| 53 | | 兴趣点数据 | 餐饮、住宿、卫生社保、科教文化、旅游景点等 |
| 54 | | 社会数据 | 就业和失业登记、人员和单位社保 |
| 55 | 业务数据 | 城市管理 | 城市案件 |
| 56 | | | 城市供水 |
| 57 | | 公共安全 | 城市防汛 |
| 58 | | | 城市环境 |
| 59 | 物联感知数据 | 建筑监测数据 | 设备运行监测 |
| 60 | | | 能耗监测 |
| 61 | | 市政设施监测数据 | 城市道路桥梁、轨道交通、供水、排水、排水、燃气、热力、园林绿化、环境卫生、道路照明、垃圾处理设施及附属设施 |
| 62 | | 气象监测数据 | 雨量、气温、气压、湿度等监测 |
| 63 | | 交通监测数据 | 交通技术监控信息 |
| 64 | | | 交通技术监控照片或视频 |
| 65 | | | 电子监控信息 |
| 66 | | 生态环境监测数据 | 水、土、气等环境要素监测 |
| 67 | | 城市安防数据 | 治安视频、三防监测数据、其他 |
| 68 | | 其他城市运行数据 | 水、电、气、公交刷卡等运营数据 |

续表

| 序号 | 大类 | 中类 | 小类 |
|---|---|---|---|
| 69 | 城市三维数据 | 数字高程数据 | 数字高程数据 |
| 70 | | 倾斜摄影数据 | 倾斜摄影数据 |
| 71 | | BIM 数据 | BIM 数据 |
| 72 | | 激光点云数据 | 激光点云数据 |
| 73 | | 三维专题模型数据 | 水利三维模型 |
| 74 | | | 交通三维模型 |
| 75 | | | 管线管廊三维模型 |
| 76 | | | 地下空间三维模型 |
| 77 | | | 植被三维模型 |
| 78 | | | 其他三维模型 |

## 10.4 系统业务模型

数字孪生城市管理系统从城市管理的各个层面出发，主要分为以下几大业务模型，如图 10-2 所示。

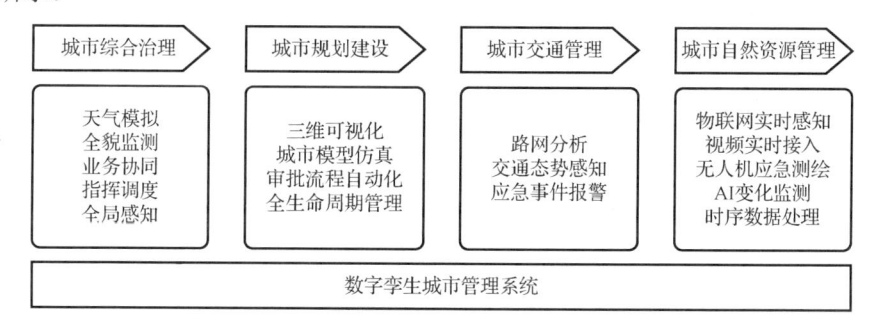

图 10-2 数字孪生城市管理系统的业务模型

（1）城市综合治理业务模型：利用数字孪生技术对城市各类基础设施、生态环境等元素进行建模，实现城市管理全息监测，帮助决策者指挥调度。

（2）城市规划建设业务模型：对城市物理空间中的地形、建筑进行数字化表达，并关联各类物联感知设备的监测数据，为城市规划建设提供综合平台。

（3）城市交通管理业务模型：结合大数据采集的交通信息和高精度地图，对城市交通进行建模和仿真，对城市路网进行分析和优化，面向交通管理形成科学预判。

（4）城市自然资源管理业务模型：采集空天地各类型动态、静态感知设备数据，结合可快速派遣的无人机、监控视频等数据，实现数据实时传输、从外业到内业入库的快速流程，利用大数据处理引擎、流式计算等技术对数据进行高效处理，利用人工智能实现目标识别、变化监测，为城市自然资源监测赋能。

## 10.5 系统主要功能

### 10.5.1 三维模型的快速导入

数字孪生城市管理系统支持三维模型文件（3DS、FBX、RVT 等格式）的快速导入，并可对原始的三维模型文件进行可视化元素设计，包括配置可数据驱动的运动关节、可数据驱动的运动动画、可数据驱动的效果动画等。

（1）三维切片缓存的快速生成：数字孪生城市管理系统可以通过多格式的三维模型数据集直接生成三维切片缓存，包括一个 SCP 文件、一个 JSON 文件和众多 TILE 文件，便于快速加载三维模型。

（2）三维模型的快速加载：数字孪生城市管理系统可以利用 WebGL 技术快速渲染加载三维模型，同时还可以动态加载外部的三维模型。

### 10.5.2 数据融合

城市管理涉及多场景、多维度的数据，各类数据的统一管理、融合治理是数字孪生城市管理系统的重要功能。

（1）模型与数据的融合：数字孪生城市管理系统可以对多个不同来源、不同时期、不同格式的数据和模型进行关联。

（2）模型与专题数据的融合：数字孪生城市管理系统可以根据业务专题数据（文本数据、矢量数据）包含的地名地址信息，利用中文地理编码技术与三维数据进行时空关联，实现业务数据的空间化操作，建立房屋基底数据与诸如法人空间数据和地址数据等矢量数据的空间化关联。

（3）模型与视频的融合：数字孪生城市管理系统可以实现一个或多个由视频采集设备采集的关于某场景或模型的图像序列视频与城市地理场景的融合，并进行展现。

（4）模型与物联感知数据的融合：数字孪生城市管理系统可以对物联设备进行空间关联和数据关联，从而实现基于空间传感数据的调取和可视化应用。

### 10.5.3 数据治理

数字孪生城市管理系统支撑数据集成、接入、更新，具体包括坐标统一、数据转换、数据融合、数据组织、数据存储、数据管理、数据质检、数据更新等。

（1）数据整合治理：数字孪生城市管理系统结合不同数据的类型、数量、范围、格式等特征，制定了相应的数据治理工作流程，该工作流程覆盖了统一时空基准、数据电子化、数据矢量化、地图配准和空间纠正、图属关联、空间数据提取和转换、数据清洗、元数据整理、附件整理等环节，保证了数据的完整性、准确性和一致性。

（2）数据融合串联：针对不同类型数据，结合城市管理工作的需要，数字孪生城市管理系统以业务为主线、以空间位置为纽带，对数据进行了深入的挖掘和分析，建立了数据之间的内在联系，形成了全息图谱。

### 10.5.4 数字孪生可视化场景

数字孪生城市管理系统包含大量的基础可视化组件和多种高级可视化组件。高级可视化效果包括天气环境效果、夜景光斑效果、阴影效果、光辉效果、建筑光影效果、事件类效果等。

（1）场景模拟：数字孪生城市管理系统根据实际需求搭建了基础三维场景、精细孪生模型等，实现了不同粒度的可视化场景。数字孪生可视化场景如图 10-3 所示。

图 10-3　数字孪生可视化场景

（2）事件模拟：数字孪生城市管理系统打通了数字世界与物理世界，并基于物理世界对事件进行模拟，同时对接了气象数据，支持多种天气状况的模拟。下雨模拟示例如图 10-4 所示，24 h 灯光模拟示例如图 10-5 所示。

图 10-4　下雨模拟示例

图 10-5　24 h 灯光模拟示例

（3）空间分析：数字孪生城市管理系统支持可视域分析、地形分析、控高分析、模型剖切等。

（4）物联感知数据的接入：数字孪生城市管理系统可接入物联感知数据，并进行位置配准。物联感知数据接入模拟示例如图 10-6 所示。

图 10-6　物联感知数据接入模拟示例

## 10.6　系统应用框架

基于云计算、大数据、人工智能、物联网等新一代信息技术构建的数字孪生城市管理系统，深度整合了人、事、物等方面的海量、多源、异构数据（如政府数据、物联感知数据、历史统计数据、GIS 数据、行为事件数据、宏观经济数据等），开展了数据融合计算，完成了数据融合、智能感知、业务联动处置的闭环，实现了城市运行感知、公共资源配置、宏观决策指挥、事件预测预警等功能，完成了对城市的可视化、监测、控制的闭环。数字孪生城市管理系统的应用框架如图 10-7 所示。

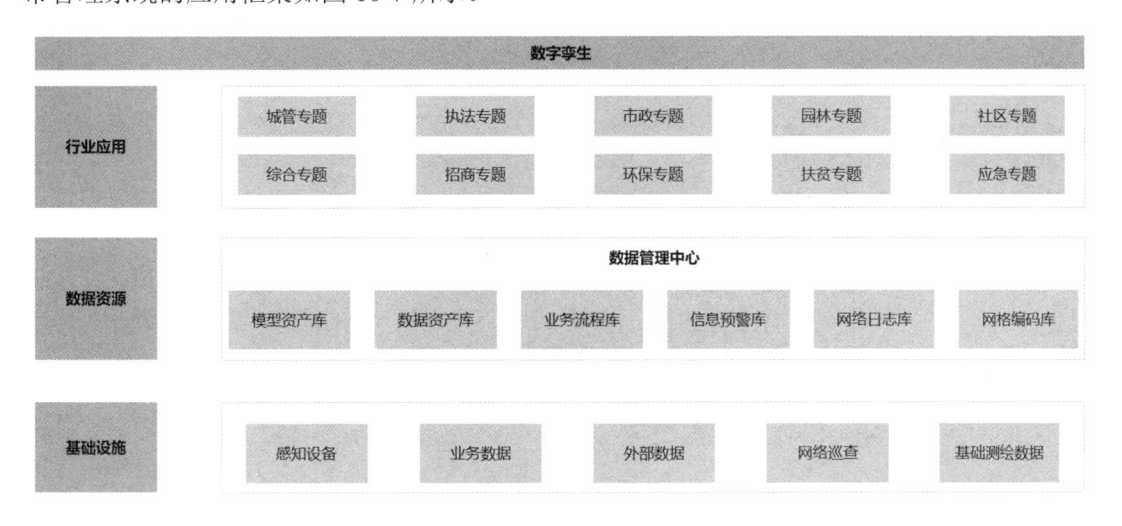

图 10-7　数字孪生城市管理系统的应用框架

（1）基础设施：汇聚城市的多维时空大数据。

（2）数据资源：对原始数据（如矢量数据、栅格数据、BIM 数据、点云数据、人工建模数据等静态数据，以及物联感知数据、业务运行数据、仿真算法数据等动态数据）进行聚合、质量管理、数据清洗，形成了不同结构化的主体数据库，提供了基础计算能力。

（3）行业应用：数字孪生城市管理系统为各行业应用（如智慧产业园区、智慧交通等）提供了接口，实现了城市运行、管理、预警等工作机制的系统，提供了创新性的业务应用。

## 10.7　系统关键技术

### 10.7.1　多源数据融合技术

数字孪生城市管理系统以 GIS 数据、物联感知数据、BIM 数据、公共专题数据、行业专题数据、互联网数据等海量异构多维时空大数据为数据资源，利用机器学习、深度学习算法，对时空大数据进行自动识别、数据挖掘及三维重建，能够为数据赋予空间特性及用途，构建了涵盖地上地下、室内室外、二三维一体化的全息、高清数字空间。另外，数字孪生城市管理系统还构建了时空数据库，统一了数据的定义、存储、索引及服务机制，形成了太字节（TB）级的数据集和分布式集群管理，实现了数据统一接入、交换和高效共享，构建了全要素数据体系，为城市管理提供了完整、统一的三维数字底板。

### 10.7.2　多尺度建模技术

数字孪生城市管理系统以应用场景为导向，基于不同精度标准还原了不同规模城市及区域场景，实现了大规模环境下的多尺度建模。数字孪生城市管理系统融合了倾斜摄影数据、激光点云数据、GIS 基础数据、物联感知数据以及其他业务数据,匹配了不同尺度与不同粒度的数据,形成了多尺度数据融合标准,并以此标准为依据自定义了不同层级呈现的数据主题,完成了人、事、地、物等全要素的多尺度建模,实现了地理空间与数字空间的分层次映射。

### 10.7.3 三维可视化技术

三维场景高效可视化技术基于游戏引擎、三维 GIS 技术、混合现实技术,可以对复杂三维场景进行从宏观城市场景到精细局部的多层次实时渲染,实现了三维场景的全域可远观、可漫游,空间地理数据的可视化表达,以及地上地下一体化、室内室外一体化、静态动态一体化。

### 10.7.4 双引擎融合分析

数字孪生城市管理系统在基于微服务架构开发 GIS 引擎时,将游戏引擎[如虚幻引擎 4(Unreal Engine 4,UE4)]作为后端,以云端渲染技术、消息指令集为连接桥梁,依托 GIS 数据、专题数据等多源异构数据资源,实现了三维模型和孪生场景的虚实配准,快速构建了二三维一体化的全息数字空间。基于游戏引擎层级渲染能力,数字孪生城市管理系统支持高性能渲染可视化,对三维地理信息产业应用和具有超强可视化表现、三维渲染能力的游戏引擎进行了融合,通过游戏引擎渲染技术改善了常规三维地理信息用户视觉体验,同时实现了三维 GIS 数据的可视化、分析、查询及灾情场景搭建等功能。GIS 引擎+游戏引擎示意图如图 10-8 所示。

图 10-8 GIS 引擎+游戏引擎示意图

### 10.7.5 WebGL 引擎

WebGL(Web Graphics Library)是一种三维绘图协议,该协议允许把 JavaScript 和 OpenGL ES 2.0 结合在一起。通过增加 OpenGL ES 2.0 的一个 JavaScript 绑定,WebGL 不仅可以为 HTML5 Canvas 提供硬件三维加速渲染,以便 Web 开发人员借助系统显卡在浏览器中更流畅地展示三维场景和模型，还可以创建复杂的导航和数据视觉化。显然，WebGL 免去了开发网页专用渲染插件的麻烦，可用于创建复杂的三维地理场景。

相比于传统的 Flash 技术、微软的 Silverlight 技术，WebGL 由 HTML 原生支持，用户无须安装浏览插件即可使用 Chrome、FireFox 等主流浏览器，完美地解决了现有 Web 交互式三维动画的两个问题：第一，通过 HTML 脚本实现了 Web 交互式三维动画的制作，无须任何浏览器插件；第二，利用底层的图形硬件加速功能进行的图形渲染是通过统一的、标准的、跨平台的 OpenGL 接口实现的。

## 10.8 系统特色亮点

### 1. 促进多源数据互通融合

数字孪生城市管理系统汇聚了多源异构数据，包括以地理矢量数据、模型数据、BIM 数据等为主的基础数据，以及城市各业务涉及的专题数据，形成了可复用、庞大的数据资产库，解决了数据碎片化、数据不完整、格式不一致、数据孤岛等问题，通过精准的"数据反哺"，为数据驱动城市运行提供了基础。

### 2. 建设城市全生命周期管理体系

数字孪生城市管理系统通过构建城市规划、建设、管理、运营全生命周期管理体系，实现了一张蓝图管理。数字孪生城市管理系统支撑城市规划、建设、管理等业务，实现了多要素的静态场景和图层的管理，支持动态引入定制模型，实现了城市-系统的同步更新、贴近现实的多精度场景（如数据驱动静态场景、数据驱动动态场景），以及物理世界的映射，有力支撑了城市综合治理业务。此外，数字孪生城市管理系统基于一张图管理开展大城市治理，运用"绣花针"功夫，实现了城市的精细化管理。

### 3. 全态势城市综合治理

数字孪生城市管理系统通过对各类城市基础设施、电力系统、生态环境等元素进行模拟，建立起了物理世界和数字世界的映射和交互平台，打破了传统智慧城市的建设和管理模式，为城市综合治理提供了城市运行全貌的实时监测和展示中心。在此基础上，数字孪生城市管理系统形成了跨区域、跨层级、跨部门的城市协同管理新思路，充分利用了政务网络、时空大数据平台和现代信息技术手段，发挥了信息系统的监测甄别能力、业务操作引导能力、信息透明能力、协同支持能力和决策支持能力，实现了城市问题的快速发现、精准定位和智能决策，提高了城市公共资源的管理和配置效率，为决策者提供了城市全局态势的感知工具和指挥调度的平台。

# 第11章
# 地下管线开挖及会签管理系统

自《国务院办公厅关于加强城市地下管线建设管理的指导意见》(国办发〔2014〕27号)、《住房城乡建设部等部门关于开展城市地下管线普查工作的通知》(建城〔2014〕179号)发布以来,我国大多数城市都开展了地下管线普查,建立了相应的城市地下综合管线数据和管理系统。这些系统通常具有管线查询、浏览、统计、分析等功能。通过地下管线普查、修测、竣工验收或专项调查,可以获取管线段起(终)点的$x$轴坐标和$y$轴坐标、起(终)点的埋深、起(终)点的标高等空间位置信息,以及管线的类别、管径/断面尺寸、材质、特征、附属物、权属单位等基本属性信息。

随着城市化建设进程的加速,由于城市建设工程(尤其是市政管线建设工程)的施工需要,往往要频繁地进行道路的开挖,导致城市的"拉链路""破膛路"时有发生,阻塞了道路的交通运行、破坏了城市的市容市貌、影响了居民的生产生活。此外,由于在道路开挖前,建设单位(或施工单位)没有对开挖场地范围内的地下管线现状资料进行调查,或没有统一征求各管线权属单位及管线行业管理部门的意见,导致挖断管线的事故时有发生。为了减少因施工而损坏地下管线的事故,美国、澳大利亚等建立了"811一呼通"系统,我国的北京、上海、广州、武汉、合肥、西安、成都等城市在地下管线管理办法或条例中也都明确规定:"建设单位应当在施工前取得施工范围以及施工影响范围内的地下管线普查/详查资料,并经过相关地下管线权属单位确认。"

大规模的城市地下管线普查,为建设工程项目涉及的地下管线开挖提供了重要的数据基础。在上述办法、条例或管理制度的基础上,充分利用已有的管线现状成果数据,并借鉴国外"811一呼通"系统的相关经验,开发地下管线开挖及会签管理系统,将建设工程开挖范围与该范围内的已有地下管线资料相互衔接,实现管线开挖会签的标准化、流程化、规范化,使得城市相关部门能更好地统筹地下管线工程的开挖建设,对于预防城市"拉链路""破膛路"现象、减少管线被挖断事故的发生,具有重要的社会和经济效益。

## 11.1 系统需求分析

建设地下管线开挖及会签管理系统,通过信息化手段管理道路开挖环节中道路开挖协调、审批,既可以加强道路开挖计划管理,协调同路段管线敷设尽量同时施工,避免反复开挖,又可以通过会签管理功能发现道路多次施工新敷设或改建的地下管线未及时报竣工验收,相关部门可以停止办理该建设单位道路开挖许可,直到完成已建管线竣工验收后继续批准办理其他道路开挖许可。地下管线开挖及会签管理系统可用于确认管线现状资料、加强管线保护、管线开挖及会签管理，应包括会签资料管理、专项信息统计、开挖工程监管、管线会签管理等功能。

## 11.2 系统设计思路

广州市地下管线开挖及会签管理系统的总体设计思路如图 11-1 所示。

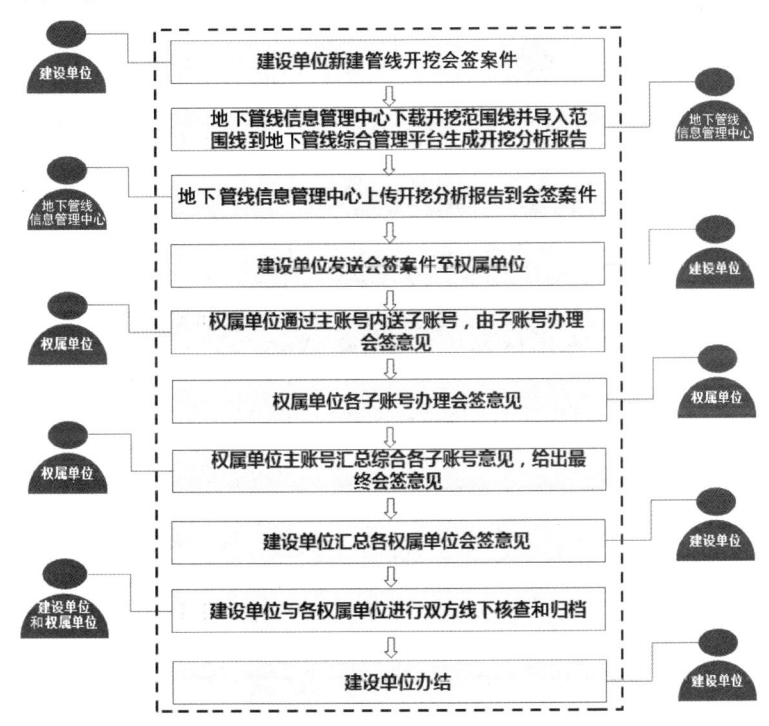

图 11-1　广州市地下管线开挖及会签管理系统的总体设计思路

（1）建设单位新建管线开挖会签案件：管线开挖会签案件包括拟建设工程项目的相关资料、征求意见表和建设项目拟开挖的范围及深度相关材料，其中拟建设工程项目的相关资料包括工程项目名称、工程地址、工程内容（如道路改造、基础探查、基坑开挖、护坡保护、穿越顶管或其他等）、施工工期、建设单位名称、单位地址、项目联系人、移动/办公电话、其他相关说明等；建设项目拟开挖的范围及深度相关材料可以采用多种格式的文件，包括 TXT 格式文件（如"点号，$x$ 轴坐标，$y$ 轴坐标，开挖深度"的形式）、DWG/DXF 格式文件、SHP 格式文件等。

（2）生成开挖分析报告：地下管线信息管理中心通过系统下载建设单位上传的建设项目拟开挖的范围及深度相关材料，调用地下管线综合管理信息系统，利用地理信息系统（GIS）的空间分析功能，得到拟开挖范围及深度内的各类地下管线（如排水、供水、燃气、热力、电力、通信等管线），并自动生成该会签案件范围内的开挖分析报告。

（3）开挖分析报告的上传：地下管线信息管理中心通过地下管线开挖及会签管理系统上传该会签案件的开挖分析报告，报告以附图及表格的形式，详细列出该项目工程的拟开挖范围内所有的现状管线资料信息，包括管线的类别、长度及权属单位等。

（4）建设单位将会签案件发送到相关的权属单位：地下管线开挖及会签管理系统根据上传的开挖分析报告，将会签流程转发给所有涉及的管线权属单位（也可以根据需要，在地下管线开挖及会签管理系统中选择其他已注册的管线权属单位），并通过地下管线开挖及会签管理系统要求各管线权属单位在规定的时间内返回会签意见。

（5）管线权属单位会签意见办理：被选择的各管线权属单位通过地下管线开挖及会签管理系统进行意见的会签办理，如涉及子公司或下属单位的，则地下管线开挖及会签管理系统会自动流转会签案件并进行办理。

（6）建设单位汇总各权属单位的会签意见：地下管线开挖及会签管理系统按照预先设定的征求意见时限（默认为5个工作日），自动汇总各权属单位的会签意见，建设单位依据会签意见与各权属单位进行线下核查、归档等。

## 11.3 系统功能设计

地下管线开挖及会签管理系统的功能主要包括会签资料管理、专项信息统计、开挖工程监管、管线会签管理等功能。地下管线开挖及会签管理系统的功能模块设计表如11-1所示。

表11-1 地下管线开挖及会签管理系统的功能模块设计表

| 序号 | 模块 | 功能 | 说明 |
|---|---|---|---|
| 1 | 会签资料管理 | | 实现挖掘申请表、《建设工程规划许可证》及其附件、施工单位资质证明文件、安全生产许可证、文明施工方案、行人通行保障措施、交通安全事故责任承诺书、现有市政设施保护相关材料、交通疏解方案等会签资料的管理 |
| 2 | 专项信息统计 | 道路开挖总量统计 | 按季度、年度统计道路开挖计划总量 |
| 3 | | 道路开挖计划超期统计 | 统计已超过开挖计划时间但尚未办理完成道路开挖许可的开挖计划，这部分开挖计划已超期 |
| 4 | | 开挖道路管线总量统计 | 统计某开挖路段涉及的管线类型、数量、长度等信息 |
| 5 | | 道路开挖审批总量统计 | 按时间、行政区划统计道路开挖许可证审批数量 |
| 6 | | 建设单位竣工办理统计 | 按建设单位统计已办理道路开挖许可且已完成开挖施工，但尚未办理管线竣工验收的案件，若未办理竣工验收的案件超过一定数量，则不予办理道路开挖许可 |
| 6 | 开挖工程监管 | 道路挖掘计划查询 | 对所有即将进行道路开挖工程和正在进行道路开挖工程的开挖计划进行查询 |
| 7 | | 道路挖掘计划排序 | 对即将进行的道路开挖计划按工程紧急程度进行排序 |
| 8 | | 道路挖掘计划调度 | 对于已列计划的道路开挖工程，可在工程未开始前进行调度，以适应工程紧急程度 |
| 9 | | 道路挖掘工程查询 | 对正在进行的道路开挖工程进行查询 |
| 10 | | 道路挖掘进度查询 | 对道路开挖工程的施工进度进行查询 |
| 11 | | 施工进度延期提醒 | 对道路开挖工程的施工进度延期情况进行提醒 |
| 12 | | 施工完毕信息推送 | 施工完毕后，由施工人员上报施工完毕信息，相关处室可发送施工完毕信息，通知竣工验收 |

续表

| 序号 | 模块 | 功能 | 说　　明 |
|---|---|---|---|
| 13 | 管线会签管理 | 会签时限管理 | 对管线会签的时限进行管理 |
| 14 | | 业务流程管理 | 对管线会签的业务流程（发起、发送、受理、签署、查看等）进行管理 |
| 15 | | 挖掘许可证上传 | 经市住建委同意审批后，出具城市道路挖掘许可证，地下管线开挖及会签管理系统提供道路挖掘许可证扫描件上传功能 |
| 16 | | 与挖掘许可证数据对接 | 地下管线开挖及会签管理系统与挖掘许可证数据对接，如对接市住建委信息中心的占用挖掘许可证统一打印平台，管线信息管理机构可据此跟踪竣工测量，实现数据的动态更新 |

## 11.4 系统主要功能

### 11.4.1 系统角色管理

地下管线开挖及会签管理系统根据《广州市地下管线开挖会签工作方案》，面向不同的部门提供不同的功能，如管线综合协调管理部门负责系统的整体运行统筹与协调管理，并负责分配系统管理员账号；建设单位负责分配会签案件的发起账号；管线权属单位负责分配会签案件的收件账号；管线行业主管部门和城市道路、公路管理部门等负责分配查询统计功能账号等。

地下管线开挖及会签管理系统支持所有的建设单位、权属单位、行业主管单位及个人的账号注册功能，账号注册信息包括单位/个人名称、账号名、联系电话等；其中，申请人为公民的，应提交有效的身份证复印件；申请人为法人的，应提交营业执照或事业单位法人证书、组织机构代码证和法定代表人证明书；申请人为其他组织的，应提交组织机构代码证或该组织合法成立的文件和主要负责人的身份证明书。

### 11.4.2 流程发起与会签办理

流程发起与会签办理功能按照地下管线开挖及会签管理系统预先设定的会签与意见办理流程，面向建设单位、权属单位、市管线信息管理中心等工作人员，分别提供了创建会签案件及附件上传、生成开挖分析报告、发起会签、会签案件办理、会签意见汇总、线下核查及归档、案件办结等功能。其中，创建会签案件及附件上传由建设单位发起，需要填写工程名称、工程地址、单位名称等信息，并上传施工图纸、施工方案和开挖分析报告等，如图 11-2 所示。会签案件办理由权属单位填写会签意见，并在"会签意见附件"中上传经盖章的权属单位意见表扫描件后流转至下一个环节。线下核查及归档由建设单位与相关权属单位线下核查后，在地下管线开挖及会签管理系统中分别上传管线详查资料、管线保护协议、现场交底照片等材料，并对现场交底情况进行登记，如图 11-3 所示。

图 11-2　创建会签案件及附件上传

图 11-3　线下核查及归档

## 11.4.3　督办提醒及预警

地下管线开挖及会签管理系统的时限默认为 5 个工作日，在会签案件发出后的 5 个工作日内，若权属单位未主动办理会签意见并返回给建设单位，则系统会默认以"同意"作为意见返回给建设单位；在每个账号的"业务箱"案件中，系统以绿色灯、黄色灯、红色灯分别标记正常流转、即将超过办案时限（预警业务）、已超过办案时限（超时业务）的会签案件；此外，每个账号在注册时都绑定了必填手机号，通过网络短信平台的短信服务，当会签案件发送到业务箱，系统将以短信方式发送至经办人的手机号，从而实现督办提醒及预警。督办提醒及预警如图 11-4 所示。

第 11 章 地下管线开挖及会签管理系统

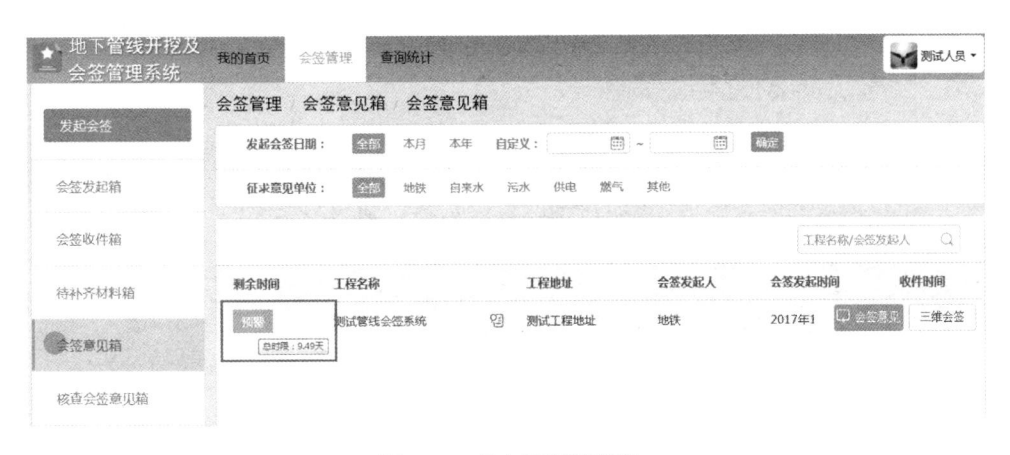

图 11-4 督办提醒及预警

## 11.4.4 案件汇总与统计

通过案件汇总与统计功能，管线综合协调管理部门可以对地下管线开挖及会签管理系统中建设单位发起的所有会签案件以"状态""创建时间""项目名称""建设单位"等为关键词进行综合查询与检索、汇总与统计，并可以按月、按季度、按年等时间段自动生成报表。

## 11.4.5 开挖分析报告生成

地下管线开挖及会签管理系统可以面向市地下管线信息中心管理人员，根据建设项目工程的开挖范围及深度，基于地下综合管线数据库中的现状数据，自动生成开挖分析报告。开挖分析报告主要包括工程概况表（包括工程项目名称、工程地址、计划开工日期、合同工期、项目类别、开挖深度、缓冲距离、建设单位名称、项目联系人、单位地址、办公电话、移动电话等信息）、截图总览（叠加开挖范围线、地形图以及现状的管线图等信息）、统计一览表（包括管线单位、管线类型、涉及总长度等信息）。开挖分析报告示例如图 11-5 所示。

图 11-5 开挖分析报告示例

### 11.4.6 会签流程浏览与定制

单击每个会签案件，地下管线开挖及会签管理系统都会显示该案件从开始到结束的完整会签流程、案件涉及的会签单位、每个流程的节点状态（包括办理完毕、正在进行或未接收），以及每个流程的接收时间、办理时间、办理人、办理用时等详细信息。会签流程浏览与定制如图 11-6 所示。

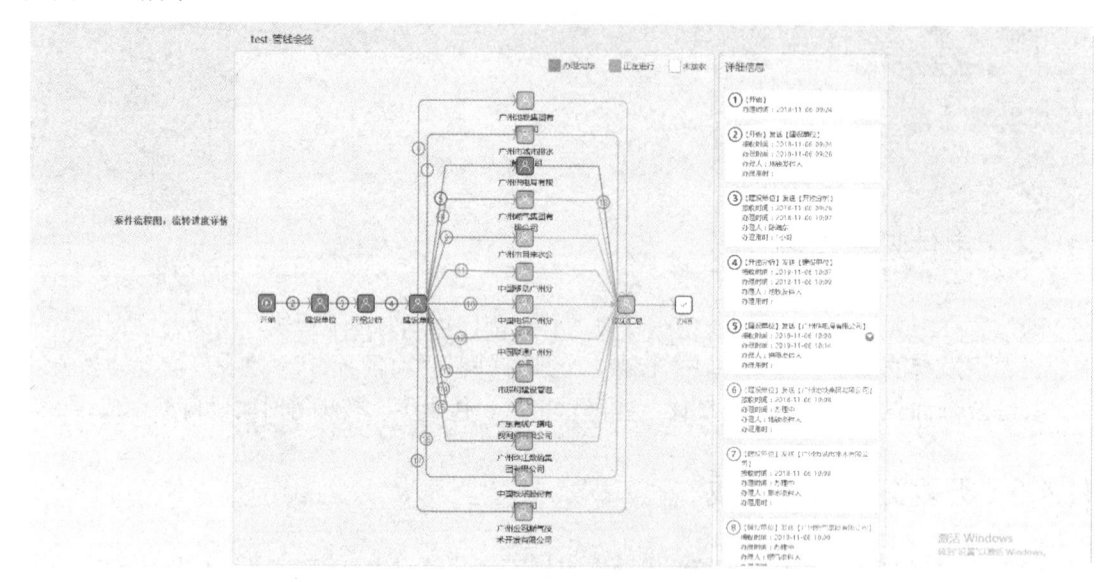

图 11-6　会签流程浏览与定制

## 11.5 系统关键技术

### 11.5.1 工作流引擎与城市管线会签业务相结合

地下管线开挖及会签管理系统采用工作流（Workflow）技术，对系统中的用户角色、注册过程、会签流程、提交材料、审批用语等进行流程化、配置化管理，实现管线建设工程开挖及会签意见的统一流转、审批，有利于管线建设工程开挖及会签的流程化、标准化、规范化。

### 11.5.2 地理信息系统空间分析技术与管线开挖可视化相结合

地下管线开挖及会签管理系统充分利用地理信息系统（GIS）中的空间分析技术，对系统中的开挖范围及深度和现状管线数据进行有效的衔接与利用，能自动化生成开挖范围及深度内的现状管线分布报告，达到充分利用城市管线的普查成果、竣工测量成果等现状管线数据的目的。

## 11.6 系统特色亮点

自广州市地下管线开挖及会签管理系统上线以来，该系统已面向广州燃气集团有限公司、广州地铁集团有限公司、广州供电局有限公司、广州市自来水有限公司等全市 190 多家单位和个人，为数千宗建设工程项目提供了实时、在线的地下管线开挖会签服务，较好地达到了预期目标。地下管线开挖及会签管理系统的特色亮点如下：

（1）有利于减少"拉链路""破膛路"等现象的频繁发生。地下管线开挖及会签管理系统促成了标准化、常态化、流程化、规范化的广州市管线开挖会商机制的建立，能较好地促使管线工程与道路建设工程的同步开挖、施工、建设等，从而有效减少了"拉链路""破膛路"等常见的"城市病"现象。

（2）有利于减少经常性的挖断管线事故发生。在地下管线建设工程实施前，管线建设单位通过地下管线开挖及会签管理系统提交申请，各相关管线权属单位通过地下管线开挖及会签管理系统进行审查，管线行业主管部门通过地下管线开挖及会签管理系统进行审核，管线综合协调管理部门通过地下管线开挖及会签管理系统进行监管，从而有效减少了挖断管线事故的发生。

（3）有利于充分利用管线现状数据成果。同其他城市一样，广州市已建立了管线数据库，并建立了地下管线综合管理信息系统，管线建设单位上传管线工程的开挖范围及深度，地下管线开挖及会签管理系统通过开挖范围及深度调用地下管线综合管理信息系统中的管线数据，有利于充分利用管线现状（包括普查、日常竣工验收以及各专业管线数据的汇交等）的数据成果。

（4）有利于管线建设单位重视管线开挖、施工的安全。在地下管线建设工程实施前，管线建设单位通过地下管线开挖及会签管理系统征求各管线权属单位、管线行业主管部门的意见，管线综合协调管理部门对各部门的意见进行综合统计、汇总，管线建设单位根据最终的意见决定是否进行地下管线建设工程，或者采取相应的保护措施后进行地下管线建设工程，有利于确保地下管线建设工程开挖、施工的安全。

（5）有利于管线综合协调管理部门的统筹管理和管线行业主管部门的责任监管。通过地下管线开挖及会签管理系统，管线综合协调管理部门和管线行业主管部门根据各自职责参与地下管线建设工程，有利于充分发挥管线综合协调管理部门的统筹作用，强化管线行业主管部门的监督作用，协同推进管线建设工程项目落地、审批服务便民和监管方式创新。

# 第 12 章
# 城市地下市政基础设施综合管理平台

2020 年 12 月 30 日,住房和城乡建设部印发《关于加强城市地下市政基础设施建设的指导意见》(建城〔2020〕111 号),提出到 2023 年年底,基本完成城市市政基础设施普查,地级及以上城市建立和完善城市市政基础设施综合管理信息平台;实现城市地下基础设施信息的采集、更新、利用、共享,满足设施规划建设、运行服务、应急防灾等工作需要;构建可表达城市地下基础设施地理信息等三维空间全要素综合数据的底图,将综合管理信息平台与城市信息模型基础信息平台深度融合,扩展完善实时监控、模拟仿真、事故预警等功能,实现基于数字孪生的监测预警等典型场景应用,为城市规划、建设、管理,以及应急处置提供服务,支撑一网统管及新型智慧城市建设。

## 12.1 平台需求分析

为响应《关于加强城市地下市政基础设施建设的指导意见》的要求,广州市开展了城市地下市政基础设施综合管理平台的建设工作。

(1)地下市政基础设施普查管理业务的需求。广州市住房和城乡建设部门负责对地下市政基础设施进行普查管理工作,负责对普查数据进行内容检查,包括属性完整性、图库一致性、数据库格式、数据入库接边,以及地下市政基础设施类别、图层、编码正确性、图面元素等的检查,并对检查合格的数据进行入库更新,需要城市地下市政基础设施综合管理平台的日常辅助管理。

(2)供水排水行业业务管理的需求。水利部于 2019 年印发了《智慧水利总体方案》《水利网信水平三年行动提升方案(2019—2021 年)》,于 2021 年印发了《加快推进智慧水务的指导意见》,进一步明确了我国在今后一段时期内智慧水务建设的总体要求和主要任务,提出了组织实施方案及保障措施、近期行动目标和计划,给全国智慧水务规划和建设提供了指导。在对排水设施的建设和运行进行监督的过程中,以及在指导城市内涝抢险应急管理工作的过程中,急需包含供水排水地下管线数据在内的地下市政基础设施数据的智能化管理技术支撑。城市地下市政基础设施综合管理平台提供了供水排水管线的综合管理、快速空间分析和监测预警等信息化支撑手段,可指导管网补齐短板,为实现清污分流提供了有效手段,为水务工作提供了辅助决策支持,加快和推动了智慧水务建设。

(3)城市管理和综合执法管理的需求。燃气管理是城市管理中一项重点业务,针对燃气管线的安全特殊性,燃气行业的监督管理、燃气发展规划的组织实施、燃气设施建设工程竣工验收、城镇燃气的供应保障、安全生产、经营秩序、设施运营、服务质量和设施保护的统筹协调和指导监督，都需要一套基础信息平台对燃气管线进行综合管理和实时监测。

（4）地下市政基础设施规划设计的需求。在组织编制控制性详细规划（控规）时，应当依据地下管线综合规划、各类管线专业规划，对地下管线做出具体安排，合理确定地下管线的规模、平面位置、走向、主要控制点标高、市政设施用地、保护范围等内容。地下市政基础设施数据在城市地下空间规划设计中起到了重要的作用。但目前普遍存在城市地下管线、地下通道等市政基础设施底数不清、统筹协调程度不够、运行管理不到位等问题，因此，需要运用现有的地下基础设施普查成果，通过城市地下市政基础设施综合管理平台对地下市政基础设施信息进行统一汇总管理，为规划决策提供数据支持。

（5）地下市政基础设施动态更新及信息共享的需求。地下市政基础设施综合管理是一个持续的过程，目前地下市政基础设施普遍存在底数摸查不清的问题，且地下市政基础设施普查数据在不断更新，需要城市地下市政基础设施综合管理平台提供地下市政基础设施数据的增量更新服务。由于现有的地下市政基础设施数据在统计过程中可能存在属性的错漏或缺失，因此需要遵循相关规范或标准对数据进行规范管理，并对数据进行编辑完善。

（6）地下市政基础设施监测预警的需求。利用物联网技术、智能传感器技术，可以便捷地对现有的管线网络实施监测，如供水排水管网的漏水监测、煤气管网的漏气监测等。建立城市地下市政基础设施综合管理平台，通过对接地下市政基础设施的检测感知设备，建立地下市政基础设施监测一张图，可为地下市政基础设施突发事故制定科学的应急抢险方案提供重要依据，满足应对突发性重大事故的需要。

## 12.2 平台架构体系

城市地下市政基础设施综合管理平台采用"五层两翼"的架构，如图12-1所示。"五层"是指基础环境层、时空数据层、平台支撑层、应用功能层和用户层，"两翼"是指平台建设应遵循的政策法规与标准规范体系、安全保障体系。

（1）用户层：用户层面向各类用户，包括市住房和城乡建设局的公共设施建设管理处、科技设计处、人防工程建设管理处、广州市住房城乡建设行业监测与研究中心、广州市地下管线建设事务中心，以及管线综合管理部门、管线工程建设单位、管线权属单位、广州市政务服务数据管理局等，根据不同用户的业务需求，设置不同的应用层系统访问权限，为不同用户提供应用服务。

（2）应用功能层：应用功能层主要包括地下市政基础设施数据检查与更新、地下市政基础设施综合应用、地下市政基础设施一张图、地下市政基础设施监测预警、后台运维管理。应用功能层提供地下市政基础设施数据的查询、分析、更新、共享和综合应用服务。

（3）平台支撑层：与城市已建成的统一身份认证、城市信息模型（CIM）基础信息平台、国土空间基础信息平台、智慧城市时空大数据平台等政府部门相关业务系统进行衔接，共同支撑地下市政基础设施业务的管理和应用。

（4）时空数据层：包括基础地理数据、工程管线设施数据、地下交通设施数据、地下其他设施数据、地下设施隐患数据和物联网监测数据等，构成了地下市政基础设施数据体系，实现了数据的融合。

图 12-1　城市地下市政基础设施综合管理平台的架构

（5）基础环境层：面向地下市政基础设施综合管理业务，基础环境层应依托政府信息化云平台的软/硬件资源进行扩展完善，应使用国产或开源产品。

（6）政策法规与标准规范体系：包括数据和应用服务方面的技术标准规范及管理制度，确保城市地下市政基础设施综合管理平台各组成部分之间，以及城市地下市政基础设施综合管理平台与外部系统交互能够有效衔接、规范运转。

（7）安全保障体系：建立安全管理机制，落实国家相关安全等级保护要求，确保城市地下市政基础设施综合管理平台运行过程中的物理安全、网络安全、数据安全、应用安全、访问安全；建立运维管理机制，对城市地下市政基础设施综合管理平台的硬件、网络、数据、应用及服务的运行状况进行综合管理，保证平台的稳定运行。

## 12.3 平台业务模型

城市地下市政基础设施综合管理平台的业务模型如下：

（1）摸清家底，建立涵盖基础地理数据、工程管线设施数据、地下交通设施数据、地下其他设施数据、地下设施隐患数据和物联网监测数据等二维数据，以及地下市政基础设施的三维模型数据库,为城市地下市政基础设施的综合管理奠定坚实的数据基础。

（2）建立集可视化、分析、核查、管理、监控和预警一体的城市地下基础设施地理信息平台,实现数据检查、综合管理、辅助决策、三维应用、共享交换、动态更新、平台维护等基本功能,以及城市地下基础设施实时监控、模拟仿真、监测预警等扩展功能,从而提升政府部门的监管能力和权属单位的运维保障能力。

（3）与城市信息模型基础信息平台、国土空间基础信息平台、智慧城市时空大数据平台融合对接,建立可感知、实时动态、虚实交互的城市地下基础设施数字孪生融合应用。

## 12.4 平台主要功能

城市地下市政基础设施综合管理平台主要由地下市政基础设施数据检查与更新、地下市政基础设施综合应用、地下市政基础设施一张图、地下市政基础设施监测预警等模块组成。

### 12.4.1 地下市政基础设施数据检查与更新模块

地下市政基础设施数据检查与更新模块面向地下市政基础设施行政管理单位,提供数据检查功能,对各普查单位提供的地下市政基础设施普查数据进行入库前的检查,确保入库数据的质量及一致性,避免数据错乱。该模块还具有数据增量更新的功能,可以支持基于普查/修测的以测区为单元的动态更新模式,以及基于竣工验收的以工程为单元的动态更新模式。地下市政基础设施数据检查与更新模块的组成如图 12-2 所示,其示例如图 12-3 所示。

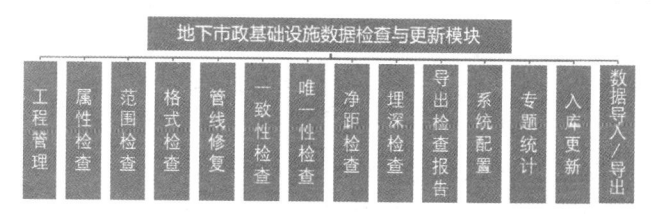

图 12-2 地下市政基础设施数据检查与更新模块的组成

图 12-3 地下市政基础设施数据检查与更新示例

## 12.4.2 地下市政基础设施综合应用模块

地下市政基础设施综合应用模块主要由地下市政基础设施分析、规划辅助审查、地下空间开挖分析、模拟仿真分析等子模块组成，如图12-4所示。

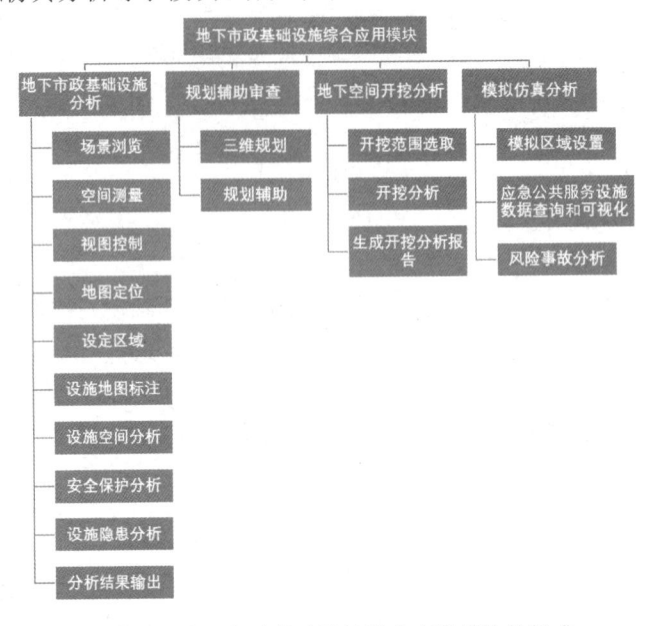

图12-4 地下市政基础设施综合应用模块的组成

（1）地下市政基础设施分析子模块：包括场景浏览、空间测量、视图控制、地图定位、设定区域、设施地图标注、设施空间分析、安全保护分析、设施隐患分析、分析结果输出等功能，重点支持水平净距分析、垂直净距分析、智能排管分析、纵断面分析、横断面分析、覆土分析、压盖分析、爆管事故分析、追踪分析等功能。例如智能排管分析，当用户创建管线时，地下市政基础设施分析子模块会自动对创建的管线与已有的管线进行水平净距分析，对发生碰撞的管线予以警示。地下市政基础设施分析示例如图12-5所示。

图12-5 地下市政基础设施分析示例

（2）规划辅助审查子模块：该子模块面向市政规划审批单位用户，提供三维规划、规划辅助等功能，重点支持设计管线导入、连通性分析、相关性分析、与城市规划控制线比对分析等功能。例如连通性分析，可判断两段地下市政设施的连通性，如果连通，则在左侧连通分析面板中显示连通路径中的地下市政设施点和地下市政设施。规划辅助审查示例如图 12-6 所示。

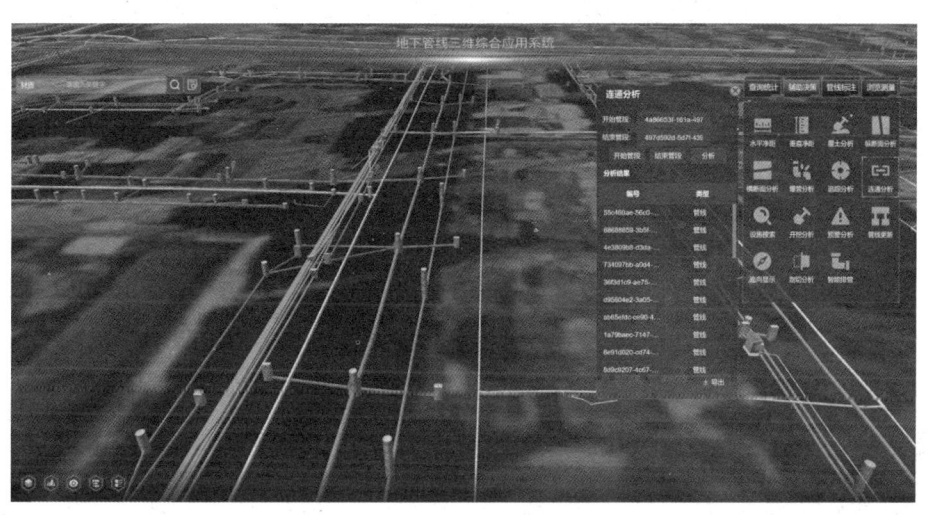

图 12-6　规划辅助审查示例

（3）地下空间开挖分析子模块：重点支持开挖范围选取、开挖分析、生成开挖分析报告等功能。例如开挖分析，当用户指定某一范围、按照固定深度进行挖掘时，该子模块会自动分析所挖洞与管线是否发生碰撞，对发生碰撞管线予以警示。地下空间开挖分析示例如图 12-7 所示。

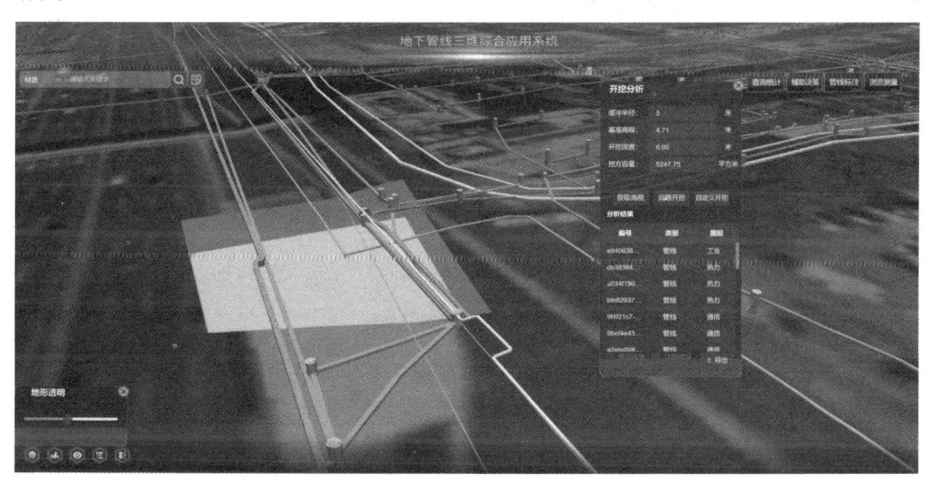

图 12-7　地下空间开挖分析示例

（4）模拟仿真分析子模块：重点支持模拟区域设置、应急公共服务设置数据查询和可视化、风险事故分析等功能。例如风险事故分析，当管线存在泄漏爆炸的风险时，该子模块可以对处于管线泄漏爆炸隐患区域下的空间要素进行分析，并展示详细的分析结果和风险等级。模拟仿真分析示例如图 12-8 所示。

图 12-8　模拟仿真分析示例

### 12.4.3　地下市政基础设施一张图模块

地下市政基础设施一张图模块主要由地图定位、地下基础设施一张图、地下基础设施隐患一张图、地下基础设施监测一张图等子模块组成，如图 12-9 所示。

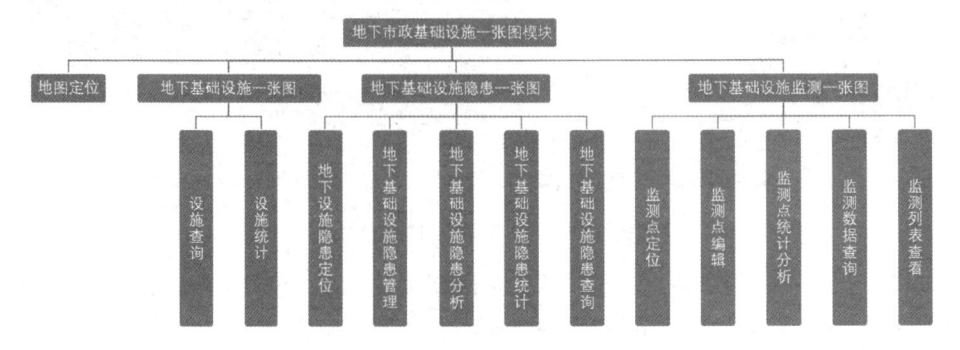

图 12-9　地下市政基础设施一张图模块的组成

地下基础设施一张图示例如图 12-10 所示。

第 12 章 城市地下市政基础设施综合管理平台

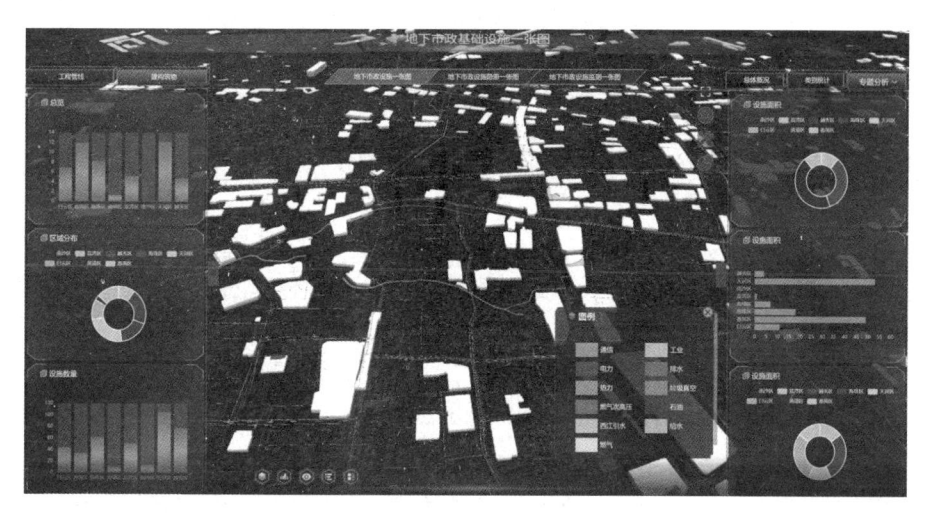

图 12-10 地下基础设施一张图示例

地下基础设施隐患一张图示例如图 12-11 所示。

图 12-11 地下基础设施隐患一张图示例

地下基础设施监测一张图示例如图 12-12 所示。

图 12-12 地下基础设施监测一张图示例

### 12.4.4 地下市政基础设施监测预警模块

地下市政基础设施监测预警模块可通过接入视频监控来管理实时视频监控数据和传感器数据等,实现地下市政基础设施整体情况的实时状态监控,并提供相应的实时监管功能,包括实时监控查看、历史监控查看、监控统计分析、监控报表、监控工程管理、监控设备管理等。地下市政基础设施监测预警模块还具有地下市政基础设施的安全状态预警功能,可以通过接入传感器数据来监测管线、地下通道等设施的压力、形态、使用情况等数据,提供超限状态的预警、预警参数设置、预警日志查询、预警分析等功能,实现隐患事故的预警功能。地下市政基础设施监测预警示例如图 12-13 所示。

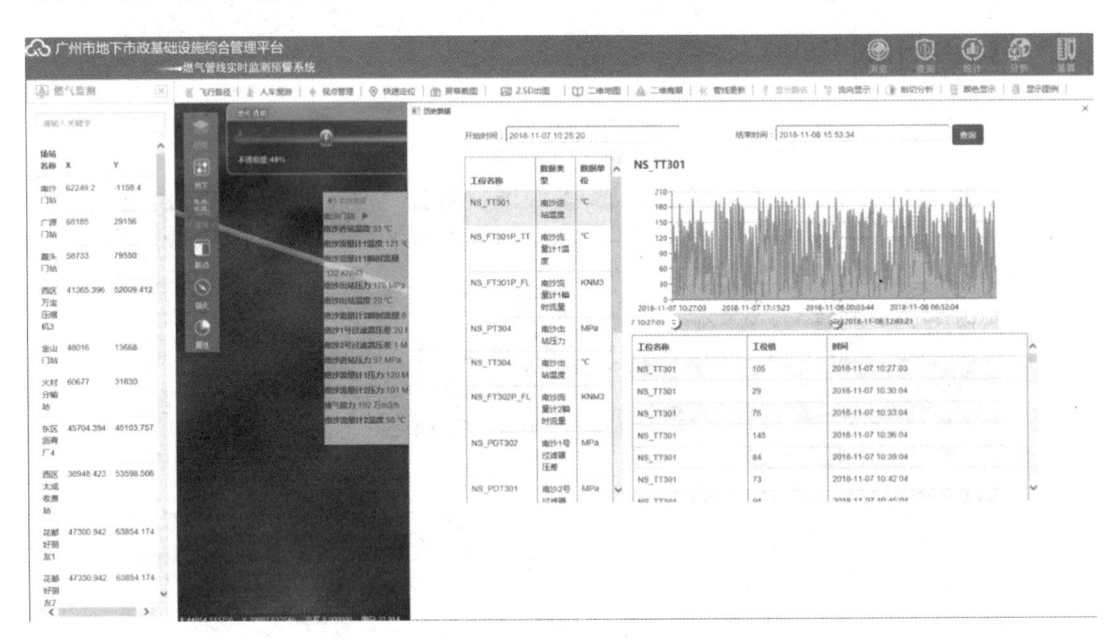

图 12-13 地下市政基础设施监测预警示例

## 12.5 平台应用框架

城市地下市政基础设施综合管理平台的应用框架如图 12-14 所示,主要包括地下市政基础设施数据检查与更新、地下市政基础设施综合应用、地下市政基础设施一张图、地下市政基础设施监测预警和后台运维管理等模块。各模块的应用侧重有所不同,地下市政基础设施数据检查与更新侧重于数据处理,地下市政基础设施综合应用侧重于分析,地下市政基础设施一张图侧重于展示,地下市政基础设施监测预警侧重于监控预警,后台运维管理侧重于权限控制,从而为用户提供全方位的应用。

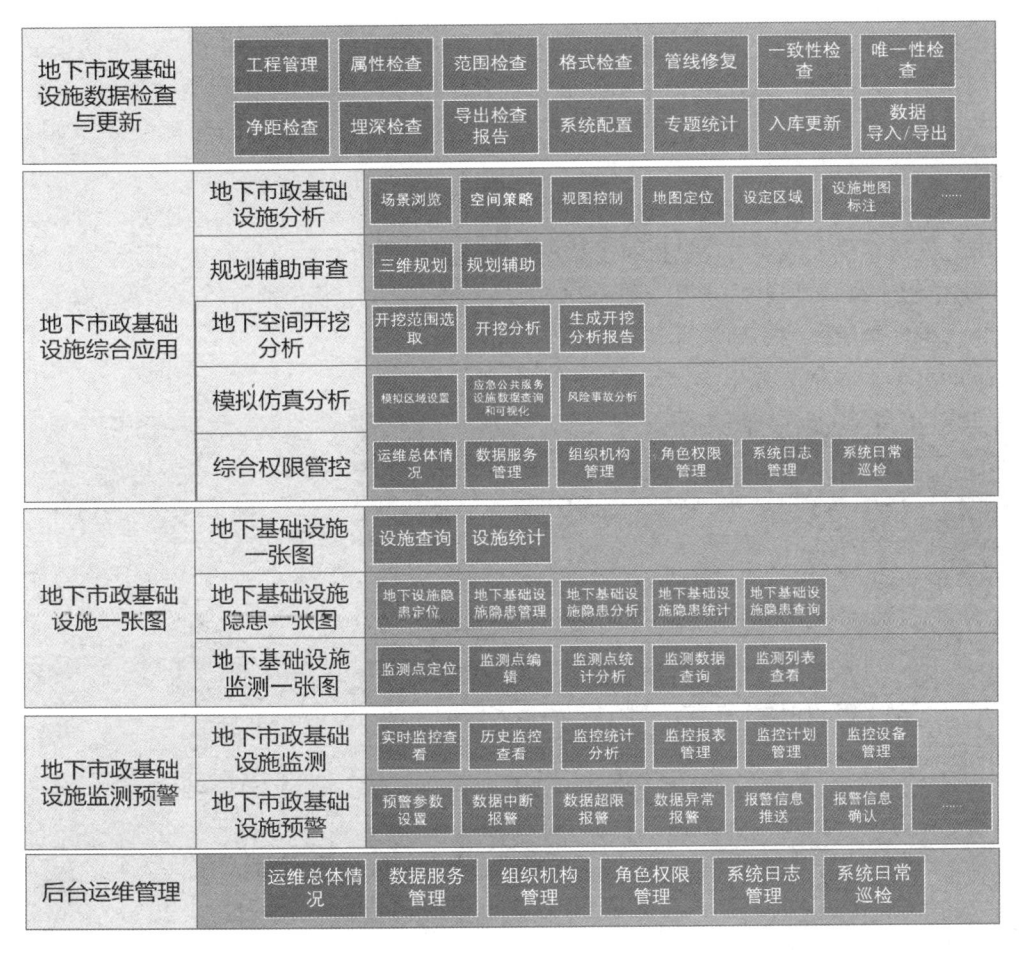

图 12-14　城市地下市政基础设施综合管理平台的应用框架

## 12.6 平台关键技术

### 12.6.1 基于 SpringBoot 的分布式微服务架构

详见 7.6.1 节。

### 12.6.2 支持游戏级渲染效果的高性能三维 GIS 引擎

城市地下市政基础设施综合管理平台采用的 Stamp 三维地理信息系统（Stamp 3D GIS）是具有完全自主知识产权的国产三维 GIS 平台，支持各种地形影像数据、人工模型数据、倾斜单体化模型、倾斜 Mesh 模型数据、BIM 数据、激光点云数据、地下市政管线数据、地质钻孔数据和 OGC 标准服务等多源异构数据的集成整合，支持城市级海量三维场景的二三维一体化、地上地下一体化、宏观微观一体化、室内室外一体化和浏览编辑一体化。该平台还提供了完善的城市地下市政综合管线三维可视化管理功能，支持基于二维管线数据的全自动三维建模，圆管、管块、管沟、隧道和管廊等管线建模，弯头、三通、四通、变径等特征建模、圆井、方井、雨篦、井室、通风口等井、井室的建模，以及阀门、水表、消防栓、灯杆等附属物的自动匹配；提供水平净距分析、垂直净距分析、覆土分析、纵/横断面分析、爆管事故分析、追踪分析、连通性分析、开挖分析、剖切分析、流向分析和预警分析等辅助决策功能。

此外，城市地下市政基础设施综合管理平台在集成整合开源游戏引擎的基础上，提供了强大的三维可视化表现能力，包括粒子系统、骨骼动画、动态水面和动态光影等各种渲染特效，能提供影视级渲染画面，可在三维GIS中创建出与游戏引擎相媲美的数字孪生地理空间，实现了三维地理空间信息场景真实与美观的和谐统一。

Stamp 3D GIS渲染效果示例如图12-15所示。

图12-15　Stamp 3D GIS渲染效果示例

### 12.6.3　海量空间数据矢量切片技术

详见7.6.4节。

## 12.7　平台特色亮点

**1. 实现地下市政基础设施管理信息、属性信息与隐患信息的多源数据融合**

城市地下市政基础设施综合管理平台以普查道路为基本单元，实现了地下管线、地下道路、地铁、人防工程等地下市政基础设施的管理信息、属性信息、隐患信息等多源数据的融合。

**2. 探索了基于数字孪生的地下市政基础设施监测预警等典型应用**

城市地下市政基础设施综合管理平台在城市地下市政基础设施综合数据库的基础上，实现了城市地下市政基础设施监测预警功能，提升了政府部门的监管能力和权属单位的运维保障能力，实现了基于数字孪生的监测预警等典型场景应用，为城市规划、建设、管理及应急处置提供了服务。

**3．构建了城市地下市政基础设施的全生命周期信息化支撑技术体系**

城市地下市政基础设施综合管理平台开发了城市地下市政基础设施在采集、检查、处理、更新、入库、利用、共享等全生命周期过程中的信息化支撑技术，可全面满足市政基础设施规划建设、运行服务、应急防灾等工作需要。

# 第 13 章
# 智慧社区信息化管理系统

《广州市国民经济和社会发展第十四个五年规划和 2035 年远景目标纲要》强调要加强数字社会、数字政府建设，提升公共服务、社会治理等数字化、智能化水平，构建网格化管理、精细化服务、信息化支撑、开放共享的基层管理服务平台。智慧社区是发展智慧城市的关键内容之一，基于智慧广州时空信息云平台，三眼井社区打造了三眼井智慧社区信息化管理系统，积极引入智慧管理元素，为社区提供流动人口、出租房屋、社区隐患等精细化管理，形成基层网格化治理服务体系。在广州旧城中心有一个三眼井社区，南宋时期，由地方政府牵头挖三口井，官民共同使用、共同维护，居民共享优质泉水资源，这正是"汲三眼清泉点亮万家灯火"。如今，三眼井社区党委将"同心共治，汲泉为民"作为社区新时代文明公约的核心精神，通过发挥全国科普示范社区优势，引入视频监控、智慧门禁等新技术设备，既实现了社区的智能化管理，又提高了社区治理和服务的智慧化水平，实现了"老故事新传承"。

## 13.1 系统需求分析

（1）城市加速转型升级、追求绿色可持续发展的需求。建设智慧城市已成为推动社会经济高质量发展的重要抓手。建设智慧城市，推进经济社会发展及城市管理智慧化，推进实体经济依托虚拟经济而提升，实现城市各个系统以及系统之间能够高效协调运作，有利于提高经济社会发展效率和城市管理水平，有利于促进城市节能减排和绿色增长，进而促进城市的可持续发展。

智慧社区是建设智慧城市的关键内容之一，通过以社区为单位进行的数字化、智能化建设，以点带面地逐步实现整个城市的智慧化，这是对城市基础设施的前瞻性布局，对先进技术和人才的战略性投资，也是对更多服务岗位和有竞争力的现代信息服务行业的创新，终将成为城市发展核心竞争力的根本所在。

（2）高效建设和谐社会、政府执政形象提升的需求。以社区作为政府传递新政策思想的新型单位，借助数字化、信息化的手段迅速传递政策，同时进一步加快电子政务向社区延伸，提高政府的办事效率和服务能力，提升政府执政形象，充分体现以人为本、服务民生。因此，智慧社区的建设对政府打造信息畅通、管理有序、服务完善、人际关系和谐的现代化社区具有重要意义。

（3）社区服务功能完善、居民生活质量提高的需求。智慧社区所承载的应用涵盖了人们的生活、工作、学习、娱乐等各个方面，与人们的生活息息相关，甚至将改变人们的生活方式。智慧社区为居民提供了一个互动的智慧网络，创造了一个安全、舒适、便利、愉悦的社区生活环境，提高了居民生活舒适度、归属感和幸福感。智慧社区体现了从强调技术为核心，到强调以技术为人服务为核心的一种转变。通过技术使人们的生活更加便捷、更加人性化、更加智慧化，真正提高人们的生活质量是构建智慧社区的目标。

## 13.2 系统架构体系

智慧社区信息化管理系统由基础设施层、平台层、应用层、安全保障体系与运维保障体系等部分组成，其架构如图13-1所示。

（1）基础设施层：主要包括公共基础设施、智能基础设施、通信网络设施和计算存储设施。公共基础设施主要指用于构建社区公共环境的设施，如燃气设施、供水排水设施、供配电设施、照明设施、环卫设施等。智能基础设施通过运用物联网、人工智能等新兴信息技术，实现了对社区基础数据的智能感知与采集，主要包括智能安防监控设施、智能消防监测设施、公共设施智能监测设施、智能环境监测设施和智能家居设施等，可向平台层提供标准化数据采集接口。通信网络设施主要包括光通信网、移动通信网、低功耗广域网、广播电视网等，主要用于构建社区信息传输网络，为智慧社区信息化管理系统提供高速的信息传输通道，支持海量数据的高并发低时延传输。计算存储设施主要为智慧社区信息化管理系统提供计算存储资源，提供海量数据高效存储与强大计算能力，包括边缘计算节点、本地计算设施、云计算资源等。

（2）平台层：实现多维数据的汇聚接入、治理、存储、分析、智能建模及共享交换等服务，面向社区管理与社区服务两大场景提供应用能力支撑。平台层分为数据资源能力层、数据服务能力层与应用支撑能力层。数据资源能力层主要对智慧社区信息化管理系统的数据资源管理能力进行要求，数据资源能力层应支持建立数据标准化格式，进行分类分库管理，可分为社区基础信息数据库、社区感知信息数据库、社区其他信息数据库等。数据服务能力层主要对智慧社区信息化管理系统的数据处理能力进行要求，包括数据汇聚、数据存储、数据治理、数据检索、数据分析、数据智能建模、数据共享交换等方面的能力。应用支撑能力层主要对智慧社区信息化管理系统的应用支撑能力进行要求，包括统一门户、用户管理、角色管理、权限管理、组织机构管理、资源管理、API管理等基础管理功能。

（3）应用层：主要包括社区管理和社区服务两大类应用，社区管理类应用直接面向政府和物业用户，社区服务类应用面向居民和企业用户。社区管理类应用的主要服务对象是政府和物业，社区治理（面向政府的应用）包括人口管控、车辆管控、房屋管理、单位管理、消防管理、群防治理、应急管理等，物业管理（面向物业的应用）包括物业缴费、信息发布、在线管家、访客管理、垃圾分类、停车管理、电子通行等。社区服务类应用的主要服务对象是社区居民和社区企业，便民服务（面向社区居民的应用）包括智慧家庭、家政服务、社区医疗、社区养老、社保服务、报事报修、生活缴费等，商业服务（面向社区企业的应用）包括无人超市、快递服务、设施维修、汽车养护、教育培训、房产租售、货运管理等。

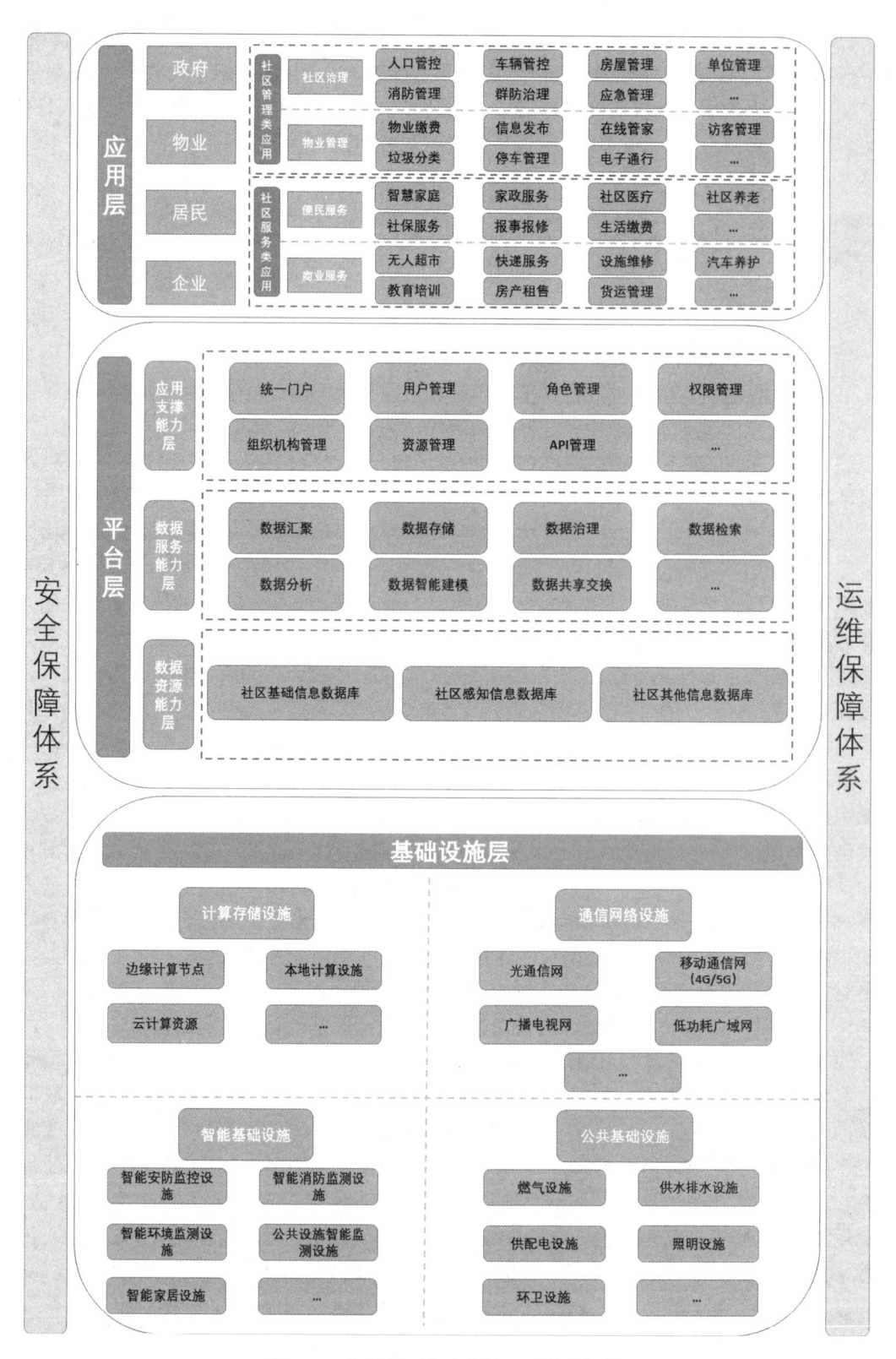

图 13-1 智慧社区信息化管理系统的架构

## 13.3 系统数据资源

智慧社区信息化管理系统构建了智慧社区数据资源库，建立了数据标准化格式，并进行了分类分库管理。智慧社区数据资源库可分为社区基础信息数据库、社区感知信息数据库、社区其他信息数据库等。

### 13.3.1 社区基础信息数据库

社区基础信息数据库包括人口信息数据、建筑信息数据、房屋信息数据、法人单位信息数据、机动车信息数据、非机动车信息数据、群防群治力量信息数据、部件设施数据、地理信息数据、组织机构信息数据等，如图 13-2 所示。

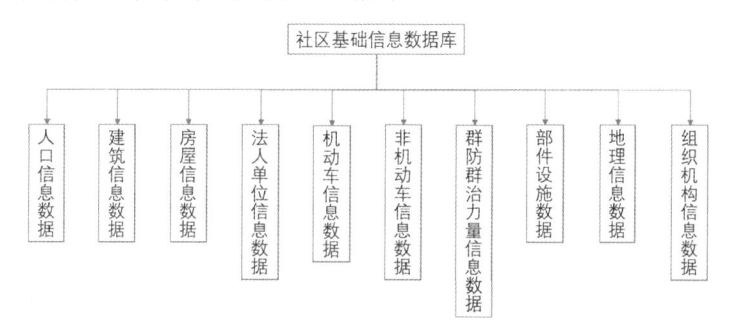

图 13-2 社区基础信息数据库的组成

### 13.3.2 社区感知信息数据库

社区感知信息数据库包括由智能感知设备采集的数据，如视频图像感知信息数据、人脸感知信息数据、车辆感知信息识别数据、门禁感知信息数据、物联网感知信息数据等，如图 13-3 所示。

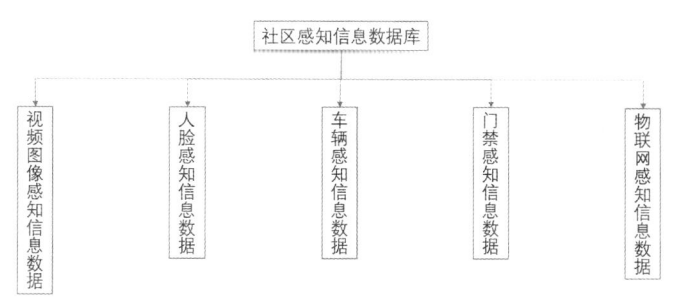

图 13-3 社区感知信息数据库的组成

### 13.3.3 社区其他信息数据库

社区其他信息数据库包括事件信息数据及其他信息数据，如图 13-4 所示。事件信息数据包括市民热线上报事件信息数据、智能设备感知的事件信息数据,以及网格员上报等多种途径采集的社区事件信息数据等。社区其他信息数据库还应通过多种采集方式获取到的其他信息数据,包括政务服务信息数据、交通出行信息数据、生活缴费信息数据、综合执法信息数据、环境卫生信息数据、物业管理信息数据、社区医疗信息数据、社区警务信息数据、社区商业信息数据等。

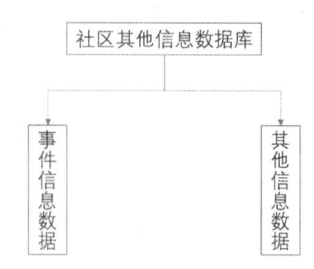

图 13-4 社区其他信息数据库的组成

## 13.4 系统业务模型

按照相关的标准,智慧社区信息化管理系统将社区划分为相应大小的网格,以网格作为最小管理单元,网格的上一层为社区。社区事件协同处理是针对社区管理受理事件设计的,智慧社区信息化管理系统可以对网格内的各类问题进行登记、处理和反馈,完成社区网格内事件的收集和处理,为区政府、镇街办、社区和网格提供事件采集和处理服务,保证社区事件的及时处理。社区事件处理流程包括 8 个主要节点,分别是问题处理过程中的问题登记、问题定位、问题核实和问题立案,以及案件处置过程中的案件派遣、案件处置反馈、案件处置核查、结案审批和居民反馈。在问题登记、问题立案、案件派遣、案件处置反馈、结果反馈和居民反馈等节点上,智慧社区信息化管理系统利用信息流转平台在镇街网格化管理办公室、街道处室、社区工作站搭建了信息实时传递系统。

### 13.4.1 问题处理过程中的主要节点

问题处理过程中的主要节点包括问题登记、问题定位、问题核实和问题立案。

(1)问题登记。对于社区居民反映的各类问题,通过手工方式将问题情况登记到智慧社区信息化管理系统,并根据问题的描述,在地图上查看问题发生地的所属网格,生成问题登记单。在问题登记时要记录居民的联系电话,以便及时与当事人沟通。

(2)问题定位。在居民反映问题时,根据问题描述的位置信息,可以通过调用地图展示接口在地图中选定问题发生地的所属网格。

(3)问题核实。对于居民反映并登记到智慧社区信息化管理系统中的问题,为了检查问题的真实性,派遣员需要将问题派遣给问题地所属网格的网格员进行核实。派遣员进入问题受理模块时,智慧社区信息化管理系统会显示问题管理列表页面,派遣员既可以在该页面中单击问题登记按钮进行问题登记,也可以根据条件搜索问题,还可以查看问题的详细信息,并进行问题立案处理。

(4) 问题立案。对于网格员通过移动端采集上报的问题，派遣员可以根据问题的描述信息以及网格员上传的图片和视频信息，对上报的问题进行立案处理。对于居民反映的问题，在得到网格员反馈的核实信息后，派遣员可依据问题核实信息，对于真实存在的问题进行立案处理，并填写立案意见。

### 13.4.2 案件处置过程中的主要节点

案件处置过程中的主要节点包括案件派遣、案件处置反馈、案件处置核查、结案审批和居民反馈。

（1）案件派遣。问题在立案后会被当成案件来进行处理，派遣员需要根据案件的分类信息，将案件派遣到相应的主责部门进行处置，并提出处置要求和处置时限。对于复杂的案件，派遣员可以选择协办派遣模式，即在将案件派遣到主责部门的同时，将案件告知相应的协办部门，或者要求主责部门和协办部门协同办理。

（2）案件处置反馈。主责部门在接到派遣的案件时，需要在处置时限内对案件进行线下处置，并及时反馈处置情况，填写处置结果和说明。若非本部门所属的案件，需要及时反馈，说明案件不在责任权属范围内，便于派遣员及时将案件派遣到相应的部门。

（3）案件处置核查。派遣员在主责部门填写案件处置结果后，需要及时派相应的网格员到现场进行核查，检查案件中所描述的问题是否已经处理妥当。

（4）结案审批和居民反馈。派遣员根据网格员的核查结果与结案标准，对已核查也符合结案标准的案件进行结案审批，并填写结案意见。对于处置不达标的案件不予结案，退回原处置部门重新处置，同时记录案件退回次数、处置时间与原因等信息。对于有特殊情况难以处置或暂时无法处置的案件，需要对案件进行挂起处理，不计算处置部门的处置时间。对于短时间内不能处置的案件，也可以强制结案并详细说明结案原因，待时机成熟时再重新处置。对于居民反馈的问题，在案件处置过程中要及时向居民反馈案件处置进度。工作人员通过电话主动向居民反馈案件处置情况。通过反馈电话，当事人不仅可以及时收到案件的处置情况，也可以对案件的处置速度和处置结果进行满意度评价，从而提高政府部门的办案效率和质量，提高政府的透明度。

## 13.5 系统主要功能

### 13.5.1 智慧社区信息化管理系统的首页功能

智慧社区信息化管理系统的首页向用户展示了社区的整体信息，包括社区所属行政区划和街道、社区人口与经济总量、社区网格数量、房屋数量、负责人信息、流动人员数量、安全隐患总量，以及各类能源、门禁、垃圾回收等智能硬件设施的统计数量和占比情况。智慧社区信息化管理系统的首页如图13-5所示。

图 13-5　智慧社区信息化管理系统的首页

## 13.5.2　人员信息统计与查询功能

社区人员的详细信息包括人员变化趋势、省内省外户籍人员数量、人员居住方式比例、人员学历分布等。当用户需要查询某人员的具体信息时，可在人员查询功能中输入该人员的姓名进行查询。智慧社区信息化管理系统实现了对"地楼房人"内在关联信息的整合，通过单击"定位"按钮，地图将自动定位到该人员的居住地，便于用户查看该人员的空间位置信息。人员信息统计与查询功能示例如图 13-6 所示。

图 13-6　人员信息统计与查询功能示例

### 13.5.3　安全隐患排查功能

安全隐患和巡查的详细信息包括巡查隐患情况、安全隐患情况、各类型的安全隐患（燃气、消防、治安、租赁）数目和严重程度与对应的处理部门信息。若用户需了解当前安全隐患的详细信息，则可以通过智慧社区信息化管理系统展示安全隐患的具体地址信息和目前巡查排除流程进度，并在地图上标记出该隐患的空间位置。安全隐患排查功能示例如图 13-7 所示。

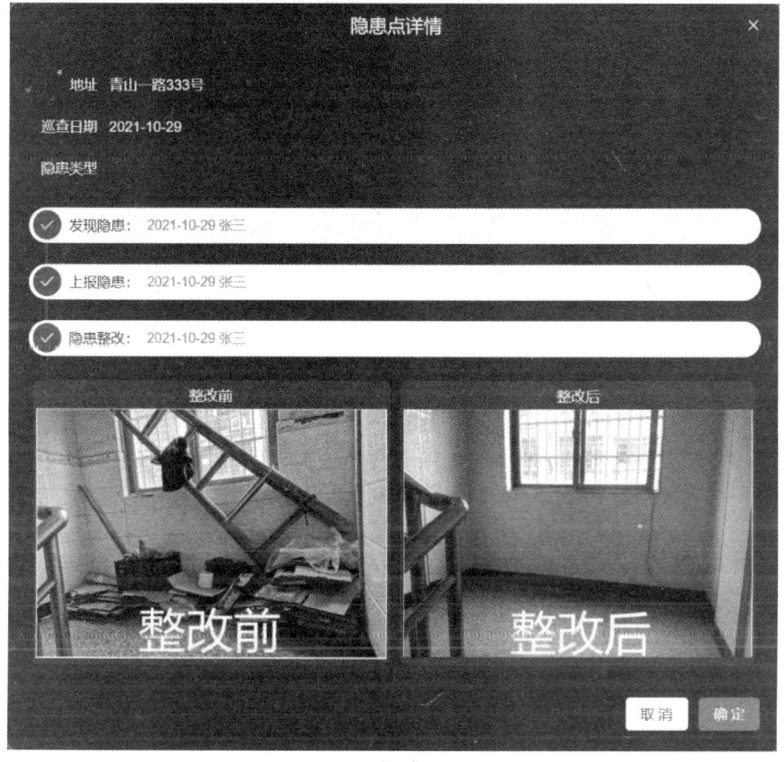

图 13-7　安全隐患排查功能示例

### 13.5.4 物联网监控功能

智慧社区信息化管理系统基于 AIoT（AI+IoT）技术整合了门禁、监控等硬件信息，辅助管理人员实时获取最新数据，提高了效率。智慧社区信息化管理系统会显示当前物联网信息，以监控数据为例，当管理人员启用物联网监控服务时，系统会采集监控的视频流数据，并生成相应的人员出入记录，让管理人员能快速掌握社区出入人员信息。

### 13.5.5 区域产业发展分析功能

区域产业发展分析功能基于二三维一体化技术，为用户提供了高精度的城市土地利用类型的数据可视化及分析功能，辅助城市土地精细化监管和产业发展建设规划。智慧社区信息化管理系统会显示当前区域产业信息，包括各类企业数目、营收与税收、招商项目、产业园区经济增长与产业结构、专利授权等统计信息，辅助规划人员快速掌握区域产业发展水平。区域产业发展分析功能示例如图 13-8 所示。

图 13-8　区域产业发展分析功能示例

## 13.6 系统应用框架

### 13.6.1 系统应用分类

按照服务对象的不同，智慧社区信息化管理系统的应用可分为社区管理类应用和社区服务类应用两大类。

（1）社区管理类应用：主要面向政府管理者，包括社区治安防控类应用和社区隐患治理类应用。社区治安防控类应用主要包括人口管控、车辆管控、房屋管理、重点单位管理、群防群治力量管理、安防设施管理等应用。社区隐患治理类应用主要包括公共基础设施隐患治理、消防隐患治理、高空抛物隐患治理、群租隐患治理、环境隐患治理等应用。

（2）社区服务类应用：主要面向社区居民，包括出行服务、社区医疗、社区养老、社区文体、报事报修、投诉建议等应用。

## 13.6.2　社区管理类应用

（1）人口管控应用。人口管控应用的功能包括：
- 对人口进行分类管理，包括常住人口、流动人口、重点人口等；
- 对人口信息进行增删改查等操作；
- 通过移动端扫描二维码的方式登记并采集个人信息，包括人员身份信息、人员居住地址信息、人脸照片信息等；
- 对采集到的社区人员信息进行审核，审核通过的可发放个人电子通行二维码；
- 社区居民通过扫描个人电子通行二维码的方式进出社区；
- 对社区人员出入记录进行检索和统计分析；
- 对重点关注人员进行布控管理；
- 提供人员异常行为的智能分析预警功能，包括人员久出未归预警、人员久居未出预警、实有人口未登记预警、实有人口离开未注销预警、重点人员聚集预警等；
- 通过人脸照片检索人员抓拍记录，可通过人员姓名、身份证号码等条件检索人员抓拍记录；
- 通过门禁的记录对社区人员进出记录进行检索和统计分析；
- 基于 GIS 地图对人员轨迹进行标绘与回放；
- 支持建立人员全息档案。

（2）车辆管控应用。车辆管控应用的功能包括：
- 对车辆的基本信息进行管理，包括增删改查等操作；
- 对重点车辆进行布控管理，支持实时布控告警推送；
- 对车辆通行记录进行检索；
- 提供行为异常车辆的智能分析预警功能，包括套牌车辆分析预警、昼伏夜出车辆分析预警、僵尸车辆分析预警、频繁出入车辆分析预警等；
- 对车辆信息进行基本的统计分析；
- 基于 GIS 地图对车辆轨迹进行标绘和回放；
- 建立车辆全息档案。

（3）房屋管理应用。房屋管理应用的功能包括：
- 对房屋进行标准地址编码；
- 对房屋与登记入住人员信息进行关联；
- 基于 BIM 或 GIS 地图查看楼栋房屋信息，可查看房屋登记人员的详细信息及历史居住人员的信息；
- 对房屋登记人员的实时在房状态进行研判；
- 基于房屋用水、用电、用气、门禁刷卡等数据，对房屋异常状态进行分析预警；
- 对房屋的消防状态进行监测；

- 对出租房进行管理；
- 建立房屋全息档案。

（4）重点单位管理应用。重点单位管理应用的功能包括：
- 对重点单位的基本信息进行管理，包括增删改查等操作；
- 对重点单位的基本信息进行统计分析；
- 对重点单位从业人员的信息进行管理；
- 对重点单位的风险隐患进行分析预警；
- 基于 BIM 或 GIS 地图查看重点单位的信息。

（5）群防群治力量管理应用。群防群治力量管理应用的功能包括：
- 对群防群治力量的信息进行管理，包括增删改查等操作；
- 对群防群治力量的信息进行统计分析；
- 基于 BIM 或 GIS 地图查看群防群治力量状态信息。

（6）安防设施管理应用。安防设施管理应用的功能包括：
- 对安防设施的信息进行管理，包括增删改查等操作；
- 对安防设施的信息进行统计分析；
- 对安防设施的在线状态进行监测；
- 对安防设施的信息进行浏览，包括视频图像数据、人脸抓拍数据、车辆识别数据、门禁通行数据、告警数据等；
- 基于 BIM 或 GIS 地图查看安防设施的详情，并显示安防设施的告警信息。

（7）应急管理应用。应急管理应用的功能包括：
- 按照时间、空间、处理状态等多个维度进行突发事件的展现；
- 根据指定设备、指定通道进行图像的实时调阅，支持点播图像抓帧；
- 对应急事件进行分类、分级管理，可进行查询、汇总、统计等操作；
- 对各级各类预案进行分类、分级管理，可进行实时调用、预览、查询等操作；
- 支持信息发布，可向应急相关机构和人员，以及公众发布经过审批的突发公共事件预警信息、事件信息、处置信息、公众防范信息、公众培训信息等；
- 支持数据管理与维护，包括应急信息和相关数据资料的查询、调用和维护。

（8）社区隐患治理应用。社区隐患治理应用的功能包括：
- 通过智能设备监测、人工上报等方式，对社区窨井盖、照明路灯、电梯等公共基础设施隐患事件进行采集；
- 对公共基础设施隐患事件进行追溯检索；
- 将事件通过移动端推送给相关处置人员；
- 对公共基础设施隐患事件的处置流程进行管理；
- 对物联网中的传感器进行统一管理，包括增删改查等操作；
- 基于 BIM 或 GIS 地图对物联网中的传感器进行统一管理，并对设备进行实时在线监测、联动、隐患排查处理、自动预警等设备数据的智能化分析和管理；
- 对公共基础设施隐患事件进行基本的统计分析。

（9）消防隐患治理应用。消防隐患治理应用的功能包括：
- 通过智能设备监测、人工上报等方式，对社区火灾、消防防火门打开、消防栓异常、消防通道堵塞、电瓶车进楼充电等消防隐患事件进行采集；

- 对消防烟感探测器、消防门磁、消防通道地磁等消防类传感设备进行管理，包括设备增删改查等操作；
- 基于 BIM 或 GIS 地图对消防隐患进行统一管理，并可查看设备详情；
- 基于 BIM 或 GIS 地图对消防隐患事件进行实时展示，并可查看事件详情；
- 支持基本的告警事件的联动功能，如告警与视频的联动；
- 将事件通过移动端推送给相关处置人员；支持对消防隐患事件的处置流程进行管理；
- 支持对消防隐患事件追溯检索；
- 支持对消防隐患告警进行基本的统计分析。

（10）高空抛物隐患治理应用。高空抛物隐患治理应用的功能包括：
- 对高空抛物智能监测设备进行管理，包括设备增删改查等操作；
- 支持基于 BIM 或 GIS 地图对高空抛物智能监测设备进行管理，支持查看设备详情；
- 支持基于 BIM 或 GIS 地图对高空抛物监测告警进行实时展示，并可查看告警详情；
- 支持基本的告警联动功能，如告警联动录像；
- 支持将告警通过移动端推送给相关处置人员；
- 支持对高空抛物告警的处置流程进行管理；
- 支持对高空抛物告警追溯检索；
- 支持对高空抛物告警进行基本的统计分析。

（11）群租隐患治理应用。群租隐患治理应用的功能包括：
- 支持通过大数据分析，对社区群租房进行智能发现，并生成群租发现告警；
- 支持基于 BIM 或 GIS 地图对群租发现告警进行实时展示，并支持查看告警详情；
- 支持对群租告警进行追溯检索；
- 支持将事件通过移动端推送给相关处置人员；
- 支持对群租告警处置流程进行管理；
- 支持对群租告警进行基本的统计分析。

（12）环境隐患治理应用。环境隐患治理应用的功能包括：
- 对环境监测设备进行管理，包括增删改查等操作；
- 对水质、PM2.5、温湿度等环境属性进行监测；
- 基于 BIM 或 GIS 地图对环境隐患告警进行实时展示，并支持查看告警详情；
- 将事件通过移动端推送给相关处置人员；
- 对环境隐患告警处置流程进行管理；
- 对环境隐患告警进行追溯检索；
- 对环境隐患告警进行基本的统计分析。

### 13.6.3 社区服务类应用

（1）出行服务应用。出行服务应用的功能包括但不限于：公交路线及实时公交查询、地铁线路查询及共享单车查询和使用等功能；向社区居民提供移动端或 PC 端应用，社区居民可查询公交线路、地铁线路及共享单车。

（2）社区医疗应用。社区医疗应用的建设包括社区健康服务系统、紧急救助报警系统等内容。社区健康服务系统主要提供日常健康服务管理，具有基础健康检测、健康咨询和疾病防护宣传、健康应急管理、远程医疗和协同医疗、心理健康咨询和康复医疗等功能。

紧急救助报警系统在社区的公共区域设置了紧急求助按钮；在物业管理中心和控制中心设置紧急通话装置；在户内设置紧急求助报警按钮，该按钮能将报警信息推送至紧急联系人或物业管理中心。

（3）社区养老应用。社区养老应用的服务对象包括空巢家庭老人、单身独居老人，以及和子女合住的老人。社区养老应用可向社区老人的监护人提供移动端或 PC 端应用，在线向社区老人提供居家养老服务。社区智慧养老服务平台的服务形式包括上门服务和日托服务等，其服务内容包括但不限于安全预警、一键求助、远程看护、在线订餐、健康指导等。在提供基础服务的基础上，社区智慧养老平台可依据社区的基础设施条件提供术后护理、心理咨询、法律咨询、安全预警等增值服务。

（4）社区文体应用。社区文体应用的主要功能是加强社区文化智能体验和线上服务功能，为公众提供数字图书馆、多媒体文化馆、数字娱乐体验馆、数字科普馆等公共数字文化体育场馆及设施服务，利用移动端或 PC 端应用随时随地提供演出、展览和门票优惠等信息服务。

（5）报事报修应用。报事报修应用的主要功能是向社区居民提供移动端或 PC 端应用，使社区居民可在线上报社区事件、设施报修；社区居民可通过移动端或 PC 端应用查询报事报修事项的记录、处置情况；物业管理员可通过移动端或 PC 端应用处理社区居民上报的社区事件和报修事项，并及时进行反馈。

（6）投诉建议应用。投诉建议应用的主要功能是向社区居民提供移动端或 PC 端应用，使社区居民可在线反馈社区管理方面的问题与建议；社区居民可通过移动端或 PC 端应用查看上报的问题与建议记录，以及相应的反馈情况；物业管理员可通过移动端或 PC 端应用处理社区居民上报的问题与建议，并及时进行反馈。

（7）设施维修应用。设施维修应用的功能包括但不限于社区设施设备、家庭设施设备的维修服务；社区居民可通过移动端或 PC 端应用查询社区设施维修服务点的信息，并在线发起预约订单；设施维修服务商可通过移动端或 PC 端应用查询设施维修订单，并在线进行反馈。

（8）房产租售应用。房产租售应用的主要功能是设立社区房产租售服务点，提供二手房租赁、出售等服务；社区居民可通过移动端查询社区房产租售服务点的基本信息，以及租售房屋的信息。

## 13.7 系统关键技术

### 13.7.1 基于构件技术的系统搭建模式

基于构件技术的软件开发是面向需求的，设计者可专注于业务逻辑的处理，无须关注软件中与业务无关但又很重要的问题，如分布式应用中的通信、效率、互操作、可靠性、容错性、完整性等问题。基于构件技术开发的软件在管理方面是非常方便的，这是因为构件可以通过方便的标识机制进行划分，各个构件是独立配置的单元，只需要进行构件集成即可达到系统的管理目标。

基于构件技术的软件开发是面向服务技术、模型驱动技术和传统构件技术的整合。构件不仅仅是代码的集合，更是业务内容的映射。构件是实现业务需求的最小部件，在部分行业中，可以通过积累形成比较全面的客户需求构件库，通过组装构件即可快速搭建满足客户需求的应用。在应用中可以快速地修改和增减构件，从而满足不同客户的需求。从构件技术的实现来看，软件构件模型包含四个要素，分别是构件本身、与其他构件整合的能力、构件对外的接口，以及构件的使用者。

智慧社区信息化管理系统是一个逐步发展的系统，需要在应用中对系统进行不断的完善和扩展，通过构件技术可以快速满足不断变化的需求。另外，智慧社区信息化管理系统的共性功能模块也可以用于搭建其他业务应用。

### 13.7.2　基于工作流引擎的社区业务管理

智慧社区信息化管理系统通过定义社区事件处理流程中的各个环节以及使用定制工具，完成描述了社区事件处理业务的整个流程，并实现了业务处理流程的监控。智慧社区信息化管理系统将工作流引擎作为整个系统的一个技术构件，可以更加规范、便捷地建立和修改系统的业务流程。

工作流引擎在社区事件处理业务流程中的作用如下：
（1）能够迅速调整社区事件处理业务流程中的节点，这种调整几乎是实时的。
（2）能够灵活地定义和更新社区事件处理业务的流程，并可以定义流程的执行期限。
（3）能够从社区事件处理业务的角度来分析和评价业务流程的调整。
（4）能够按照已经设定好的业务规则和业务目标，顺利实施具体的审批业务流程，进而优化事件处理业务流程，降低维护成本，提高运维效率。

### 13.7.3　基于领域驱动设计的开发方法

领域驱动设计（Domain-Driven Design，DDD）是一种思考问题的方式，是一种经验的积累，是一种解决跨学科交流问题的软件工程方法。智慧社区信息化管理系统采用了领域驱动设计，其架构分为以下层次：
（1）终端层：使用浏览器访问展现层的页面，使用移动端通过 REST API 接口与后台进行通信。
（2）展现层：负责向用户展现信息，以及传递用户的请求和响应。
（3）控制层：采用 Spring MVC 实现，可根据用户的请求将信息转发到对应的业务逻辑。
（4）应用层：定义智慧社区信息化管理系统的所有功能，对外接收控制层转发的所有信息，并为展现层提供各种应用功能（包括查询和命令）；对内调用领域层（领域对象或领域服务）来完成各种业务逻辑。应用层并不包含业务逻辑，只对业务逻辑进行封装，由 Spring 框架提供类和实例之间关系的管理功能。
（5）领域层：负责表达和描述业务概念、业务状态信息以及业务规则。领域模型位于领域层，是软件业务逻辑的核心。
（6）持久层：为领域层实现持久化机制，负责数据的持久化和反持久化，使用 Hibernate 框架实现对象与关系数据库的映射。

## 13.8 系统特色亮点

**1. 智慧社区应用体系创新**

目前大部分的智慧社区建设主要采用以硬件设备为主的传统建设方式，造成了硬件设备的堆积，而这些硬件设备往往都是独立运行的，并没有形成一套成熟的应用体系。智慧社区信息化管理系统创新性地构建了智慧社区应用体系，基于"数据中台+业务中台"的双治理范式，建立了"数据驱动业务、业务反哺数据"的智慧管理内循环。具体而言，以数据中台为载体，持续汇聚多部门、多尺度、多类别社区数据资源，充分利用新一代信息技术实现数据资源的有效治理，形成规范、清晰、易用的一张底图；以业务中台为引擎，面向多领域业务场景和工作要求构建业务模型，实现各部门、各链条、各层级业务工作的标准化再造与管理，衍生出更多以人为核心导向的业务场景，为数字化治理提质增速。

**2. 时空大数据深度支撑智慧社区服务应用**

基于智慧广州时空信息云平台丰富的时空大数据以及数据感知、识别和采集，智慧社区信息化管理系统汇集了社区影像、网格、人员、车辆、设备、安防、消防、行为跟踪等全方位数据资源，以智能感知、多源融合、开放共享、深度挖掘和智能服务为指导，充分发挥了时空大数据在智慧社区建设中的核心作用，实现了从预警、分析、处置、跟踪的全过程管理，全面提升了社区全域数字化管控水平和服务能力。

**3. 以知识图谱的形式展现"地楼房人"之间的关系**

通过知识图谱的表现形式，智慧社区信息化管理系统挖掘、分析、构建、绘制和显示了宗地、楼盘、楼栋、房屋、人员之间的相互关系，实现了对海量信息与知识的整理及转化，可在不同应用场景下进行知识的梳理、关联、组织和分析。例如，在社区疫情防控的应用场景下，基于已构建的"地楼房人"知识图谱信息，智慧社区信息化管理系统不仅可以快速摸清病例居住地周边环境及接触人员，还具有丰富的探索分析功能（如逐级探索、高级检索、信息卡片查看、过滤筛选、图结构切换、路径分析、时序分析等），有效提升了防疫人员探索效率。

**4. 立足用户需求进行系统的设计开发**

智慧社区信息化管理系统充分反映了社区居民的需求，可在事前充分收集和仔细分析社区居民的诉求；功能丰富且井井有条，所设置的功能与服务能力是相对应的，不存在为了形象工程而加入大量华而不实的内容；反馈渠道的通畅，可及时获知使用者的意见；细节设计合理，贴合不同人群的使用习惯，增加了系统易用性。

# 第 14 章
# 人工智能与数字经济试验区 CIM 应用系统

为了进一步贯彻落实党的十九届四中全会提出的"要善于把大数据、人工智能等现代科技与社会治理深度融合起来,通过现代科技推进社会沟通、改进管理服务,打造数据驱动、人机协同、跨界融合、共创分享的智能化治理新模式"指示精神,按照国务院关于推进工程建设项目审批制度改革的相关要求,以及住房和城乡建设部开展城市信息模型平台建设试点工作的部署,根据广州市政府工作会议纪要(穗府会纪〔2020〕105 号)及《广州人工智能与数字经济试验区整体形象展示工作方案》的要求,广州市开展了人工智能与数字经济试验区 CIM 应用系统的建设工作。

## 14.1 系统需求分析

为了贯彻落实广州作为国家重要中心城市、粤港澳大湾区核心城市等的发展定位,人工智能与数字经济试验区 CIM 应用系统整理了广州市人工智能与数字经济试验区范围内相关数据,完善了覆盖"地上-地表-地下"、二三维一体化联动的时空大数据,建立了二维、三维数据库。广州市以琶洲核心片区为示范,充分利用城市信息模型基础信息平台建设成果,基于智慧广州时空信息云平台,构建了专题图形化、可视化界面,提供了大数据决策工具,为试验区管理部门加强社会沟通、改进管理服务提供了现代科技抓手,从而探索落地数据驱动、人机协同、跨界融合、共创分享的区域智能化治理新模式,最终为深化城市信息模型基础信息平台成果在地区产业经济管理和发展方面的推广应用奠定了基础。

## 14.2 系统数据资源

广州人工智能与数字经济试验区(以下简称试验区)的面积共 81 $km^2$,其中,琶洲核心片区的面积为 31 $km^2$、广州国际金融城片区的面积为 8 $km^2$、鱼珠片区的面积为 25 $km^2$、广州大学城的面积为 17 $km^2$。人工智能与数字经济试验区 CIM 应用系统的数据资源包括地形地貌、建筑物白模、三维实景整体与单体化模型、城市设计模型、在建项目模型、试点项目 BIM、试点不动产分层分户模型、地下空间体量模型(含地下轨道交通、地下建筑物等)、地下管线三维模型(供水、排水、燃气、电力、通信)等。该系统建设了三个片区的二维专题数据库,包括大比例尺政务电子地图与 POI、多时相影像、自然资源分布情况、国土规划专题、四标四实专题、企业及产业园区经济专题、不动产管理专题、重点项目专题等空间数

据。CIM产业经济场景专题实体数据如表14-1所示

表14-1  CIM产业经济场景专题实体数据

| 数据类型 | 数据来源 | 数据概况 |
| --- | --- | --- |
| 三维城市模型地形地貌（政务版） | 以城市基础测绘成果的数字高程模型（Digital Elevation Model，DEM）和数字正射影像（Digital Ortho Map，DOM）为数据源 | 广州市行政区划的面积是7434 km$^2$，模型精度与2019年政务版的DEM、DOM一致 |
| 建筑物白模（政务版） | 以琶洲核心片区房屋测绘数据为数据源 | 试验区的面积为81 km$^2$，CIM精细度为LOD I级 |
| 建筑单体化模型 | 数据转换整理 | 试验区的面积为81 km$^2$，CIM精细度为LOD II级 |
| 互联网区与总部经济区的33个在建项目建筑设计方案模型 | 以设计SKP（Sketchup）模型为数据源 | CIM精细度为LOD II级 |
| 2~5个建设项目的BIM（试点） | 以设计施工BIM为数据源 | CIM精细度为LOD IV级 |
| 5~10幢不动产分层分户三维模型（试点） | 以楼盘表、房屋平面图为数据源 | CIM精细度为LOD III级 |
| 地下空间模型 | 以地下空间普查测绘成果为数据源 | 试验区的面积为81 km$^2$，建立了包括建筑地下室、地铁站台/站厅与轨道区间、地下人防工程等的地下空间三维模型，CIM精细度为LOD I级 |
| 地下管线模型 | 以地下管线普查和竣工测量的成果为数据源 | 试验区的面积为81 km$^2$，含电力、供水、排水、燃气、通信5大类管线 |
| 市、区、镇、村行政区划界线 | 数据转换整理 | 全市行政区划范围 |
| 大比例尺政务电子地图与POI | 数据转换整理 | 试验区的面积为81 km$^2$ |
| 国土规划专题数据 | 数据转换整理 | 试验区的面积为81 km$^2$，包括土地利用现状、城市总体规划、土地利用总体规划、控规专题规划、村庄规划、三区三线、控制线等数据 |
| 局委办专题数据 | 数据转换整理 | 试验区的面积为81 km$^2$，包括公安局、农林局、发改局、城管局、文广新局、科工商信局、安监局、市场监管局、环保局、住建局、水务局、计卫局、来穗局、旅游局等部门的空间数据 |
| 四标四实数据 | 数据转换整理 | 试验区的面积为81 km$^2$，包括标准地址、标准建筑物、标准网格、实有人口、实有单位、实有房屋，与单体建筑模型挂接 |
| 企业及产业园区经济数据 | 数据转换整理 | 试验区的面积为81 km$^2$，包括产业园区基本信息、落户企业基本信息、企业营收、纳税等经济指标信息 |
| 不动产管理数据 | 数据转换整理 | 试验区的面积为81 km$^2$，包括地、楼、房。选择其中5~10幢不同类型的房屋作为试点进行不动产管理信息的分层分户展示 |

## 14.3 系统业务模型

（1）建立试验区全空间数据基础，摸清试验区的数字资源家底。试验区内的全空间数据包括二维专题数据库和三维专题数据库。三维专题数据库包括地形地貌、建筑物白模、三维

实景整体与单体化模型、城市设计模型、在建项目模型、试点项目 BIM、试点不动产分层分户模型、地下空间体量模型、地下管线三维模型。二维专题数据库包括大比例尺政务电子地图与 POI、多时相影像、自然资源分布情况、国土规划专题、四标四实专题、企业及产业园区经济专题、不动产管理专题、重点项目专题等空间数据。

（2）建立"CIM+应用"模式，提供招商引资、产业园区、经济效益、楼宇经济等灵活全面大数据分析服务。在智慧广州时空信息云平台的基础上，围绕琶洲核心片区建立试验区的地上地下一体化三维模型，实现地、楼、房、企业、人口和经济数据的全面融合，建立试验区内资源及建筑物分布、人口分析、基础配套设施、经济及产业分析、企业画像、重点项目统计、权属分布统计、储备土地分布等大数据模型及人机交互功能，形成 CIM 示范应用，实现琶洲核心片区的产业园区、产业、经济、企业、税收、重点企业总部、招商引资、重点项目建设等分层分级分类显示和统计分析功能，达到对试验区动态、整体和即时把控的要求，形成招商引资、智慧规划设计、数字经济产业管理、土地储备管理、重点项目管理、四标四实服务等功能，为试验区的智慧规划、科学招商、数字经济管理和重点项目建设提供精细化的管理服务。

## 14.4 系统主要功能

### 14.4.1 招商引资专题模块

招商引资专题模块整合了试验区的规划设计方案三维模型、占地范围、功能布局、重点产业、交通设施、土地供应、公共服务设施、空气质量等数据，以最吸引眼球的方式向投资者介绍琶洲核心片区未来发展的方向。招商引资专题模块的功能如图 14-1 所示。

图 14-1 招商引资专题模块的功能

### 14.4.2 经济分析专题模块

经济分析专题模块汇聚了试验区的入驻企业、企业税收、企业营收、商务载体、产业园区等经济数据,实现了试验区各片区的产业结构分析、总部经济分析,并依托实景三维模型对重点楼宇进行了分层分户分析,为琶洲核心片区各楼宇提供了精细化的信息化管理方案。经济分析专题模块的功能如图 14-2 所示。

图 14-2  经济分析专题模块的功能

### 14.4.3  空间规划专题模块

空间规划专题模块整合了生态保护红线、永久基本农田、城镇开发边界、城市总体规划、控制性详细规划、城市设计方案等各类规划专题数据,以及道路、轨道交通、城中村范围、现状与规划建筑量等现状专题数据,为试验区的城市规划与建设提供了有力支撑。空间规划专题模块的功能如图 14-3 所示。

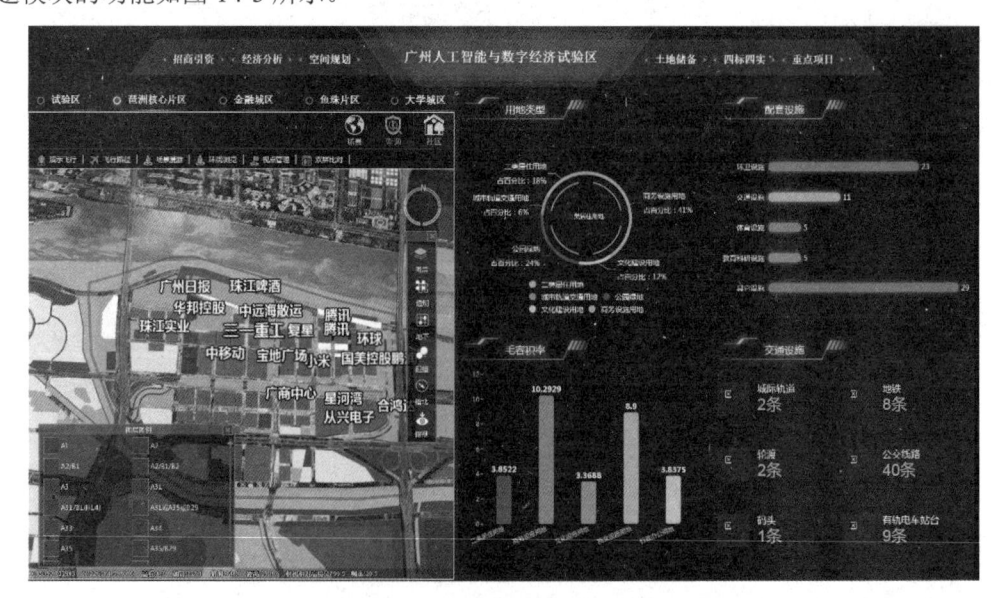

图 14-3  空间规划专题模块的功能

## 14.4.4　土地储备专题模块

土地储备专题模块囊括了土地出让信息、用地类型信息、土地权属信息、土地现状信息、公共服务设施信息等数据,实现了地块综合分析,能够有效地为项目进驻提供土地使用方面的支撑。土地储备专题模块的功能如图 14-4 所示。

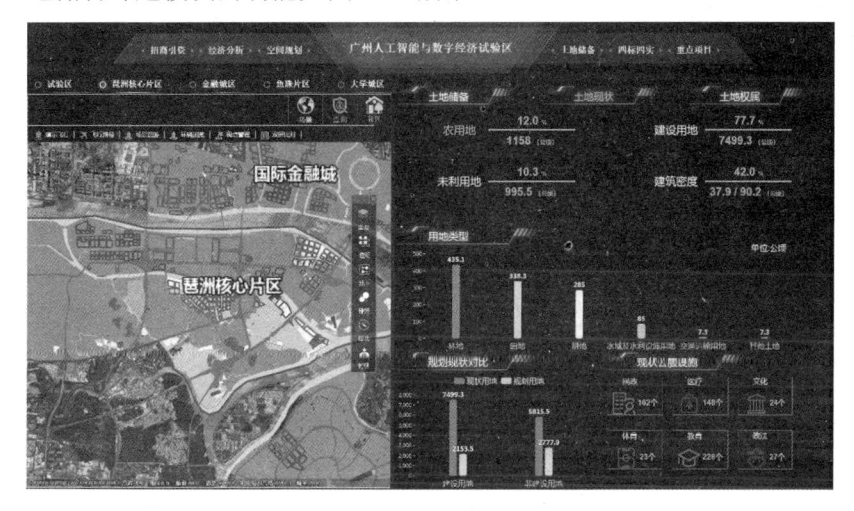

图 14-4　土地储备专题模块的功能

## 14.4.5　四标四实专题模块

四标四实专题模块实现了试验区 110 万人口、8 万余栋房屋和 1669 个网格的上图,并对试验区的人口性别比例、年龄构成和人员类型(流动人口、户籍人口和境外人员)进行了统计分析。形成"人-地-房-网格"管理模式,进一步支撑了拆迁分析,能够自动生成任意拆迁范围内涉及的人口、土地和楼房等情况分析报告,可为城市综合管理和整治提供支撑。四标四实专题模块的功能如图 14-5 所示。

图 14-5　四标四实专题模块的功能

### 14.4.6 重点项目专题模块

重点项目专题模块整合了试验区的 75 个重点项目数据，实现了项目阶段、项目建设性质、总投资额分布和年度 GDP 贡献等重点项目指标统计；接入了 720°全景影像，实现了规划效果和施工现状的对比分析。重点项目专题模块的功能如图 14-6 所示。

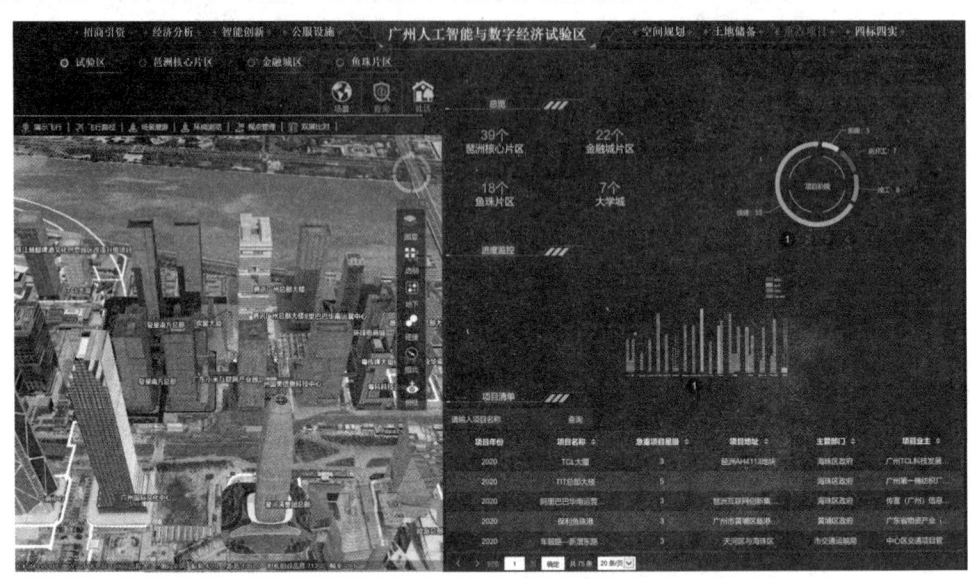

图 14-6 重点项目专题模块的功能

## 14.5 系统关键技术

### 14.5.1 WebGL 引擎

详见 10.7.5 节。

### 14.5.2 服务式 GIS

详见 8.7.2 节。

### 14.5.3 切片地图金字塔技术

切片地图金字塔技术对多源数据的融合起着至关重要的支撑作用，其中数据应用端的 DOM、DEM、倾斜摄影、C3S 模型等数据，以及 Web 地图切片服务（Web Map Tile Service，WMTS）都使用了切片地图金字塔模型，保障浏览器的分层渲染展示流畅度。

切片地图金字塔模型是一种多分辨率层次模型，从切片地图金字塔的底层到顶层，分辨率越来越低，但表示的地理范围不变。切片地图金字塔技术优化了浏览数据中物体渲染的资源分配，降低了非重要物体的面数和细节度，从而获得了高效率的渲染运算。

## 14.6 系统特色亮点

#### 1. 建立了基于 NLP 技术的企业标签模型体系

基于分类模型、分类模型评价指标、文本关键词提取、词性标注等数据挖掘及自然语言处理（Natural Language Processing，NLP）技术，人工智能与数字经济试验区 CIM 应用系统对企业信息进行了标签化处理，建立了企业标签模型体系，实现了僵尸企业的自动识别、龙头企业的定位，有助于针对不同企业制定个性化的举措。

具体而言，人工智能与数字经济试验区 CIM 应用系统通过文本分类技术及关键词提取技术，开发了招商楼宇和企业画像模块。首先收集了企业及招商楼宇相关信息，从指标、特征及应用领域三个维度刻画了企业的标签模型体系，并在此基础上定义了企业的经营范围、行业、规模、创新力等企业及产业园区标签。随后，依据已构建的标签模型体系，通过关系图、树图等可视化形式对人、物和企业间关系，以及企业属性之间关系进行了可视化展示，为企业自身的成长、楼宇招商引资、招商楼宇企业政府监管等方面提供了坚实的数据支撑。

#### 2. 建立了数据驱动的产业园区智能管理新模式

以"数据-知识-决策"为主线，通过企业标签绘制、产业结构分析、企业/产业画像分析等业务相关模块，人工智能与数字经济试验区 CIM 应用系统实现了楼宇及总部管理的数字化、精细化和智能化。基于规划、产业、企业专题等信息资源，人工智能与数字经济试验区 CIM 应用系统利用空间大数据、人工智能模型、图像视频识别、深度学习与数据挖掘等技术方法，构建了楼宇经济智能管理体系。通过对上述数据属性信息、空间位置与地理环境的精准感知与信息获取，人工智能与数字经济试验区 CIM 应用系统解决了"数据从哪里来"的基础问题；通过集成上述技术和方法，人工智能与数字经济试验区 CIM 应用系统构建了招商楼宇及企业画像、产业区块智能划定等专有模型和算法，实现了招商楼宇的实时监测与精准管理，解决了"数据怎么用"的关键问题。

#### 3. 打造了广州 CIM 基础数据库示范样板，具有一定示范效应

在区层面，人工智能与数字经济试验区 CIM 应用系统推行"CSO 首席服务钉钉"，集结了全区最新楼宇、产业园区、村社物业、人才公寓、党群服务中心、政务服务中心等载体信息，为企业提供了线上非接触"云见面"服务；开展了试验区内三维模型数据的整合，建立了试验区的高精度、可量测、可计算、单体化城市现状三维模型，完成了全市现有建设工程项目 BIM 的集成入库；开展了二维数据的整合，整理了试验区用地、规划、建设、验收登记四大阶段的 14 个业务审批环节的 21 项审批数据，以项目为线索、以地块为载体对各环节审批数据进行了关联；开展了二三维数据的融合，融合了三维现状、BIM、二维基础等数据，制作了单体化的现状三维模型，并融合三维现状、BIM、二维基础等数据，构建了广州 CIM 基础数据库的示范样板，实现了一库管理。

# 第 15 章
# 历史文化名城管理系统

广州市政府的相关部门运用 5G、虚拟现实（VR）、建筑信息模型（BIM）、高仿真、大数据等新技术，以国家历史文化名城（简称名城）保护的相关法律法规和政策要求为导向，充分利用广州市现有系统中的数据资源，按照统一规划设计、统筹推进、分步实施的思路，以新一代三维 GIS 技术体系为核心，构建了"全空间、全要素、全过程、多尺度、可计算"的历史文化名城管理系统，强化了部门协同和资源公开共享，加强了信息安全保障。建成的各级互通、信息资源充分共享的历史文化名城管理系统，能够满足住房和城乡建设部、自然资源部等部委的要求，进一步提高了历史文化名城保护的信息化水平。

## 15.1 系统需求分析

历史文化名城管理系统充分运用 5G、VR、BIM、物联网、大数据等新技术，具有"全空间、全要素、全过程、多尺度、可计算"的数字孪生特性，以"全市影像+DEM+白模"为基底，构建了全空间、全要素、多尺度、高精度的城市三维底板，满足了名城保护的多层级可视化管理需求。

历史文化名城管理系统落实了国家、省、市的名城保护政策及要求，纳入近 40 年来广州市名城保护成果，包括广州市名城保护一张图、BIM、多年份影像图、实景三维模型、单体化三维模型、白模、政务电子地图、保护规划、视频等多源异构大数据，实现了名城保护从二维到三维、从数字化到智能化的跨越，提升了广州市名城保护工作的信息化水平。同时，名城管理系统引入了 AR、VR 等技术，增强了用户的体验感，让城市留下记忆，让人们记住乡愁。

名城管理系统实现了名城保护从宏观到中观再到微观的精细化管理：在宏观上可展现广州市的"一山一江一城八主题"保护框架；在中观上可保护历史文化城区、历史文化街区、历史文化名镇名村、传统村落等的风貌和肌理等特征；在微观上利用 BIM 技术可满足对价值部位和价值要素的单体级管理需求。

名城管理系统集成了土地利用总体规划、控制线详细规划等的建筑高度、容积率和城市设计导则限高（低）、退让、视廊等管控信息，提供了基于名城保护的方案对比分析。在高仿真环境下，历史文化名城管理系统具有高度模拟规划的空间管控能力，提高了城市规划工作者对城市的感知能力。历史文化名城管理系统利用信息化手段为城市规划设计提供了全面的知识参考和科学的专家决策支持，有效增强了规划辅助决策的科学性，降低了城市投资、经营和运维的风险，提升了历史文化名城保护工作的效率和效益，进一步提高了城市科学化、精细化、智能化管理水平，优化了营商环境和创新环境。

## 15.2 系统架构体系

历史文化名城管理系统的架构设计遵循智慧城市基础平台的架构，分为基础设施层、数据层、平台层、服务层、展示层、用户层、政策法规与标准规范体系、信息安全与运维保障体系，如图 15-1 所示。

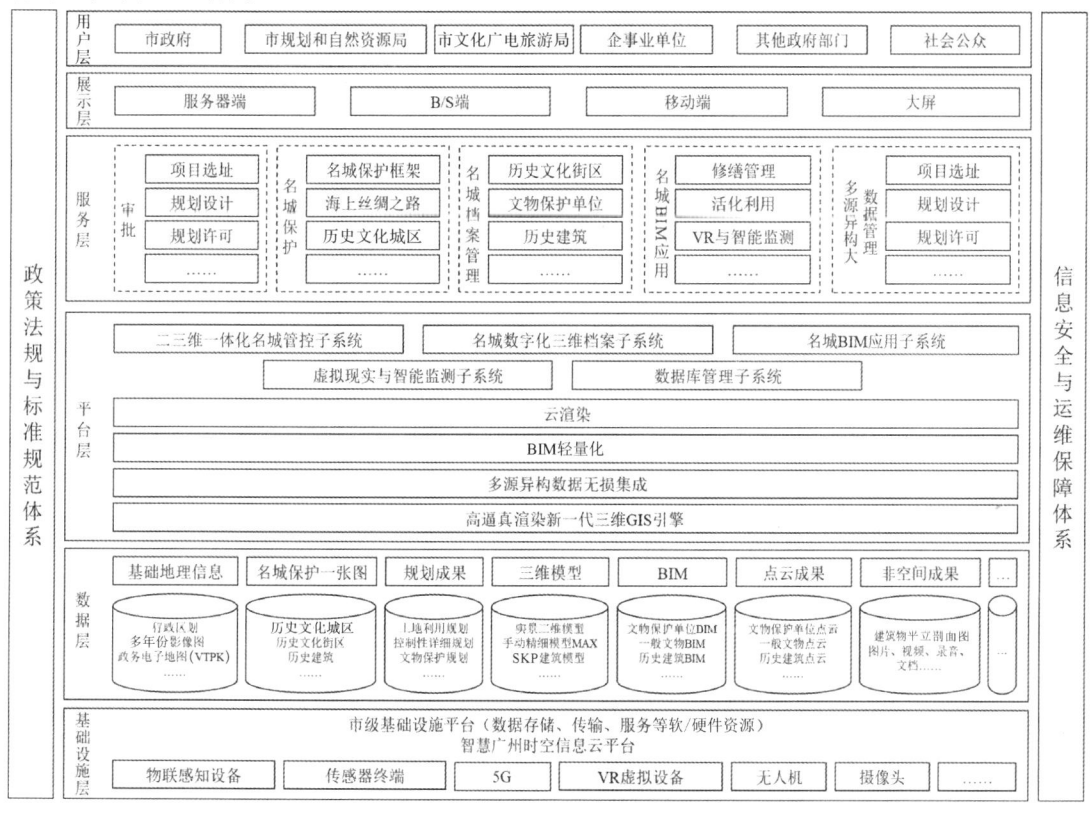

图 15-1 历史文化名城管理系统的架构

（1）基础设施层：充分利用广州市政务云的存储、计算、GPU 云、网络、备份等软/硬件资源，如物联网感知设备、5G、VR 虚拟设备、无人机、摄像头等，建立了物理世界与孪生世界的连接，实现了名城的虚拟现实，增强了用户的体验感，实现了对历史文化城区、历史文化街区、历史建筑等资源的智能监测。

（2）数据层：包括基础地理信息、名城保护一张图、规划成果、三维模型、BIM、点云成果、非空间成果等。

① 基础地理信息：包括行政区划、多年份影像图、政务电子地图（VTPK）等。VTPK 是 Vector Tile Package 的简写。

② 名城保护一张图：包括历史文化城区、历史文化街区、历史建筑等，共 17 个图组、48 个图层。

③ 规划成果：包括土地利用规划、控制性详细规划、文物保护规划等。
④ 三维模型：包括实景三维模型、手动精细模型 MAX、SKP 建筑模型等。
⑤ BIM：包括文物保护单位 BIM、一般文物 BIM、历史建筑 BIM 等。
⑥ 点云成果：包括文物保护单位点云、一般文物点云、历史建筑点云等。
⑦ 非空间成果：包括建筑物平立剖面图、视频、录音、文档等。

（3）平台层：主要由二三维一体化名城管控子系统、名城数字化三维档案子系统、名城 BIM 应用子系统、虚拟现实与智能监测子系统、数据库管理子系统等组成。通过云渲染、BIM 轻量化、多源异构大数据无损集成、高逼真渲染新一代三维 GIS 引擎等，提供二三维一体化名城资源管控，名城资源的查询、分析、漫游、展示、规划方案审批等应用，名城 BIM 应用，VR 虚拟现实和基于 5G+无人机的名城资源智能监测，名城数字化三维档案管理，空间数据和非空间数据管理等应用，满足了广州市名城日常审批、管理、决策等应用需求。

（4）服务层：名城资源是规划审批必不可少的依据，为项目选址、规划设计、规划许可等提供服务，同时还为名城保护、名城档案管理、名城 BIM 应用、多源异构大数据管理提供服务。

（5）展示层：以服务器端为基础，通过云渲染技术，实现 B/S 端、移动端、大屏等多种设备的一体化展示。

（6）用户层：根据不同用户（如市政府、市规划和自然资源局、市文化广电旅游局、企事业单位、其他政府部门、社会公众等）的业务需求，设置对应的服务层访问权限，为不同的用户提供相应的服务。

（7）政策法规与标准规范体系：以国家、省、市的法律法规和政策要求为指导，以国家、行业和地方技术标准为依据，开展历史文化名城管理系统的建设，确保系统各组成部分之间，以及系统与外部系统交互能够有效衔接、规范运转。

（8）信息安全与运维保障体系：主要包括安全管理制度、物理安全、网络安全、服务器安全、应用系统安全、数据安全等内容，保障数据存储、传输、访问、共享的安全。

## 15.3 系统数据资源

历史文化名城管理系统的建设充分利用了广州市现有的数据资源，将广州市近 40 年的名城建设成果收集整理入库，包括名城保护一张图、政务电子地图、影像图、实景三维模型、单体化三维模型、土规、控规、BIM 等 20 多项多源异构大数据，数据形式为二维和三维数据。通过对二维数据进行三维化处理，建设了二三维一体化的名城数据库。采用大型关系数据库实现了多源异构大数据的统一管理，实现了空间数据与非空间数据的一体化存储。

名城数据库按照数据内容可将数据分为行政区划、基础地理信息、名城保护一张图、规划信息、历史建筑档案数据、其他资源等数据，数据类型分为二维数据、三维数据及非结构等，总数据量超过 1 TB，图层约 100 个，格式超过 15 种。

历史文化名城管理系统的部分数据资源如表 15-1 所示。

表 15-1　历史文化名城管理系统的部分数据资源

| 序号 | 名　　称 | 形　式 | 数据量 | 格　式 |
|---|---|---|---|---|
| 1 | 名城保护一张图成果 | 二维 | 54 MB | GDB |
| 2 | 政务电子地图 | 二维 | 12 GB | GDB |
| 3 | 行政区划（市、区、镇街、村居委） | 二维 | 5 MB | GDB |
| 4 | 建筑白模及地形 | 三维 | 52.6 GB | OBJ、GDB |
| 5 | 2019 年卫星影像、历史变迁影像图（约 13 年的数据） | 二维 | 310 GB | TIF |
| 6 | 政务版的 DEM | 二维 | 2.85 GB | TIF |
| 7 | POI | 二维 | 22 MB | GDB |
| 8 | 地名地址 | 二维 | 5 GB | GDB |
| 9 | 土地利用规划 | 二维 | 10 MB | SHP |
| 10 | 控制性详细规划及其导则 | 二维 | 15 MB | GDB |
| 11 | 用地红线、规划道路、规划河涌 | 二维 | 10 MB | GDB |
| 12 | 2016 年街区整体三维模型 | 三维 | 6 GB | OSGB |
| 13 | 2020 年街区整体三维模型 | 三维 | 20 GB | OSGB |
| 14 | 2020 年全景影像 | 三维 | 20 GB | OSGB |
| 15 | 恩宁路及荔枝湾涌两侧高精度现状和规划三维模型 | 三维 | 20 GB | MAX、SKP |
| 16 | BIM | 三维 | 1000 MB | RVT |
| 17 | LAS 格式的点云 | 三维 | 140 GB | LAS |
| 18 | 建筑物平立剖面图 | 二维 | 200 GB | DWG |
| 19 | 建筑物照片 | 非结构 | 800 GB | JPG |
| 20 | 历史建筑保护规划 | 二维 | 900 MB | PDF |
| 21 | 视频、文档等其他资料 | 非结构 | — | AVI、DOC 等 |

## 15.4　系统业务模型

历史文化名城管理系统以广州市"数字政府"建设和管理为指引，以广州市电子政务中心的软/硬件资源为基础，充分利用智慧广州时空信息云平台、广州市国土规划一体化平台、广州市"三规合一"信息联动平台等现有的数据资源，为广州市名城资源的管理、展示、应用提供辅助支持，实现名城保护工作从二维到三维、从宏观到精细、从数字化到智能化的转变。

（1）在历史文化名城管理系统的建设过程中，数据资源从广州市现有的多个平台或系统中获取。

① 智慧广州时空信息云平台通过接口为历史文化名城管理系统提供了基础地理信息服务，如影像、DEM、行政区划界线等。

② 广州市国土规划一体化平台为历史文化名城管理系统提供了名城保护一张图、名城审批、名城管理方面的接口服务。

③ 广州市"三规合一"信息联动平台为历史文化名城管理系统提供了规划数据接口服务，可进行规划方案的合规性分析。

④ 全市三维数字管理平台系统为历史文化名城管理系统提供了三维数据。

（2）在名城保护的日常审批管理阶段，通过各子系统实现了名城的具体业务管理。

① 二三维一体化名城管控子系统：主要实现名城资源的三维浏览、查询与展示、街区漫游、综合统计分析、名城管控分析、名城管控方案审批等。

② 名城 BIM 应用子系统：主要实现名城 BIM 轻量化、名城构件三维编码，以及在名城保护中的 BIM 应用。

③ 虚拟现实与智能监测子系统：主要通过 VR 技术对名城资源进行展示，并利用无人机技术对历史文化城区、历史文化街区、历史建筑等资源进行监测。

④ 名城数字化三维档案管理子系统：主要实现档案类目、电子文件、电子文档等的多层次检索，同时实现数字化三维档案的浏览、统计、展示等。

⑤ 数据库管理子系统：主要实现地上地下、室内室外的全空间数据入库、管理、调度及更新，并提供与外部系统对接接口。

（3）历史文化名城管理系统建成后，为广州市国土规划一体化平台、"穗智管"平台等提供服务接口和名城保护应用场景。

图 15-2 所示为历史文化名城管理系统的业务流程。

## 15.5 系统主要功能

历史文化名城管理系统的主要功能包括基本功能、名城保护专题数据统计、历史建筑档案管理、历史数据查看与分析、BIM 应用、方案比选等功能。

### 15.5.1 基本功能

（1）查询定位：可根据坐标、地名地址、兴趣点（POI）、名城信息（如文物名称、历史建筑名称）进行查询定位，以及根据不同的行政区划进行空间定位。"区-镇街-村居"的快速定位如图 15-3 所示。

（2）地图浏览：提供地图的放大、缩小、平移、旋转等浏览功能，实现一键指北、一键切换为顶视图、影像地图和电子地图一键切换、鹰眼导航等功能。

（3）光影控制：可设置场景所在地的地理位置、日期、时间、云量，在三维场景中模拟实际光照情况。冬至日光照模拟如图 15-4 所示。

（4）属性查询：实现对历史文化名城管理系统中名城数据、土规、控规、建筑白模、建筑精模等数据的属性查询。建筑精模数据的属性查询如图 15-5 所示。

第 15 章 历史文化名城管理系统　149

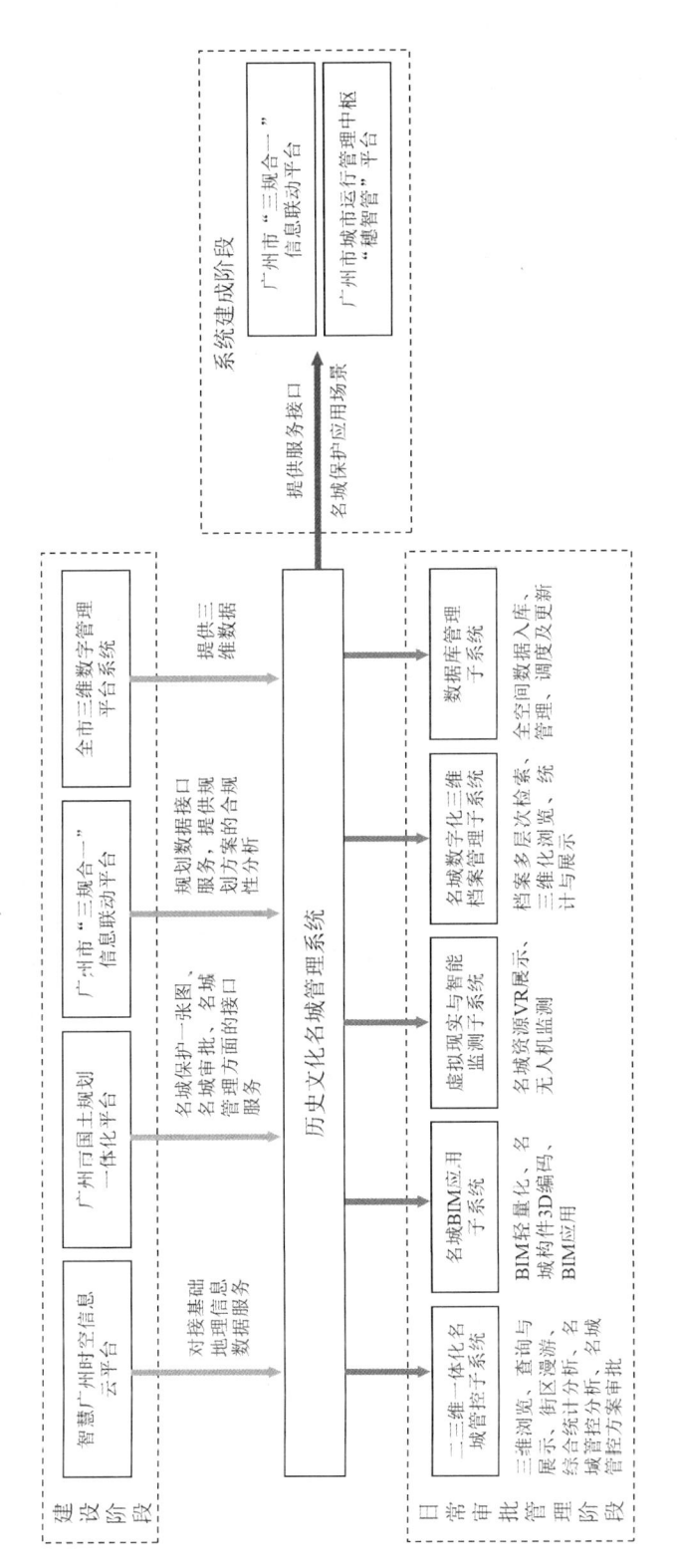

图 15-2　历史文化名城管理系统的业务流程

图 15-3 "区-镇街-村居"的快速定位

图 15-4 冬至日光照模拟

图 15-5 建筑精模数据的属性查询

（5）空间量算：实现对三维场景的坐标查询，三维模型的距离、高度、面积等的量算。空间量算如图 15-6 所示。

图 15-6　空间量算

（6）场景漫游路线定制：以简单便捷的方式对重点街道定制场景漫游线路。恩宁路街道漫游如图 15-7 所示。

图 15-7　恩宁路街道漫游

（7）模型剖切：支持任意面、任意体的模型剖切。模型剖切如图 15-8 所示。
（8）全景影像融合浏览：可将全景影像数据融合到三维场景，支持全景影像浏览的常规功能。全景影像浏览如图 15-9 所示。

图 15-8  模型剖切

图 15-9  全景影像浏览

## 15.5.2  名城保护专题数据统计

（1）广州市名城信息统计：实现广州市各类名城信息的数量统计，选择任意一处名城后，历史文化名城管理系统都会在三维场景显示该名城的分布位置。

（2）名城一张图专项信息统计：实现名城一张图各类专项信息的统计。

（3）街区盒子控高分析：引入街区盒子的概念，实现超高建筑的数量、基底面积、建筑面积的统计，同时在三维场景中高亮显示超高建筑白模。

历史文化街区环境协调区范围超过 30 m 控高的建筑统计如图 15-10 所示。

图 15-10 历史文化街区环境协调区范围超过 30 m 控高的建筑统计

## 15.5.3 历史建筑档案管理

历史文化名城管理系统可以通过历史建筑模型来查看历史建筑档案,在该系统中输入历史建筑的名称或编号,或者在三维场景中单击历史建筑模型后,通过查询基本属性功能即可调取该历史建筑的数字档案,包括点云测绘数据、BIM、测绘图文本、现场照片、保护规划。历史建筑数字档案如图 15-11 所示。该图左侧显示的是历史建筑模型,右侧显示的是历史建筑照片。

图 15-11 历史建筑数字档案

### 15.5.4 历史数据查看与分析

（1）影像查看分析：历史文化名城管理系统可按照时间轴查看历史线划图和历史影像，分析城市沿革与历史变迁。

（2）模型对比分析：对于不同时期的模型，历史文化名城管理系统可以对同名点进行对比分析。实景模型对比如图 15-12 所示。

图 15-12 实景模型对比

### 15.5.5 BIM 应用

（1）BIM 属性查询：历史文化名城管理系统实现了 BIM 属性查询与构件查询，提供了历史建筑的构件尺寸、材质、功能等详细信息。BIM 属性查询如图 15-13 所示。

图 15-13 BIM 属性查询

（2）BIM 虚拟建造：通过解构 BIM，历史文化名城管理系统可以模拟历史建筑的构造过程，并提供历史建筑结构的详细信息。BIM 虚拟建造如图 15-14 所示。

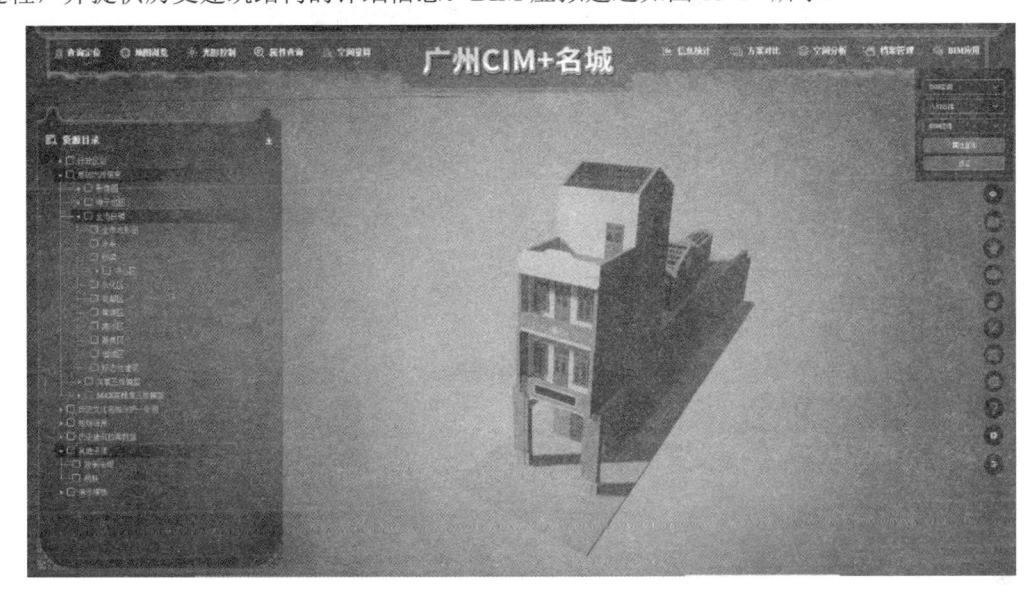

图 15-14　BIM 虚拟建造

（3）BIM 构件置换：历史文化名城管理系统建立了历史建筑的 BIM 构件库，实现了 BIM 构件置换功能，该功能可应用于历史建筑修缮管理与活化利用方案的论证。BIM 构件置换如图 15-15 所示。

图 15-15　BIM 构件置换

（4）BIM 与点云叠加分析：历史文化名城管理系统支持多源异构数据，实现了 BIM 与点云叠加分析功能。历史建筑点云如图 15-16 所示。

图 15-16　历史建筑点云

### 15.5.6　方案比选

历史文化名城管理系统能够引导业务办理人员调用不同的二三维数据，使用不同的系统功能，定量定性分析方案，辅助方案会商。多方案同屏对比如图 15-17 所示。

图 15-17　多方案同屏对比

## 15.6　系统应用框架

历史文化名城管理系统实现了二三维一体化名城管控子系统、名城 BIM 应用子系统、虚拟现实与智能监测子系统、名城数字化三维档案管理子系统、数据库管理子系统等。

### 15.6.1　二三维一体化名城管控子系统

二三维一体化名城管控子系统实现了名城多源异构大数据的高效加载、三维浏览、高逼真渲染、查询与展示、街区漫游、综合统计分析、名城管控分析、名城管控方案审批等。二三维一体化名城管控子系统的主要功能包括三维通用设置、名城资源目录、全空间信息浏览、线路浏览、空间查询与展示、统计分析与专题展示、名城管控空间分析、名城管控辅助规划方案审批、云渲染等。

### 15.6.2　名城 BIM 应用子系统

名城 BIM 应用子系统实现了名城 BIM 轻量化、名城构件三维编码及在名城保护中的 BIM 应用子系统。名城 BIM 应用子系统的主要功能包括名城 BIM 轻量化、BIM 分类与编码、修缮管理、活化利用、虚拟建造、建筑拆解等。

### 15.6.3　虚拟现实与智能监测子系统

虚拟现实与智能监测子系统利用 VR 技术对名城资源进行了展示，增强了用户的体验；利用无人机技术对历史文化城区、历史文化街区、历史建筑等名城资源进行了监测。虚拟现实与智能监测子系统的主要功能包括 VR 接口开发、VR 展示开发、VR 城市历史变迁推演、实时无人机监测等。

### 15.6.4　名城数字化三维档案管理子系统

名城数字化三维档案管理子系统实现了档案类目、电子文件、电子文档、元数据、全文等多层次的检索，以及数字化档案的三维化浏览、统计、展示、下载等。名城数字化三维档案管理子系统的主要功能包括名城三维档案检索、名城档案空间化管理、名城档案三维化浏览、三维档案统计与展示、名城档案下载等。

### 15.6.5　数据库管理子系统

数据库管理子系统实现了地上地下、室内室外的全空间数据管理，栅格、矢量、倾斜摄影、手工模型、BIM、点云等众多数据类型。无论太字节（TB）甚至拍字节（PB）级的海量大数据，还是毫米级激光点云、厘米级倾斜摄影等高精度数据，数据库管理子系统都可对它们进行轻量化处理后完成入库、管理及更新等操作，提供数据库与外部系统对接接口。数据库管理子系统的主要功能包括转换服务池、数据入库、数据集成与调度、空间数据管理、数据服务管理、数据更新、外部系统对接等。

## 15.7 系统关键技术

### 15.7.1 多源异构数据的融合处理技术

历史文化名城管理系统采用兼容开放地理空间信息联盟（Open Geospatial Consortium，OGC）、工业基础类（Industry Foundation Classes，IFC）、I3S（Indexed 3D Scene）、产品模型数据交互规范（Standard for The Exchange of Product Model Data，STEP）的统一数据模型，通过对多源异构数据进行融合与轻量化处理，可以轻松实现城市级数据的无损处理，并具有以下优势：

(1) 支持多专业的多种软件，包括规划、建筑、结构、机电等。
(2) 全面支持常见的各类三维、二维、影像数据。
(3) 支持对各种软件产生的数据进行统一管理和集成，并转换为服务池进行应用。

### 15.7.2 城市级数据空间存储及快速调度技术

城市级场景通常拥有成千上万栋的建筑，三维系统承载的数据非常庞大。对于庞大数据量，历史文化名城管理系统采用独特的数据管理方式——分块的三维建筑数据，实现了三维建筑模型分层调入，使三维建筑模型既是一个有机的整体，又能快速运行。通过云部署，借助云计算资源，历史文化名城管理系统高效地解决了数据层、模型层和应用层的大规模计算问题，显著提高了数据分析能力与展示层的数据调用能力，能够轻松管理 TB 级倾斜模型、BIM、点云等数据。

### 15.7.3 高逼真可视化表达技术

历史文化名城管理系统通过 GPU 的渲染器（Shader）提升了可视化表现，实现了高逼真可视化表达，能够更好地表达复杂图形。相对于调用 CPU 来进行渲染，直接调用 GPU 的三维渲染引擎可以更高效地渲染大型三维场景，并支持多种特效画面（如粒子效果、骨骼动画、动态管网、环境特效等），具有影视级的三维场景表达效果。

为了达到高逼真可视化效果，阴影分析可以设置为全场景生成（包括地形和所有三维模型、对象和建筑物），在阴影设置中自定义阴影颜色，更准确地模仿自然光照条件；也可以选择特定目标显示阴影，轻松展现特定建筑的阴影效果。历史文化名城管理系统支持室外室内的实时光照和阴影、室内场景支持基于物理材质的渲染、支持动态水和海水等效果。

### 15.7.4 空地影像联合定向与建模技术

采用倾斜摄影技术自动生成的实景三维模型底部一般存在扭曲、漏洞、缺失等问题，历史文化名城管理系统采用空中、地面（空地）影像联合定向和建模关键技术，使用无人机和全景采集设备进行联合航测、解算，解决了上述问题。

## 15.8 系统特色亮点

**1. 具有"全空间、全要素、全过程、多尺度、可计算"的数字孪生特征**

历史文化名城管理系统具有"全空间、全要素、全过程、多尺度、可计算"的数字孪生特征。全空间包括地下、地表、空基、天基；全要素是指物理空间（Physical Space）的所有要素；全过程是指城市规划、建设、运行的全周期；多尺度是指从宏观到微观、从整体到单体再到构件的 7 个 CIM 表现级别；可计算是指能进行空间量算、分析、统计和数据挖掘。

**2. 首次实现了"多端一体化"管理展示**

传统的三维 GIS 从服务器端到浏览器端、移动端的显示效果会大打折扣，历史文化名城管理系统采用先进的视频流技术，实现了全三维场景的服务器端+客户端+移动端一体化管理与显示。

**3. 实现了实景三维成果安全应用**

目前，根据《测绘地理信息管理工作国家秘密范围的规定》（自然资发〔2020〕95 号）的要求，三维模型、点云、倾斜影像、实景影像是国家秘密，严重制约了三维成果的应用。历史文化名城管理系统采用云渲染技术，向客户端、移动端发送视频流，避免了直接传输三维模型，解决了数据涉密问题，数据安全得到了保障。

**4. 首次提出了"街区盒子"的概念**

历史文化名城管理系统首次提出了"街区盒子"的概念，将广州市的 26 个历史文化街区的核心保护范围、建控地带、环境协调区三个图层，根据 12 m、18 m、30 m 的控高要求，分色拉伸出了三维半透明"街区盒子"。

**5. 首次提出了 VTPK 矢量电子地图发布方法**

历史文化名城管理系统首次提出了 VTPK 矢量电子地图发布方法，相对于其他信息平台常用的栅格切片地图，矢量地图的数据量是栅格切片地图小 1/11，矢量地图的切图速度比栅格切片地图快 6 倍。此外，矢量地图还可以挂接属性，并支持高清屏，渲染速度快，制成的地图比较精美。

**6. BIM 技术赋能**

利用 BIM 技术，历史文化名城管理系统为每个保护对象的单体构件打造 25 位的唯一"3D 身份证"编码，通过二维码技术，可以管理每个构件的名称、材质、尺寸等信息，实现修缮、改造、活化利用等单体级的数字化管理。

**7. 点云融合 BIM**

历史文化名城管理系统建立了一套高效的历史建筑 BIM-CIM 数字化技术流程，创新性地应用点云数据构建历史建筑 BIM 三维模型数据库（BIM 古建筑测绘技术）以及历史建筑 BIM 参数化构件库（BIM 参数化历史建筑构件技术），将点云模型表皮的真实性与 BIM 内部构件数据的丰富性相结合，形成了可视化程度高并且数据应用广的点云融合 BIM。

# 第 16 章
# 城中村精细化信息管理系统

智慧广州时空信息云平台可以有效支撑共建、共享、共治的城中村精细化管理。本章以广州市白云区大源村为例，针对大源村出租屋多、本地居民与来穗人员人口严重倒挂、面临巨大的社会管理压力，违法建设、治安维稳、环境卫生等"城中村"治理典型难点问题突出等现象，城中村精细化信息管理系统（以大源村为例）在整合四标四实数据的基础上，基于智慧广州时空信息云平台发布的模型数据服务、地形数据服务、纹理数据服务、矢量要素服务等三维地理信息服务，集成了大源村现有地上空间三维模型、地下管线三维模型、地上二维专题数据等，形成了大源村三维地理信息系统，实现了大源村三维场景下的显示与浏览、查询与统计、量算与分析、编辑与标注、规划统计、社区管理等。

目前城中村精细化信息管理系统在村庄规划布局、网格化管理、雨污水管升级改造、违法建设治理、出租屋与人员管理、城市拆迁分析、环境卫生治理等方面提供了基础数据服务和系统功能服务，全面满足了大源村规划、建设、管理的需要，为实现共建、共享、共治的城中村社会治理新格局提供了一定的经验借鉴。

## 16.1 系统需求分析

广州市白云区的大源村，地处广州市白云区大源街道辖区，是一个著名的"巨无霸"村庄——全村面积共 25 平方千米，堪称"广州市最大的城中村"。大源村建成区面积约 8 万平方公里，人口密度大，户籍人口 9700 多人，外来人口高达 15 万人，村内建筑物近 5000 幢，建筑总面积约 1016 万平方米。各类社会管理基础底图底数不清晰，容易滋生各类治理问题和难题。作为全市四标四实建设基层示范点，大源村以精细化治理服务为出发点，在数据调查核实、结合专业网格工作、平台搭建等多方面进行了全面的探索，形成了良好的示范效应。

大源村的城中村精细化信息管理系统以城市综合治理工作重点区域为示范，以"横向到边，纵向到底"为建设思路，借助智慧广州时空信息云平台丰富的数据服务和功能接口服务，打通了信息孤岛，整合了现状实景三维、建筑白模、地下管线、四标四实、国土规划、三资管理、其他委办局专题等信息资源，围绕大源村"地楼房人"的关系，进行了三维可视化表达、浏览、查询、统计、分析等，重点打造了"以人为本、有温度"的城市更新改造和"以房管人"的精细化社会治理服务支撑能力，为大源村的规划、建设和治安等管理部门提供了有力抓手，提升了城市综合治理能力和水平。

## 16.2 系统数据资源

城中村精细化信息管理系统（以大源村为例）的数据资源包括基础地理数据[包括行政区划界线（市、区、镇、村）、政务版电子地图、影像电子地图]、地形地貌、建筑物白模、三维实景整体与单体化模型、地下空间模型、地下管线（包括供水、排水、燃气、电力、通信）三维模型、国土规划数据、局委办数据、四标四实数据等空间数据，如表16-1所示。

表16-1 城中村精细化信息管理系统的数据资源（以大源村为例）

| 数据类型 | 数据来源 | 数据概况 |
| --- | --- | --- |
| 三维城市模型地形地貌（政务版） | 以城市基础测绘成果DEM、DOM为数据源 | 广州的行政区划面积为7434 $km^2$，模型精度与2019年政务版的DEM、DOM一致 |
| 建筑物白模（政务版） | 以大源村辖区内房屋测绘数据为数据源 | 全村的面积为25 $km^2$，CIM的精细度为LOD I级 |
| 建筑单体化模型 | 数据转换整理 | 全村的面积为25 $km^2$，CIM的精细度为LOD II级 |
| 地下空间模型 | 以地下空间普查测绘成果为数据源 | 全村的面积为25 $km^2$，以地下空间普查测绘成果为数据源，建立包括建筑地下室、地铁站台/站厅与轨道区间、地下人防工程等的地下空间三维模型，CIM的精细度为LOD I级 |
| 地下管线模型 | 以地下管线普查和竣工测量的成果为数据源 | 全村的面积为25 $km^2$，含电力、供水、排水、燃气、通信5大类管线 |
| 市、区、镇、村行政区划界线 | 数据转换整理 | 全市域范围 |
| 大比例尺政务电子地图与POI | 数据转换整理 | 全村的面积为25 $km^2$ |
| 国土规划数据 | 数据转换整理 | 全村的面积为25 $km^2$，包括土地利用现状、城市总体规划、土地利用总体规划、控规专题规划、村庄规划、三区三线、控制线等数据 |
| 局委办数据 | 数据转换整理 | 全村的面积为25 $km^2$，包括公安局、农林局、发改局、城管局、文广新局、科工商信局、安监局、市场监管局、环保局、住建局、水务局、计卫局、来穗局、旅游局等部门的空间数据 |
| 四标四实数据 | 数据转换整理 | 全村的面积为25 $km^2$，包括标准地址、标准建筑物、标准网格、实有人口、实有单位、实有房屋，与单体建筑模型挂接 |

## 16.3 系统业务模型

在摸清大源村数据资源底数，以及汇聚整合现状实景三维、建筑物白模、地下管线、四标四实、国土规划、三资管理、其他委办局专题等数据资源的基础上，围绕大源村"地楼房人"的关系搭建了城中村精细化信息管理系统。该系统为城中村的规划、建设、治安管理等提供了有力抓手。

### 16.3.1 城市规划

城中村精细化信息管理系统汇聚整合了规划专题、多规专题数据，辅以实有人口数据，展示了大源村各类用地面积，以及人均用地面积的统计，辅助大源村的城市规划决策。

### 16.3.2 城市建设

城中村精细化信息管理系统重点支持拆迁分析、开挖分析等功能，可辅助城市建设：通过统计拆迁范围内的楼、房、单位、人口等数据来评估拆迁成本，可辅助制定拆迁计划；对开挖范围内的工程开挖土方量，以及管线被挖断的风险进行计算，可指导施工调整道路开挖范围，从而避让管线，辅助制定科学安全的施工方案。

### 16.3.3 社会治理

城中村精细化信息管理系统围绕大源村的"地楼房人"的关系，将人口、单位在三维场景中落图到房屋，实现了"以房管人""以人查房"的精细化社会治理模式。

## 16.4 系统主要功能

### 16.4.1 城市规划专题模块

（1）城市规划专题数据统计分析功能：汇聚规划专题、多规专题数据，辅以实有人口数据，展示大源村各类用地面积以及人均用地面积的统计结果，可辅助大源村的城市规划决策。城市规划专题数据统计分析功能包括土地利用现状、土地利用总体规划（土总规）、城市总体规划（城总规）、土地用途分区、村庄规划用地、规划导则地块等。市规划专题数据统计分析功能如图16-1所示。

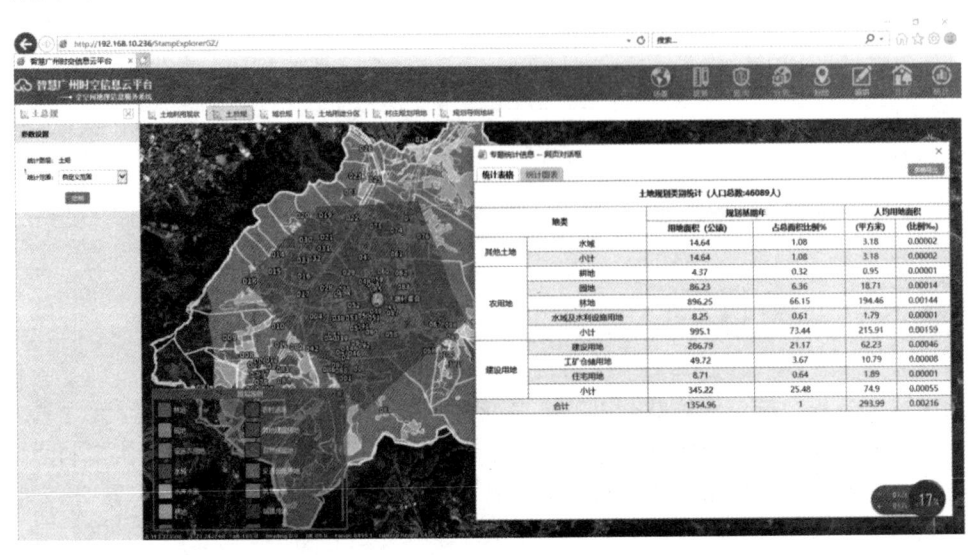

图16-1 市规划专题数据统计分析功能

（2）城市更新改造空间分析功能：常用的功能包括阴影分析、天际线分析、视域分析等。城市更新改造空间分析功能如图 16-2 所示。

图 16-2　城市更新改造空间分析功能

## 16.4.2　城市建设专题模块

（1）拆迁分析功能：根据划定的拆迁范围红线，城中村精细化信息管理系统会自动给出拆迁范围的四至、基本情况，以及涉及的所有地址、所有房屋、所有人口、所有单位，并自动生成拆迁分析报告。拆迁分析功能如图 16-3 所示。

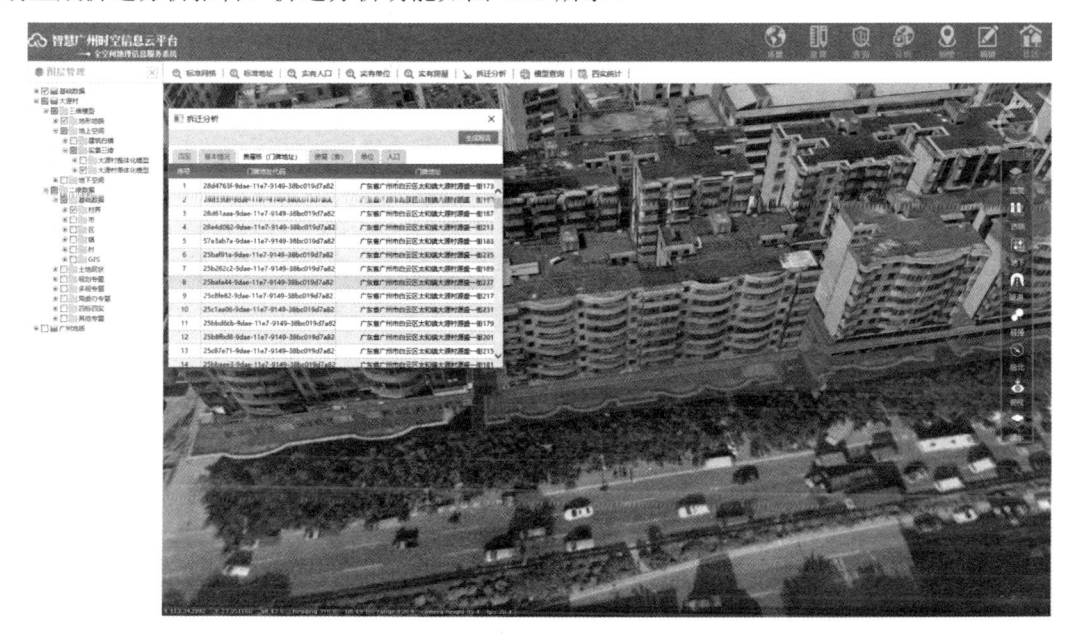

图 16-3　拆迁分析功能

(2）开挖分析功能：城中村精细化信息管理系统根据施工方案的开挖范围和深度，对开挖范围内的工程开挖土方量进行估算，同时计算管线被挖断的风险，可指导施工调整道路开挖范围，从而避让管线，辅助制定科学安全的施工方案。开挖分析功能如图16-4所示。

图16-4　开挖分析功能

### 16.4.3　社会治理专题模块

在城中村精细化信息管理系统中输入网格编号，系统将自动给出所有与输入编号相匹配的标准网格（也可进行模糊匹配）；单击标准网格，系统将会在三维场景中自动定位到该标准网格，并统计出该标准网格中的人口数、单位数、建筑物数量等。在城中村精细化信息管理系统中输入标准地址名称，系统将自动给出所有与输入名称相匹配的标准地址名称（也可进行模糊匹配）；单击该标准地址名称，系统将会在三维场景中自动定位该地址所在的建筑物。在城中村精细化信息管理系统中输入人口姓名，系统将自动给出所有与输入姓名相匹配的实有人口姓名（也可进行模糊匹配）；单击该实有人口，系统将会在三维场景中自动定位该实有人口所在的建筑物。在城中村精细化信息管理系统中输入实有单位名称，系统将自动给出所有与输入名称相匹配的实有单位名称（也可进行模糊匹配）；单击该实有单位，系统将会在三维场景中自动定位该实有单位所在的建筑物，单击一三维建筑物模型，系统将自动给出该建筑物中的实有人口，以及实有人口的详细信息。

（1）标准网格。功能：对标准网格内的数据进行查询和展示。操作：选择"社区"菜单中的"标准网格"，将在城中村精细化信息管理系统左侧弹出标准网格的功能菜单，输入关键字并勾选"详细信息"后单击"查询"按钮，可得到查询结果；双击某个查询结构后可自动定位三维场景中的相应位置，并查看基本情况（如房屋栋、房屋套、人口、单位等详细信息）。标准网格功能如图16-5所示。

第 16 章　城中村精细化信息管理系统　165

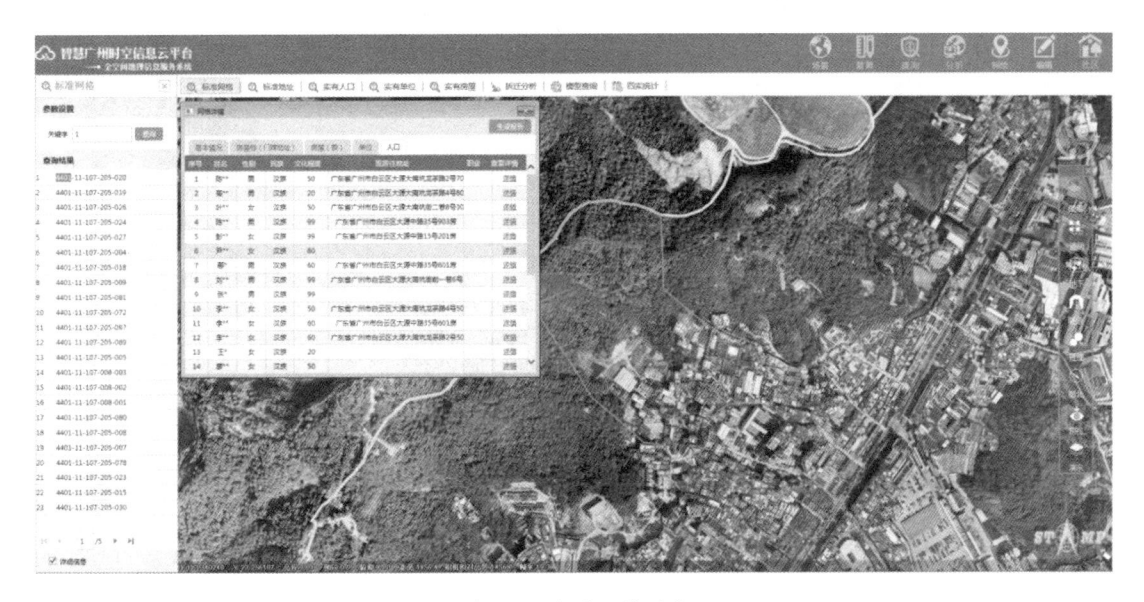

图 16-5　标准网格功能

（2）标准地址。功能：对标准地址数据进行查询和展示。操作：选择"社区"菜单中的"标准地址"，将在城中村精细化信息管理系统左侧弹出标准地址的功能菜单，输入关键字并勾选"详细信息"后单击"查询"按钮，可得到查询结果；双击某个查询结构后可自动定位三维场景中的相应位置，单击"详情"按钮可以查看基本情况，如房屋信息等。标准地址功能如图 16-6 所示。

图 16-6　标准地址功能

（3）实有人口。功能：对实有人口数据进行查询和展示。操作：选择"社区"菜单中的"实有人口"，将在城中村精细化信息管理系统左侧弹出实有人口的功能菜单，输入关键字并勾选"详细信息"后单击"查询"按钮，可得到查询结果；双击某个查询结构后可自动定位三维场景中的相应位置，单击"详情"按钮可以查看基本情况，如居住地址、就业信息、教育信息等。实有人口功能如图 16-7 所示。

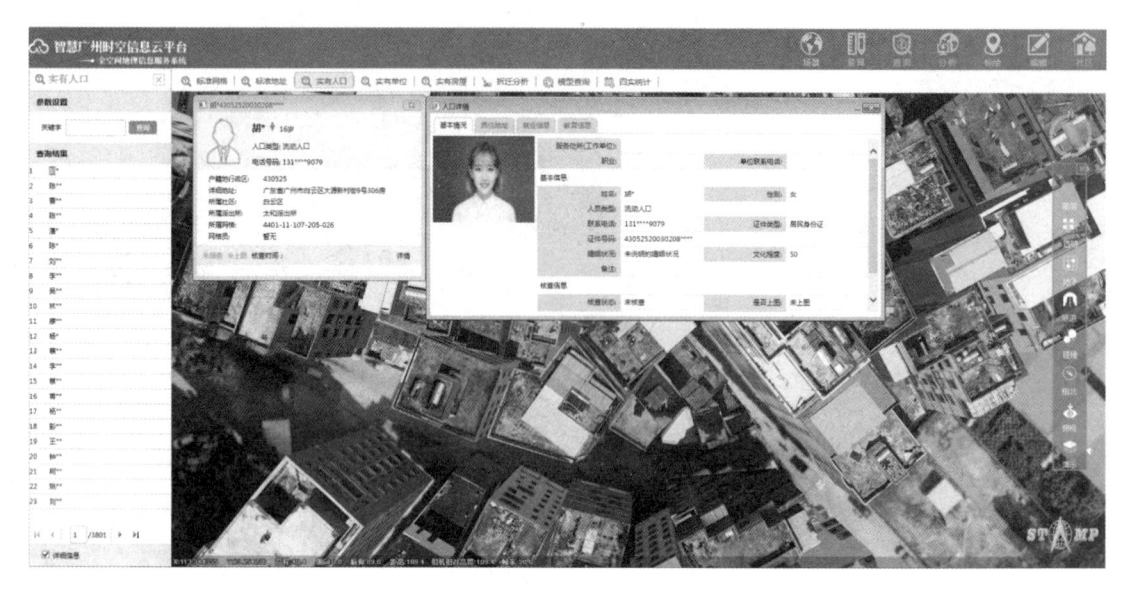

图 16-7　实有人口功能

(4) 实有单位。功能：对实有单位数据进行查询和展示。操作：选择"社区"菜单中的"实有单位"，将在城中村精细化信息管理系统左侧弹出实有单位的功能菜单，输入关键字并勾选"详细信息"后单击"查询"按钮，可得到查询结果；双击某个查询结构后可自动定位三维场景中的相应位置，单击"详情"按钮可以查看基本情况，如经营地址、从业人员信息、学生信息等。实有单位功能如图 16-8 所示。

图 16-8　实有单位功能

(5) 实有房屋。功能：对实有房屋数据进行查询和展示。操作：选择"社区"菜单中的"实有房屋"，将在城中村精细化信息管理系统左侧弹出实有房屋的功能菜单，输入关键字并勾选"详细信息"后单击"查询"按钮，可得到查询结果；双击某个查询结构后可自动定位三维场景中的相应位置，单击"详情"按钮可以查看基本情况，如人口信息、单位信息等。实有房屋功能如图 16-9 所示。

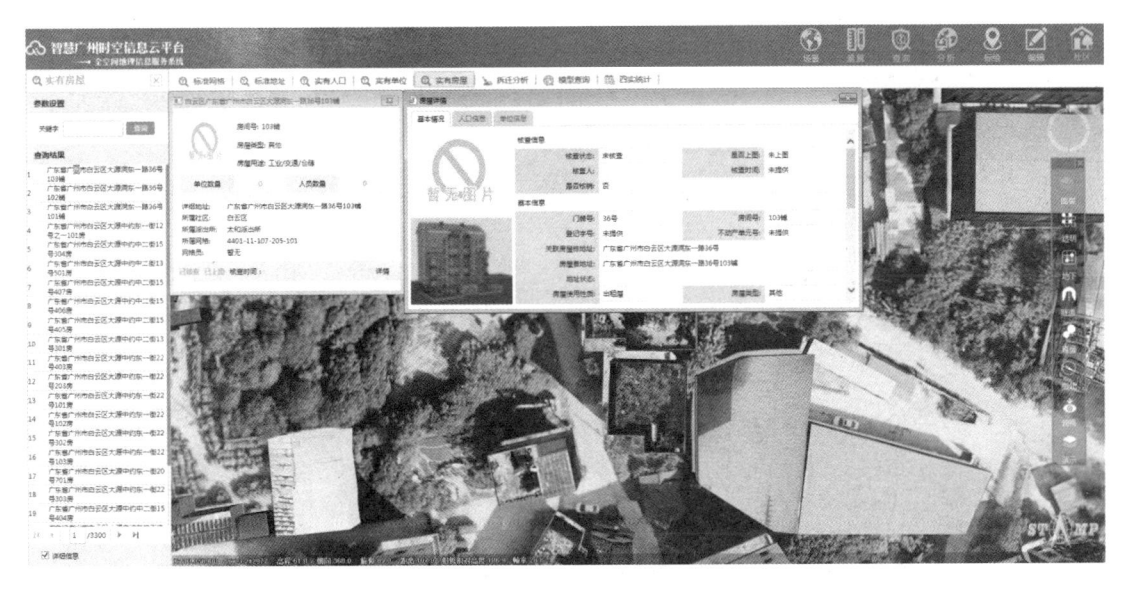

图 16-9　实有房屋功能

（6）模型查询。功能：对选中的模型进行数据和报表生成。操作：选择"社区"菜单中的"模型查询"，在城中村精细化信息管理系统中单击模型，将弹出模型的详细结果，如四至、基本情况，房屋栋、房屋套、人口、单位等；单击"详情"按钮可以查询具体的详细信息。模型查询功能如图 16-10 所示。

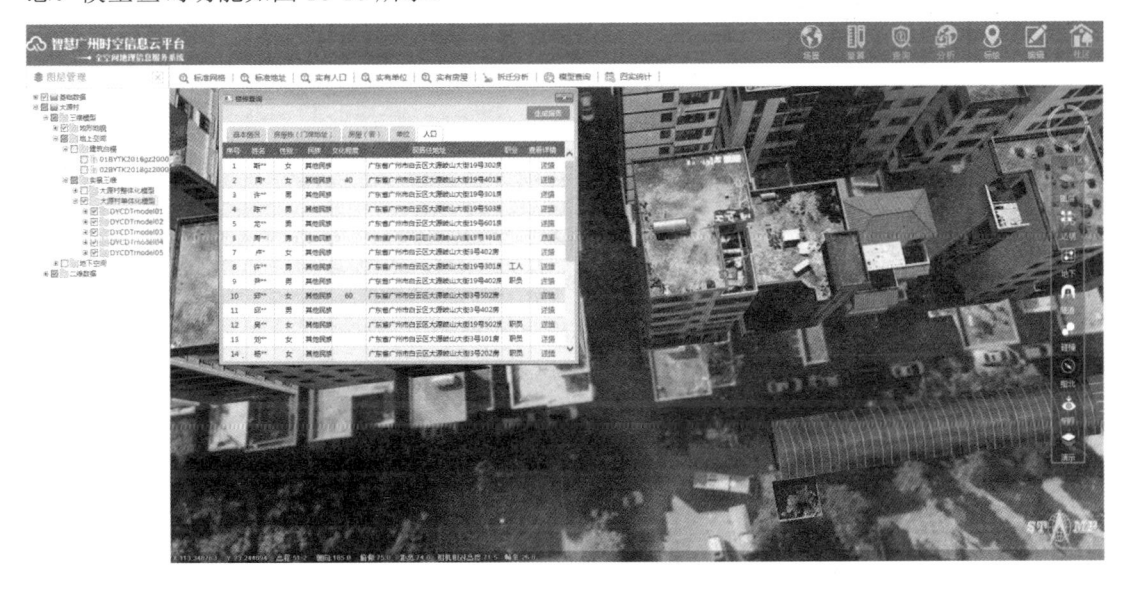

图 16-10　模型查询功能

（7）四实统计。功能：对选中的模型进行数据统计。操作：选择"社区"菜单中的"四实统计"，在城中村精细化信息管理系统中单击模型，将弹出模型的详细统计结果，如房屋栋、房屋套、人口、单位等。四实统计功能如图 16-11 所示。

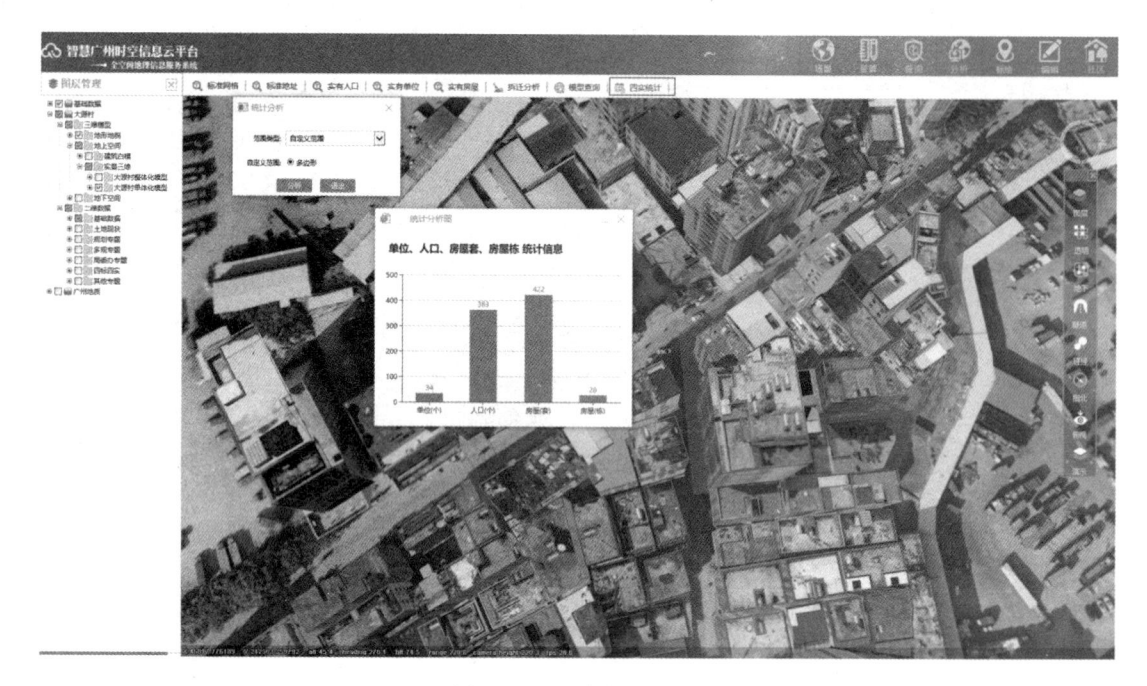

图 16-11 四实统计功能

## 16.5 系统特色亮点

城中村精细化信息管理系统（以大源村为例）建立了现状空间基础数据模型，做到实景重现；实现了部门协同联动，整合了四标四实、三资管理、国土规划等数据，在整合这些数据的基础上，开发了具备快速分析、统计、查询的大源村三维地理信息系统，为后续规划管理、计划落实、城市治理、土地整备、分类处置等工作提供了重要基础。

### 1. 服务于"广州市白云区太和镇大源村发展规划"的编制

（1）在现状问题梳理方面，通过整合四标四实数据和现状调研，坚持问题导向、实施导向，明确了发展定位、发展容量、空间布局和实施路径，以及主要存在的6大问题，即产业低端、服务低配、治理低效、交通拥堵、形态庞杂、生态破碎。

（2）在整体空间框架方面，提出了"一核四片"的发展思路。"一核"是指结合 TOD（Transit-Oriented Development）模式综合开发形成大源村综合服务公共中心；"四片"是指沿广州大道和大源路，从南往北形成创新孵化片、都市产业社区片、电商初创小镇和科创小镇。

（3）在社会治理方面，基于四标四实划定的 111 个网格，划分了 212 个党员责任区和 38 个党建阵地，搭建了大源村基层治理信息平台，营造守望相助的街巷邻里生活氛围。

（4）在民生设施方面，基于四标四实的现状实有设施成果，提出了重点建设的 8 大民生设施，即道路、公厕、农贸市场、垃圾中转、停车场、配套市政设施、医疗、教育。

（5）在公共空间方面，基于大源村各类规划和现状数据，提出了建设碧道，串联"口袋公园-社区公园-生态公园"的公园绿地系统。

## 2. 服务于"大源村三年综合整治及发展规划作战图"的制定

大源村三年综合整治及发展规划作战图主要包括 8 项重点工作，共 26 个具体实施工程。8 项重点工作是违法建筑拆除+空间抽疏、黑臭水体治理、旧村改造（公共空间）、旧村改造（民生设施）、旧厂改造升级、物流园改造升级、批发市场改造升级、工业园改造升级。

结合四标四实中的 111 个标准网格，按照"成片连片，可分可合可平衡"的原则，将全村组合为 20 个更新单元，通过"综合整治+土地收储+更新改造"，保障项目可实施推进。

## 3. 服务于大源村的精细化管理与社会治理

（1）服务于大源村网格化管理：输入任意网格编号，城中村精细化信息管理系统将自动给出所有与输入编号相匹配的标准网格（也可进行模糊匹配），单击该标准网格，系统将在三维精细化场景中自动定位该标准网格，并统计出该网格的人口数、单位数、建筑物数量等。

（2）服务于大源村标准地址的精细化管理：输入任意标准地址名称，城中村精细化信息管理系统将自动给出所有与输入地址相匹配的标准地址名称（也可进行模糊匹配），单击该标准地址，系统将在三维精细化场景中自动定位该地址所在的建筑物。

（3）服务于大源村以人查房的精细化管理：输入任意人口姓名，城中村精细化信息管理系统将自动给出所有与输入姓名相匹配的实有人口姓名（也可进行模糊匹配），单击该实有人口，系统将在三维精细化场景中自动定位该实有人口所在的建筑物。

（4）服务于大源村以单位查房的精细化管理：输入任意实有单位名称，城中村精细化信息管理系统将自动给出所有与输入名称相匹配的实有单位名称（也可进行模糊匹配），单击该实有单位，系统将在三维场景中进行自动定位。

（5）服务于大源村以房管人的精细化管理：单击任意一三维建筑物模型，城中村精细化信息管理系统将自动给出该建筑物中的实有人口，以及实有人口的详细信息。

（6）服务于大源村以房管单位的精细化管理：单击任意一三维建筑物模型，城中村精细化信息管理系统将自动给出该建筑物中的实有单位，以及该实有单位的详细信息。

（7）服务于大源村拆迁分析与应用管理：划定拆迁范围红线，城中村精细化信息管理系统将自动给出拆迁范围的四至、基本情况，以及涉及的所有地址、所有房屋、所有人口、所有单位，并自动生成拆迁分析报告。

# 第 17 章
# 产业园区信息管理系统

## 17.1 系统需求分析

产业园区信息管理系统可以显示广州制造 2025 十大重点领域产业空间布局情况；可以在地图上展示工业运行监测情况；可以按行业、企业、产品等多种方式，搜索、查询、定位重点企业、重点产业园区、重点项目情况；可以查询广州市可用于工信领域项目落地招商地块位置及周边重点企业、配套设施等数据，做到地块信息一目了然，提升城市招商引资的效率。

广州市工业和信息化委员会用户通过产业园区信息管理系统能够了解产业园区和企业的分布和信息；可以对产业园区、企业情况进行监测、预警、评价、预测、分析，并可以将监测、预警、评价、预测、分析的结果实时反馈到领导决策层，从而完善基础地理数据以及产业领域业务数据。投资商用户通过产业园区信息管理系统能够了解产业园区和企业的分布和信息；能够了解各行业发展情况以及引资需求。产业园区、企业用户通过产业园区信息管理系统可以上传、发布产业园区或企业基本信息和引资需求，录入企业的基本信息。

## 17.2 系统架构体系

产业园区信息管理系统是基于智慧广州时空信息云平台建设的，包括基础设施层、数据层、平台层、应用层、保障层等，其架构如图 17-1 所示。

（1）基础设施层：提供统一的信息基础设施环境（包含网络、服务器、存储、机房等），以及基础软件环境（包括操作系统、数据库管理软件、地理信息基础软件、三维地理基础软件等），为各类应用的运行提供高可用、高稳定的环境和基础平台支撑。

（2）数据层：整合与产业领域相关的基础地理数据、规划专题数据、产业专题数据、产业园区专题数据，建成数据中心，为服务层、应用层提供数据支持。后期可接入外部数据（发改、国土、规划、交通、建设等部门的数据），以及人口、法人、税务、统计、工商等的数据，在更全面完备的大数据基础上，更好地满足数据汇总、分析、统计和决策支持等的需求。

（3）平台层：是产业园区信息管理系统的核心支撑层，融合了地理空间支撑平台、管理与服务平台，为各类应用提供数据和服务。接口服务也在平台层，可满足内外部数据和功能的交换。

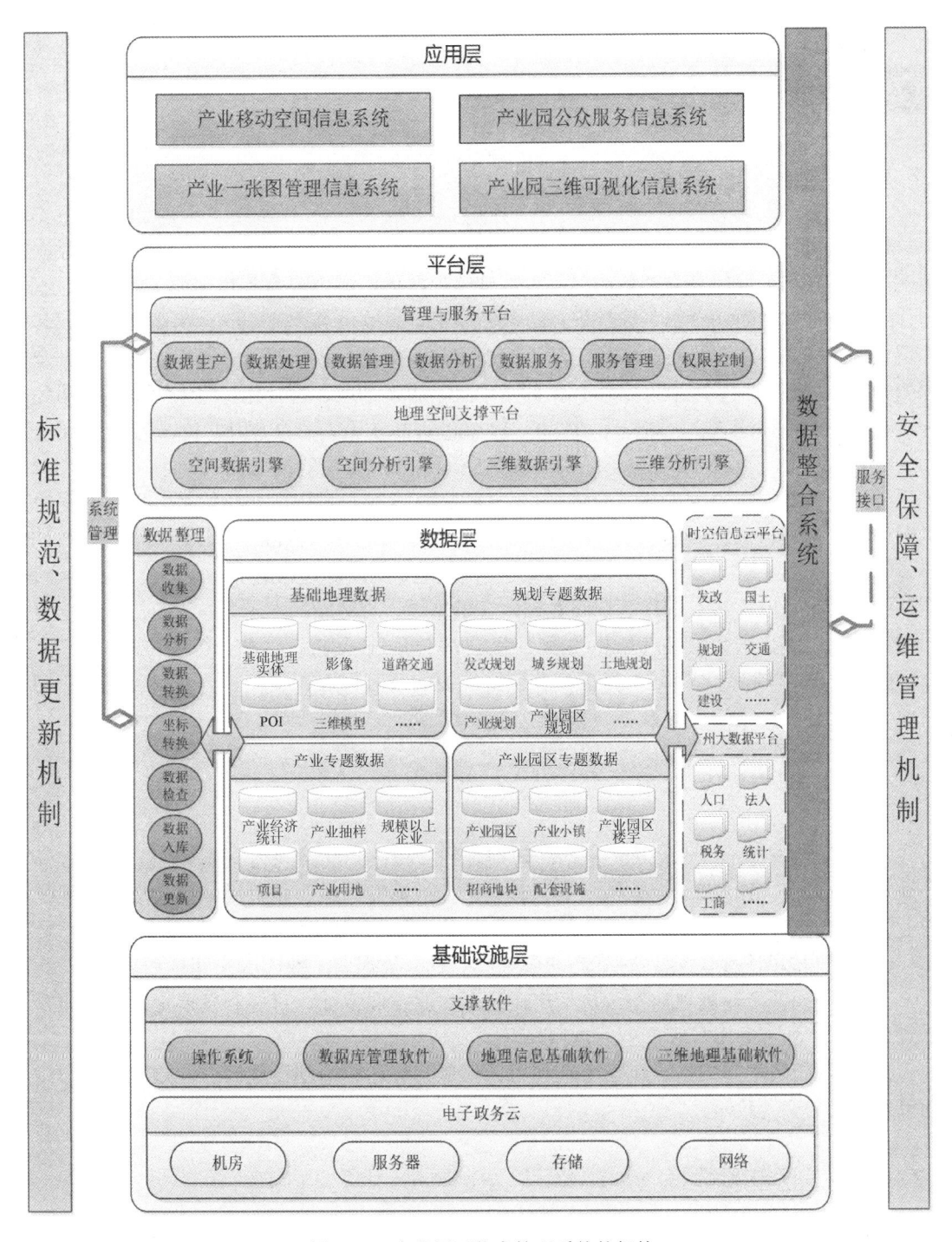

图 17-1 产业园区信息管理系统的架构

（4）应用层：根据实际应用的要求和目标，在底层的支撑下实现具体的业务和应用，满足查询、统计、分析、监管、评估等业务需求和决策支撑。

（5）标准规范、数据更新机制和安全保障、运维管理机制：作为保障层，为产业园区信息管理系统的开发和运行提供标准规范、组织保障、安全保障和运维管理保障。

## 17.3 系统数据资源

### 17.3.1 基础地理数据

(1) 基础地理实体数据：采用广州坐标系，在1:500、1:2000比例尺测绘成果数据的基础上，按照相关部门需求抽取的数据。基础地理实体数据主要包括房屋面、道路面、水系面、绿地面、单位面、道路名称注记点、水系注记点、单位名称注记点，房屋注记点、其他注记点、道路中心线和道路边线等。基础地理实体数据的精度、符号、属性要符合国家及行业相关标准规范。在基础地理实体数据的基础上，通过抽取、符号化、渲染等电子地图处理方法和工序，可以配置1:500、1:1000、1:2000、1:1万、1:2.5万、1:5万、1:10万、1:30万等不同比例尺的政务电子地图（作为空间叠加和定位等的底图）。

(2) 影像数据：覆盖广州市全域，是分辨率为0.5 m，采用广州坐标系、现势性强的正射影像图数据。影像数据的格式和标准以数据权威部门的要求为准。

(3) 道路交通数据：覆盖广州市全域的主次干道、支路等道路分布数据，公交线路分布、地铁线路分布、地铁站点名称等线路数据，客运站场、货运站场、港口、火车站、机场等分布数据等。道路交通数据具有拓扑结构，能支撑空间路径分析、缓冲分析等。

(4) POI（兴趣点）数据：覆盖产业园区周边的政府机关、学校、医院、公园、广场、商业、物流基地、市政配套设施、大中型建筑分布等。

### 17.3.2 规划专题数据

(1) 广州"多规合一"数据：包括广州国民经济和社会发展规划、发改规划、城乡规划、土地规划，以及"四线"（生态控制线、建设用地规模控制线、建设用地增长边界控制线、产业区块控制线）等的数据。广州"多规合一"数据的标准要参照该类数据发布部门的要求。

(2) 产业园区规划数据：包括产业园区产业规划数据和产业园区空间规划数据。

① 产业园区产业规划数据：包括产业园区产业发展特征、目标和发展定位、产业发展重点方向、产业空间引导和产业发展政策等。

② 产业园区空间规划：包括土地利用、环境、交通和基础设施等产业园区空间布局规划以及相应的空间政策。

### 17.3.3 产业专题数据

(1) 产业经济统计数据：以政府相关部门提供的涉及产业经济统计的数据作为产业指数的统计源，主要包括行政区划、统计数、产业类型、产业数、年份等信息。

(2) 产业抽样数据：每年对多家企业进行抽样，将抽样数据作为各行政区划投资和发展指数、产业指数的统计源，至少要包括企业名称、位置、规模、产业类型、运营状况、纳税情况等空间和属性数据。

(3) 规模以上企业数据：包括规模以上企业的空间位置、地址、产业类型、规模、运营状况、人力资源等空间和属性数据。如果规模以上企业是产业园区内的企业，还需采集入驻产业园区的楼宇信息。

（4）项目数据：覆盖已建的或在建的重点项目，包括项目名称、地理位置（范围）、规模、基本情况等空间和属性数据。

（5）产业用地数据：包括产业区块位置，以及产业用地数量、用地类型、用地结构、用地面积等空间和属性数据。

### 17.3.4 产业园区专题数据

（1）产业园区数据：主要指与产业园区相关的基本数据，主要包括产业园区图斑、名称、地理位置、经济情况、产业园区建设用地情况、公共服务设施、供水供电供气情况等产业园区总体情况数据。

（2）产业小镇数据：主要包括产业小镇地理位置、项目基本情况、经济运行情况等总体情况数据。

（3）产业园区楼宇数据：主要包括产业园区内重点楼宇位置、建筑面积、办公面积、物业管理、入驻企业、可租用面积等空间和属性数据。

（4）招商地块数据：主要包括产业园区内可用于招商的地块图斑、类型、用地性质、面积、产业规划等空间和属性数据。

（5）配套设施数据：主要包括产业园区内配套设施地块、位置、面积、用途、服务、管理等空间和属性数据。

## 17.4 系统业务模型

产业园区信息管理系统将提供一套辅助产业园区管理的信息化工具，利用多源大数据，结合已有的规划与土地管理等数据，可以支撑产业园区的管理与分析。产业园区信息管理系统的业务模型如图 17-2 所示。

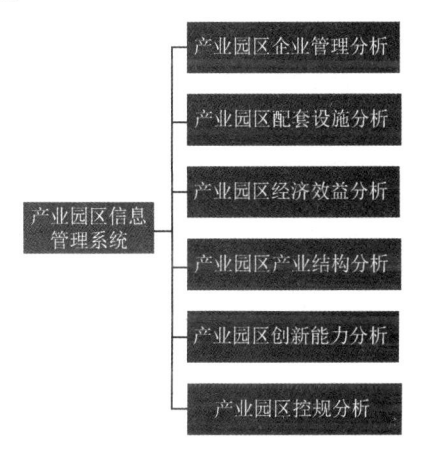

图 17-2　系统业务模型

（1）产业园区企业管理分析：通过对产业园区的入驻企业清单、空间分布进行可视化分析，使企业落图，辅助相关部门对企业进行管理。

（2）产业园区配套设施分析：关联POI等多源大数据，分析产业园区周边配套设施情况，辅助产业园区的招商引资工作。

（3）产业园区经济效益分析：对接税务经济数据，分析单位面积纳税额、收入强度等，从而评估产业园区的经济效益。

（4）产业园区产业结构分析：分析产业园区的主导产业、支撑产业园区的产业布局规划，进而实现产业园区的产业结构分析。

（5）产业园区创新能力分析：通过软件著作权、专利情况等数据评估产业园区的创新能力。

（6）产业园区控规分析：通过叠加控规数据，分析产业园区的用地情况。

## 17.5 系统主要功能

### 17.5.1 产业一张图管理信息系统

#### 1. 数据采集和入库

产业一张图管理信息系统可以通过互联网来采集广州市范围内企业（约100万家）的公开数据，以进一步完善企业数据库。数据库的更新频率不低于每周一次，并保证在企业数据变更后的一周内对其进行采集。针对互联网采集到的不完整、格式不规范的数据，产业一张图管理信息系统可以对这些数据进行清洗，并将清洗后的数据更新到企业数据库。

产业一张图管理信息系统能够提供符合工业信息化决策需要的、全国范围内的互联网数据。对于互联网上公开的数据，产业一张图管理信息系统可根据不相同的数据主题采取不同的更新频率。产业一张图管理信息系统的数据资源如表17-1所述。

表17-1　产业一张图管理信息系统的数据资源

| 序号 | 数据大类 | 数据主题 | 数据字段 |
|---|---|---|---|
| 1 | 基本信息 | 企业基本信息 | 统一社会信用代码、组织机构代码、注册号、经营状况、公司类型、成立日期、法定代表人、注册资本、经营期限、发照日期、登记机关、所属行业、企业地址、经营范围 |
| 2 | | 股东信息 | 股东、股东类型、认缴出资金额、认缴出资时间 |
| 3 | | 主要人员 | 包含但不限于董事、董事长、监事、副董事长、独立董事、总经理、监事会主席等公开发布的人员姓名。 |
| 4 | 风险信息 | 工商变更 | 变更日期、变更事由、项目、变更前的内容、变更后的内容 |
| 5 | | 法院诉讼 | 案件号、判决时间、文书类型、法院名、标题 |
| 6 | | 法院公告 | 发布时间、上诉方、被诉方、公告类型、法院、公告内容 |
| 7 | | 开庭公告 | 案件号、开庭日期、案由、承办部门、审判长/主审人、原告/上诉人、被告/上诉人 |
| 8 | | 被执行人信息 | 执行标的、案号、执行法院、立案日期 |
| 9 | | 失信人信息 | 法律生效文书确定的义务、失信被执行人行为的具体情形、执行依据文号、立案时间、发布时间、做出执行依据单位、案号、身份证号/组织机构代码、被执行人的履行情况、执行法院、法定代表人 |

续表

| 序号 | 数据大类 | 数据主题 | 数据字段 |
|---|---|---|---|
| 10 | 风险信息 | 司法拍卖 | 拍卖日期、执行标的、起拍价、拍品介绍、处置法院 |
| 11 | | 经营异常 | 移入时间、移入机构、移入原因、移除机构、移除原因、移除日期 |
| 12 | | 欠税信息 | 欠税金额、公布日期、税种、税号、类型 |
| 13 | | 股权出质 | 登记日期、登记编号、出质人、出质股权数、出质人证件号码、质权人、质权人证件号码、状态 |
| 14 | | 动产抵押 | 登记日期、登记编号、登记机关、被担保债权数额、状态 |
| 15 | 知识产权 | 商标 | 商标图形、商标名、类别、申请时间、注册号、状态 |
| 16 | | 专利信息 | 专利类型、主分类号、申请号、代理机构、申请日、代理人、专利号、专利名、申请公布日、地址、分类号、申请人、摘要、发明人 |
| 17 | | 著作权 | 作品名称、登记号、类别、创作完成日期、登记日期、版本号 |
| 18 | | 域名 | 网址、网站名称、网站备案/许可证号、登记批准日期 |
| 19 | | 资质认证 | 证书类型、证书编号、发证日期、备注 |
| 20 | 对外投资 | 对外投资信息 | 被投资公司、投资金额、投资公司注册资本、投资占比、注册日期、被投资公司法定代表人 |
| 21 | 企业年报 | 企业基本信息 | 企业名称、职工人数、企业联系电话、企业经营状态、邮政编码、电子邮箱、企业通信地址 |
| 22 | | 股东（发起人）及出资信息 | 股东、认缴出资额（万元）、认缴出资时间、认缴出资方式、实缴出资额（万元）、实缴出资时间、实缴出资方式 |
| 23 | | 企业资产状况信息 | 资产总额、所有者权益合计、营业总收入、利润总额、营业总收入中主营业务收入、净利润、纳税总额、负债总额 |
| 24 | | 网站或网店信息 | 类型、名称、网址 |
| 25 | 经营信息 | 新闻动态 | 发布时间、新闻标题、来源站点名、URL |
| 26 | | 招聘信息 | 职位、薪资、经验、地点、学历、发布日期 |
| 27 | | 招投标信息 | 描述、发布时间、所属地区、项目分类 |
| 28 | | 发展历程 | 里程碑、日期、标题、内容 |
| 29 | | 融资情况 | 轮次、金额、投资方、融资日期 |
| 30 | 产品信息 | 产品信息 | 名称、简介、标签、网站地址 |
| 31 | 财务信息 | 上市公司财务信息 | 股票代码、股票类型、总市值、总资产、总股本、流通股本、每股股息、每股收益（元/股）、每股净资产、市净率、静态市盈率、动态市盈率、利润总额、总负债、财报网址 |

**2．企业数据处理及分析**

产业一张图管理信息系统提供了数据分析工具，建立了重点企业、"两高四新"企业、年产值5亿元以上的骨干制造业企业和规模以上制造业企业的画像并进行了数据分析。产业一张图管理信息系统按照处室业务方向、管理维度的不同对企业建立多维度标签，按照标签分类跟踪服务，并进行统计汇总分析。产业一张图管理信息系统收集了广州市企业或产业转移和投资到帮扶地区的情况，并对相关的企业或产业进行监测分析。

（1）建立企业档案库。企业服务数据主要来源于三方面：一是互联网渠道的，二是各政府部门共享的，三是企业直接报送的。三方面的数据可能会存在不一致、互相矛盾的地方，需要针对这些数据进行清洗、整理，通过整合这三方面的数据来形成企业档案库。产业一张图管理信息系统从企业服务的角度出发，对重点服务企业建立企业档案库，可下载企业资料档案（包含该企业信息、以前的诉求、问题等相关情况），相关部门到企业服务时可以全面掌握企业的情况。

（2）标注企业标签。产业一张图管理信息系统按照国民经济分类和实际的管理方向建立了企业标签，并建立了企业标签库。相关部门可以根据管理的需求自行建立多维度的标签，并将企业标注到相应的标签里，一个企业可对应多个标签。

产业一张图管理信息系统根据不同的企业标签指标，建立了相应的分析模型，并分析哪些企业与标签对应，梳理出了不同标签类型的企业清单。目前，企业标签包括规模以上制造业企业、年产值过5亿元的骨干制造业企业、"小升规"企业、"两高四新"企业、IAB企业（新一代信息技术、人工智能、生物医药等战略性新兴企业）、NEM企业（新能源、新材料企业）等。

根据国民经济分类的不同，产业一张图管理信息系统会自动为每个企业打标签，相关部门可根据实际情况进行审核并调整企业的相关标签。

（3）企业或产业画像。

① 用于分析符合不同企业标签类型指标的企业，梳理出不同标签类型的企业清单，并对企业打标签，为企业跟踪服务提供数据支撑。

② 从不同的管理维度，根据工业和信息化领域企业的评估指标，按照建设单位的要求对重点企业、"两高四新"企业、年产值过5亿元的骨干制造业企业、规模以上制造业企业等数据进行分析，形成企业画像。

③ 分析广州市企业或产业转移和投资到帮扶地区的情况，并对转移的企业和行业进行监测分析。

（4）数据分析统计。

① 企业运行分析：制定企业共性库、企业专项特性数据库指标，按月度、季度或年度提供基于大数据分析挖掘的中小企业、骨干制造业企业、重点企业的运行情况及分布特点等，围绕企业产值、资产、负债、税收等经济指标，对企业的竞争能力、运行状况做出预测预警，剖析企业可能存在的问题，为政府出台实施有针对性的政策措施提供决策信息支持。

② 行业/产业分析：按月度、季度或年度提供基于大数据分析挖掘的先进制造业、优势传统产业、战略性新兴产业等细分行业发展的现状及趋势，围绕行业增加值、产销量和经济效益等核心指标，为政府动态监测行业运行走势、预测预警产业安全，以及调整产业政策、促进产业健康发展提供专业、准确、客观的数据信息服务。

③ 经济运行分析：根据经济服务信息库指标数据，按月度、季度或年度提供基于大数据分析挖掘的工业经济和信息服务业运行情况，完善重点企业的运行监测平台、数据整合平台，以及互联网采集上的数据，从不同角度对比分析工业产业、骨干制造业企业、重点项目、节能降耗等发展建设情况。

④ 中小企业统计分析：监测税收百强的民营企业和具有代表性的中小企业，跟踪服务"三个一批"企业（骨干制造业企业、"两高四新"企业、"小升规"企业），可按企业名单打标签，在政务共享平台数据的基础上对企业进行监测。

### 3. 企业标签管理

建立企业标签管理系统，根据现有企业清单的分类指标，分析可能遗漏的企业，按不同处室的业务方向、不同的管理维度对企业建立多维度标签，按标签分类对跟踪、服务企业，统计汇总企业的相关数据。

企业标签管理系统可方便相关部门对企业进行分类管理，对重点企业（如"三个一批"企业、IAB 企业、NEM 企业）打标签，并按不同处室的业务方向分别对企业建立多维度标签。一个企业可以有多个标签，变迁由相关处室更新维护。企业标签管理系统可建立以下标签：

（1）企业类型标签：包括上市公司、国有企业、民营企业、外资公司、合资公司、私营公司、IAB 企业、"小升规"企业、"两高四新"企业、年产值过 5 亿元的骨干制造业企业、规模以上制造业企业等。

（2）企业规模标签：包括特大型、大型、中型、小型、微型等。

（3）所在行业标签：按《国民经济行业分类》（GB/T 4754—2017）和广州市工信委的业务管理需求划分，包括专业服务（咨询/人力资源/财会）、中介服务、互联网/电子商务、交通/运输/物流、仪器仪表/工业自动化、会计/审计、保险、信托/担保/拍卖/典当、制药/生物工程、办公用品及设备、医疗/护理/卫生、医疗设备/器械、印刷/包装/造纸、原材料和加工、外包服务、多元化业务集团公司、奢侈品/收藏品/工艺品、珠宝、家具/家电/玩具/礼品、家居/室内设计/装潢、广告、建筑/建材/工程、快速消费品（食品、饮料、化妆品）、新能源、服装/纺织/皮革、机械/设备/重工、检测、认证、汽车及零配件、环保、生活服务、电子技术/半导体等。

（4）所在地区标签，具体可按行政区划划分。

（5）成立时间标签，包括没在经营、经营时间为 1 年以内、经营时间为 1~3 年、经营时间为 3~5 年、经营时间为 5~10 年、经营时间为 10 年以上等。

（6）营业收入标签：包括营业收入为 10 亿以上、5 亿元以上、亿元以上，以及规模以上企业（主营业务收入超 2000 万元）、"小升规"企业、规模以下企业等。

（7）增长率标签：包括高成长、中速成长、低速成长、微下滑、急剧下滑、高风险等。

（8）其他标签：包括固定资产投资、技术研发投入、产能利用、税收、利润、员工数量、贷款额等。

### 4．数据分析工具

产业一张图管理信息系统采用数据仓库技术，对海量业务数据进行多样化的分析和展现。产业一张图管理信息系统将其中的业务数据抽取到数据仓库中，进行个同角度（条件）的分析，将数据转化为知识，作为辅助决策的参考依据。数据分析工具的主要功能如下：

（1）创建数据仓库。数据仓库将存放所有整理过后的数据，在设置数据导入计划后，数据仓库可以分别从不同的数据源抽取进行数据分析所需的业务数据；在数据抽取的过程中，数据仓库可自动完成数据的清洗（去除冗余数据）和整理。

（2）创建多维数据集。在数据仓库中选择事实表，可创建多维度（包括时间维度、一般维度、层次维度）和多度量值的数据集，为数据分析做好准备。

### 5．数据分析

数据分析主要从以下几个方面进行：

（1）产业园区内部企业效益分析、创新能力分析、产业结构分析。

（2）工业用地分析。

(3) 招商地块选址分析。

(4) 产业园区配套设施分析。

(5) 产业园区综合评价分析（含经济效益、创新能力、产业结构、品牌影响力、产业园区服务等维度）。

(6) 产业园区查询及运行监测分析：能够对产业园区的分布情况、产业园区信息、重点楼宇、配套设施等进行监测，评估产业园区产业经济运行发展走势和竞争能力，为规划产业园区的产业经济、结构、环境提供专业、准确、客观的决策依据。例如，大数据企业产值与区域分布、企业列表、企业迁移等。

(7) 产业园区建设分析：制定相关指标数据，按月度、季度或年度提供基于大数据分析挖掘的产业转移工业园发展建设情况，围绕产业园区项目的投资、落地、建设、投产、产值、税收等核心指标，动态监测产业园区项目建设进展、固定资产投资年度目标完成、产业梯度转移等情况，分析有助于产业园区发展的模式，为加强产业园区考核管理、调整产业园区分布、出台扶持政策、提升产业园区对地方经济的支撑作用，提供专业、准确、客观的数据信息服务。

(8) 产业园区热力图分析：根据广州市各产业园区的各项指标，能够形象地通过产业园区热力图分析提供多维度的宏观参考。

(9) 产业园区招商引资分析：根据招商引资的要求，针对产业园区内的规划情况、用地情况、周边配套设施情况、招商政策、用地选址等进行分析，为招商引资潜在单位提供参考。

(10) 产业园区数据挖掘分析建模：针对产业园区经济运行情况、投资情况、企业情况等提供数据挖掘模型，根据产业园区、企业提供对应产业园区画像、企业画像、产业画像和市场匹配等分析模型。

(11) 产业园区分析，包括：

① 产业园区分析画像：根据产业园区基本信息，进行交通状况、基础设施、经营状况、产业状况、发展能力等方面的挖掘分析，对产业园区进行建模，得出产业园区分析画像。

② 企业分析画像：根据企业基本信息，进行投资关系、经营状况、口碑情况和创新能力等方面的挖掘分析，对企业进行建模，得出企业分析画像。

③ 重点企业分布分析：对企业经营状况、口碑情况、创新能力等方面进行对比，得出重点企业分布情况。

### 6. 数据查询

(1) 基础地理信息查询：通过设置查询条件（如文本条件、空间条件），筛选符合条件的地理实体数据，高亮显示并进行定位。

(2) 规划专题数据查询：针对规划类数据的查询，筛选符合条件（如文本条件、空间条件）的数据，并进行图文联动显示，以及输出查询结果。

(3) 产业园区专题数据查询：针对产业园区专题数据的查询，筛选符合条件（如文本条件、空间条件）的数据，并进行图文联动显示，以及输出查询结果。

(4) 产业专题数据查询：针对产业信息数据的查询，筛选符合条件（如文本条件、空间条件）的数据，并进行图文联动显示，以及输出查询结果。

(5) 产业招商地块专题数据查询：对产业园区内可用的招商地块名称、类型、用地性质、面积、产业规划等数据进行查询。

(6) 产业园区查询（互联网版）：以脱密的互联网二维电子地图为底图，对产业园区（产业小镇）相关的信息与底图进行结合发布，并提供各类数据信息分类、展示功能，为个人、企业和社会提供基于二维地图的"图-文-地图"一体化产业园区信息展示。

### 17.5.2 产业移动空间信息系统

产业移动空间信息系统允许用户使用移动端进行相关操作、实现相关功能。产业移动空间信息系统的主要功能包括但不限于信息公告公示、信息推送、信息查询等功能。具体如下：

（1）信息公告公示：实现企业和产业服务相关政策、通知等文件的公告公示。

（2）信息推送：系统可以将相关信息主动向用户推送。

（3）信息查询：按用户类型划分查询信息范围，实现重点企业、"两高四新"企业、年产值过5亿元的骨干制造业企业、规模以上制造业企业和产业信息的在线查询，包括企业标签信息查询、企业画像查询等；在用户类型的基础上授权使用企业服务监测信息查询、企业服务档案现场操作、服务台账查询、资金使用情况查询、项目跟踪信息查询、重点项目和重点产业园区建设进展情况查询与展示等。

### 17.5.3 产业园区公众服务信息系统

#### 1．企业服务

依托广州市政务办企业主页、工信委网站等建立的产业园区公众服务信息系统，为企业提供统一的服务入口，支持录入和查询企业技改备案信息、委资金扶持情况，完善了企业库信息查询、企业基本工商信息以及企业实际地理空间信息，企业可在该系统中进行政策咨询、项目申报、信息填报、诉求反馈等。

#### 2．服务跟踪管理

（1）建立服务监测管理体系：研究工业和信息化发展的重要战略和重要政策，提出发展趋势和发展方向，建立经济运行监测数据目录清单；采取安全适用的数据库管理工具采集业务数据及元数据，建立产业园区管理、技术改造监测、重点企业监测、骨干制造业企业监测、中小企业生产经营监测、软件与信息服务业监测等指标体系；建立工信委经济基础数据库，构建不同类型的企业基础数据库、经济服务信息数据库，以及经济运行指标库等基础数据库。

（2）服务档案和台账管理：建立重点项目建设服务台账，制定重点项目指标数据，按月度、季度或年度提供基于大数据分析挖掘的全市IAB企业、NEM企业等重点项目的建设情况；通过动态监测重点项目的引进数量、投资规模、占地面积、建设进展、产值和税收等情况，剖析重点项目可能存在的问题，为及时准确采取有针对性的措施、提升项目开工率、加快项目建设提供专业、准确、客观的数据管理服务，充分发挥重点项目拉动地区经济发展的支撑作用；记录服务工作情况，建立重点企业服务档案、重点项目服务台账；完成资金拨付、使用督查（对接广州市工信委查重系统查询）；登记企业技改备案信息、委资金扶持情况；敦促企业项目完工信息对接住建委资金管理系统，查询资金项目跟踪信息；按行政区划、行业、年度扶持等分类进行汇总，如调研次数、问题点汇总；跟踪重点项目，录入更新改造项目落户、投产等信息；服务工作表采集数据要共享给各区的相关部门。

（3）一站式企业服务档案管理：充分利用现有资源进行系统整合，实现企业基本信息、服务信息、评估分析信息的"一站式"企业档案管理；满足对企业基本信息、服务信息、评估分析信息进行提取和管理的需要，使企业服务人员能够全面、快速和准确地查询企业的运行状态、扶持工作的落实进度等信息，更好地为工业和信息化建设提供服务。

（4）便捷查询搜索：提供"一站式"便捷查询搜索，通过内部搜索引擎的紧密结合，搜索引擎的查询结果即"一站式"展示的入口。

（5）企业画像：建立全市重点企业、"两高四新"企业、年产值过5亿元的骨干制造业企业和规模以上制造业企业的画像并进行数据分析。企业画像分析维度应从以下几个维度（包括但不限于）进行：企业收入情况、企业纳税情况、企业创新力、企业成长性等。

（6）产业转移监测分析：收集广州市企业或产业转移和投资到帮扶地区的情况，并分析转移情况；分析企业产值与区域分布、企业列表、企业迁移等因素之间的关系。

（7）经济指标跟踪服务：用于跟踪各区工信领域的主要预期经济指标，主要包括工业增加值（总量、增速）、规模以上工业总产值（总量、增速、一季度总产值）、工业投资总量、技改投资、新引进工信项目（项目数、达产产值）、"小升规"企业数量等数据。

（8）重大项目跟踪：支持对重点项目的跟踪，录入更新项目落户、投产等信息。

## 17.6 系统应用框架

产业园区信息管理系统基于智慧广州时空信息云平台进行数据对接，以产业一张图管理信息系统、产业移动空间信息系统、产业园区三维可视化信息系统、产业园区公众服务信息系统为载体，为产业园区管理提供信息化支撑。

产业园区信息管理系统通过多渠道采集产业园区管理和发展的相关数据，经过数据分析后，为广州市产业区块规划、产业园区提质增效、产业园区招商引资等工作提供数据支撑，市领导可通过一张图的方式了解全市产业园区分布情况、价值创新产业园区的产业集聚度、单位面积产值等发展情况，以及可招商产业地块相关情况。产业园区信息管理系统的框架如图17-3所示。

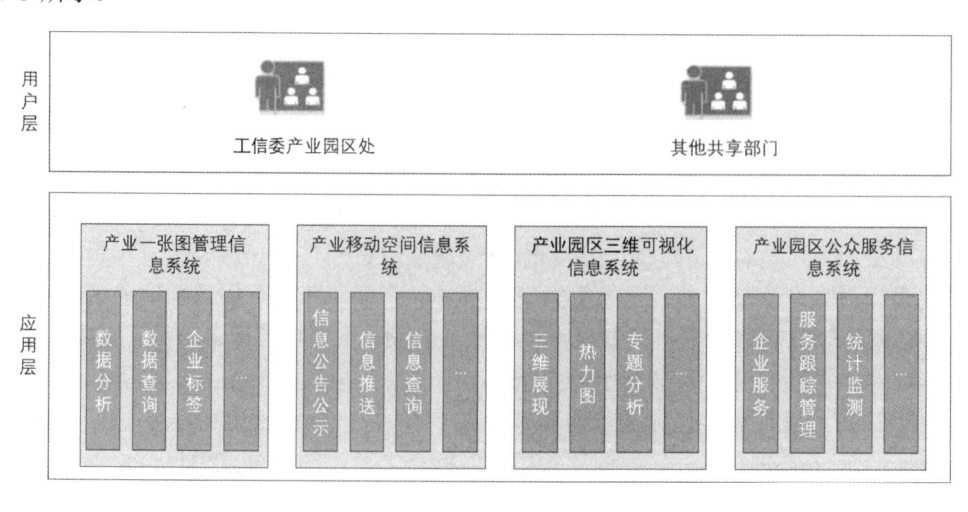

图17-3 产业园区信息管理系统的框架

## 17.7 系统关键技术

### 17.7.1 B/S 架构

B/S 架构是指在 TCP/IP 的支持下，以 HTTP 为传输协议，客户端通过浏览器（Browser）访问 Web 服务器以及与之相连的后台数据库的技术及体系结构。B/S 架构由浏览器、Web 服务器、应用服务器和数据库服务器组成。客户端的浏览器通过统一资源定位器（Uniform Resource Locator，URL）访问 Web 服务器，Web 服务器请求数据库服务器并将获得的结果以 HTML 的形式返回到客户端的浏览器。

早期的互联网应用程序大多数建立在 C/S 架构的基础上，浏览器的应用促使了动态页面的实现，于是就有人提出能不能用浏览器作为应用程序的客户端。基于 B/S 架构的应用程序便应运而生了。B/S 架构是对 C/S 架构的一种变化或者改进，在 B/S 架构下，用户的工作界面是通过浏览器实现的，极少部分的事务逻辑在前端（Browser）实现，但主要的事务逻辑在服务器端（Server）实现，形成了所谓的三层结构，这就大大降低了客户端计算的载荷，减轻了系统维护与升级的成本和工作量，降低了用户的总成本。

B/S 架构的维护和升级方式比较简单。当前，软件系统的改进和升级变得越发频繁，基于 B/S 架构的应用程序具有更加方便的特性。基于 B/S 架构的应用程序只需要管理服务器即可，所有的客户端只是浏览器，根本不需要做任何维护。无论用户的规模有多大，有多少分支机构，都不会增加维护和升级的工作量，所有的操作只需要针对服务器进行即可。如果是异地，只需要把服务器连接网络即可实现远程维护、升级和共享。

### 17.7.2 J2EE 架构

为了保证产业园区信息管理系统的稳定性和软件平台的成熟性，该系统是基于 J2EE（Java 2 Platform Enterprise Edition）架构进行设计的。

J2EE 架构采用的多层应用体系是被业界广泛应用的中间件标准，它简化和规范了多层分布式企业应用系统的开发和部署。J2EE 架构的首要任务是提供一个标准中间件基础架构，由该基础架构负责处理开发中涉及的所有系统级问题。

### 17.7.3 WebService 技术

通过 WebService 技术，可以让分布在不同地理区域的计算机和设备一起工作，从而为用户提供各种各样的 Web 服务。用户可以控制要获取信息的内容、时间、方式，而不必在无数的信息孤岛中浏览，去寻找自己所需要的信息。利用 WebService 技术，公司和个人可以迅速、低成本地通过互联网向全球用户提供服务，建立全球范围的联系，在广泛的范围内寻找可能的合作伙伴。

WebService 技术采用标准的、规范的 XML 描述操作接口。WebService 技术囊括了服务交互的全部细节，包括消息格式、传输协议和位置。WebService 技术的接口隐藏了实现服务的细节，允许独立于软/硬件平台的服务调用 WebService。WebService 是相互独立的、模块化的应用，能够通过互联网来描述、发布、定位和调用，从而实现面向组件和跨平台、跨语言的松耦合应用集成。WebService 技术是在分布式环境中实现复杂的聚集或商业交易的最佳体系结构。

### 17.7.4 可视化技术

可视化技术是指利用计算机图形学和图像处理技术，将数据转换成图形或图像，在屏幕上显示出来，并进行交互处理的理论、方法和技术。可视化技术涉及计算机图形学、图像处理、计算机视觉、计算机辅助设计等多个领域，已成为解决数据表示、数据处理、决策分析等一系列问题的综合技术。目前，正在飞速发展的虚拟现实技术也是以图形图像的可视化技术为基础的。

## 17.8 系统特色亮点

**1. 产业数据上图，多源数据融合支撑产业园区提质增效**

产业园区信息管理系统对广州市 100 多万商事登记企业、3000 多个产业园区进行了数据上图，支撑的产业类型涵盖制造业、住宿和餐饮业、科学研究和技术服务业、信息传输、软件和信息技术服务业等，包括国家级产业园区、省级产业园区、十大价值创新园区、村级工业园区、提质增效试点产业园区、民营产业园区等。通过产业数据上图，产业园区信息管理系统可以多维度地评估产业园区的发展活力，为产业园区提质增效、招商引资等工作提供决策辅助。产业结构分析示例如图 17-4 所示，经济效益分析示例如图 17-5 所示。

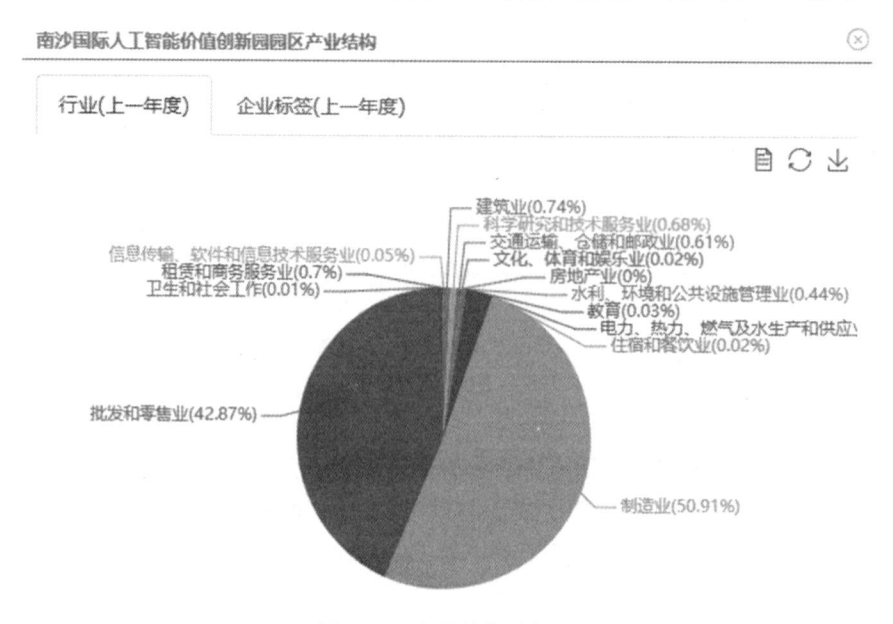

图 17-4 产业结构分析示例

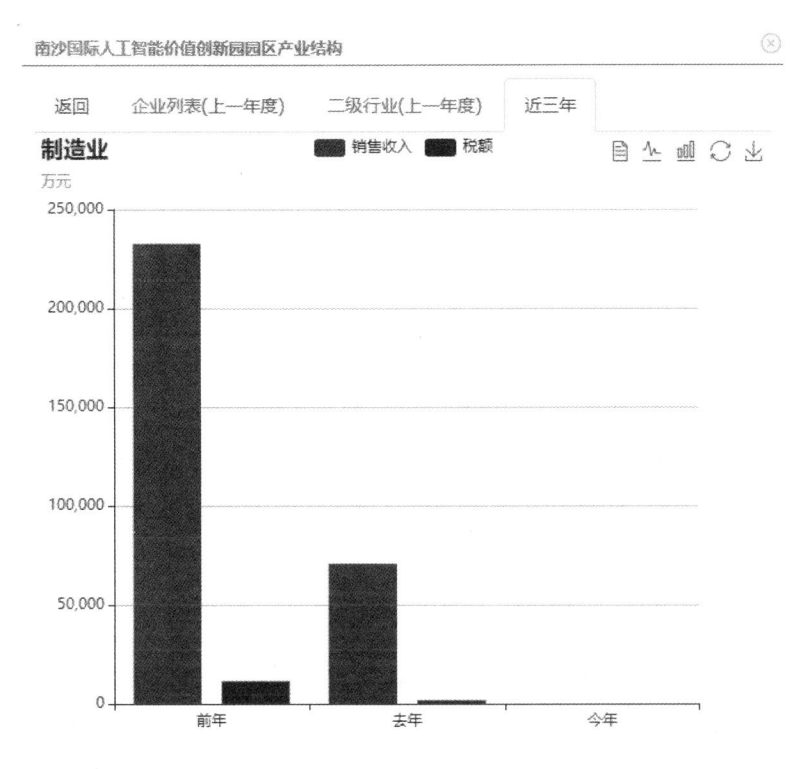

图 17-5 经济效益分析示例

**2. 打造产业园区画像,多维度评估产业园区的发展活力**

产业园区信息管理系统从产业园区的企业管理、产业园区的配套设施、产业园区的经济效益、产业园区的产业结构、产业园区的创新能力、产业园区的控规分析六个维度对产业园区的发展活力进行了评估,可以立体绘制产业园区画像,为产业园区的信息管理提供辅助支撑。

**3. 汇聚多维企业信息,绘制全市产业地图**

产业园区信息管理系统基于空间化的商事登记企业数据、关联税务经济专题数据,实现了全广州市的产业地图绘制。该系统汇聚了多维度的企业信息,通过融合企业创新能力、经济效益刻画了企业画像。

# 第 18 章
# 疫情防控信息管理系统

基于智慧广州时空信息云平台的感知体系、基础设施、数据服务、应用服务搭建的疫情防控信息管理系统，可以实现病例及重点场所的快速落图，辅助病例分析、流调分析、防疫布控研判等指挥调度工作。疫情防控信息管理系统可以全方位地展示广州市的相关信息，如确诊人数、重点场所、布控区域、医院物资、隔离酒店等，可以统筹全市资源调度。通过关联管控区域的风险等级，疫情防控信息管理系统利用人群行为特征模型分析疫情暴发区域和潜在风险区域，实现了防疫指挥重点布控、细化病例详情表达、全面掌握病例发现方式、复核情况等。通过关联病例与场所信息，疫情防控信息管理系统实现了相关病例、场所的快速调取，以及智能流调、有效防控等。

## 18.1 系统需求分析

（1）复杂疫情形势需要更先进的信息化平台。随着病毒的不断变异，疫情形势越发复杂。复杂的疫情形势迫切需要测绘地理信息发挥应急保障的技术专长，需要搭建更加先进的疫情防控系统。

（2）疫情精准防控需要测绘地理信息的技术支撑。疫情防控信息管理系统是在智慧广州时空信息云平台的基础上快速搭建而成的，汇聚了电子地图、遥感影像、地形图、地名地址、行政区划界线、路网等丰富的时空大数据资源，实现了病例定位、重点场所标注、高清地图打印、在线地图保存和回溯等高效实用的功能，可对病例地址、工作单位、流调轨迹、重点场所、防控管理网格等疫情专题数据进行精准定位上图，为三区（封控区、管控区和防范区）划分提供重要的数据支撑。在分层分级管理模式下，疫情防控信息管理系统为各区开通了疫情支撑系统账号，共享基础地理信息资源服务，实现市区联动指挥调度，彰显测绘地理信息的应急服务能力。

## 18.2 系统架构体系

疫情防控信息管理系统依托智慧广州时空信息云平台，对接新冠病毒核酸检测系统、"防疫通"系统、流行病学调查系统和城市视频云平台，采用"六横四纵"的架构。其中，"六横"包括感知层、基础设施层、数据层、平台服务层、应用层和综合指挥层，"四纵"包括信息化标准及规范体系、网络与信息安全体系、业务连续性管理体系和运维管理体系。疫情防控信息管理系统的架构如图 18-1 所示。

图 18-1 疫情防控信息管理系统的架构

（1）感知层：空天地一体化的传感器和物联网设备，如卫星遥感、航空遥感、监控视频、手机信令，以及二维码、条形码。

（2）基础设施层（IaaS）：是疫情防控信息管理系统的载体，包括数据库集群、GIS 软件集群、负载均衡软件、主机、存储、网络等。

（3）数据层（DaaS）：包括基础数据和专题数据。基础数据包括卫星影像、航空影像、地形图、行政区划、管理网格、道路、楼栋、房屋、兴趣点；专题数据包括党群力量、自然人、法人、公共服务设施、确诊病例、密接人员、重点区域、物资保障等。基础数据采用智慧广州时空信息云平台的现有数据服务，专题数据通过平台层服务引擎向应用层提供数据服务，专题数据将入库到智慧广州时空信息云平台。

（4）服务平台层（PaaS）：基于数据层的基础数据和专题数据对应用层数据和功能的能力提供支撑。服务平台层包括四大引擎（服务引擎、地名地址引擎、高性能引擎、业务流引擎），并通过业务流引擎接入新冠病毒核酸检测系统、"防疫通"系统和流行病学调查系统的数据和功能。

（5）应用层（SaaS）：依托智慧广州时空信息云平台层提供的数据和功能的能力搭建疫情防控信息管理系统的应用框架，主要应用功能包括数据叠加查询、病例定位、重点场所定位、服务设施定位、地名地址检索、三区划定、人口统计、物资统计、病例轨迹和信息采集等。应用层在横向上支持市各个委办局在疫情防控期间的协助，在纵向上支撑综合调度指挥中心的工作调度。

（6）综合指挥层（IOC）：依托应用层的数据和功能，提供指挥一张图、疫情概况、防疫布控、病例分析、流调分析、封闭封控划定和趋势比对，用于辅助疫情形势研判、防控布控研究、封闭封控划定等指挥调度。

## 18.3 系统数据资源

### 18.3.1 数据资源架构

疫情防控信息管理系统的数据管理体系是依托智慧广州时空信息云平台设计的，由数据管理政策、数据架构、数据质量管理、数据管理流程、数据管理组织、数据管理技术（如IT技术）六大板块组成。疫情防控信息管理系统的基础数据由智慧广州时空信息云平台提供，专题数据通过数据治理平台及地名地址匹配获取，完成数据采集、抽取、转换、入库和空间化等工作。疫情防控信息管理系统的数据资源架构如图18-2所示。

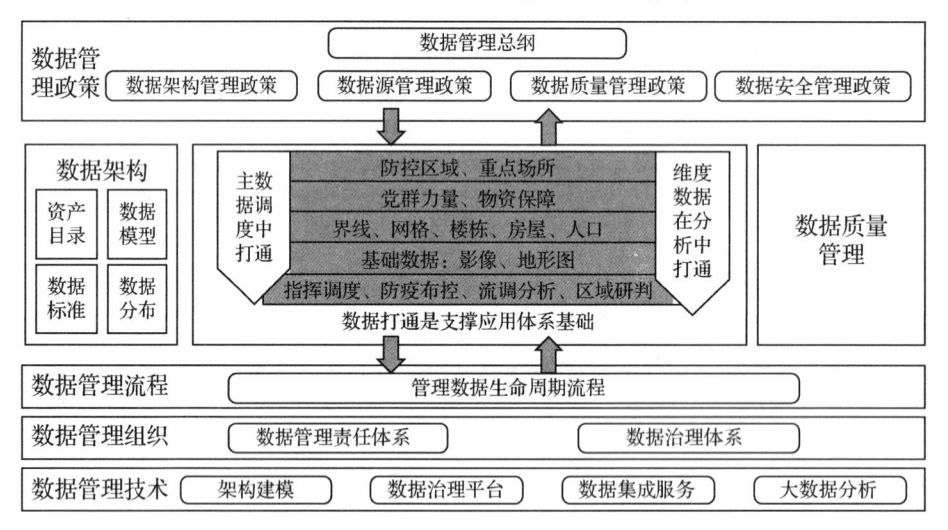

图18-2 疫情防控信息管理系统的数据资源架构

### 18.3.2 数据资源目录

基于智慧广州时空信息云平台提供的基础数据，疫情防控信息管理系统对接了新冠病毒核酸检测系统、"防疫通"系统、流行病学调查系统、城市视频云平台等。将数据资源分为基础数据、党群力量、防控区域、重点场所、物资保障、社会救援力量、公共服务设施等门类。疫情防控信息管理系统的数据资源目录如表18-1所示。

表18-1 数据资源目录

| 门类 | 大类 | 中类 |
|---|---|---|
| 基础数据 | 电子地图 | — |
| | 卫星影像 | — |
| | 航空影像 | — |
| | 行政区划界线 | 镇街界线 |
| | | 社区界线 |

续表

| 门 类 | 大 类 | 中 类 |
|---|---|---|
| 基础数据 | 地形图 | 1∶500地形图 |
| | 管理网格 | — |
| | 道路 | — |
| | 楼栋 | — |
| | 门楼牌 | — |
| | 兴趣点 | — |
| | 地下管线 | 供水管线 |
| | | 供水管点 |
| | | 排水管线 |
| | | 排水管点 |
| 党群力量 | 党组织 | — |
| | 社区两委干部 | — |
| | 社区党员、在职党员 | — |
| | 其他党组织党员 | — |
| | 共青团员 | — |
| | 志愿者机构 | — |
| 防控区域 | 封控区 | — |
| | 管控区 | — |
| | 防范区 | — |
| | 中风险地区 | — |
| | 高风险地区 | — |
| | 阳性病例 | — |
| | 阳性病例活动轨迹 | — |
| | 密接人员 | — |
| | 密接人员活动轨迹 | — |
| 重点场所 | 居住点 | — |
| | 工作点 | — |
| | 停留场所 | — |
| | 发现点 | — |
| | 隔离酒店 | — |
| | 冷链仓库 | — |
| | 跨境司机作业点 | — |
| 物资保障 | 新冠病毒核酸检测点 | — |
| | 药店 | — |
| | 菜市场 | — |
| | 商超 | — |

续表

| 门 类 | 大 类 | 中 类 |
|---|---|---|
| 物资保障 | 医疗机构 | — |
| | 社区卫生服务中心 | — |
| | 学校 | — |
| | 垃圾压缩站 | — |
| | 微型消防站 | — |
| | 消防栓 | — |
| 社会救援力量 | 技术保障 | — |
| | 交通保障 | — |
| | 排水保障 | — |
| | 燃料保障 | — |
| | 绿化抢险保障 | — |
| | 抢险队伍保障 | — |
| | 抢险物资保障 | — |
| | 应急日用品保障 | — |
| 公共服务设施 | 文化设施 | 文化馆 |
| | | 博物馆 |
| | | 图书馆 |
| | | 纪念馆 |
| | | 青少年 |
| | 政法设施 | 派出所 |
| | | 办证大厅 |
| | | 车管所 |
| | | 人民检察院 |
| | | 公证处 |
| | 教育设施 | 幼儿园 |
| | | 小学 |
| | | 初中 |
| | | 九年一贯制学校 |
| | | 完全中学 |
| | 体育设施 | 常规运动场馆（室内） |
| | | 游泳场馆 |
| | | 体育场 |
| | | 体育馆 |
| | | 高尔夫球场 |
| | 医疗设施 | 门诊部 |
| | | 社区卫生服务中心 |

续表

| 门类 | 大类 | 中类 |
|---|---|---|
| 公共服务设施 | 医疗设施 | 综合医院 |
| | | 专科医院 |
| | | 护理院 |
| | 民政设施 | 社区公共服务站 |
| | | 家庭综合服务中心 |
| | | 养老机构 |
| | | 残疾人福利机构 |
| | 公共交通 | 地铁站 |
| | | 公交站 |

## 18.4 系统主要功能

### 18.4.1 指挥一张图

疫情防控信息管理系统在智慧广州时空信息云平台的基础上，接入了统一空间基准的航空影像、电子地图、地形图等基础数据，融合了党群力量、病例、场所、公共服务设施等专题数据，实现了对确诊病例、重点场所、风险地区分布、医疗卫生、物资保障、疫情趋势等总体概况的分析与展示，形成了疫情防控指挥一张图，可直观地呈现决策者关注的数据。

### 18.4.2 防疫布控

疫情防控信息管理系统按照市、区、镇街、社区分层管理模式，基于地址匹配引擎，对收集到的教育设施、医疗设施、隔离酒店、社区医院、交通站点，以及市卫生健康委公布的封闭管理病例和工作单位等数据进行智能化落图，结合制定的管控区域辅助防疫，为市级、区级的防控布控提供决策支撑。

### 18.4.3 病例分析

疫情防控信息管理系统通过对接"防疫通"系统中的病例基本信息，分析病例的年龄结构、发现方式、确诊方式、复核情况，采用市、区、镇街、社区分层汇总的方式，结合地图展示病例的总体分布，实现了各种类型病例的地理位置上的综合展示。疫情防控信息管理系统融合了人口数据，为分析病例集聚、扩散提供了帮助。

### 18.4.4 流调分析

基于流行病学调查列表信息，疫情防控信息管理系统从单个病例或重点场所出发，综合研判病例"四个关键点"（发现点、居住点、工作点、活动停留点）情况；通过对接任意空间范围人口统计高性能引擎，判定密接人员和次密接人员，辅助确定封闭封控区域的范围，为迅速采取封闭封控等管控措施提供支撑。

### 18.4.5 三区划分

疫情防控信息管理系统在指挥一张图上叠加了各类基础数据和专题数据，提供了封闭区、管控区、防范区的绘制功能，能够快速统计并显示三区范围内的人口、房屋、物资，以及三区周边公共服务设施的情况。疫情防控信息管理系统还提供了病例、重点场所的标注功能，可辅助封闭封控区域的划定，支撑疫情防控布控。

### 18.4.6 趋势比对

基于影像图和电子地图，疫情防控信息管理系统可以采用双屏模式对比病例、场所、高中风险地区、封闭封控区域的分布情况，支持不同日期、不同时点的趋势比对，可以辅助疫情趋势的研判、防疫重点场所的防控布控。

## 18.5 系统应用框架

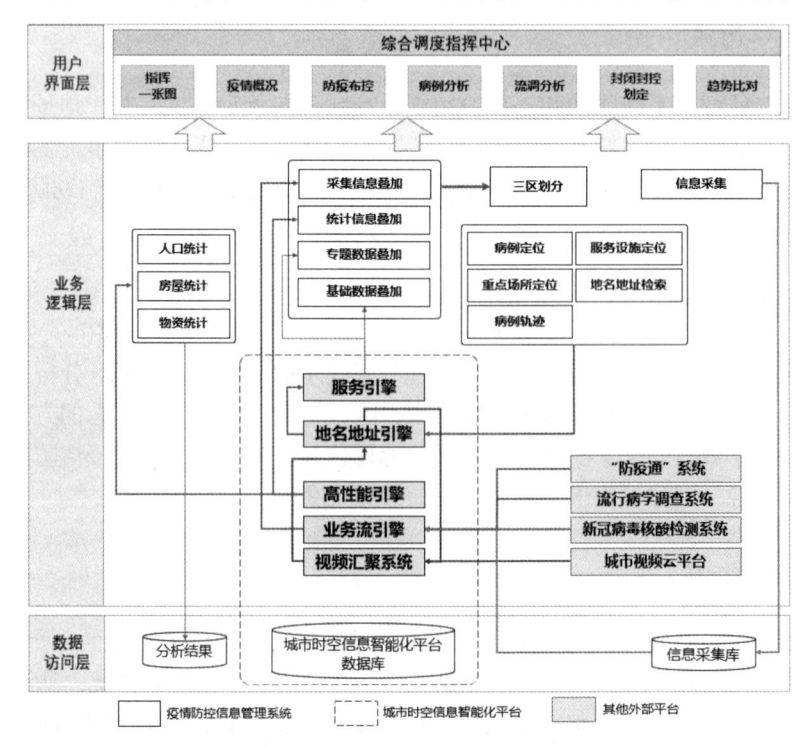

疫情防控信息管理系统的应用框架如图 18-3 所示，自顶向下可分为用户界面层、业务逻辑层与数据访问层，有效地隔离了业务逻辑与数据访问逻辑。通过智慧广州时空信息云平台的服务引擎，疫情防控信息管理系统可以实现基础数据叠加、专题数据叠加；可以抽取新冠病毒核酸检测系统、流行病学调查系统等外部系统数据，并结合高性能引擎实现统计信息叠加、采集信息叠加；在此基础上，还可以为用户提供三区划分功能，支持用户界面层的指挥一张图、疫情概括、防疫布控、病例分析、流调分析、封闭封控划定和趋势比对等应用。

图 18-3 疫情防控信息管理系统的应用框架

## 18.6 系统关键技术

### 18.6.1 基于 HBase 的实时人口统计

疫情防控信息管理系统基于 HBase 的高性能分布式的键-值（Key-Value）对存储方式，采用 NoSQL 和 SQL 结合的方式，构建了分布式人口数据存储引擎，实现了大规模异构时空大数据的组织管理，提供了广州市约 2000 万人口的任意空间范围实时统计功能，统计信息包括性别、户籍、年龄段，可支撑防疫布控及现场研判。

### 18.6.2 点位的自动快速空间化

疫情防控信息管理系统对广州市现有的标准地址进行空间化、数字化和规范化，在地址名称与地址实际空间位置之间建立了对应关系，实现了地址空间的相对定位，将广州市的各种数据资源通过地址信息反映到了空间位置上，提高了空间信息的可读性，在各种空间范围内实现了信息整合。疫情防控信息管理系统通过对病例、重点场所、病例轨迹、公共服务设施、新冠病毒核酸检测点的自动快速空间化和人工纠偏，可支撑疫情形势在空间上完整的表达，并提高可读性，为防疫布控、病例分析、流调分析、三区划定奠定了基础。

## 18.7 系统特色亮点

#### 1. 通过整合基础地理数据资源来辅助精准防控

疫情防控信息管理系统汇聚了包括电子地图、卫星影像、航空影像、地形图、地名地址、行政区划、社区界线、路网、门楼牌等基础地理数据资源，不仅为防疫工作的各级人员提供了统一的一张图，而且更加清晰明了地展示了精准防疫布控实施方案，特别是航空影像、地形图等测绘成果，为实现疫情的精准防控奠定了基础。

#### 2. 构建市、区、镇街、社区（村）多层协作模式

疫情防控信息管理系统根据疫情防控思路，采用自上而下管控和上下联动交互模式协同落实三区划分。按照疫情防控工作指引，在疫情防控信息管理系统中将街道、社区初步分为封闭区（高风险）、管控区（中风险）和防范区（低风险）。在区级层面，疫情防控信息管理系统将汇总街道、社区的三区划分情况，联动区级各类资源确定三区划分范围。在市级层面，疫情防控信息管理系统将统筹综合研判各区的三区情况，调配市级应急物资和支援力量，构建市、区、镇街、社区多层协作模式。

#### 3. "绘统协同"支撑防疫布控

根据病例居住点、活动轨迹及重点活动场所等流调信息，结合实际环境周边情况，在疫情防控信息管理系统中初步划分三区，由系统实时绘制统计区域边长、面积，以及区域内的人口、楼栋、房屋、网格、物资、新冠病毒核酸检测点等情况，支撑防疫布控。

**4．利用数据仓库技术辅助防疫趋势研判**

基于数据仓库技术，疫情防控信息管理系统结合疫情病例、重点场所、流调信息、新冠病毒核酸检测情况等基本信息，建立了历史数据和现状数据，并结合趋势研判需求，实现了全面、集中、图形化、多层次、多角度、开放、灵活的统计、对比决策支撑等功能，负责防疫趋势的研判。

# 第 19 章
# 城市运行体征监测系统

基于智慧广州时空信息云平台提供的数据服务、地名地址匹配、高性能 GIS 引擎等，广州市政府搭建了城市运行体征监测系统，该系统实现了广州市"三区三线"、空间规划、自然资源、土地现状、实有人口、重点项目、全市建筑、地下管线、产业园区、企业法人、公共服务设施等专题的运行监测。

## 19.1 系统需求分析

在智慧城市建设过程中，利用时空大数据对城市运行体征进行监测是一项重要内容，这就要求智慧城市时空信息云平台具有快速采集与存储、分析与展示时空大数据的能力。

随着云计算、物联网、大数据等新型智慧城市技术的快速发展，GIS 正面临数据密集、计算密集、并发密集、时空密集等方面的挑战。传统 GIS 在对上亿条数据记录进行空间查询与分析（如点面叠加分析、面面叠加分析等）时，往往需要数日、数周，甚至数月的处理时间。这种空间大数据的分析处理效率给时空大数据在城市运行体征监测中的应用带来了巨大挑战。Hadoop 和 Spark 作为能够让用户轻松架构和使用的分布式计算平台，用户可以在 Hadoop 上开发和运行处理海量数据的应用程序。以 Hadoop 和 Spark 为代表的分布式存储和计算的开源产品，为时空大数据在城市运行体征监测中的应用带来了新契机，但 Hadoop 和 Spark 等并没有直接提供支持空间大数据存储和分析的工具，而 ArcGIS GeoAnalytics Server 对 Hadoop、Spark、Zookeeper、RabbitMQ 等开源大数据产品进行了封装，简化了分布式计算环境的搭建，为用户提供了丰富的时空大数据分析工具，并且空间分析结果可以在 Portal for ArcGIS 等客户端进行展示，为城市运行体征监测系统中的时空大数据处理与分析提供了良好的解决方案。

## 19.2 系统架构体系

城市运行体征监测系统的架构如图 19-1 所示。

（1）物联感知层：支持传感器、监测设备、智能终端设备等感知设备的接入，为获取城市运行体征数据提供了基础支撑。

（2）基础层：是城市运行体征监测系统的载体，包括服务器、存储设备、网络设备、其他设备等物理资源，计算资源、存储资源、网络资源、运算资源等资源池，以及操作系统、数据库、专业 GIS 软件、中间件等基础软件。

（3）数据层：包括涉及城市运行体征监测的基础地理数据、国土规划数据、空间规划数据、自然资源数据、四标四实数据等其他专题数据。

（4）技术中台：集成了高性能 GIS 引擎、GIS 空间分析引擎、大数据引擎、可视化引擎、物联网引擎等，实现了城市运行体征数据的汇聚、治理、空间分析、知识挖掘等；通过微服务和 API 接口为上层的多种应用提供支撑，实现了系统能力共享。

（5）服务应用层：以城市运行体征监测为主线，为政府、企业、民众等提供了多个应用主题，打造了多源多维度多主体的应用服务，进一步提升了智慧城市信息化服务水平。

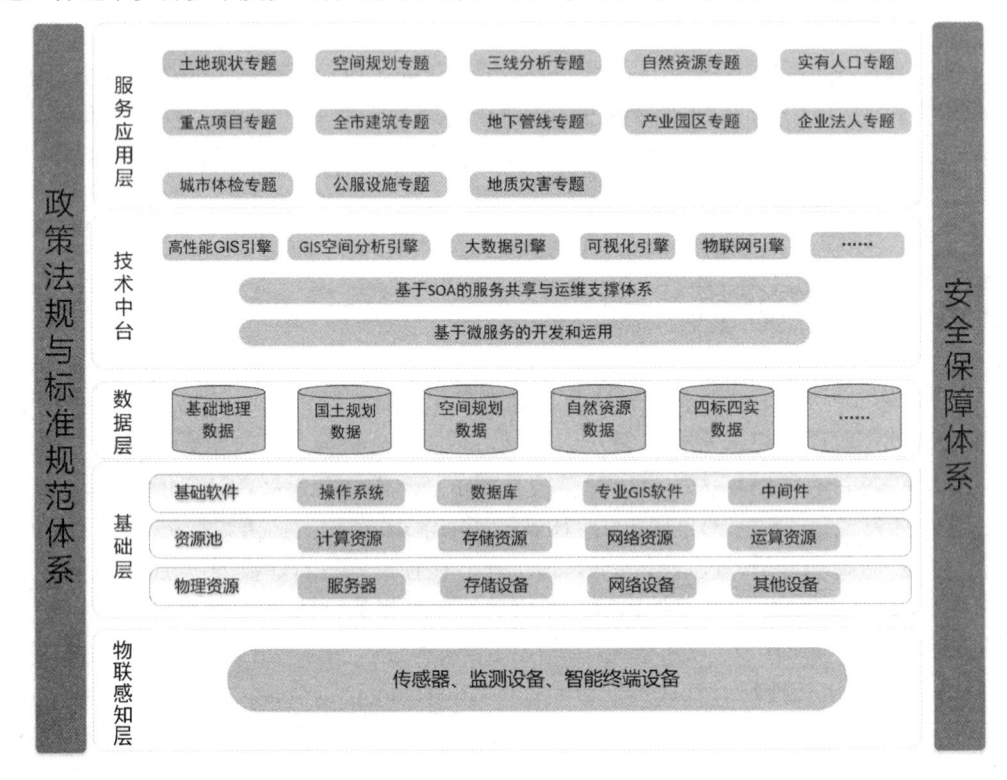

图 19-1　城市运行体征监测系统的架构

## 19.3 系统数据资源

城市运行体征监测系统数据来自智慧广州时空信息云平台的数据服务，具体包括基础地理、土地现状、空间规划、自然资源、四标四实和其他专题等 6 个大类和 23 个小类的数据，如表 19-1 所示。

表 19-1　城市运行体征监测系统的数据资源

| 序　号 | 大　类 | 小　类 |
| --- | --- | --- |
| 1 | 基础地理 | 行政区划 |
| 2 | | 地形地貌 |

续表

| 序号 | 大类 | 小类 |
|---|---|---|
| 3 | 基础地理 | 影像地图 |
| 4 | | 电子地图 |
| 5 | 土地现状 | 耕地 |
| 6 | | 农用地 |
| 7 | | 建设用地 |
| 8 | | 未利用地 |
| 9 | 空间规划 | 三线 |
| 10 | | 城市总规 |
| 11 | | 土地总规 |
| 12 | | 城市控规 |
| 13 | 自然资源 | 山 |
| 14 | | 水 |
| 15 | | 林 |
| 16 | | 田 |
| 17 | 四标四实 | 实有人口 |
| 18 | 其他专题 | 重点项目 |
| 19 | | 产业园区 |
| 20 | | 企业法人 |
| 21 | | 城市体检 |
| 22 | | 公共实施 |
| 23 | | 高新企业 |

部分类型的数据展示功能如下：

（1）地形地貌：展示广州市的地形地貌，用颜色变化来反映地形的高低，并以图表的形式分区进行面积统计。

（2）农用地：展示广州市农用地的分布。

（3）土地总规：展示广州市土地利用总体规划数据成果。

（4）山：展示广州市的山区分布。

（5）实有人口：按实有网格分级设色的方式展示广州市的实有人口分布。

（6）企业法人：展示全广州市 100 余万个企业的分布。

## 19.4 系统主要功能

### 1. 数据加载

城市运行体征监测系统可以将基础地理、土地现状、空间规划、自然资源、四标四实、其他专题等数据加载到地图上并进行浏览。

### 2. 主题切换

城市运行体征监测系统提供了 13 类城市体征监测主题的切换。

### 3. 在线渲染

城市运行体征监测系统可以实现地图符号的在线快速渲染，包括修改地图符号的颜色、透明度、轮廓线样式等。

### 4. 统计分析

城市运行体征监测系统可以按照"市、区、镇街、社区"的维度，或者按照自定义的范围，统计专题数据的空间分布情况（通过图层叠加分析来实现），并按照专题进行统计。以建筑物为例：

（1）若选择全市，则城市运行体征监测系统将统计并显示全市的建筑物数量、建筑面积、占地面积、实际层数、建筑结构等。

（2）若选择某区，则城市运行体征监测系统将快速定位到该区，同时快速统计对应专题数据，显示建筑物的分布情况。

（3）若选择某镇街，则城市运行体征监测系统同样会快速定位到该镇街，同时快速统计对应专题数据，显示该镇街建筑的物分布情况。

（4）若选择某社区，则城市运行体征监测系统同样会快速定位到该社区，同时快速统计对应专题数据，显示该社区的建筑物分布情况。

### 5. 土地现状专题

城市运行体征监测系统可以对广州市的土地现状（包括农用地、建设用地、其他土地）进行监测。

### 6. 空间规划专题

城市运行体征监测系统可以对广州市的经济和社会发展规划、土地利用总体规划、城市总体规划、控制性详细规划等进行监测。

### 7. 三线分析专题

城市运行体征监测系统可以对广州市的生产、生活、生态空间，以及生态保护红线、永久基本农田、城镇开发边界等进行监测。

### 8. 自然资源专题

城市运行体征监测系统可以对全市的山、水、林、田、湖、草等自然资源进行监测。

### 9. 实有人口专题

城市运行体征监测系统可以对全市人口的数量、年龄、性别、户籍进行监测，支持市-区-镇街-居委的分层分级、任意范围动态统计。

### 10. 重点项目专题

城市运行体征监测系统以广州市发展和改革委员会的重点项目数据为底板，可以对全市重点项目的数量、阶段、建设性质、总投资额分布、年度 GDP 贡献等进行统计分析。

## 11. 全市建筑专题

城市运行体征监测系统以广州市的房屋面数据为底板，可以对建筑物的数量、结构、实际层数、建筑面积、占地面积进行统计分析，通过高性能的接口实现分层分级、任意范围、任意高度、任意层数的监测统计。

## 12. 地下管线专题

城市运行体征监测系统以广州市的管线普查及竣工数据为底板，可以对全市的通信、电力、燃气、供水、排水等管线进行监测，包括各类管线的材料、分级、状态、埋设方式等，通过高性能接口实现分层分级、任意范围的秒级统计。

## 13. 产业园区专题

城市运行体征监测系统以广州市工业和信息化局的产业园区数据为底板，可以对各类产业园区数量、面积、产业园区内企业、村级工业园产业结构、提质增效试点产业园区产业结构、十大价值创新园产业结构进行统计分析。

## 14. 企业法人专题

城市运行体征监测系统以广州市工业和信息化局的企业数据为底板，可以对企业分布、企业税收、销售收入、企业类别、注册资本进行监测，支持散点图与热力图的可视化模式切换。

## 15. 城市体检专题

城市运行体征监测系统可以对广州市的生态宜居、城市特色、交通便捷、生活舒适、多元包容、安全韧性、城市活力等城市运行体征进行监测。

## 16. 公共服务设施专题

城市运行体征监测系统可以对广州市的医疗卫生、文化设施、体育设施、民政设施、政法设施、教育设施等公共服务设施进行监测。

## 17. 地质灾害专题

城市运行体征监测系统可以对广州市的基岩地质、地质灾害隐患点、崩滑流地质灾害风险、崩滑流地灾易发程度、地质环境监测点、软土地面沉降易发性、岩溶地面塌陷易发性等进行监测。

## 19.5 系统应用框架

城市运行体征监测系统对接了智慧广州时空信息云平台，结合该云平台的底层数据服务、高性能 GIS 引擎、物联网引擎、知识化引擎、地名地址引擎等实现了对城市运行体征的监测，面向新型智慧城市，提供了"三区三线"、空间规划、自然资源、土地现状、实有人口、重点项目、全市建筑、地下管线、产业园区、企业法人、公共服务设施等方面的技术支撑，具体来说，对广州市房屋数据库应用平台、广州市工业和信息化局产业园区系统、广州市疾控中心疫情防控管理系统、大源村四标四实应用系统、琶洲人工智能数字经济示范区三维系统、广州市重点项目监控系统等提供数据和技术支撑。城市运行体征监测系统的应用框架如图 19-2 所示。

```
┌─────────────────────────────────────────────────────────────┐
│  ┌──────────────────┐  ┌──────────────────┐  ┌──────────────────┐ │
│  │广州市房屋数据库应用平台│  │广州市工业和信息化局产业园│  │广州市疾控中心疫情防控管理│ │
│  └──────────────────┘  │      区系统       │  │      系统        │ │
│                        └──────────────────┘  └──────────────────┘ │
│  ┌──────────────────┐  ┌──────────────────┐  ┌──────────────────┐ │
│  │大源村四标四实应用系统│  │琶洲人工智能数字经济示范区│  │广州市重点项目监控系统│ │
│  └──────────────────┘  │     三维系统      │  └──────────────────┘ │
│                        └──────────────────┘                     │
│                              ……                                │
└─────────────────────────────────────────────────────────────┘
                          ↑ 数据对接、功能服务对接
                ┌──────────────────────────┐
                │   城市运行体征监测系统    │
                └──────────────────────────┘
                          ↑ 数据对接、功能服务对接
                ┌──────────────────────────┐
                │   智慧广州时空信息云平台   │
                └──────────────────────────┘
```

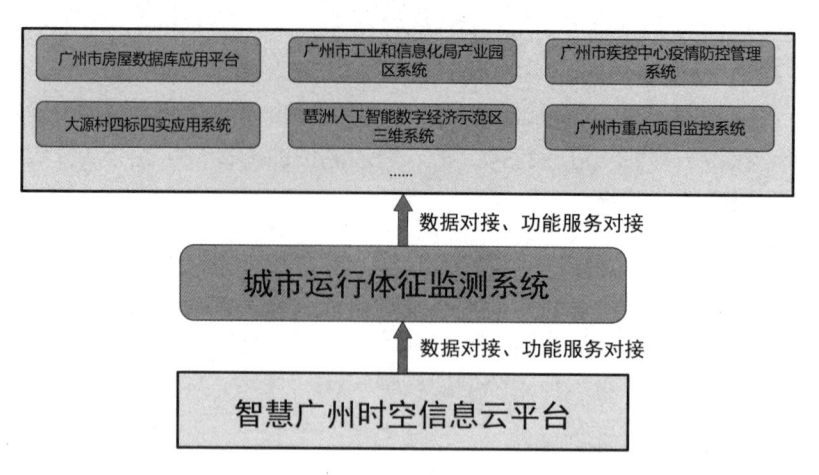

图 19-2  城市运行体征监测系统的应用框架

## 19.6 系统关键技术

### 19.6.1 高性能 GIS 与时空大数据的融合

城市运行体征监测系统基于 HBase 的高性能分布式的键-值（Key-Value）对存储方式，支持数万亿条数据的每秒 TB、PB 级的处理请求。城市运行体征监测系统基于 GeoServer 发布 WMS、WFS 服务，通过 Docker、NGINX 将 GeoServer 虚拟化并做反向代理，可以响应上千用户的并发请求；基于 Docker 虚拟化技术将系统应用层（GeoServer、NGINX）打包成可移植容器，可以实现秒级的无人看守自动化部署、更新。

### 19.6.2 物联网与 GIS 的融合

物联网是各类前端感知数据通过传输网络汇聚的平台，需要实时处理前端感知设备传入的各类数据，包括图片、语音、视频、文本、业务等数据，以及由智慧广州时空信息云平台下达的对感知设备的控制指令等多源异构海量数据。通过物联网与 GIS 的融合应用，城市运行体征监测系统可以即时查询相关位置，实现轨迹回放、行为分析，面向社会治安、城市管理、公共服务提供多元化的应用，实现指挥、情报、警务、民生管理的全区域信息共享、工作互动、无缝对接。基于 GeoEvent Server，城市运行体征监测系统可以对接物联网世界中的各类传感器，并对接入的实时数据进行高效处理和分析，形成各种专题应用，如动态车辆监控、环保气象、实时路况、视频监控等。

## 19.7 系统特色亮点

#### 1. 高性能 GIS 引擎

城市运行体征监测系统可对万亿条级别的数据量进行空间分析，原来需要几天、几周、甚至数月的时间才能完成的工作，现在仅用数分钟即可完成。城市运行体征监测系统通过 ArcGIS GeoAnalytics Server 大大提升了空间数据分析处理的效率，为智慧城市时空大数据分析提供了较好的解决方案。

### 2."集中统一管理、分层分级共享"建设模式

城市运行体征监测系统基于"集中统一管理、分层分级共享"的思路实施，可按照"市、区、镇街、社区"的维度来统计专题数据的空间分布情况。另外，城市运行体征监测系统支持在自定义的空间范围内进行专题数据统计。

# 第 20 章
# 智慧水务时空云管理系统

《广州市水务发展"十四五"规划》明确指出要构建全市一网统管、协同高效的智慧水务网，充分运用物联网、大数据、5G 等新一代信息技术，以"四横三纵"智慧水务顶层架构为引领（"四横"是指大感知、大平台、大数据、大应用，"三纵"是指强标准、强安全、强运维），到 2025 年，基本实现高效立体的物联感知、科学有效的模型演算、智能融合的业务应用，管理模式向智慧水务升级转型，排水智能化建设走在全国前列。

## 20.1 系统需求分析

为了落实广州市智慧水务网的建设要求，智慧水务时空云管理系统要充分利用广州市水务局的已有资源，全面整合数据、打通业务链条，以支撑水务工作的信息化转型，重点满足以下需求。

（1）底数清晰化：构建智慧水务一张图，搭载完整、动态更新的水务数据，把握各类数据的关联性，形成可看、可用、可溯源的数据体系，以数据支撑业务运行。

（2）业务信息化：打通水务工作的相关业务链条，以区级业务应用为目标，聚焦排水、供水、水利、三防应急、工程建设业务板块，提高水环境、水安全、水资源等管理工作的信息化、数字化程度。

（3）管理智能化：基于物联网、高速数据传输等关键技术，构建覆盖水务全要素的全域感知监测网，开展水务管理智能化示范应用。

## 20.2 系统架构体系

在广州市水务局 2020 年智慧排水等三个信息化建设项目的基础上，智慧水务时空云管理系统针对各区的具体情况，增加了定制需求，最后与市水务系统完成了互联互通。智慧水务时空云管理系统由物联感知层、基础设施层、数据层、平台层、服务应用层、指挥管理层组成，其架构如图 20-1 所示。

（1）物联感知层：对接广州市水务局的物联感知平台，各区针对自身情况，对视频、水位、水量、水压等传感器获取的数据进行加密，建设智慧水务试点试验区。物联感知层包括空天地一体化的对地观测传感器和各专业传感器，利用水量水质传感器、视频监控设备、设施工况监测设备等智能感知终端，结合先进模型算法，在水环境、水灾害、水生态、水土保持和涉水工程监管等领域，实现全面化、系统化的涉水业务和涉水事务监管。物联感知层需要对接广州市智慧排水建设项目应用系统的传感器硬件设施，同时接入各区水务局新增的传感器。

图 20-1　智慧水务时空云管理系统的架构

（2）基础设施层：是智慧水务时空云管理系统的载体，包括服务器、存储设备、网络设备、其他设备等物理资源，计算资源、存储资源、网络资源、运算资源等资源池，以及操作系统、数据库、专业 GIS 软件、中间件等基础软件。基础设施层需要在区水务局部署独立的硬件设备，同时对接广州市水务局的云资源。

（3）数据层：包括基础地理数据、水务规划数据、水务基础数据、水务管理数据和智慧水务数据等。数据层需要对区水务局已有数据进行整理入库，由广州市规划和自然资源局提供基础地理数据，同时接入广州市智慧排水物联网数据及其相关的水务数据。

（4）平台层：包括深度学习、GIS 算法、视频汇聚平台、物联网平台、人工智能、计算机仿真等。平台层提供了一系列开发框架，开发人员可以基于深度学习等框架进行个人开发或者自定义基于云的应用程序。

（5）服务应用层：在平台层的基础上，服务应用层根据不同水务类型、不同服务目标用户组成与划分，对各区的水务局和各镇街社区的相关部门提供不同权限的智慧水务时空云服务应用，让智慧广州时空信息云平台的水务时空大数据更有效地运用于排水、供水、水生态监测、水资源管理、水务一张图、水务数据管理、水务工程管理、水事务管理和水务监督等应用。在应用模式上，服务应用层可以横向支持各区水务局对水务大数据、服务资源进行检索和调用，为智慧水务提供支撑。

（6）指挥管理层：通过汇聚市级、区级的水安全、水资源、供排水、水生态、水事务、工程管理和水务监督管理等相关数据及功能，形成了可支撑决策的可视化展示页面，为决策优化、趋势预测和干预控制提供了科学依据。

（7）政策法规与标准规范体系：根据国家及省级有关部门颁布的相关标准、规范，智慧水务时空云管理系统编制了一套标准规范体系，涵盖了数据标准类、系统建设类、运维管理类等技术规范、政策保障机制及运行维护机制，从而促进水务时空大数据的共享和交换，为智慧水务建设提供空间基础。

（8）安全保障体系：为了保障系统的安全性和稳定性，在广州市云计算中心、电子政务云平台的基础上，智慧水务时空云管理系统从物理安全、网络安全、主机安全、应用安全、数据安全和管理制度等方面，制定相关的安全保障体系。

## 20.3 系统数据资源

通过数据整合入库，以及对接智慧广州时空信息云平台、广州市智慧排水系统、广州市水务一体化平台等系统，智慧水务时空云管理系统形成了综合管线数据、基础地理数据、水务专题数据、水务档案信息数据等。智慧水务时空云管理系统的数据资源如图 20-2 所示，智慧水务时空云管理系统的水务专题数据资源如图 20-3 所示。

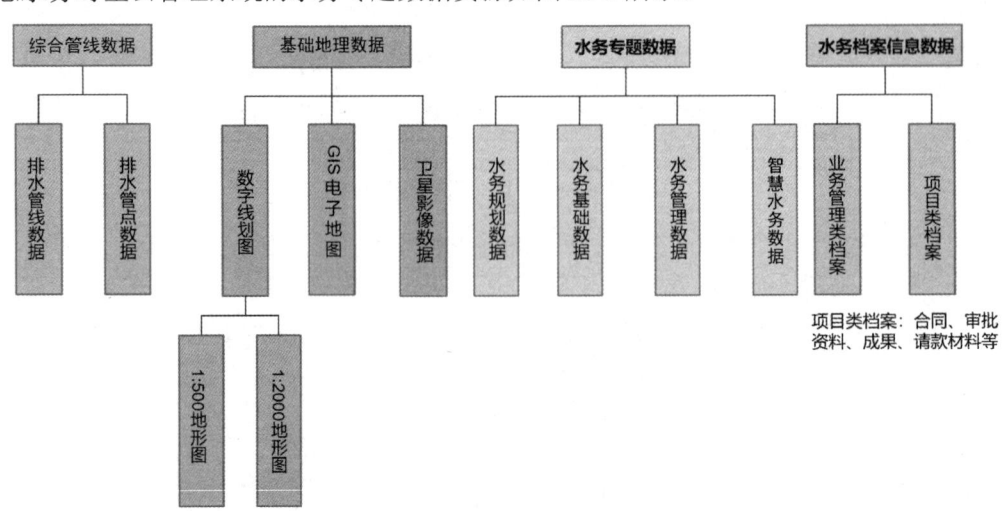

图 20-2 智慧水务时空云管理系统的数据资源

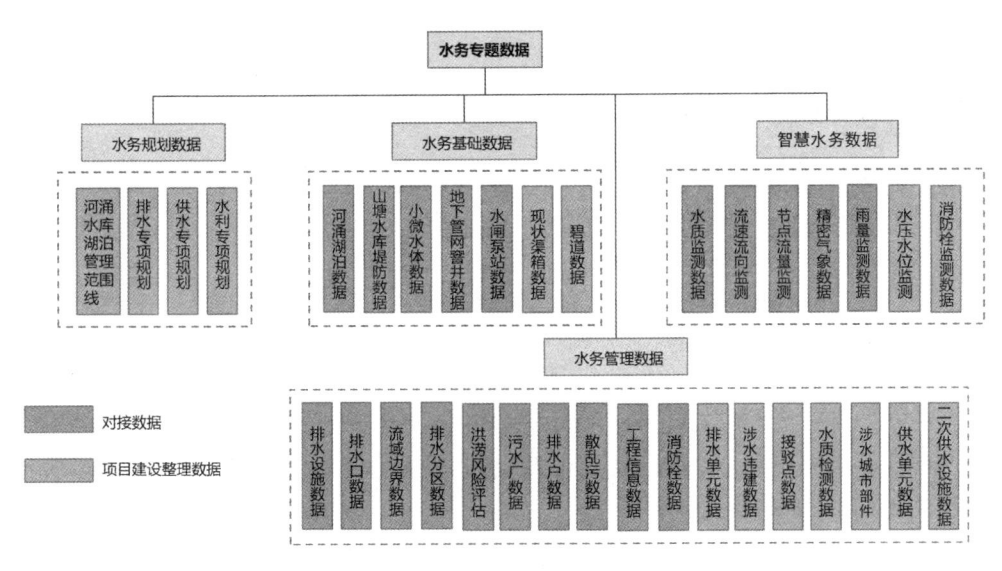

图 20-3　智慧水务时空云管理系统的水务专题数据资源

## 20.4 系统业务模型

（1）构建智慧水务一张图。智慧水务时空云管理系统需实现数据管理与可视化，支持按道路名称、单位名称、空间坐标查询定位管线；支持地下管线与规划审批红线图、航片卫星图、城市总体规划等专题数据的叠加浏览；支持管线的空间定位查询、管线空间信息和属性信息的双向查询与统计、管线纵/横断面查询；支持管线数据图形和属性的联动编辑功能，以及对管线数据的拓扑关系建立和维护的功能等，实现管线符号化，提供多种查询浏览、统计分析功能等。

在供水单元及设施管理方面，智慧水务一张图提供依托广州市水务局的物联网前端感知设备与水务专题数据，汇集消防栓、取水点、供水阀等供水设施数据，以及供水水压、供水水质、二次供水、供水流量、地面加压设施等的物联网实时监控数据，展示多源数据融合的供水系统实施监测，实现供水单元及供水设施管理。

（2）实现与市级系统的信息协同，避免信息孤岛。智慧水务时空云管理系统整合了各类水务信息资源，通过系统对接的方式接入了智慧广州时空信息云平台的基础地理数据，获取了统一的基础地理参考。通过对接广州市水务一体化平台、广州市"智慧排水"建设项目应用系统、广州市三防指挥信息化建设工程项目业务应用系统，智慧水务时空云管理系统统一了界面风格、框架布局、功能模块等，避免了"两张皮"，形成了功能更加强大的水务管理系统；通过对接广州市水务局的工程建设系统、河涌水库及内涝风险点高清视频监控系统，智慧水务时空云管理系统完成了水务的统一管理和应用。

（3）水务物联网感知监测。广州市"智慧排水"建设项目应用系统已在全市范围内布设了一系列物联网节点，然而在各区的建设密度不够、建设种类不全，需进行补点。在市级物联网节点的布设基础之上，各区的水务局基于自身职能要求，选取试点区域，进行二次供水传感器、消防栓传感器、排水传感器的补点，建设智慧水务试验区。

## 20.5 系统主要功能

### 20.5.1 智慧水务一张图模块

智慧水务一张图模块汇聚了广州市各区的电子地图、影像图、水务基础数据、水务规划数据、水务管理数据及智慧水务数据，支持空间数据浏览、查询、专题数据统计、空间分析、地图标注等功能，可满足日常业务需要。智慧水务一张图水资源管理功能如图 20-4 所示，智慧水务一张图供水（也称给水）管理功能如图 20-5 所示，智慧水务一张图排水管理功能如图 20-6 所示，智慧水务一张图水生态管理功能如图 20-7 所示，智慧水务一张图水务建设项目管理功能如图 20-8 所示。

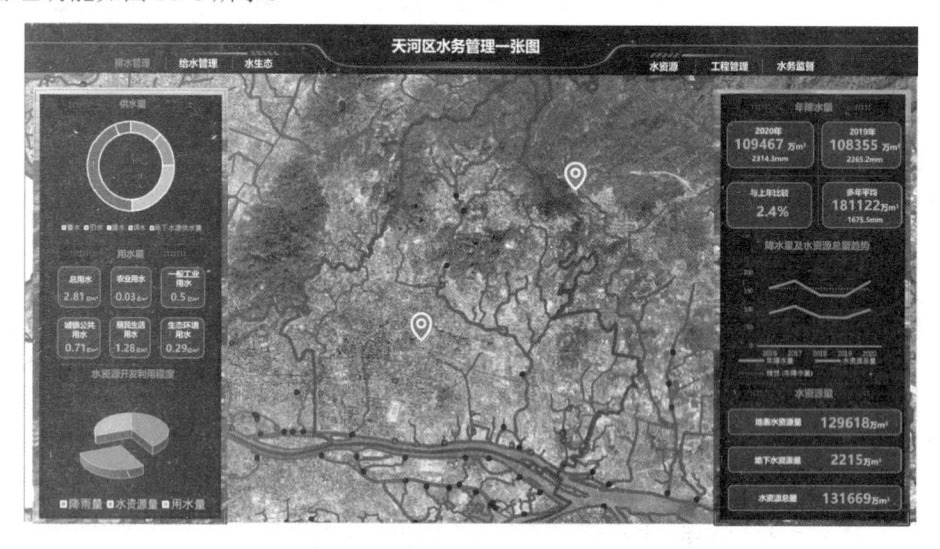

图 20-4 智慧水务一张图水资源管理功能

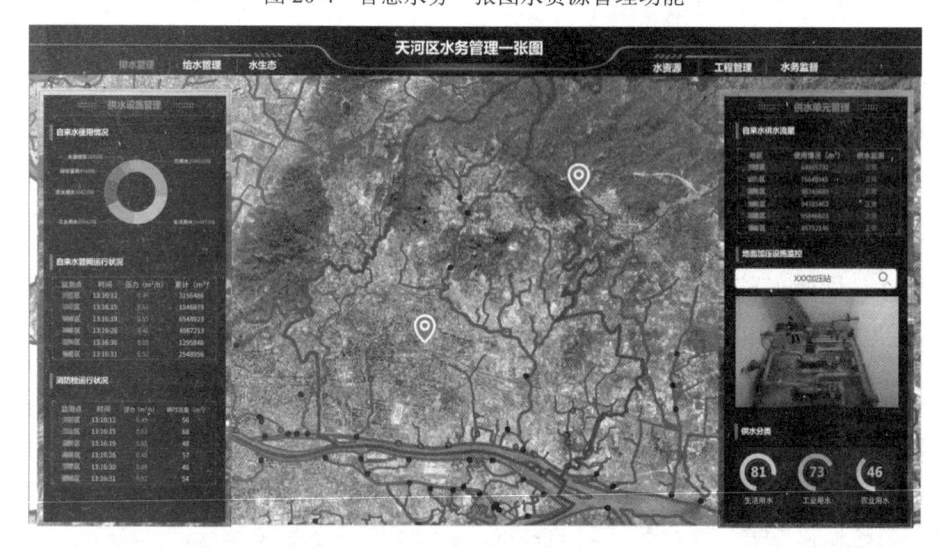

图 20-5 智慧水务一张图供水管理功能

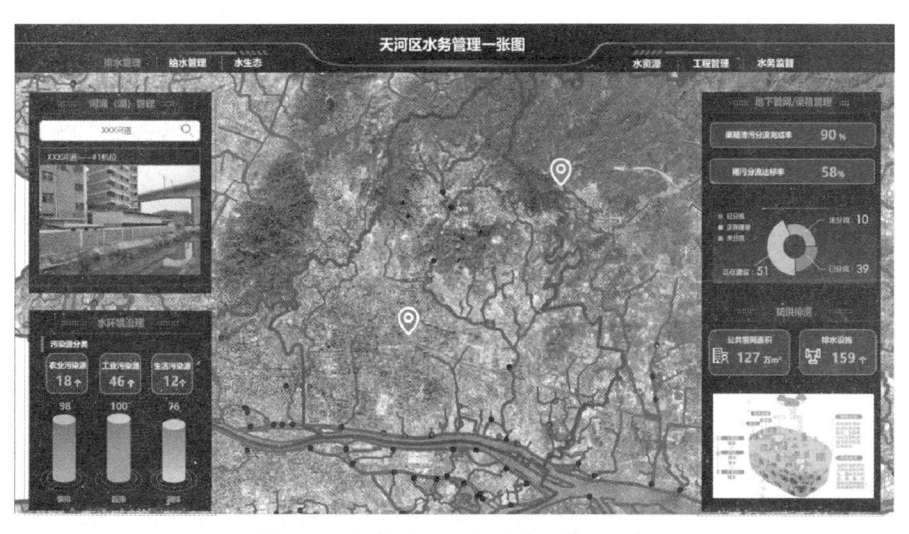

图 20-6　智慧水务一张图排水管理功能

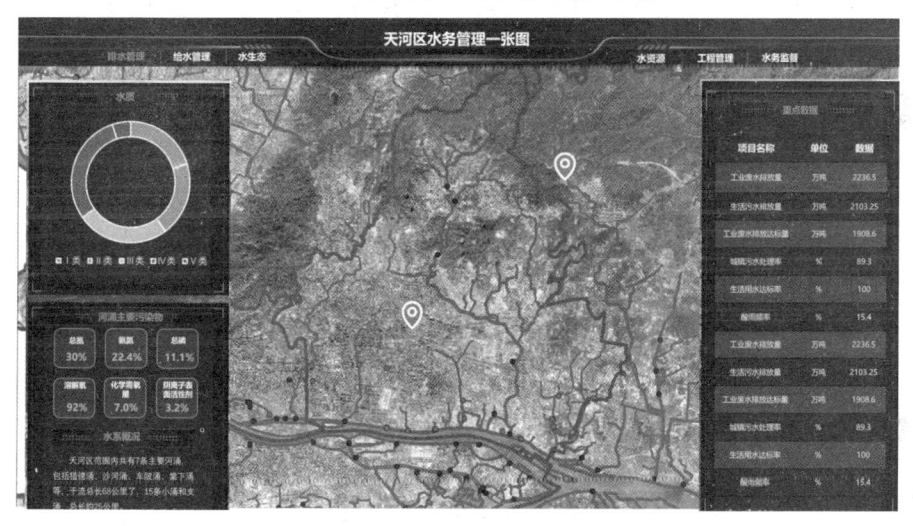

图 20-7　智慧水务一张图水生态管理功能

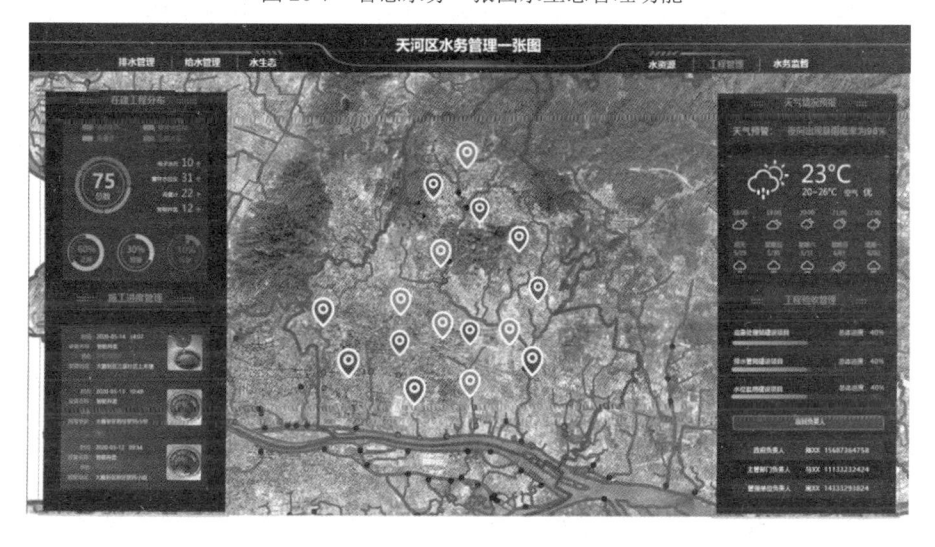

图 20-8　智慧水务一张图水务建设项目管理功能

## 20.5.2 智慧水务智能监测模块

（1）供排水平衡分析：通过供水单元进水管网监测点、排水管网监测点的实时流量与历史监测数据，根据进水量和排水量的比值判断供水单元用排水是否正常，若比值高于历史平均值，则可能存在偷排行为。

（2）供水管网漏损分析：分析供水单元进水管网监测点流量数据与用户水表数据，若总进水量与用户水表总量比值大于区间值，则说明供水管网存在漏损。

（3）供水管网外水溢入分析：分析供水单元进水管网监测点流量数据与用户水表数据，若总进水量与用户水表总量小于区间值，则说明供水管网存在外水进入情况。

（4）供水管网压力异常分析：通过消防栓监测点压力数据，实时监控消防栓设施状态，若压力值过高，则可能存在爆管隐患；若压力值过低，则可能存在供水不足或管线破裂。供水管网压力异常分析功能如图 20-9 所示。

图 20-9　供水管网压力异常分析功能

（5）洪涝灾害监测预警：结合广州市水务局智慧水务项目建设的传感器基础数据，对接其他数据，包括气象信息（天气预报、雷达图、卫星云图、台风路径）、降雨量数据、城管云视频监控数据、闸前闸后水位数据、泵站闸站启闭数据、河道水位数据、潮位数据等，全面感知、监测洪涝汛情，辅助闸门调度决策。洪涝灾害监测预警功能如图 20-10 所示。

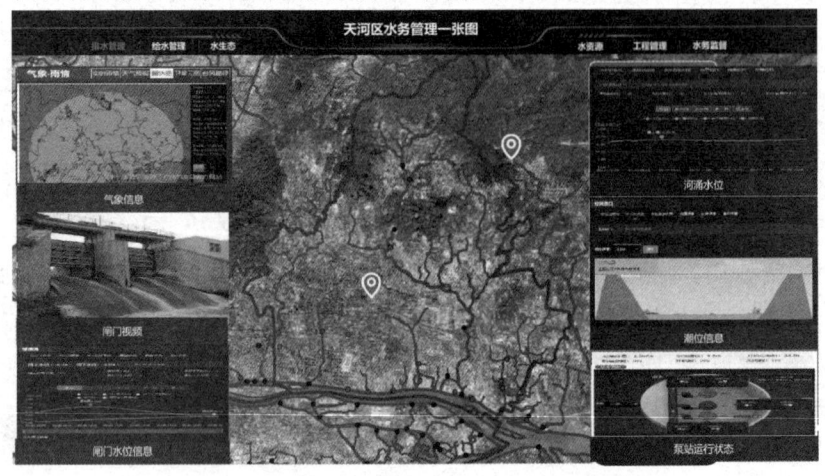

图 20-10　洪涝灾害监测预警功能示意图

## 20.6 系统应用框架

智慧水务时空云管理系统对广州市各区水务局的相关专题数据进行整理入库,并对接广州市水务一体化平台的数据中心,与市级水务数据互通互联,构建区级水务信息资源数据底座,在此之上构建智慧水务一张图,为各区水务局和区政府提供决策辅助功能。与此同时,智慧水务时空云管理系统与智慧广州时空信息云平台、广州市"智慧排水"建设项目应用系统、广州市三防指挥信息化建设工程项目业务系统、工程建设系统、河涌水库及内涝风险点高清视频监控系统形成了数据对接和功能服务对接,实现了市区两级水事务的分级管理。

智慧水务时空云管理系统的应用框架如图20-11所示。

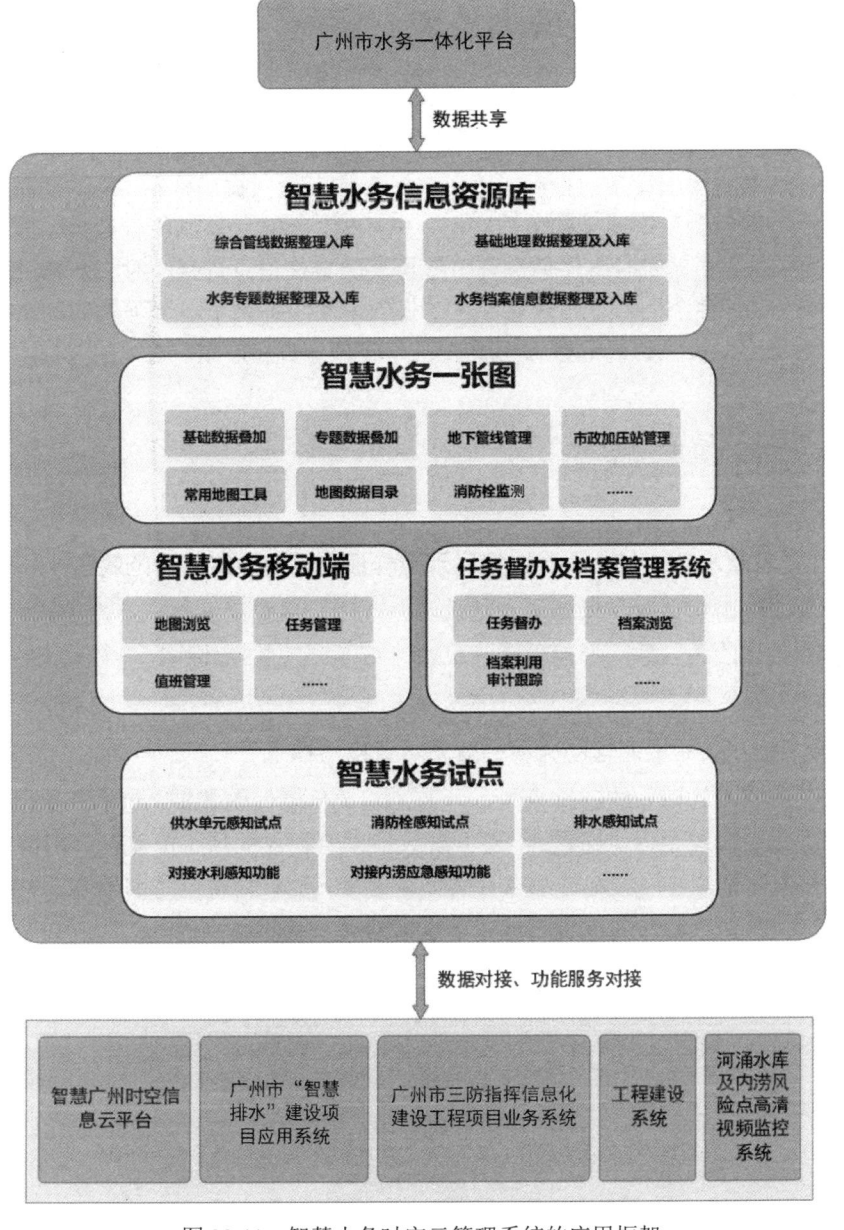

图20-11 智慧水务时空云管理系统的应用框架

## 20.7 系统关键技术

### 20.7.1 H5 前端技术

利用 HTML5（H5）、CSS3、Vue、JavaScript 等技术，智慧水务时空云管理系统实现了更加高效友好的应用展现。H5 支持一套代码跨终端运行，智慧水务时空云管理系统的代码可同时运行在 PC 端和移动端，能够快速满足移动办公的需求。

### 20.7.2 物联网与 GIS 高效融合技术

物联网是各类前端感知数据通过传输网络进行汇聚的平台，需要实时处理前端感知设备传入的各类数据，包括视频信息、传感器数据、图片信息、业务信息，以及由智慧广州时空信息云平台下达的对感知设备的控制指令等多源异构海量数据。另外，物联网需要调用基础地理数据作为物联专题数据展示的地理底图，包括矢量数据、遥感影像数据、地图切片数据等地理空间数据。为了对实时事件信息或者近似实时事件信息进行实时、准确、完整的处理，基于物联网与 GIS 融合技术，智慧水务时空云管理系统提供了一套强大的动态终端信息引擎，以实现各类感知资源的规范接入、整合、存储、分析和展示。

## 20.8 系统特色亮点

**1. 构建了智慧水务一张图基础数据库示范样板，具有一定的示范效应**

智慧水务时空云管理系统构建了智慧水务一张图，搭载了完整、动态更新的水务数据，能够把握各类数据的关联性，形成可看、可用、可溯源的数据体系，以数据支撑业务运行，具有一定的示范效应。

**2. 探索了排水防涝智能辅助决策的智慧水务应用模式**

智慧水务时空云管理系统通过接入水务监测相关传感器的数据，包括气象信息（天气预报、雷达图、卫星云图、台风路径）、降雨量数据、城管云视频监控数据、闸前闸后水位数据、泵站闸站启闭数据、河道水位数据、潮位数据等，能够让用户全面感知监测数据，辅助闸门调度，探索了排水防涝智能辅助决策的智慧水务应用模式。

# 第 21 章
# 广州市不动产统一登记信息平台

广州市不动产统一登记信息平台按国家和广东省不动产登记基础信息平台的建设要求，结合广州市不动产登记的实际情况，建成了标准统一、服务统一、覆盖全市的不动产权籍、登记、登记簿、监管、利用的全链条业务管理，以及成果报送、协同共享、决策辅助的不动产登记综合性服务平台，实现了广州市不动产登记业务、数据、利用、服务和管理的"大一统"，促进了广州市不动产登记服务水平和效能的提升，为广州市优化营商环境走在全国前列提供有力的信息化平台支撑。

## 21.1 平台需求分析

根据国务院《不动产登记暂行条例》的规定，不动产统一登记信息平台要满足不动产权利人、利害关系人对于集体土地所有权，房屋等建筑物和构筑物所有权，森林、林木所有权，耕地、林地、草地等土地承包经营权，建设用地使用权、宅基地使用权、海域使用权，地役权，抵押权，法律规定需要登记的其他不动产权利，以及对应各类登记业务办理的要求。广州市不动产统一登记信息平台以国土规划一张图的数据为基础，不动产单元在权籍管理系统中生成不动产单元唯一编码，以图形化的形式显示不动产单元的登记状态，具备业务模块快速搭建、登记业务和登记流程的再造、表单的自定义、权限的灵活配置等功能，确保登记发证业务的正常运行。在不动产业务办理的过程中，要同步落实规范化的管理要求，建立全方位的不动产登记监管体系，包括业务逻辑监管、环节时限监管、违规预警监管等；对数据共享应用进行监管，明确信息共享内容、方式和技术流程。

不动产登记成果需要为关联业务部门、政府相关部门、权利人、利害关系人及社会公众提供多样化的应用服务。住建、农业、林业和海洋等关联业务部门在办理转移、审批等相关业务时，需要利用不动产登记簿的信息进行业务判断或信息提取。另外，登记业务也需要从审批业务提取相关信息。因此，审批系统要与不动产登记系统之间实现对接，实现审批数据和登记数据的实时双向共享。

## 21.2 平台架构体系

广州市不动产统一登记信息平台按照国家和广东省不动产登记基础信息平台建设方案要求，形成了规范及标准统一、业务开展内容全面、覆盖全市、统一业务数据资源管理、统一空间数据资源管理、统一登记成果管理、统一对外查询窗口的不动产信息化平台，实现了不动产权籍管理、业务监管、成果管理的全业务网上运行,以及成果报送、信息协同、共享交换、决策辅助的信息化支撑。广州市不动产统一登记信息平台的子系统包括:平台服务管理子系统、权籍管理子系统、登记业务管理子系统、业务监管子系统、登记簿管理子系统、对外查询利用子系统、统一接入子系统、信息协同共享交换子系统、综合分析展示子系统、外网申请子系统,共 10 个子系统。

广州市不动产统一登记信息平台采取市级集中的模式,各区不再单独建设不动产登记信息平台,统一使用市级平台。各区与市级通过广州市不动产统一登记信息平台直接实现不动产登记数据的互通。广州市不动产统一登记信息平台采用的是 SOA,通过提供粗粒度的业务服务池,为业务流程建模提供基础支撑,产生了更加简洁的业务和系统视图。SOA 以服务为基础应对业务和管理的需求变化,便于广州市不动产统一登记信息平台的扩展性和对外异构关联,达到了数据即服务、应用即服务的设计目标。广州市不动产统一登记信息平台建立了不动产登记相关标准规范体系,以及长效的数据更新、共享服务和监管等机制,其架构如图 21-1 所示。

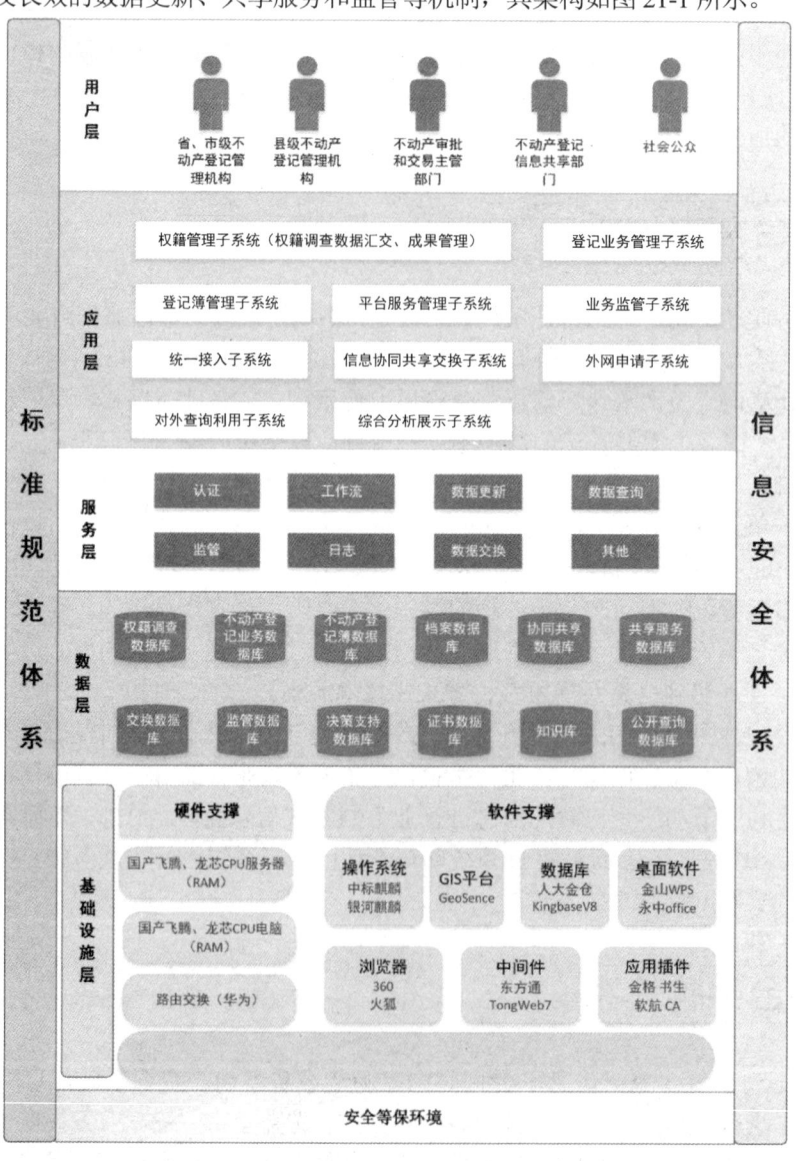

图 21-1 广州市不动产统一登记信息平台的架构

## 21.3 平台数据资源

广州市不动产统一登记信息平台有三类数据：数字化影像档案资源、矢量空间数据资源和属性数据资源。

（1）数字化影像档案资源：主要是指不动产登记业务办理过程中或归档过程中产生的扫描件与影像件，该类数据资源来自实体纸张的扫描或获取其他系统的影像文件，常见数据格式为 PNG、JPG、PDF。在广州市不动产统一登记信息平台中，数字化影像档案资源主要是在业务办理过程中产生的数据，应用于辅助业务办理。数字化影像档案资源除了可以在登记业务管理子系统中用于查看应用，还可以通过接口方式共享给税务部门的业务系统进行业务协同，辅助税务部门的业务人员进行核税。

（2）矢量空间数据资源：主要是指权籍空间数据，包含宗地、自然幢、构筑物、面状定着物、线状定着物、点状定着物，由权籍调查单位提交入库产生。广州市的矢量空间数据资源成果存储在广州市不动产统一登记信息平台的权籍管理子系统中，主要用于将矢量空间数据汇交到广东省自然资源厅，以及在广州市不动产统一登记信息平台的综合展示分析子系统中进行空间查询和展示，以实现不动产一张图的管理功能和辅助决策功能。

（3）属性数据资源：包含不动产权籍数据、不动产业务数据、不动产登记成果数据。

① 不动产权籍属性数据包含宗地、宗海、构筑物、自然幢的属性信息，以及由逻辑幢、逻辑层、逻辑户组成的楼盘表属性信息，由权籍调查单位提交入库产生，主要用于两个方面，一是所有权籍入库成果都将应用于不动产登记业务的办理，二是将权籍楼盘表成果共享给广州市住房城乡建设局的房屋管理系统，构建楼盘表以便进行交易管理。

② 不动产业务数据包含不动产登记机构在办理业务过程中产生的登记业务过程数据、权籍入库单位在申请入库业务过程中产生的权籍业务过程数据，如受理信息、审核过程信息、审核结果信息等，主要用于不动产登记业务管理部门对业务操作行为进行查询管理、回溯检查登记业务过程等。

③ 不动产登记成果数据由不动产登记业务产生，包含两个层面，一是根据国家、广东省不动产登记数据库的标准产生的基本数据结构，二是广州市根据当地实际不动产登记信息化历史现状，以及国家、广东省不动产登记数据库的标准扩展的数据结构。不动产登记成果数据主要用于登记业务办理、对外利用查询，该数据除了可以直接用于广州市不动产统一登记信息平台的业务办理功能、成果查询功能等，还可以通过接口、视图等方式共享给相关系统。

## 21.4 平台业务模型

广州市不动产统一登记信息平台以不动产登记业务为核心，串联不动产单元生命周期管理中所涉及的权籍调查与入库管理、登记发证和成果利用等全业务链条。其中，权籍调查成果入库、登记业务办理和登记成果对外查询利用为广州市不动产统一登记信息平台的核心业务。

权籍调查作为不动产登记的起始工作，一般由不动产申请人委托具有相关资质的单位进行。广州市不动产统一登记信息平台需要根据不动产权籍数据标准对各权籍调查单位汇交的数据进行检查，包括数据完整性、规范性、空间拓扑关系等的检查，确保权籍数据能够满足不动产登记的要求和接入国家相关平台的要求。在权籍数据通过检查后，广州市不动产统一登记信息平台还要根据不动产单元编号的统一规则编制唯一的不动产单元号。权籍数据入库后，广州市不动产统一登记信息平台还需要进行数据更新维护。由于不动产存在分割、合并、变更、转移、注销等业务需求，权籍数据需要根据不动产登记的业务驱动进行更新维护，在登记业务被核准登簿后，广州市不动产统一登记信息平台需要对权籍数据要进行联动更新。

不动产权籍成果作为不动产登记的基础数据，其数据的质量及规范性将直接影响后续的不动产登记业务办理，因此，对于不动产权籍成果的提交，需要一套完整的规范化流程业务来保证入库权籍数据的质量和规范性。

根据《不动产权籍调查技术方案（试行）》的要求，不动产权籍调查应按照准备工作、权属调查、不动产测量、成果审查入库、成果整理归档的次序展开。不动产权籍调查的流程如图 21-2 所示。

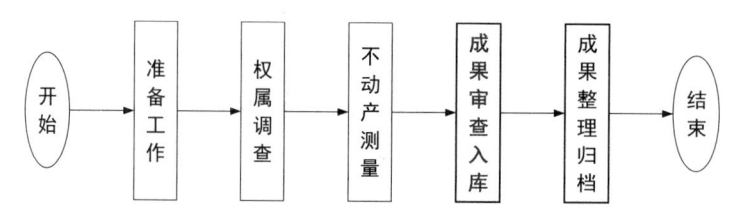

图 21-2　不动产权籍调查的流程

其中，权籍管理子系统主要完成成果审核入库，使不同作业单位的权籍成果能够按照统一的成果规范进行提交，提交后按统一的质检审核规范进行检查审核，审查通过后的权籍成果将入库到广州市权籍成果库，并由广州市不动产统一登记信息平台编制不动产单元号。

根据广州市现行的不动产权籍调查流程，可将权籍成果在权籍管理子系统中的流程分为成果申请、成果审核、成果入库三个环节。权籍成果在权籍管理子系统中的流程如图 21-3 所示。

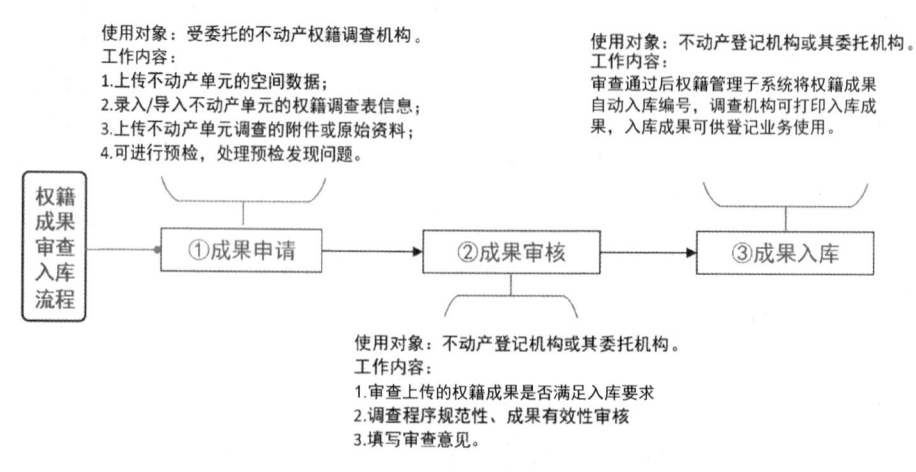

图 21-3　权籍成果在权籍管理子系统中的流程

登记业务管理子系统需要涵盖所有的不动产土地登记业务、全市范围的不动产登记中的土地登记业务办理等应用,并满足各项标准规范的要求。不同登记业务的办理流程、办理时限长短是不同的,登记业务管理子系统将根据各登记业务的实际情况进行配置,并提供相关的业务配置功能。登记业务管理子系统的流程是受理—审核—登簿—缮/发证,如图 21-4 所示。

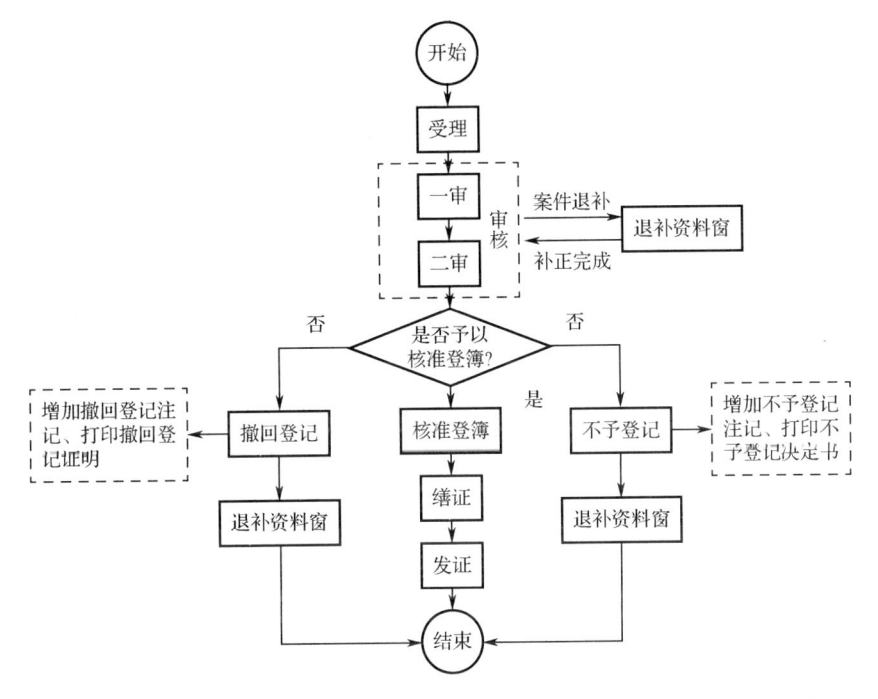

图 21-4 登记业务管理子系统的流程

登记业务管理子系统基于 BPM 规则引擎实现了业务流程建模和业务功能模块的定制开发。BPM 是采用流程模型、表单模型、规则模型三分离的方式来设计和架构工作流引擎的,在工作流运行时会根据事件的时间顺序和节点的不同状态的变化(开始→结束)来读取流程模型数据、表单 HTML 代码、规则代码并进行统一调度来完成数据的组装和业务逻辑的运行。

登记业务管理子系统利用工作流引擎,实现了覆盖集体土地所有权,房屋等建筑物和构筑物所有权,森林、林木所有权,耕地、林地、草地等土地承包经营权,建设用地使用权、宅基地使用权,海域使用权,地役权,抵押权,法律规定需要登记的其他不动产权利等的全部业务的定义。通过设定业务人员的组织机构和权限,以及配置管理定义数据表单的样式、数据存储的模型、业务流转的状态变化和功能菜单导航等组合,实现了具体业务的定义。登记业务管理子系统的服务框架如图 21-5 所示。

登记业务管理子系统的主要功能包括业务配置和业务流程定制。

(1)业务配置:包含国家不动产登记规范要求的一级大类的配置、各级登记小类的基本信息配置、关联的不动产类型配置、查档调案配置、核准权属状态配置等。

(2)业务流程定制:不动产登记的某一类业务按某种固定环节运转的工作过程的定义,业务流程定制的内容包括环节设定、组织机构设定、角色设定、操作权限设定、表单样式设定、监管时长设定、收件材料设定、归档材料设定、审批用语设定等。例如,在业务流程选项上可以通过新增目录和新增对象来添加一项新业务。登记业务管理子系统可以在绘制界面中定义流转环节和流转的线条,设定业务运行的步骤和走向,如图 21-6 所示。

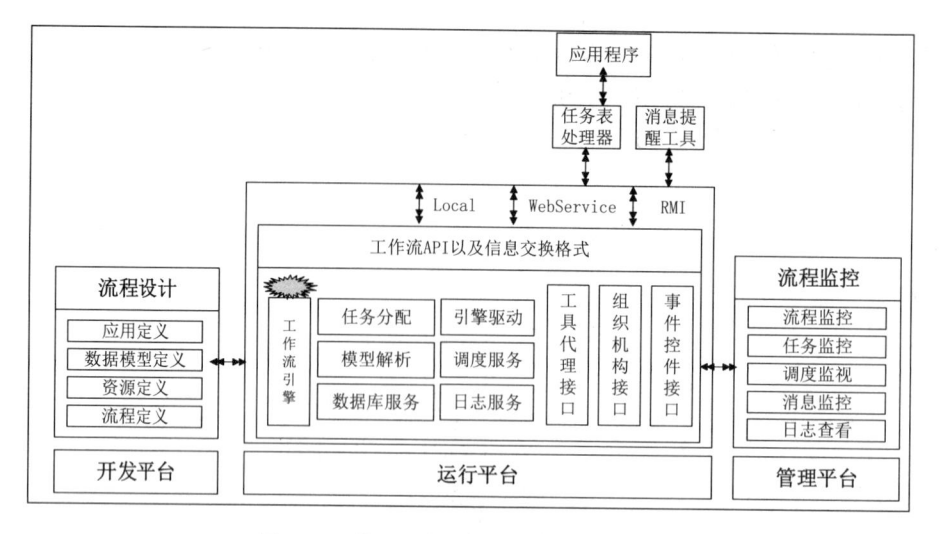

图 21-5 登记业务管理子系统的服务框架

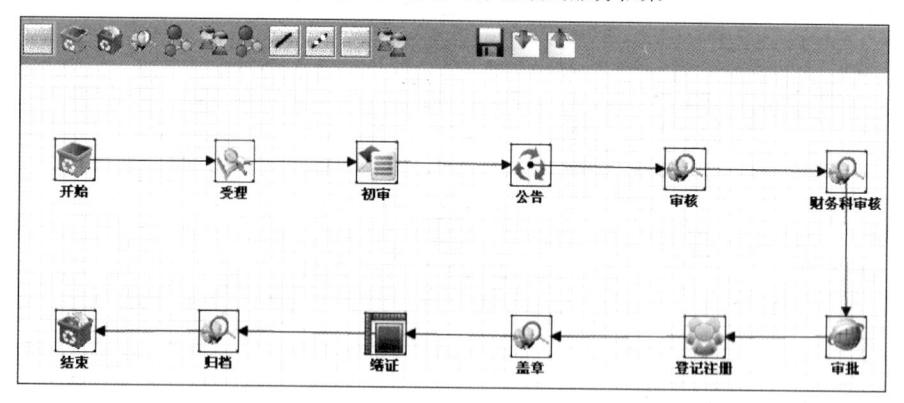

图 21-6 登记业务管理子系统的业务流程定制

登记业务管理子系统可以在具体的业务环节中定义录入表单、状态变化，确定具体业务环节的参与者、操作对象和程序控制变量的变化。登记业务管理子系统的业务环节定制如图 21-7 所示。

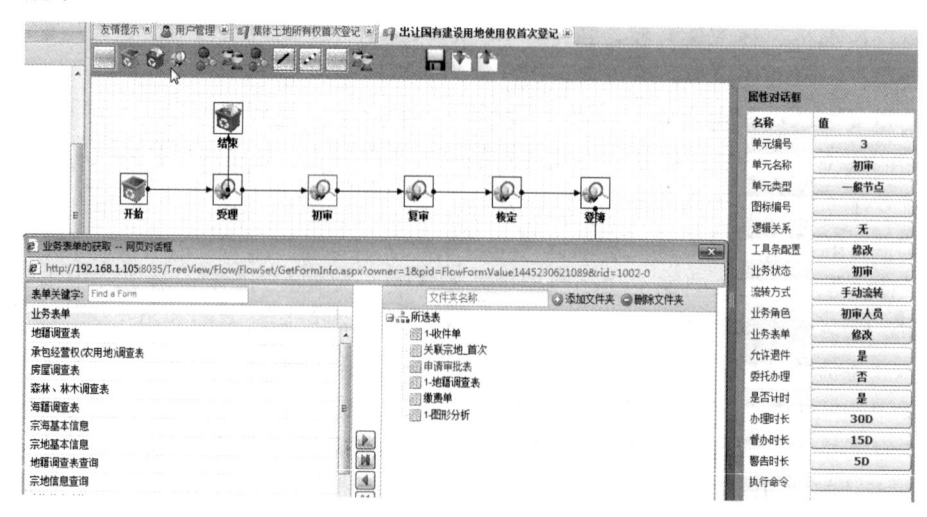

图 21-7 登记业务管理子系统的业务环节定制

## 21.5 平台主要功能

### 21.5.1 平台服务管理子系统

平台服务管理子系统实现了不同应用人员、子系统功能、数据权限、数据服务、业务模式、管理数据等的集成管理，具有统一信息门户、身份认证与单点登录、系统注册管理、组织机构管理、用户管理、平台信息发布管理等功能，可满足各子系统的业务交互、数据流通以及通用功能服务管理的要求。广州市不动产统一登记信息平台的登录界面如图 21-8 所示，平台服务管理子系统管理着整个平台的用户组织架构。广州市不动产统一登记信息平台的登录界面包括各子系统的入口、通知列表、消息列表、待办统计和已办统计等功能。各子系统可以通过平台服务管理子系统来配置各自的用户权限，实现用户的管理和配置。

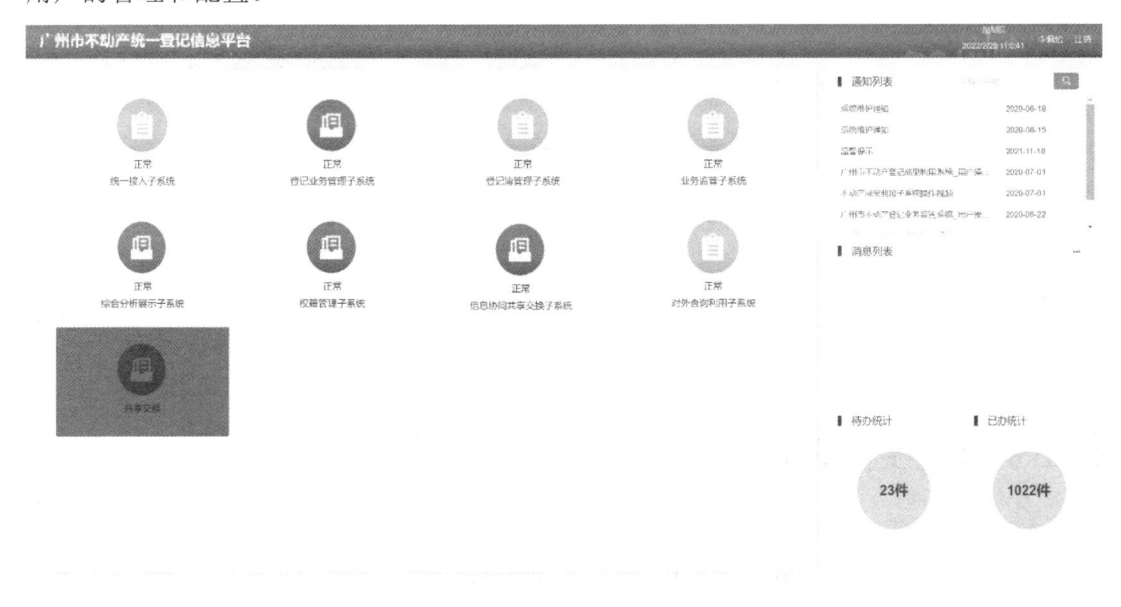

图 21-8　广州市不动产统一登记信息平台的登录界面

### 21.5.2 权籍管理子系统

权籍管理子系统面向各权籍调查单位人员、技术和行政审核人员、初始不动产基础数据库建库人员、日常权籍调查人员和数据库管理人员，提供了权籍调查数据提交、不动产权籍调查数据上传管理、楼盘管理、数据成图入库管理、数据提交业务管理、业务办理辅助、成果输出管理、查询统计服务和用户管理等功能。权籍管理子系统不仅提供了对原有各类登记数据中的空间数据、登记成果、档案资料进行标准化梳理、数据内容关联的建库工具，还提供了日常权籍调查中对空间数据、调查表数据进行检查、更新和入库的工具。

涉及空间数据的处理部分，权籍管理子系统采用的是广州 2000 坐标系，高程系统采用的是 1985 国家高程基准。权籍管理子系统可以将空间成果数据由广州 2000 坐标系转换至国家 2000 大地坐标系，并对空间成果数据进行汇交，可满足国家和广东省对数据汇交、接入的要求。

在不动产权籍调查规范的指导下，权籍管理子系统建立了众多不动产权籍调查作业单位开展不动产权籍调查数据汇交管理工作所需的应用系统，以及满足不动产权籍成果数据检查、编码、入库、更新、统计等管理需求的应用系统。权籍管理子系统如图 21-9 所示。

图 21-9　权籍管理子系统

## 21.5.3　登记业务管理子系统

不动产登记业务管理是不动产登记工作的核心，登记业务管理子系统涵盖了所有的不动产登记类型，能够满足不动产登记的业务要求和管理要求。在规范登记过程与登记成果的基础上，权籍管理子系统满足了大业务量承载的需求，具备灵活工作流定义和调整功能，实现了业务协审、批量并案业务办理、自动派案以及无纸化办公。权籍管理子系统与不动产权籍数据、不动产登记成果数据、不动产数据汇交等形成了数据和服务的联动，满足了业务办理、登簿、汇交等要求。

在《不动产登记暂行条例实施细则》的指导下，广州市不动产统一登记信息平台建立了覆盖不动产登记业务、服务于广州市全市不动产登记机构登记业务办理的登记业务管理子系统，实现了各类不动产登记业务的收件、受理、审核、核准登簿、缮证、发证、归档等业务的全流程化操作和管理，以及业务流程管理、批量并案办理、身份认证管理、自动派案、业务办理辅助、楼盘表查看等功能，满足了不动产登记的各项标准规范及新增需求。登记业务管理子系统如图 21-10 和图 21-11 所示。

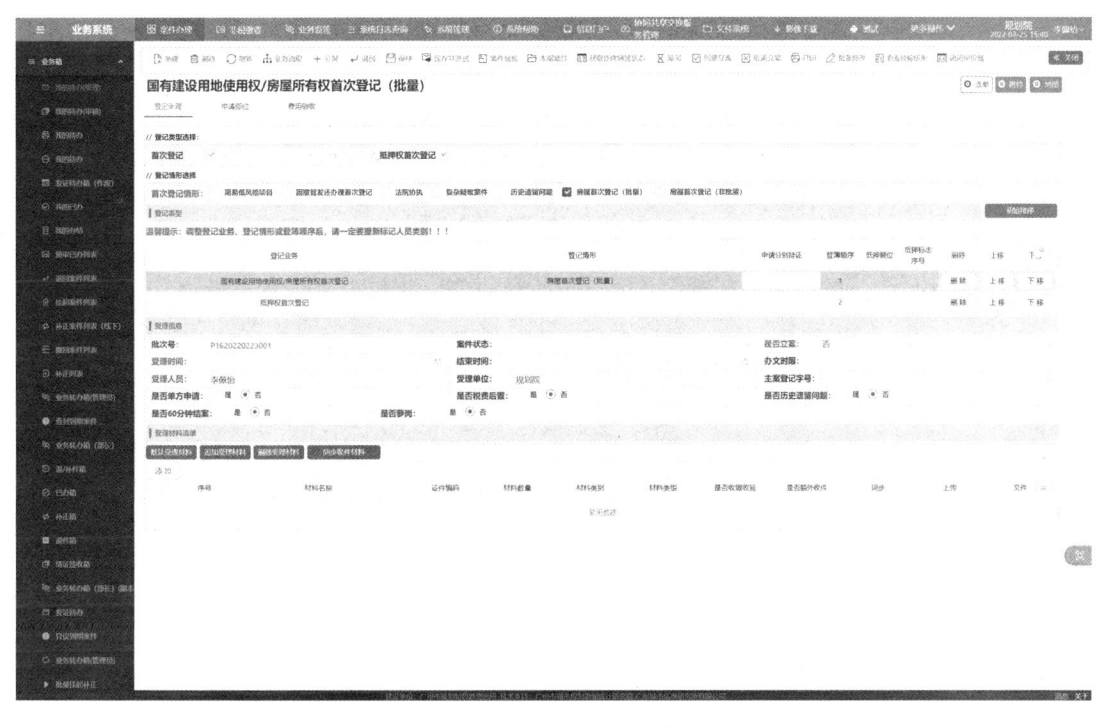

图 21-10　登记业务管理子系统（一）

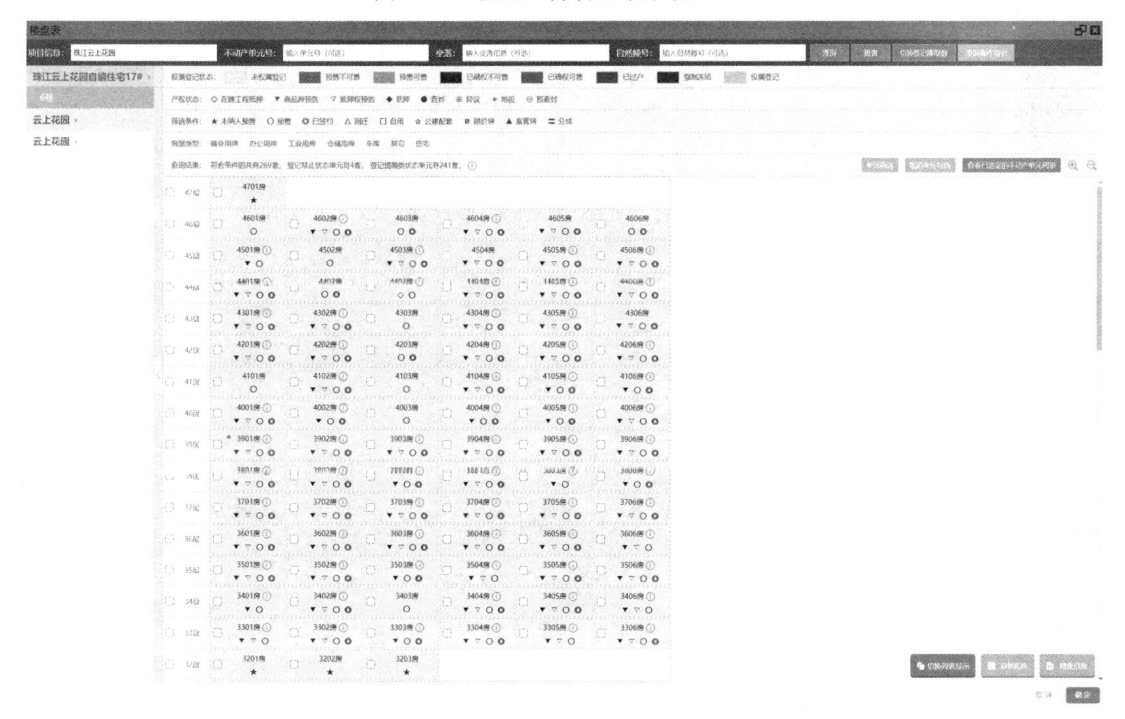

图 21-11　登记业务管理子系统（二）

## 21.5.4　业务监管子系统

自我国实施不动产登记工作以来，登记人员、登记业务、登记规范、登记流程在逐步集中化和规范化,急需建立全方位的不动产登记业务监管体系,包括登记数据质量监管、业务逻辑监管、环节时限监管、违规预警监管等,以满足对不动产登记的事中、事后进行业务监管的要求。广州市不动产统一登记信息平台通过业务监管子系统,实现了对登记业务的趋势监管、流程监管、合法性监管、不动产市场管理监管、个案跟踪监管、空间叠加分析监管、监管报告、业务督办管理、证书监管。

业务监管子系统实现了不动产登记案件的全流程监管,可对违反审批条件、不按程序、超时办理等情况进行自动预警和警告,对不动产管理部门和相关工作人员进行效能评估和评议,实现各不动产登记案件的实时流程监控、业务量监控、关键环节监控、超时督办等监管。业务监管子系统如图 21-12 和图 21-13 所示。

图 21-12　业务监管子系统(一)

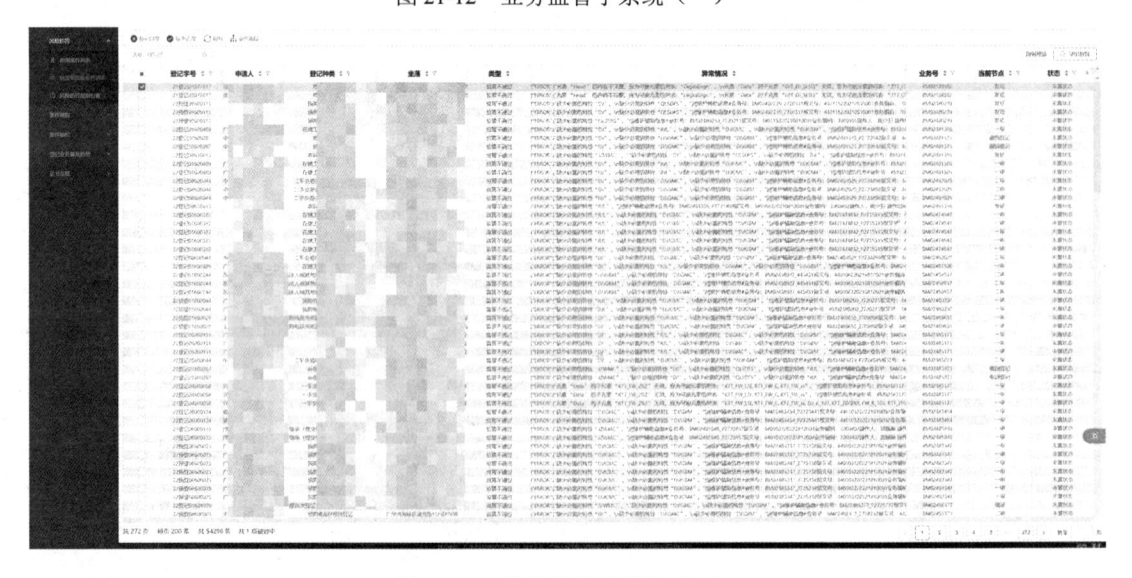

图 21-13　业务监管子系统(二)

## 21.5.5 登记簿管理子系统

核准登簿既是正常登记流程上的最后一环，用于管理登记结果数据，同时也是整个登记流程开始的基础，提供存量的登记数据，需要管理部门对登记结果进行维护。广州市不动产统一登记信息平台建设了登记簿管理子系统，实现了数据登簿信息检查、登记簿信息查询展示、登记簿打印输出、信息统计、用户权限管理、系统日志管理、登记簿异地备份恢复与管理等功能。登记簿管理子系统严格按照自然资源部要求的统一样式和数据规范，提供了不动产电子登记簿数据检查与入库、查询与展示、打印输出、统计、维护、备份与恢复等功能。登记簿管理子系统如图 21-14 所示。

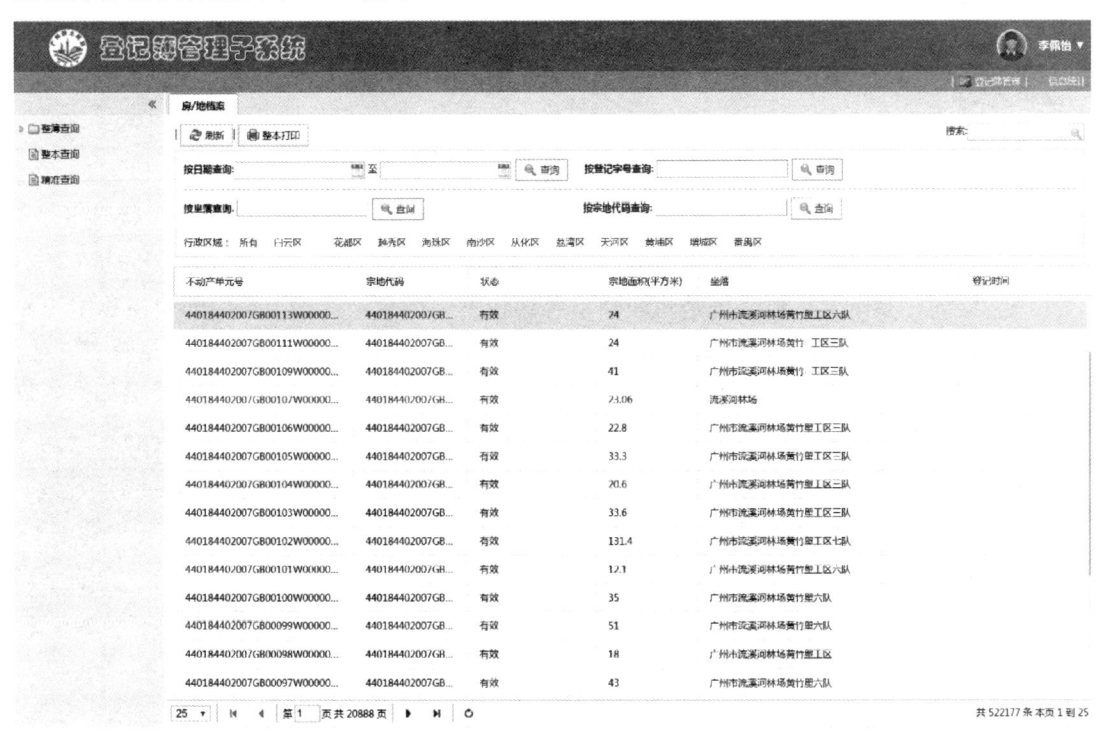

图 21-14　登记簿管理子系统

## 21.5.6　对外查询利用子系统

根据国家不动产登记基础信息平台的总体方案要求，不动产登记机构需要提供社会化信息查询服务，依据不动产登记信息依法查询的有关规定，确定信息查询内容和技术方式。广州市不动产统一登记信息平台在广州市不动产登记成果数据现状的基础上，协助建立了广州市不动产登记成果中间库，开发了对外查询利用子系统。对外查询利用子系统提供了面向权利人、利害关系人的社会化信息查询服务，包括公众用户管理及验证、人员分类查询管理、数据查询展示管理、查询结果输出管理、对外查询利用监控等功能。对外查询利用子系统如图 21-15 所示。

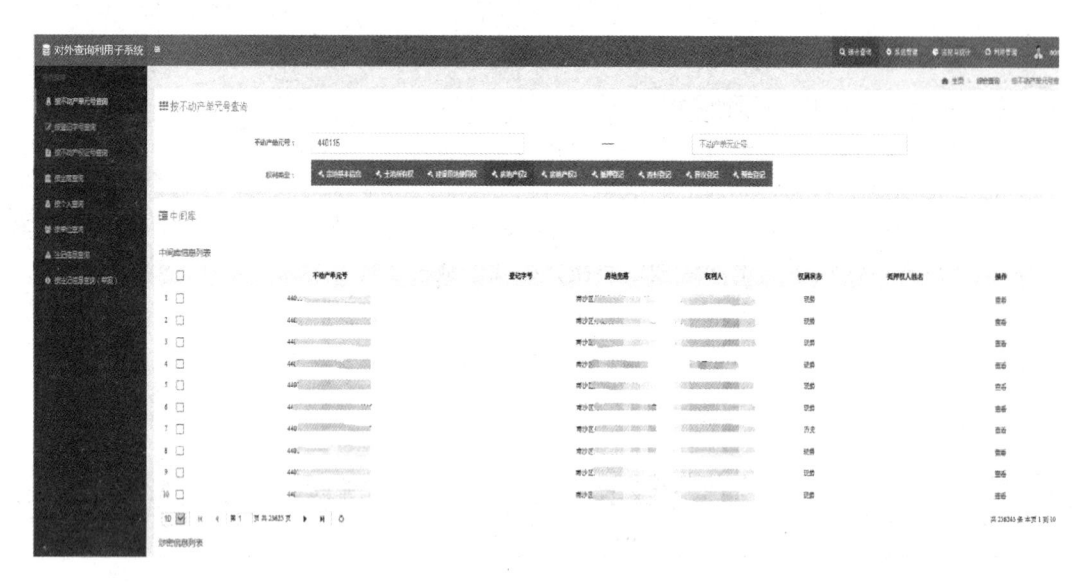

图 21-15 对外查询利用子系统

## 21.5.7 统一接入子系统

统一接入子系统的主要作用是将广州市各区在不动产登记过程中形成的成果数据统一汇交到省级平台,主要实现了数据接入组网、客户端身份认证、数据源连接、数据映射管理、动态增量数据监测、动态增量数据获取、批量数据获取、数据文件生成、数据传输加密、数据文件入库、数据日志管理等功能。统一接入子系统如图 21-16 所示。

图 21-16 统一接入子系统

## 21.5.8 信息协同共享交换子系统

根据国家不动产登记基础信息平台总体方案要求，不动产登记机构应该与自然资源、住建、林业等不动产审批主管部门之间进行信息协同共享，实现不动产登记信息与审批信息的实时互通共享。此外，不动产登记机构也需要向公安、财政、税务、法院、金融等部门提供信息共享服务，满足相关部门在日常管理过程中对特定不动产单元登记信息的共享需求。信息协同共享交换子系统主要实现空间数据服务的共享利用、审批数据的共享利用、不动产登记成果数据的服务共享、协同信息推送管理、协同信息接收管理、监控统计管理等功能。

广州市不动产统一登记信息平台基于广州市不动产登记成果共享现状及调研成果，开发了面向公安、税务、金融、法院、住建等部门的不动产登记成果交换接口，提供了数据视图，并将相关的接口纳入统一管理范畴，提供接口调用情况的监控功能。信息协同共享交换子系统如图21-17所示。

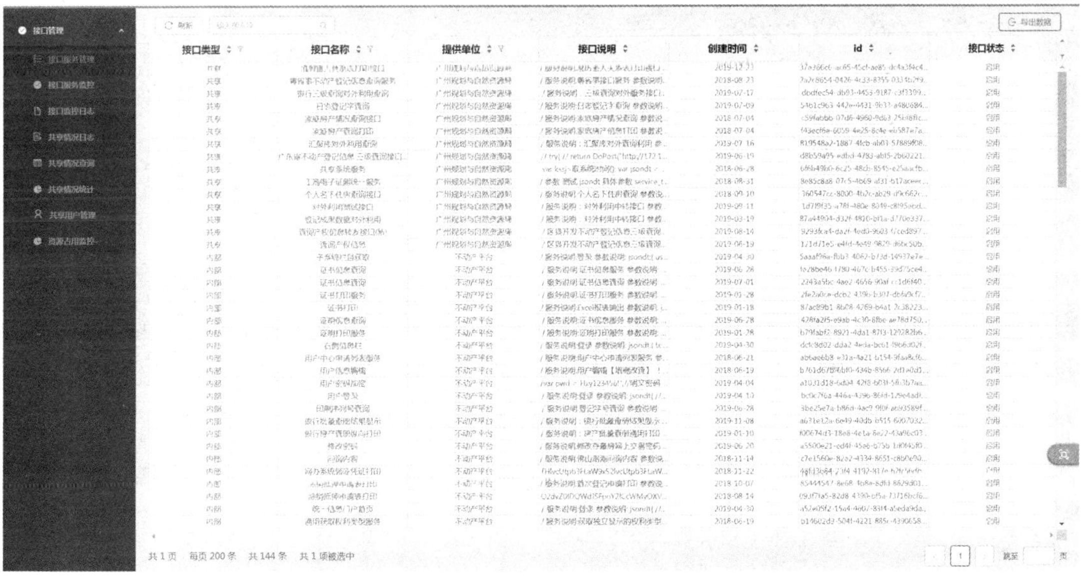

图21-17 信息协同共享交换子系统

## 21.5.9 综合分析展示子系统

广州市不动产统一登记信息平台基于海量的不动产登记数据和应用需求开发了综合分析展示子系统。该子系统实现基础数据表、固定报表统计分析功能，提供了可自定义的统计分析功能，可以生成专题图、成果分析报告，并以饼状图、柱状图、折线图或者复合统计图的形式进行展示。

综合分析展示子系统可用于广州市各级部门对不动产登记相关的空间数据和属性数据等进行查询、汇总统计，能够满足相关部门分析评价需求，为政府了解土地房屋林海登记情况、制定宏观决策等提供数据分析支撑。综合分析展示子系统基于空间关联和历史关联关系实现了不动产数据浏览、登记信息查询展示、数据的统计分析、应用专题的展示和输出等功能。

综合分析展示子系统的空间查询功能如图 21-18 所示,综合分析展示子系统的不动产单元生命周期展示功能如图 21-19 所示。

图 21-18　综合分析展示子系统的空间查询功能

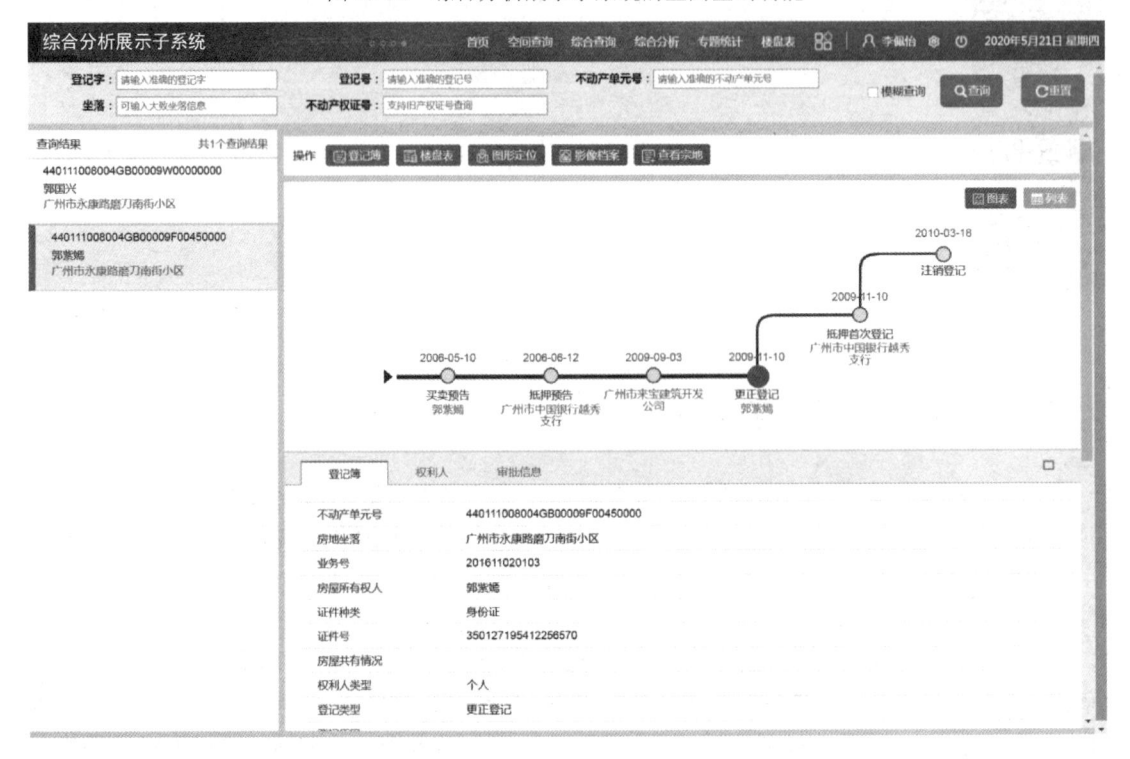

图 21-19　综合分析展示子系统的不动产单元生命周期展示功能

## 21.5.10 外网申请子系统

广州市不动产统一登记信息平台建设了全市统一的外网申请子系统,即广州市不动产登记网上申请系统,该子系统面向全市社会公众和企业,提供了网上申请服务,主要包括接入广东省统一身份认证服务、外网申请端模板、内网预审端模块、税局对接模块、住建网签对接模块、电子证照查询查看模块等功能。外网申请子系统采用"外网申请,内网审核"业务受理模式,构建了网上登记申请服务平台和实体大厅服务相结合的便民利民不动产登记服务模式,切实提高了不动产登记服务便捷性,缓解了窗口的业务压力,提升了便民利民服务水平。

广州市不动产登记网上申请系统如图 21-20 所示。

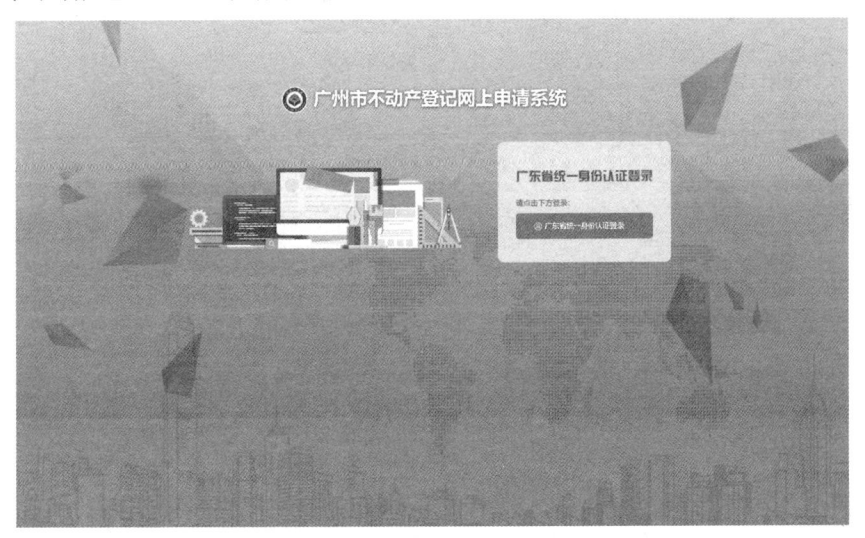

图 21-20 广州市不动产登记网上申请系统

## 21.6 平台应用框架

### 21.6.1 业务架构

广州市不动产统一登记信息平台的各子系统是通过部署容器的方式实现的。不同容器之间互相隔离,每个容器都有自己的文件系统,容器之间的进程不会相互影响,能区分计算资源。相对于虚拟机,容器能快速部署,由于容器与底层设施、机器的文件系统是解耦的,所以容器能在不同云、不同版本操作系统间进行迁移。

广州市不动产统一登记信息平台采用了多层结构模型,分为终端设备层、应用层、网关层、服务层、中间件层、存储层。服务层主要由多个业务逻辑服务构成,主要包括表单业务、查询服务、打印服务、数据箱服务、工作流服务、模板服务、规则服务、新建服务等。这些服务是广州市不动产统一登记信息平台的核心服务,平台可根据不同的需求添加不同的服务,实现业务逻辑。中间件层负责各业务之间的消息转发,支持大量并发的业务以及业务的动态分布式部署。存储层选取人大金仓数据库作为数据层。

广州市不动产统一登记信息平台的业务架构如图21-21所示。

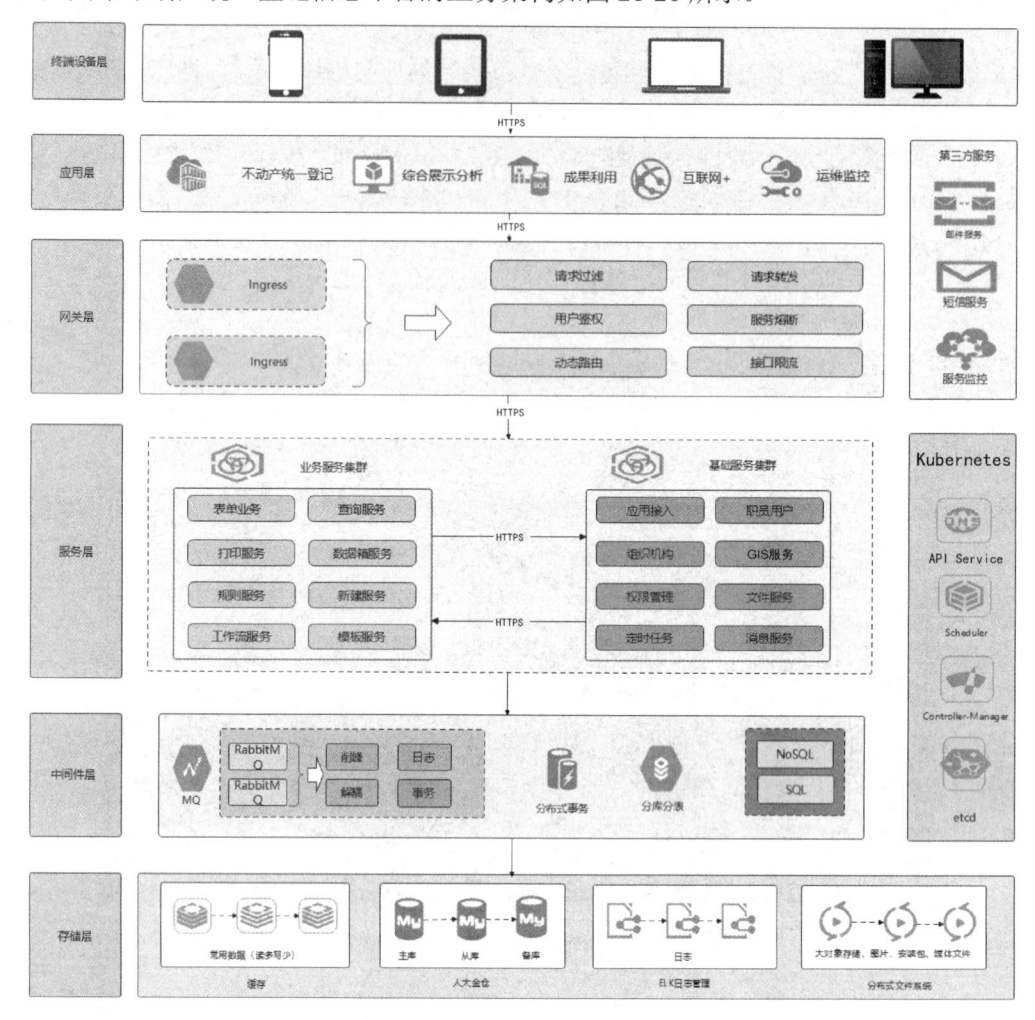

图21-21 广州市不动产统一登记信息平台的业务架构

广州市不动产统一登记信息平台中的核心框架组件如下：

- 基础层框架：Spring、Spring MVC。
- 持久层框架：MyBatis。
- 开发组件：Druid。
- 中间件集成：RabbitMQ、Redis、TongWeb。
- 数据存储：人大金仓数据库（Kingbase）。
- 服务管理平台：Kubernetes。

## 21.6.2 权籍管理子系统的架构

权籍管理子系统是基于Java+GeoScene设计的，主要包括基于B/S架构的业务办公自动化（Office Automation，OA）和WebGIS空间展示系统。权籍管理子系统的架构如图21-22所示。

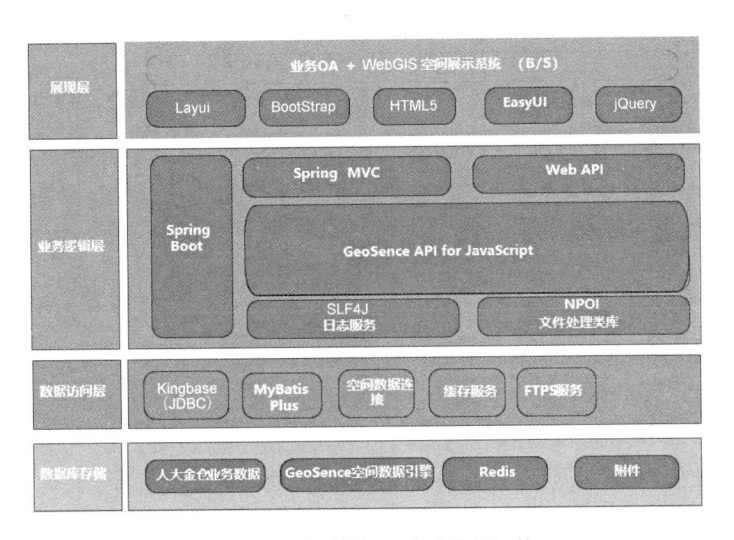

图 21-22　权籍管理子系统的架构

## 21.6.3　对外查询利用子系统的架构

对外查询利用子系统主要实现不动产登记成果的利用，为不动产登记的业务部门和档案查询利用部门提供不动产登记成果查询和打印功能，辅助不动产登记管理部门进行管理和监控。对外查询利用子系统的架构如图 21-23 所示。

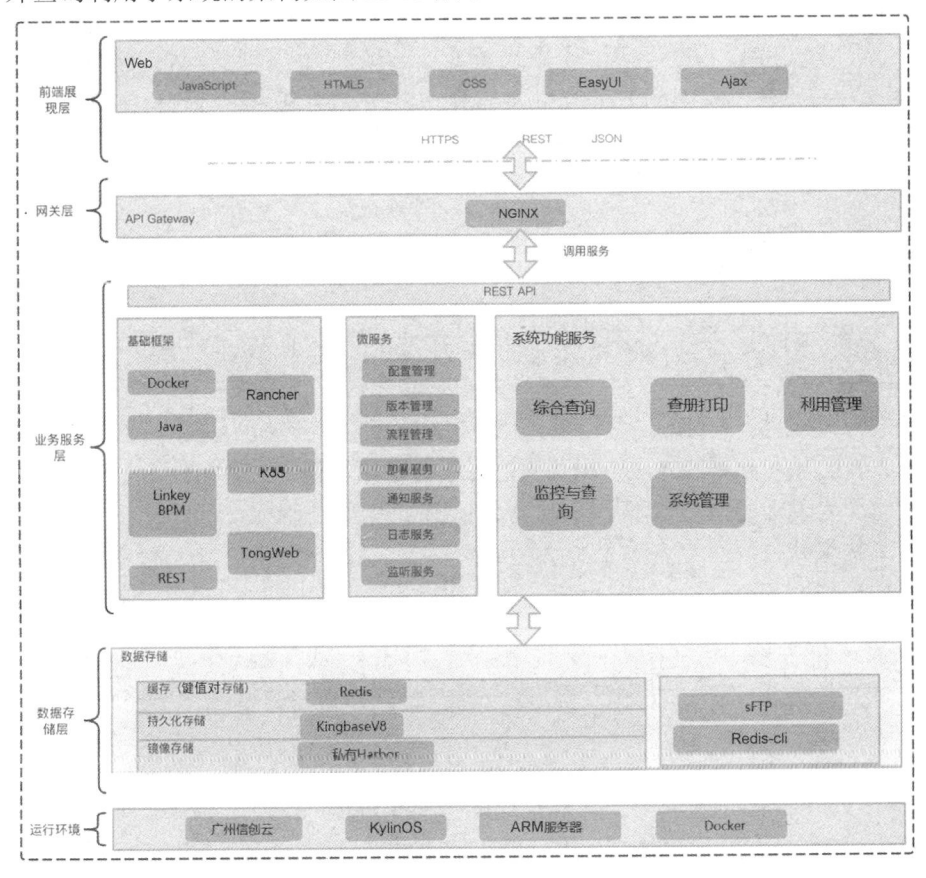

图 21-23　对外查询利用子系统的架构

## 21.7 平台关键技术

### 21.7.1 面向服务架构

广州市不动产统一登记信息平台引入了面向服务架构（SOA）的思想和范型，由传统"竖井式"的 IT 架构转向横向打通，建立了具有松耦合特征的开放平台，全面支持走向云计算、无缝衔接大数据，以及跨域资源整合和移动互联应用。广州市不动产统一登记信息平台首先对现有的应用系统进行重新设计或适当重构，形成了业务服务组件；然后通过对业务流程的梳理分析，借助业务服务实现了业务流程贯通。通过内嵌的业务监控服务，广州市不动产统一登记信息平台实现对业务流程绩效和状态的监管，使业务流程不断得到优化。

### 21.7.2 数据仓库和数据湖

不动产数据类型通常有多种，如空间矢量数据、登记属性数据、扫描影像数据等；数据范围通常覆盖了土地、海域、房屋、林木等所有的不动产。随着时间推移，不动产数据也在不断变化，并且数据量也在与日俱增，因此不动产数据具有典型的海量（Volume）、类型多样（Variety）、时变（Velocity）、高低价值（Value）密度混杂等大数据的 4V 特征。根据应用的需求，广州市不动产统一登记信息平台需要对数据湖中的某些数据进行深加工、深处理，通过抽取-转换-加载（Extract-Transform-Load，ETL）的方式浓缩其价值密度，并且需要针对加工处理后的高密度价值数据，建立相应的数据仓库或数据集市，实现更加有效的管理和利用。

### 21.7.3 自研的 Web 定制框架

Web 定制平台是基于 Spring 开源框架开发的一套业务定制平台系统，框架包括 Spring+Spring MVC+MyBatis（SSM），其中 Spring MVC 作为控制器（Controller），Spring 用于管理各层的组件，MyBatis 负责持久化层。广州市不动产统一登记信息平台使用业务逻辑、数据、界面显示分离的方法组织代码，将业务逻辑聚集到一个组件中。广州市不动产统一登记信息平台的业务系统在基于自研 Web 定制框架的基础上进行开发与设计，提高了可维护性与高内聚特性。

## 21.8 平台特色亮点

广州市不动产统一登记信息平台自 2020 年 8 月上线运行以来，完成了大约 160 万宗不动产登记部门的办理登记业务，累计颁发权证约 146 万本，各类登记信息查询量超过 800 万次。广州市不动产统一登记信息平台为广州市的不动产登记工作的飞跃发展奠定了坚实的基础，具体如下：

- 广州市不动产统一登记信息平台建立了统一的业务规范，可对土地、房屋、林权、海域权进行统一登记。
- 广州市不动产统一登记信息平台建立了"权籍调查—业务受理—登簿—利用"的全业务链条管理。
- 广州市不动产统一登记信息平台建立了"地楼房权人"的不动产登记一张图数据成果。
- 广州市不动产统一登记信息平台建立了统一的数据共享交换、对外查询利用服务。
- 广州市不动产统一登记信息平台的易扩展性，使得多部门业务协同、"互联网+"、在线支付、跨域登记、可信链共享等改革和优化得到了快速拓展延伸。

广州市不动产统一登记信息平台的建设紧跟社会发展趋势，具体如下：

- 广州市不动产统一登记信息平台充分利用云计算、大数据、规则引擎等技术，搭建了全市不动产登记规则、数据、业务、监管和服务体系，实现了不动产登记全业务链条、全生命周期的统一标准管理。
- 广州市不动产统一登记信息平台实现了住建、税务、财政、民政、公安等部门间的信息共享、业务协同，不断深化登记材料的精简力度和"一网通办"的改革力度，践行了群众企业办事"只进一扇门"的承诺。
- 广州市不动产统一登记信息平台依托"互联网+"、区块链、人脸识别等技术，实现了在线统一身份认证、电子签章/签名、在线缴税缴费，全面支撑了"在线办"。
- 广州市不动产统一登记信息平台通过流程再造及业务深度融合，大力推广了"不动产登记+$N$"服务，将不动产登记服务延伸到了银行、法院、水电气网等民生领域，拓展了便民利企的服务范围。
- 广州市不动产统一登记信息平台突破了不动产登记的属地限制，实现了不动产登记跨区、跨市、跨省、跨域"随心办"，在国内率先创新开展了跨境抵押登记，助力粤港澳大湾区的发展改革建设。
- 广州市不动产统一登记信息平台紧跟政策前沿，对标营商环境改革国际最优实践，持续为打造广州市登记财产指标"全国最佳表现"添砖加瓦，为提升群众和企业不动产登记的"满意度"与"幸福感"提供信息化保障。

# 第 22 章
# 遥感中心在线数据处理平台

在遥感、人工智能、企业级 IT 技术的支撑下，建设面向城市应用的遥感中心在线数据处理平台，利用哨兵-2（Sentinel-2）系列卫星数据、Landsat 系列卫星数据、高分一号卫星数据、高分二号卫星数据、夜光数据等多源数据，实现以自动和在线按需的方式进行城市典型地物信息提取、城市大面积地物覆盖变化监测、城市水源地水质监测、热岛效应监测、植被覆盖监测、森林碳储量估算、人类夜间活动监测等应用，可为城市规划、城市管理、城市环境保护提供决策支持。

## 22.1 平台需求分析

遥感中心在线数据处理平台针对遥感大数据海量、多源、处理效率要求高等特征，结合城市级遥感业务的需求，需要搭建遥感影像数据流程化或分步处理体系，以及城市典型地物提取、典型地物变化监测、水环境、城市热岛、植被覆盖度、森林碳储量等专题产品自动或者在线按需生成体系。具体需求如下：

（1）遥感中心在线数据处理平台通过对多源遥感影像进行预处理与入库管理，提供了通用的影像预处理服务，包括数据解压缩、辐射定标、几何校正、正射校正、图像融合、图像镶嵌、图像裁剪、坐标投影转换等功能模块，并支持一键式预处理工具，可以对高分一号卫星和高分二号卫星的全色和多光谱（Panchromatic and Multi-Spectral，PMS）数据进行流程化处理。

（2）遥感中心在线数据处理平台建立了遥感专题产品生成功能模块，能够在数据预处理的基础上生成城市典型地物提取、典型地物变化监测、水环境、城市热岛、植被覆盖度、森林碳储量等专题产品。

（3）遥感中心在线数据处理平台建立了数据入库管理体系，完成了影像数据、专题产品数据的入库管理，以及深度学习模型、面向对象规则文件的入库管理。

（4）遥感中心在线数据处理平台提供了数据检索服务，能够通过空间、属性等参数查询数据库中的数据，在遥感技术与现代信息化技术体系的支撑下，可以有效、直接、及时、准确地为土地执法监察、地质灾害应急、自然资源智慧化专题监测提供服务。

## 22.2 平台架构体系

遥感中心在线数据处理平台采用模块化结构设计和面向对象程序设计的思想，建立了基于 GUI 界面和可视化软件支撑的业务化应用系统，有机地结合了先进技术和成熟技术，提升了平台的业务化运行能力，增强了平台的可靠性、适应性、可移植性和可生长性。

遥感中心在线数据处理平台采用面向服务架构，其架构从逻辑上可划分为基础设施层、数据资源层、功能服务支撑系统层、应用系统层、政策法规与标准规范体系、安全保障体系，如图 22-1 所示。

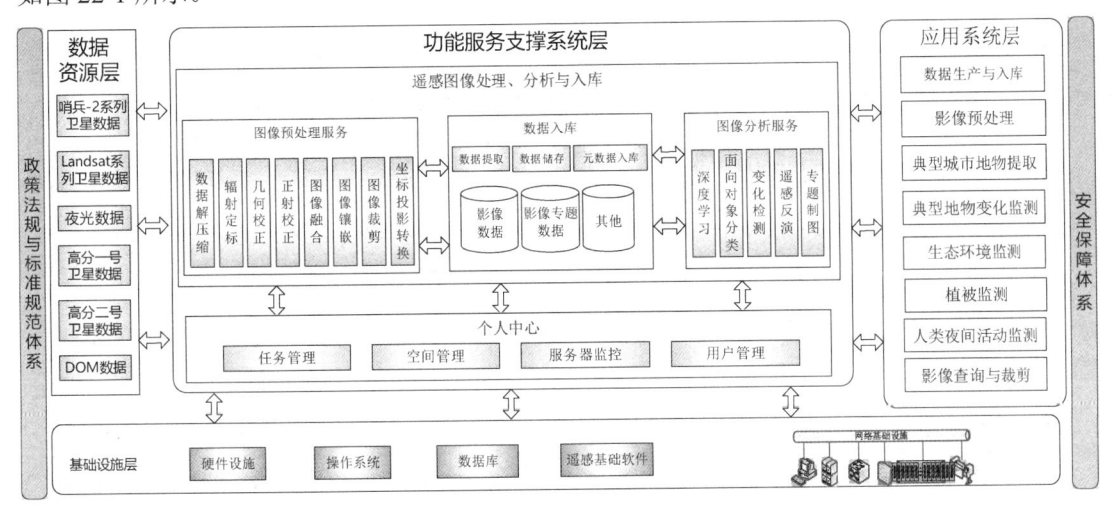

图 22-1　遥感中心在线数据处理平台的架构

（1）基础设施层：基础设施层为遥感中心在线数据处理平台提供了运行环境，包括基础平台和支撑软件。其中基础平台是指硬件设施，为数据存储、应用开发、系统运行提供了计算机系统环境，主要包括计算机、存储设备、网络设备和安全系统等；支撑软件主要包括操作系统、数据库、遥感基础软件等。

（2）数据层：为遥感中心在线数据处理平台提供了数据支撑，数据可以通过本地复制或者 Web 上传等方式存储在服务器上，包括哨兵-2 系列卫星数据、Landsat 系列卫星数据、夜光数据、高分一号卫星数据、高分二号卫星数据、DOM 数据等。

（3）功能服务支撑系统层：包括图像预处理服务、图像分析服务、数据入库和个人中心等子系统，每个子系统提供若干功能服务，功能服务主要以 REST 服务接口方式提供。

（4）应用系统层：包括数据生产与入库、图像预处理、典型城市地物提取、典型地物变化监测、生态环境监测、植被监测、人类夜间活动监测、影像查询与裁剪 8 个子系统。

## 22.3 平台数据资源

### 22.3.1 数据总体架构

遥感中心在线数据处理平台以哨兵-2 系列卫星数据、Landsat 系列卫星数据、高分一号卫星数据、高分二号卫星数据、夜光数据（如 Suomi NPP 卫星数据）、珞珈一号卫星数据作为主要的遥感数据资源，同时支持无人机、雷达卫星（Radar Satellite）等影像数据。遥感中心在线数据处理平台的主要数据资源如表 22-1 所示。

表 22-1　遥感中心在线数据处理平台的主要数据资源

| 资源类型 | 数据类型 | 级　别 | 备　注 |
| --- | --- | --- | --- |
| 光学卫星数据 | Landsat 系列卫星数据 | L1T 级、L1TP 级 | 主要包括 Landsat-5、Landsat-7、Landsat-8 等卫星数据 |
| | 哨兵-2 系列卫星数据 | L1C 级 | — |
| | 高分一号卫星数据 | L1A 级 | — |
| | 高分二号卫星数据 | L1A 级 | — |
| 夜光数据 | Suomi NPP 卫星数据 | 传感器数据记录（Sensor Data Record，SDR） | DNB 波段 |
| | 珞珈一号卫星数据 | — | — |
| 影像数据 | DOM、DEM 数据 | — | 正射校正产品，不限于 8 bit、3 波段的数据，可以是商业高分卫星、航空影像、锁眼系列卫星的数据 |
| 专题数据 | 森林碳储量 | — | — |
| | 植被覆盖度 | | — |
| | 水体叶绿素浓度 | | — |
| | 水体悬浮物浓度 | | — |
| | 地表温度 | | — |
| | 热岛强度 | | — |
| | 人类夜间活动 | | — |

## 22.3.2　数据资源体系

遥感中心在线数据处理平台包含光学卫星数据、夜光数据、雷达卫星数据、影像数据、专题数据等数据资源，形成了从原始数据、过程数据、应用产品的数据资源体系，提供了多层次、多尺度的遥感大数据应用服务。

### 1. 光学卫星数据资源

（1）哨兵-2 系列卫星数据。哨兵-2A 卫星是"全球环境与安全监测"计划的第二颗卫星，于 2015 年 6 月 23 日发射。哨兵-2B 卫星于 2017 年 3 月 9 日发射，携带了一枚多光谱成像仪，可覆盖 13 个光谱波段，幅宽达 290 km、空间分辨率为 10 m、重访周期为 10 天。从可见光和近红外到短波红外，哨兵-2 系列卫星具有不同的空间分辨率。在光学数据中，哨兵-2A 卫星数据是唯一一个在红边范围含有三个波段的数据，这对于植被健康信息的监测而言是非常有用的。

（2）Landsat-8 卫星数据。2013 年 2 月 11 日，美国国家航空航天局（National Aeronautics and Space Administration，NASA）成功发射了 Landsat-8 卫星，Landsat-8 卫星携带了两个主要载荷：陆地成像仪（Operational Land Imager，OLI）和热红外传感器（Thermal Infrared Sensor，TIRS）。陆地成像仪由卡罗拉多州的鲍尔航天技术公司研制，热红外传感器由 NASA 的戈达德太空飞行中心研制，两个载荷的使用寿命为至少 5 年。陆地成像仪包括 9 个波段，空间分辨率为 30 m，其中包括一个 15 m 的全色波段，成像范围为 185 km×185 km。陆地成像仪的数据特征如表 22-2 所示。

表22-2 陆地成像仪的数据特征

| 波 段 名 称 | 波段/μm | 空间分辨率/m |
|---|---|---|
| Band 1 Coastal | 0.433～0.453 | 30 |
| Band 2 Blue | 0.450～0.515 | 30 |
| Band 3 Green | 0.525～0.600 | 30 |
| Band 4 Red | 0.630～0.680 | 30 |
| Band 5 NIR | 0.845～0.885 | 30 |
| Band 6 SWIR 1 | 1.560～1.651 | 30 |
| Band 7 SWIR 2 | 2.100～2.300 | 30 |
| Band 8 Pan | 0.500～0.680 | 15 |
| Band 9 Cirrus | 1.360～1.390 | 30 |

（3）高分一号卫星数据。高分一号卫星于2013年4月26日在酒泉卫星发射中心由长征二号丁运载火箭成功发射，是高分辨率对地观测系统国家科技重大专项的首发星，突破了高空间分辨率、多光谱与宽覆盖相结合的光学遥感等关键技术，设计寿命为5～8年。高分一号卫星对推动我国卫星工程水平的提升，提高我国高分辨率数据自给率，具有重大战略意义。高分一号卫星的轨道和姿态控制参数如表22-3所示，高分一号卫星的有效载荷技术指标如表22-4所示。

表22-3 高分一号卫星的轨道和姿态控制参数

| 参　数 | 指　标 |
|---|---|
| 轨道类型 | 太阳同步回归轨道 |
| 轨道高度 | 645 km（标称值） |
| 倾角 | 98.0506° |
| 降交点地方时 | 10:30 AM |
| 侧摆能力（滚动） | ±25°，机动25°的时间≤200 s，具有应急侧摆（滚动）±35°的能力 |

表22-4 高分一号卫星的有效载荷技术指标

| 参　数 | | 2 m全色/8 m多光谱相机 | 16 m多光谱相机 |
|---|---|---|---|
| 光谱范围 | 全色 | 0.45～0.90 μm | — |
| | 多光谱 | 0.45～0.52 μm | 0.45～0.52 μm |
| | | 0.52～0.59 μm | 0.52～0.59 μm |
| | | 0.63～0.69 μm | 0.63～0.69 μm |
| | | 0.77～0.89 μm | 0.77～0.89 μm |
| 空间分辨率 | 全色 | 2 m | 16 m |
| | 多光谱 | 8 m | |
| 幅宽 | | 60 km（2台相机组合） | 800 km（4台相机组合） |

续表

| 参　数 | 2 m 全色/8 m 多光谱相机 | 16 m 多光谱相机 |
|---|---|---|
| 重访周期（侧摆时） | 4 天 | — |
| 覆盖周期（不侧摆） | 41 天 | 4 天 |

（4）高分二号卫星数据。高分二号卫星是我国自主研制的首颗空间分辨优于 1 m 的民用光学遥感卫星，搭载有两台高分辨率为 1 m 全色、4 m 多光谱相机，具有亚米级空间分辨率、高定位精度和快速姿态机动能力等特点，有效地提升了卫星综合观测效能，达到了国际先进水平。高分二号卫星于 2014 年 8 月 19 日成功发射，同年 8 月 21 日首次开机成像并下传数据。高分二号卫星是我国目前分辨率最高的民用陆地观测卫星，星下点空间分辨率可达 0.8 m，标志着我国遥感卫星进入了亚米级"高分时代"。高分二号卫星的轨道和姿态控制参数如表 22-5 所示，高分二号卫星的有效载荷技术指标如表 22-6 所示。

表 22-5　高分二号卫星轨道和姿态控制参数

| 参　数 | 指　标 |
|---|---|
| 轨道类型 | 太阳同步回归轨道 |
| 轨道高度 | 631 km（标称值） |
| 倾角 | 97.9080° |
| 降交点地方时 | 10:30 AM |
| 侧摆能力（滚动） | ±35°，机动 35°的时间≤180 s |

表 22-6　高分二号卫星有效载荷技术指标

| 参　数 | | 1 m 全色/4m 多光谱相机 |
|---|---|---|
| 光谱范围 | 全色 | 0.45～0.90 μm |
| | 多光谱 | 0.45～0.52 μm |
| | | 0.52～0.59 μm |
| | | 0.63～0.69 μm |
| | | 0.77～0.89 μm |
| 空间分辨率 | 全色 | 1 m |
| | 多光谱 | 4 m |
| 幅宽 | | 45 km（2 台相机组合） |
| 重访周期（侧摆时） | | 5 天 |
| 覆盖周期（不侧摆） | | 69 天 |

**2．夜光数据资源**

（1）Suomi NPP 卫星数据。美国于 2011 年发射了新一代对地观测卫星 Suomi NPP，该卫星搭载的可见光/红外辐射成像仪（Visible Infrared Imaging Radiometer Suit，VIIRS）能够获取新的夜光遥感影像数据（以下简称 NPP-DNB 数据，DNB 是 Day/Night Band 的简写），空间分辨率也提高到了 750 m。

（2）珞珈一号卫星数据。2018 年 6 月发射成功的珞珈一号卫星是我国首颗专业夜光遥感卫星，分辨率为 130 m，成像范围为 250 km×250 km，在理想条件下可在 15 天内获取全球夜光影像。

### 3．影像数据

影像数据包括航飞数据、0.5 m 卫星影像、高分一号卫星影像、高分二号卫星影像、锁眼系列卫星影像、无人机影像、Landsat 系列卫星影像等经过正射校正、图像融合、图像匀色、图像镶嵌、图像裁剪等处理的成果数据。影像数据的元数据信息需要进行入库管理，空间数据则存储在本地。

### 4．专题数据

覆盖广州市的 L1T 级 Landsat-5 卫星数据（122/44）、L1C 级的哨兵-2 系列卫星数据（49QGG+49QGF）、NPP-DNB 数据在入库之前会自动生成广州市的专题数据，专题数据是以压缩格式提供的。专题数据类型如表 22-7 所示。

表 22-7　专题数据类型

| 影像输入（示例） | 专题产品类型 |
| --- | --- |
| 哨兵-2 系列卫星数据（49QGG+49QGF） | 植被覆盖度、水质参数、森林碳储量、10 m 多光谱数据 |
| Landsat-5 卫星数据（122/44） | 植被覆盖度、水质参数、森林碳储量、城市热岛、Landsat 系列卫星数据 |
| NPP-DNB 数据 | 人类夜间活动分布图和整景夜光预处理结果 |

## 22.4　平台业务模型

遥感技术具有可以快速、准确、经济、大范围、周期性获取陆地、海洋和大气资料的能力，是获取地球信息的高新技术手段。随着卫星传感器的发展，越来越多的卫星数据可供使用。卫星数据种类的增加和性能的提高，需要更多的数据算法来支持数据的处理。因此，遥感中心在线数据处理平台的开发要结合应用需求和数据种类多的特点，并且要以成熟、专业的遥感模型为基础。常用的遥感模型包括数据读取、辐射定标、几何校正、正射校正、图像融合、图像镶嵌、图像裁剪、图像投影坐标转换等遥感处理算法，以及遥感分类、遥感反演等专题产品生成模型算法。

### 22.4.1　多源数据自动预处理

不同卫星数据具有不同的技术参数和格式，如哨兵-2 系列卫星数据具有三种空间分辨率，共计 13 个波段；Landsat 系列卫星数据包括多光谱和热红外波段；高分一号卫星和高分二号卫星的 PMS 只有 4 个波段的多光谱图像和 1 个波段的全色图像。因此，不同的卫星数据需要采用不同的处理流程和方法，遥感中心在线数据处理平台针对不同卫星数据制定了相应的自动预处理流程。

#### 1．光学卫星数据处理模型

以高分系列卫星数据为例，高分系列卫星的多光谱/全色数据处理带有全色和多光谱的

L1A 级高分系列卫星数据（包括高分一号卫星和高分二号卫星的 PMS），经过大气校正、正射校正、图像融合后可得到大气校正产品和图像融合产品。

高分一号卫星的 PMS 数据和高分二号卫星的 LIA 级数据的处理流程一致，数据包括全色和多光谱图像文件和相应的 RPC 文件，以及其他辅助文件，如元数据文件、大/小块视图。图 22-2 所示为某场景的 L1A 级的数据文件构成。

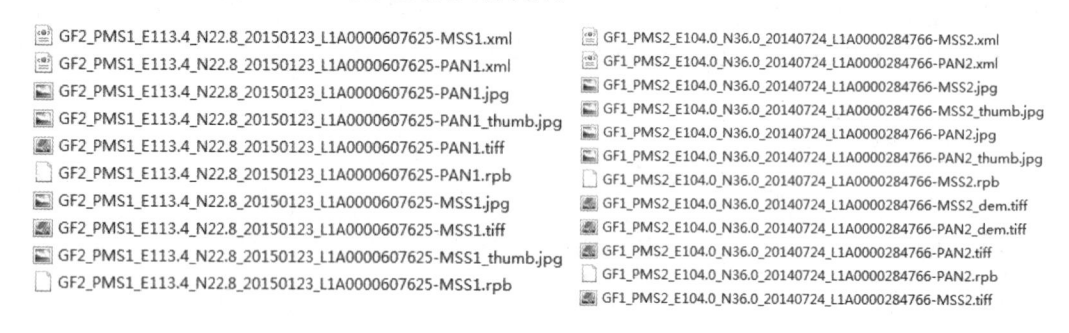

```
GF2_PMS1_E113.4_N22.8_20150123_L1A0000607625-MSS1.xml      GF1_PMS2_E104.0_N36.0_20140724_L1A0000284766-MSS2.xml
GF2_PMS1_E113.4_N22.8_20150123_L1A0000607625-PAN1.xml      GF1_PMS2_E104.0_N36.0_20140724_L1A0000284766-PAN2.xml
GF2_PMS1_E113.4_N22.8_20150123_L1A0000607625-PAN1.jpg      GF1_PMS2_E104.0_N36.0_20140724_L1A0000284766-MSS2.jpg
GF2_PMS1_E113.4_N22.8_20150123_L1A0000607625-PAN1_thumb.jpg GF1_PMS2_E104.0_N36.0_20140724_L1A0000284766-MSS2_thumb.jpg
GF2_PMS1_E113.4_N22.8_20150123_L1A0000607625-PAN1.tiff     GF1_PMS2_E104.0_N36.0_20140724_L1A0000284766-PAN2.jpg
GF2_PMS1_E113.4_N22.8_20150123_L1A0000607625-PAN1.rpb      GF1_PMS2_E104.0_N36.0_20140724_L1A0000284766-PAN2_thumb.jpg
GF2_PMS1_E113.4_N22.8_20150123_L1A0000607625-MSS1.jpg      GF1_PMS2_E104.0_N36.0_20140724_L1A0000284766-MSS2.rpb
GF2_PMS1_E113.4_N22.8_20150123_L1A0000607625-MSS1.tiff     GF1_PMS2_E104.0_N36.0_20140724_L1A0000284766-MSS2_dem.tiff
GF2_PMS1_E113.4_N22.8_20150123_L1A0000607625-MSS1_thumb.jpg GF1_PMS2_E104.0_N36.0_20140724_L1A0000284766-PAN2_dem.tiff
GF2_PMS1_E113.4_N22.8_20150123_L1A0000607625-MSS1.rpb      GF1_PMS2_E104.0_N36.0_20140724_L1A0000284766-PAN2.tiff
                                                           GF1_PMS2_E104.0_N36.0_20140724_L1A0000284766-PAN2.rpb
                                                           GF1_PMS2_E104.0_N36.0_20140724_L1A0000284766-MSS2.tiff
```

图 22-2　某场景的 L1A 级的数据文件构成

高分一号卫星的 PMS 数据和高分二号卫星的 L1A 级数据处理流程如图 22-3 所示。

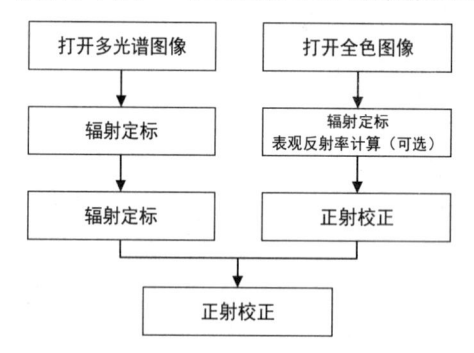

图 22-3　高分一号卫星的 PMS 数据和高分二号卫星的 L1A 级数据处理流程

光学卫星数据预处理主要步骤中的算法模型如下所述。

（1）辐射定标。辐射定标有两种输出结果，即表观辐亮度（Apparent Radiance）和表观反射率（Apparent Reflectance）。表观辐亮度是指地物在大气表观的辐射能量值。利用以下公式可将卫星各载荷的通道观测值 DN 转换为卫星载荷入瞳处的等效表观辐亮度。

$$L_e(\lambda_e) = \text{Gain} \times \text{DN} + \text{Bias}$$

式中，$L_e(\lambda_e)$ 表示地物在大气顶部的辐亮度，单位为 $W \cdot m^{-2} \cdot sr^{-1} \cdot \mu m^{-1}$；DN 为卫星载荷的通道观测值；Gain 为定标系数斜率；Bias 为定标系数截距。

表观反射率是指大气表观的反射率，其的计算公式为：

$$\rho_\lambda^* = \frac{\pi L_\lambda d^2}{E_{0\lambda} \cos\theta_s}$$

式中，$\rho_\lambda^*$ 为波段 $\lambda$ 的大气表观的反射率；$L_\lambda$ 为波段 $\lambda$ 的光谱幅亮度；$d$ 为天文单位的日地距离；$E_{0\lambda}$ 是波段 $\lambda$ 的大气上界太阳光谱辐亮度；$\theta_s$ 是太阳天顶角。

（2）正射校正。正射校正是以遥感数据处理系统软件自动提取的控制点为基础，采用有理多项式系数（Rational Polynomial Coefficients，RPC）模型，结合处理后的数字高程模型

(Digital Elevation Model，DEM）数据遥感图像进行的校正。单景正射校正控制点选取示例如图 22-4 所示。

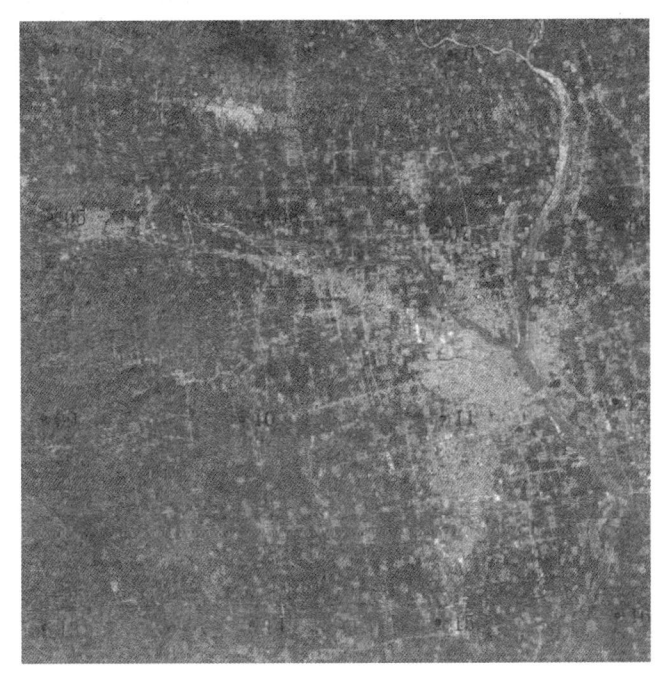

图 22-4　单景正射校正控制点选取示例

（3）图像融合。图像融合是一种对低空间分辨率的多光谱图像或高光谱数据与高空间分辨率的单波段图像进行重采样生成一幅高分辨率多光谱图像的遥感图像处理技术，使得处理后的图像既有较高的空间分辨率，又具有多光谱特征。

图像融合的关键是融合前的两幅图像精确配准，以及处理过程中融合方法的选择。只有对两幅融合图像进行精确配准，才可能得到满意的结果。融合方法的选择取决于被融合图像的特征以及融合目的。融合方法的选择非常重要，同样的融合方法用在不同图像中得到的结果往往会不一样。常用的图像融合方法有 PCA 融合方法、Gram-schmidt Pan Sharpening（GS）融合方法和 NNDiffuse Pan Sharpening 融合方法。

① PCA 融合方法。PCA（Principal Component Analysis）融合方法首先对具有 $n$ 个波段的低分辨率图像进行主成分分析；然后将单波段的高分辨率图像经过灰度拉伸，使其灰度的均值和方差与 PCA 变换第 1 分量图像一致；最后用拉伸过的高分辨率图像代替第 1 分量图像，经过 PCA 逆变换还原到原始空间。

② Gram-schmidt Pan Sharpening（GS）融合方法。GS 融合方法是一种综合利用全色图像和多光谱图像，通过某种算法获得具有高空间分辨率的多光谱图像的技术，是一种像元层面的技术，利用高分辨率全色（PAN）图像增加了多光谱（MSS）图像的空间分辨率。

③ NNDiffuse Pan Sharpening 融合方法。NNDiffuse Pan Sharpening 融合方法是由美国罗切斯特理工学院（RIT）最新提出的一种融合算法，其中 NNDiffuse 的全称是 Nearest Neighbor Diffusion。该融合方法支持多线程计算，具有高性能处理的特点，其融合结果可以很好地保留色彩、纹理和光谱等信息。

## 2. 夜光数据处理模型

夜光数据是 DNB 波段的，其预处理主要包括数据打开、几何校正、辐射定标（量纲转换）。

（1）数据打开。Suomi NPP-DNB SDR 级夜光数据的存储格式是全球标准通用 HDF5 层次式文件格式，包含组、数据集、数据空间和属性。通过遥感中心在线数据处理平台可以打开 HDF5 格式的文件，并对图像、几何定位文件的数据集进行解析。

（2）几何校正。几何校正采用地理位置查找表（Geographic Lookup Table，GLT）文件几何校正法，该方法利用输入的几何文件生成一个 GLT 文件，从 GLT 文件中可以了解某个初始像元在最终输出结果中实际的地理位置。GLT 文件是一个二维图像文件，文件中包含地理校正图像的行和列两个波段，文件中的灰度值表示原始图像每个像素对应的地理位置坐标信息，用有符号整型数存储。符号用于表示输出像元是对应于真实的输入像元，还是由邻近像元生成的填实像元（Infill Pixel）。符号为正时说明使用了真实的像元位置值；符号为负时说明使用了邻近像元的位置值，值为 0 说明周围 7 个像元内没有邻近像元位置值。

GLT 文件包含初始图像每个像元的地理定位信息，其校正精度是很高的，可避免通过地面控制点利用多项式几何校正法对低分辨率图像的处理。

（3）辐射定标（量纲转换）。

① NPP-DNB SDR 级夜光数据的单位为 $nW \cdot cm^{-2} \cdot sr^{-1} \cdot \mu m^{-1}$，该量级非常小，一般将量纲扩大 $10^9$ 倍，使数据单位变为 $W \cdot cm^{-2} \cdot sr^{-1} \cdot \mu m^{-1}$。

② 珞珈一号卫星数据通常是经过了椭球几何校正编码（Geocoded Ellipsoid Corrected，GEC）系统校正的数据，该类数据的预处理只有辐射定标。辐射定标公式为：

$$L = DN^{3/2} \times 10^{-10}$$

式中，$L$ 为绝对辐射校正后的辐亮度，单位为 $W \cdot m^{-2} \cdot sr^{-1} \cdot \mu m^{-1}$。

### 22.4.2 遥感模型与处理流程

## 1. 基于水指数模型的水体面积提取

根据不同遥感影像数据可以构建不同的水指数模型，常用的几种水指数模型计算公式如下：

（1）归一化水指数模型（Normalized Difference Water Index，NDWI）的计算公式为：

$$NDWI = \frac{B_{Green} - B_{NIR}}{B_{Green} + B_{NIR}}$$

式中，$B_{Green}$ 和 $B_{NIR}$ 表示绿色波段（Green Band）和近红外波段的反射率数据。

（2）增强型水指数（Modified Normalized Difference Water Index，MNDWI）的计算公式为：

$$MNDWI = \frac{B_{Green} - B_{SWIR}}{B_{Green} + B_{SWIR}}$$

式中，$B_{Green}$ 和 $B_{SWIR}$ 表示绿色波段和短波红外波段的反射率数据。

（3）水体指数（Water Index，$WI_{2015}$）的计算公式为：
$$WI_{2015} = 1.7204 \times B_{Green} + 3 \times B_{Red} - 45 \times B_{SWIR1} - 71 \times B_{SWIR2}$$
式中，$B_{Green}$、$B_{Red}$、$B_{NIR}$ 表示绿色波段、红色波段（Red Band）、近红外波段的反射率数据，$B_{SWIR1}$、$B_{SWIR2}$ 表示短波红外波段的反射率数据。

（4）自动水体提取指数（Automated Water Extraction Index，AWEI）的计算公式为：
$$WI_{2015} = B_{Blue} + 2.5 \times B_{Green} - 1.5(B_{NIR} + B_{SWIR1}) - 0.25 \times B_{SWIR2}$$
式中，$B_{Blue}$、$B_{Green}$、$B_{NIR}$ 为蓝色波段（Blue Band）、绿色波段、近红外波段的反射率数据，$B_{SWIR1}$、$B_{SWIR2}$ 表示短波红外波段的反射率数据。

基于 OTSU 法（最大类间方差法，有时也称之为大津算法）对水指数图像进行二值化，可得到水体面积信息。

### 2．基于经验模型的水质参数提取

水环境水质专题产品包括叶绿素 a、悬浮物浓度、水体污染指数。遥感中心在线数据处理平台采用已有的经验模型作为默认模型，并在此基础上修改了自己的监测模型。常用的几种经验模型的计算公式如下：

（1）叶绿素 a 的计算公式为：
$$C_{chl\text{-}a} = A(B_{NIR}/B_{Red})^2 - B(B_{NIR}/B_{Red}) + C$$
式中，$C_{chl\text{-}a}$ 表示叶绿素 a 的浓度，$B_{NIR}$、$B_{Red}$ 表示近红外波段和红色波段的反射率数据，$A$、$B$ 和 $C$ 为常量。

（2）悬浮物浓度的反演模型为：
$$C_{TSS} = A(B_{Red}/B_{Green})^B$$
式中，$C_{TSS}$ 为悬浮物浓度，$B_{Red}$、$B_{Green}$ 表示红色波段和绿色波段的反射率数据，$A$ 和 $B$ 为常量。

（3）水体污染指数的估计模型（这里实际使用的是富营养化指数）为：
$$TLI = A \times TLI_{chl\text{-}a} + B \times TLI_{TSS}$$
$$TLI_{chl\text{-}a} = 10(A + B \times \ln C_{chl\text{-}a})$$
$$TLI_{TSS} = 10(A + B \times \ln C_{TSS})$$

### 3．基于像元二分法模型的植被覆盖度反演

像元二分法模型是一种简单实用的遥感估算模型，它假设一个像元的地表由有植被覆盖部分地表与无植被覆盖部分地表组成，而遥感传感器观测到的光谱信息也由这 2 个组分因子线性加权合成，各组分因子的权重是各自的面积在像元中所占的比率，如其中植被覆盖度可以看成植被的权重。

像元二分法模型为：
$$VFC = \frac{NDVI - NDVI_{soil}}{NDVI_{veg} - NDVI_{soil}}$$
式中，$NDVI_{soil}$ 表示裸土或无植被覆盖区域的像元 NDVI 值，$NDVI_{veg}$ 表示完全被植被覆盖区域的像元 NDVI 值，即纯植被像元 NDVI 值。$NDVI_{soil}$ 和 $NDVI_{veg}$ 的计算公式为：
$$NDVI_{soil} = \frac{VFC_{max} \times NDVI_{min} - VFC_{min} \times NDVI_{max}}{VFC_{max} - VFC_{min}}$$

$$\mathrm{NDVI}_{veg} = \frac{(1-\mathrm{VFC}_{min}) \times \mathrm{NDVI}_{max} - (1-\mathrm{VFC}_{max}) \times \mathrm{NDVI}_{min}}{\mathrm{VFC}_{max} - \mathrm{VFC}_{min}}$$

利用像元二分法模型计算植被覆盖度的关键是计算 $\mathrm{NDVI}_{soil}$ 和 $\mathrm{NDVI}_{veg}$。假设某区域内的 $\mathrm{VFC}_{max}=100\%$、$\mathrm{VFC}_{min}=0\%$，则有：

$$\mathrm{VFC} = \frac{\mathrm{NDVI} - \mathrm{NDVI}_{min}}{\mathrm{NDVI}_{max} - \mathrm{NDVI}_{min}}$$

式中，$\mathrm{NDVI}_{max}$ 和 $\mathrm{NDVI}_{min}$ 分别表示区域内像元的最大和最小 NDVI 值。由于区域中会不可避免地存在噪声，因此 $\mathrm{NDVI}_{max}$ 和 $\mathrm{NDVI}_{min}$ 一般取一定置信度范围内的最大值与最小值。置信度的取值主要根据图像实际情况来确定，当某区域不能近似取 $\mathrm{VFCmax}=100\%$、$\mathrm{VFCmin}=0\%$ 时，在有实测数据的情况下，取实测数据中的植被覆盖度的最大值和最小值作为 $\mathrm{NDVI}_{max}$ 和 $\mathrm{NDVI}_{min}$，这两个实测数据对应图像像元的 $\mathrm{NDVI}_{max}$ 和 $\mathrm{NDVI}_{min}$；在没有实测数据的情况下，取一定置信度范围内的 $\mathrm{NDVI}_{max}$ 和 $\mathrm{NDVI}_{min}$，$\mathrm{NDVI}_{max}$ 和 $\mathrm{NDVI}_{min}$ 可根据经验估算。

基于像元二分法模型植物覆盖度反演流程如图 22-5 所示。

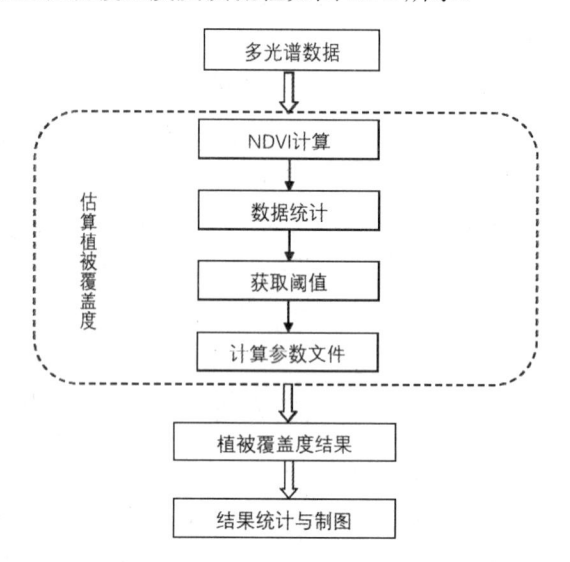

图 22-5 基于像元二分法模型植物覆盖度反演流程

### 4. 基于 Landsat 系列卫星影像的城市热岛遥感监测

热红外遥感（Thermal Infrared Remote Sensing）是指传感器工作波段限于红外波段范围之内的遥感，即利用星载或机载传感器收集、记录地物的热红外信息，并利用这些热红外信息来识别地物和反演地表参数（如温度、湿度和热惯量等）。目前有很多的卫星携带了热红外传感器，如 ASTER、AVHRR、MODIS、TM/ETM+/ TIRS 等。

基于 Landsat 系列卫星影像的城市热岛遥感监测主要分为两步：基于大气校正法的地表温度反演和城市热岛分级。

（1）基于大气校正法的地表温度反演。目前，适用于地表温度反演的算法主要有大气校正法（Radiative Transfer Equation，RTE，也称为辐射传输方程）、单通道算法和分裂窗法。遥感中心在线数据处理平台使用大气校正法反演地表温度。大气校正法的处理流程如图 22-6 所示，基于大气校正法的地表温度反演如图 22-7 所示。

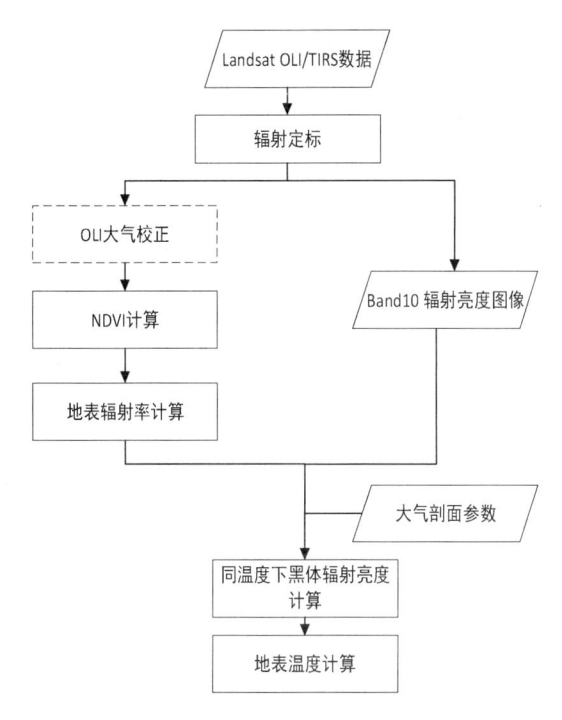

```
                    ┌─────────────────────┐
                    │ Landsat OLI/TIRS数据 │
                    └──────────┬──────────┘
                               │
                    ┌──────────▼──────────┐
                    │      辐射定标        │
                    └──────┬───────┬──────┘
                           │       │
                 ┌─────────▼──┐    │
                 │ OLI大气校正 │    │
                 └─────┬──────┘    │
                       │           │
                 ┌─────▼────┐  ┌───▼──────────────┐
                 │ NDVI计算  │  │ Band10 辐射亮度图像│
                 └─────┬────┘  └───┬──────────────┘
                       │           │
                 ┌─────▼────────┐  │
                 │ 地表辐射率计算 │  │
                 └─────┬────────┘  │
                       │           │    ┌─────────────┐
                       │           │    │ 大气剖面参数 │
                       │           │    └──────┬──────┘
                       │           │           │
                       └──────┬────┴───────────┘
                              │
                    ┌─────────▼─────────────┐
                    │ 同温度下黑体辐射亮度    │
                    │         计算           │
                    └─────────┬─────────────┘
                              │
                    ┌─────────▼─────────┐
                    │   地表温度计算     │
                    └───────────────────┘
```

图 22-6　大气校正法的处理流程

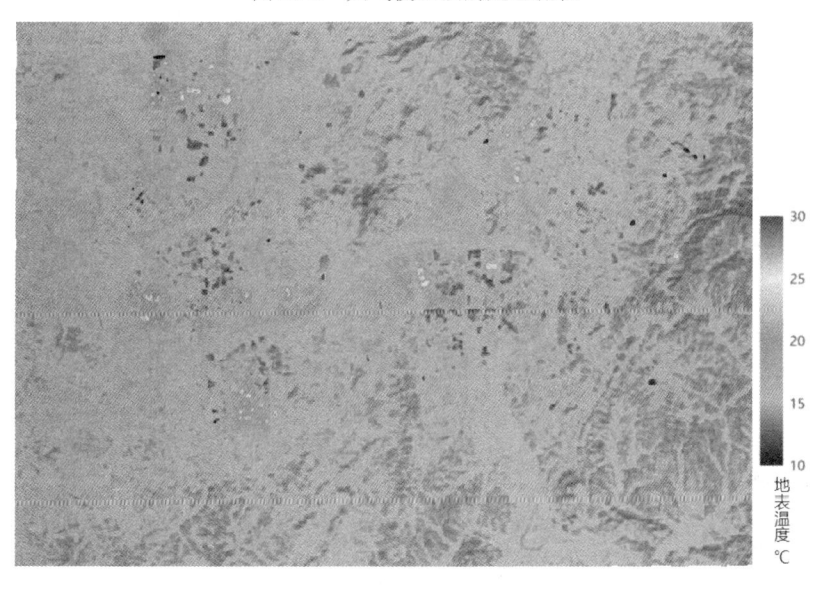

图 22-7　基于大气校正法的地表温度反演

（2）城市热岛分级。城市热岛分级的依据是中华人民共和国气象行业标准《气候可行性论证规范　城市通风廊道》（QX/T 437—2018）。通过卫星影像反演得到的地表温度，可计算城市热岛强度，计算公式为：

$$I_i = T_i - \frac{1}{N}\sum_{j=1}^{N} T_{\text{crop},j}$$

式中，$I_i$ 表示图像上第 $i$ 个像元所对应的热岛强度，单位为℃；$T_i$ 表示第 $i$ 个像元的地表温度，单位为℃；$T_{\text{crop},j}$ 表示郊区农田地区第 $j$ 个像元的地表温度，单位为℃；$N$ 表示郊区农田地区的有效像元总数。

郊区农田的选择可遵循以下原则：
- 平原：城市与平原海拔差小于 50 m。
- 远郊农田类型。
- 植被覆盖度≥80%。
- 不透水盖度≤20%。

城市热岛强度等级如表 22-8 所示，城市热岛分级示例如图 22-8 所示。

表 22-8 城市热岛强度等级

| 城市热岛强度等级 | 城市热岛强度含义 | 日热岛强度（$I_日$）/℃ |
| --- | --- | --- |
| 1 级 | 强冷岛 | $I_日 \leqslant -7.0$ |
| 2 级 | 较强冷岛 | $-7.0 < I_日 \leqslant -5.0$ |
| 3 级 | 弱冷岛 | $-5.0 < I_日 \leqslant -3.0$ |
| 4 级 | 无热岛 | $-3.0 < I_日 \leqslant 3.0$ |
| 5 级 | 弱热岛 | $3.0 < I_日 \leqslant 5.0$ |
| 6 级 | 较强热岛 | $5.0 < I_日 \leqslant 7.0$ |
| 7 级 | 强热岛 | $I_日 > 7.0$ |

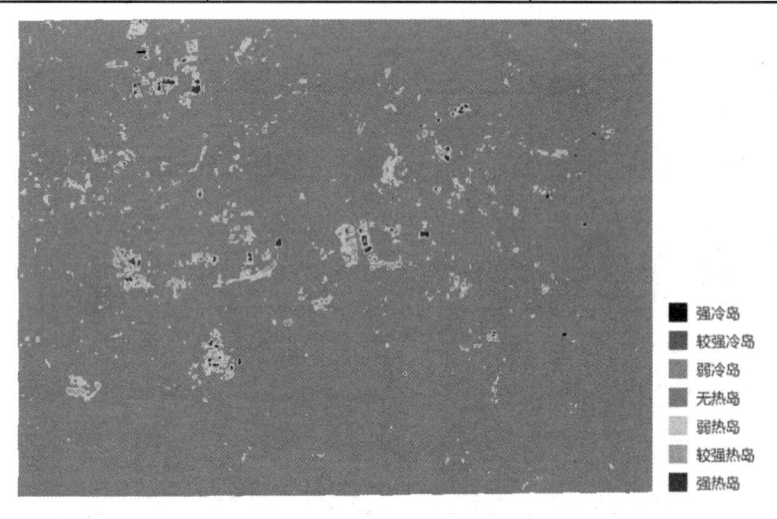

图 22-8 城市热岛分级示例

### 5. 基于回归模型的森林碳储量估算

利用典型样区的地上生物量作为样本数据，可以与 Landsat 系列卫星遥感数据波段发射率和植被指数建立逐步回归关系，从而估算某区域的森林生物量，实现由典型样区向区域森林生物量估算的扩展。

在进行森林生物量估算时，可为针叶林、阔叶林和针阔混交林等不同的森林类型建立回归关系。

$$\ln W_A = \beta_0 + \beta_1 \times B_1 + \beta_2 \times B_2 + \cdots + \beta_7 \times B_7 + \beta_8 \times \text{CNDVI} + \beta_9 \times \text{EVI} + \beta_{10} \times \text{NDVI} + \beta_{11} \times \text{RVI} + \beta_{12} \times \text{SAVI}_{0.5} + \beta_{13} \times \text{SAVI}_{1.0} + \varepsilon$$

式中，$W_A$ 为估算的森林生物量；$B_1, B_2, \cdots, B_7$ 分别为 Landsat 系列卫星遥感数据的第 1

到第 7 波段的反射率；CNDVI、EVI、NDVI、RVI、$\text{SAVI}_{0.5}$（$L=0.5$）、$\text{SAVI}_{1.0}$（$L=1.0$）分别为从 Landsat 系列卫星遥感数据提取的植被指数；$\beta_0$，$\beta_1$，$\beta_2$，…，$\beta_{13}$ 为回归模型系数；$\varepsilon$ 为误差项。不同森林类型的森林生物量回归模型系数如表 22-9 所示。

表 22-9　不同森林类型的森林生物量回归模型系数

| 系数名称 | 模型系数 | 针叶林 | 阔叶林 | 针阔混交林 |
| --- | --- | --- | --- | --- |
| 常数项 | $\beta_0$ | −6.71375 | 0.76517 | 3.428444 |
| $B_1$ | $\beta_1$ | 0.002337 | 0.010931 | 0.010767 |
| $B_2$ | $\beta_2$ | −0.0099 | 0.013852 | 0.016772 |
| $B_3$ | $\beta_3$ | 0 | −0.01813 | −0.01835 |
| $B_4$ | $\beta_4$ | 0.017513 | 0 | 0 |
| $B_5$ | $\beta_5$ | −0.00187 | 0.003164 | −0.000089 |
| $B_6$ | $\beta_6$ | 0 | 0.004676 | 0.004637 |
| $B_7$ | $\beta_7$ | −0.00515 | −0.01152 | −0.01112 |
| CNDVI | $\beta_8$ | −0.23041 | 0.348226 | 0.323201 |
| EVI | $\beta_9$ | 39.96 | −61.9863 | −69.6566 |
| NDVI | $\beta_{10}$ | 12.61125 | 0 | 0 |
| RVI | $\beta_{11}$ | 0.006322 | −0.01453 | −0.01338 |
| $\text{SAVI}_{0.5}$ | $\beta_{12}$ | −29.1131 | 55.6012 | 0 |
| $\text{SAVI}_{1.0}$ | $\beta_{13}$ | 0 | 0 | 92.37497 |

森林生物量是表征森林碳储量的重要指标之一，根据王万同等在 2018 年出版的《中国森林生态系统碳储量——动态及机制》中提出的中国森林主要树种碳储量，最终在广州市取转换系数为 0.5，即：

$$\text{Carbon} = \text{AGB} \times 0.5$$

式中，AGB 表示森林生物量。

## 22.5 平台主要功能

遥感中心在线数据处理平台包括 9 个子系统，每个子系统包括若干个功能模块，如图 22-9 所示。

### 1. 应用系统门户

遥感中心在线数据处理平台主页是整个平台的应用系统门户，包括登录系统模块、系统主页和个人中心，提供了模块切换、地图操作、图层操作、个人信息管理等功能。

### 2. 数据生产与入库子系统

数据生产与入库子系统的主要功能是完成影像数据、专题产品数据的生产与入库，以及深度学习训练模型和面向对象分类规则文件的入库。该子系统支持自动入库方式和手动入库方式，采用"文件+数据库"的存储和入库管理方式，即文件存储在硬盘中，元数据存储在数据库中。

```
遥感中心在线数据处理平台
├── 应用系统门户
│   ├── 登录系统
│   ├── 系统主页
│   └── 个人中心
├── 数据生产与入库子系统
│   ├── 标准数据入库
│   ├── 专题自动生产与入库
│   ├── 训练模型入库与管理
│   └── 规则文件入库与管理
├── 图像预处理子系统
│   ├── 高分系列卫星处理
│   └── 通用影像处理工具
├── 影像查询与裁剪子系统
│   ├── 影像检索
│   └── 影像裁剪与下载
├── 典型城市地物提取子系统
│   ├── 深度学习地物提取
│   ├── 面向对象地物提取
│   └── 查询分析
├── 典型地物变化监测子系统
│   ├── 图像直接检测
│   ├── 分类图像检测
│   ├── 深度学习检测
│   └── 查询分析
├── 生态环境监测子系统
│   ├── 城市热岛监测
│   ├── 水环境监测
│   └── 生态查询分析
├── 植被监测子系统
│   ├── 植被监测
│   ├── 森林碳储量估算
│   └── 植被查询分析
└── 人类夜间活动监测子系统
    ├── 人类活动监测
    └── 查询分析
```

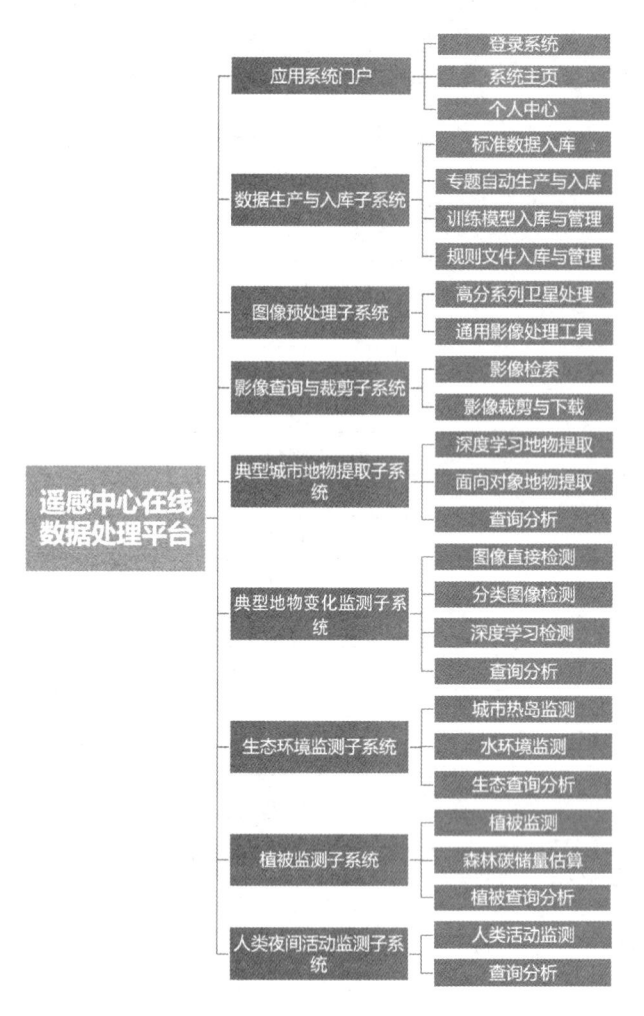

图 22-9　遥感中心在线数据处理平台的组成

当输入的数据为覆盖广州市的 L1T 级 Landsat（122/44）、L1C 级的哨兵-2 系列卫星数据（49QGG+49QGF）、NPP-DNB 数据，在入库时能自动生成植被覆盖度、水质参数、城市热岛分级、森林碳储量估算、人类夜间活动监测等专题产品。

**3．图像预处理子系统**

图像预处理子系统提供遥感图像预处理功能，包括数据解压缩、数据读取、辐射定标、几何校正、正射校正、图像融合、图像镶嵌、图像裁剪、图像投影坐标转换，并提供高分一号卫星数据和高分二号卫星数据的自动预处理。

**4．影像查询与裁剪子系统**

影像查询与裁剪子系统既可以依据空间范围、成像时间、生产时间、传感器类型、云量、产品类型（普通或者反射率）、数据来源（公有库或私有库）等条件从库里检索影像数据，并浏览、下载检索结果，也可以基于空间范围对检索到的影像数据进行在线空间裁剪，并可以打包下载裁剪结果。

### 5. 典型城市地物提取子系统

典型城市地物提取子系统采用深度学习和面向对象方法，从影像中提取一些典型地物信息，如城市绿地、城市裸地、建筑物、高密度人口聚居区、城市水体等信息。训练模型和规则文件可以从数据库中检索得到。

### 6. 典型地物变化监测子系统

典型地物变化监测子系统基于多时相影像进行变化监测，包括自然地表变成人工地表、大面积变化、地表覆盖变化等变化信息。该子系统提供了图像直接检测、分类图像检测、深度学习检测三种方法。

### 7. 生态环境监测子系统

生态环境监测子系统利用遥感反演技术，从多源影像数据中反演城市地表温度和城市热岛效应、水环境参数（叶绿素 a、悬浮物浓度、水体污染指数）。

### 8. 植被监测子系统

植被监测子系统用于计算植被覆盖度、估算森林碳储量。

### 9. 人类夜间活动监测子系统

人类夜间活动监测子系统利用夜光数据监测和分析地表夜间人造光源亮度强弱的变化。

## 22.6 平台应用框架

遥感中心在线数据处理平台的应用框架如图 22-10 所示，可实现自动化处理与在线按需处理。

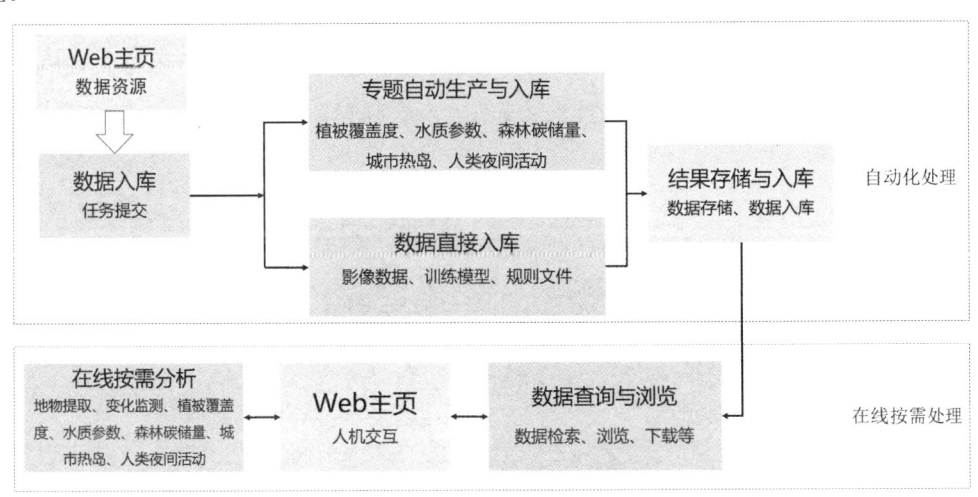

图 22-10　遥感中心在线数据处理平台的应用框架

（1）自动化处理。选择数据资源，如果输入的是由 L1 级的哨兵-2 系列卫星数据、Landsat 系列卫星数据、夜光数据自动生产的植被覆盖度、水质参数、森林碳储量、城市热岛、人类夜间活动等专题产品，则原始影像和专题产品一起自动入库；如果输入的是 DOM 影像成果数据、训练模型、规则文件，则对元数据和原始文件进行入库管理。

（2）在线按需处理。在线按需处理是指在 Web 主页选择对应的参数并将其提交给服务器，服务器做相应的处理后将结果返回给客户端，实现实时在线处理业务流程。

### 22.6.1 平台运行环境

遥感中心在线数据处理平台的运行环境如图 22-11 所示，既可以选择单机或者集群作为服务器，也可选择运行在内网或者公共网络上，存储设备可以选择服务器自带的存储器，也可以选择 NAS 存储和云存储（S3 标准）等。

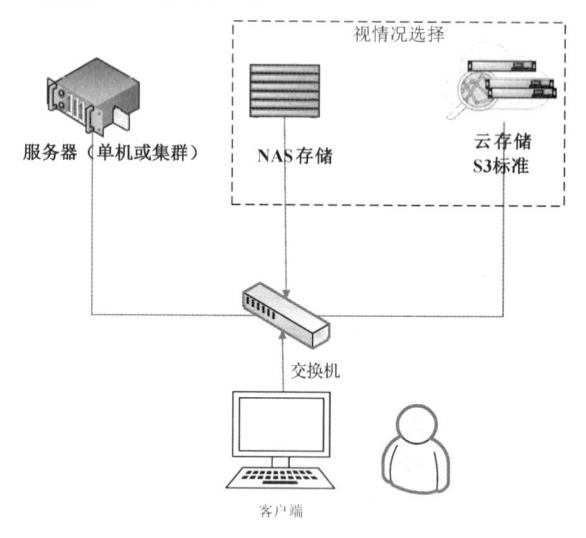

图 22-11 遥感中心在线数据处理平台的运行环境

### 22.6.2 软件配置

遥感中心在线数据处理平台的软件配置如图 22-12 所示。

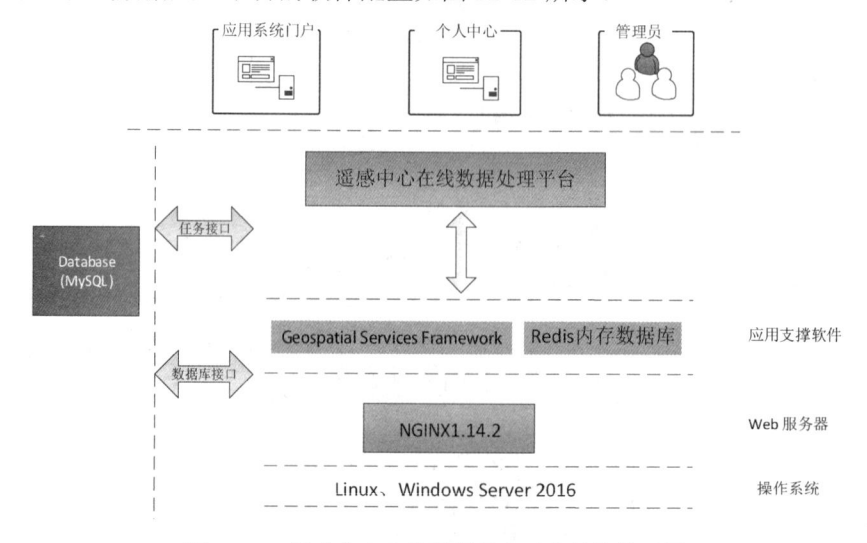

图 22-12 遥感中心在线数据处理平台的软件配置

## 22.7 平台关键技术

### 22.7.1 基于深度学习的影像分类技术

遥感中心在线数据处理平台将 ENVI Deep Learning 作为深度学习图像分类工具。ENVI Deep Learning 是面向空间信息从业者，基于深度学习框架（TensorFlow）开发的遥感图像分类工具。TensorFlow 是一个由一组基本的神经网络参数定义的开源框架。

ENVI Deep Learning 使用的架构（称为 ENVINet5）是由 Ronneberger、Fischer 和 Brox 于 2015 年开发的 U-Net 架构。ENVINet5 是一种基于掩码（Mask-Based）、编码器-解码器（Encoder-Decoder）的体系结构，用于对图像中的每个像素进行分类。ENVINet5 架构的工作流程如图 22-13 所示。

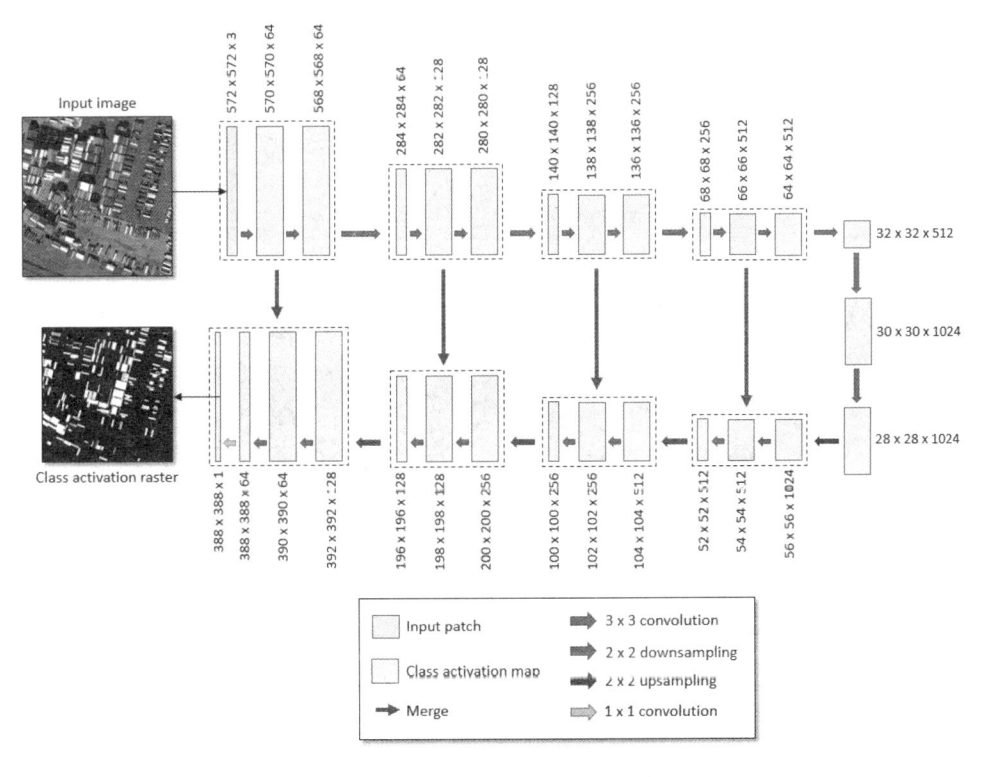

图 22-13 ENVINet5 架构的工作流程

### 22.7.2 企业级遥感二次开发平台

遥感中心在线数据处理平台提供了企业级遥感二次开发平台，用户可以组织、创建及发布先进的图像分析处理程序，将这些能力部署在现有的集群环境、企业级服务器或云平台中，可以通过各种终端（如桌面端、移动端、网页端等）按需获取并充分利用遥感图像提取的信息。企业级遥感二次开发平台支持上百种不同的数据类型，不仅集成了 200 多个图像分析功能,还可以通过遥感二次开发语言(如 IDL)开发更多的功能。通过企业级遥感二次开发平台,用户可以快速构建专业的遥感业务化应用模型,能够降低开发风险、缩短开发周期。部署在服务器上的企业级遥感二次开发平台如图 22-14 所示。

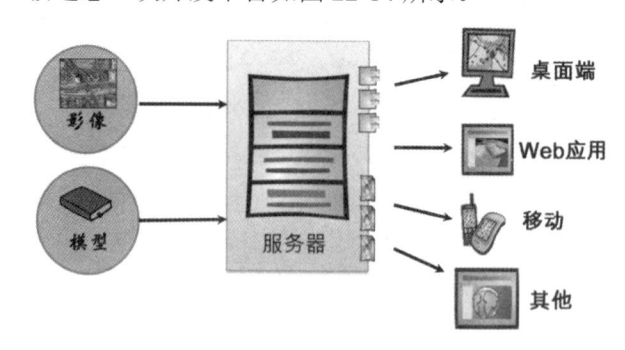

图 22-14　部署在服务器上的企业级遥感二次开发平台

企业级遥感二次开发平台采用了开源的、与中间件无关的体系结构,考虑了资源和互操作性,用户可以在一个资源上部署图像分析功能并传递给其他系统。企业级遥感二次开发平台提供了在线的遥感服务,用户只需要通过客户端(如浏览器、移动设备等)就可以对影像进行复杂的、耗费资源的运算,能够随时随地获取影像空间数据和信息,从而快速有效地进行战略决策。

企业级遥感二次开发平台的基本运行框架如图 22-15 所示,包括服务端、中间件(可选)和前端客户端。

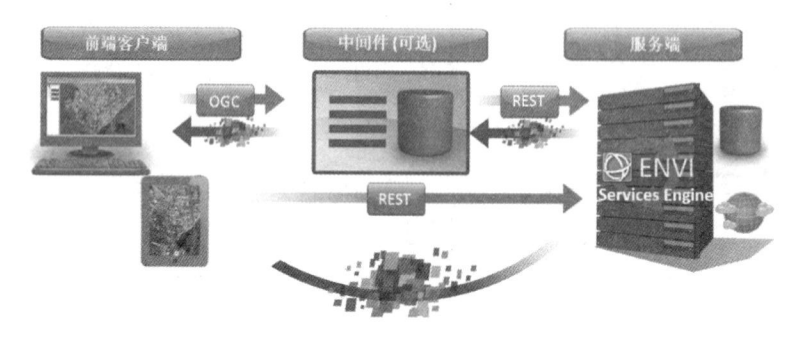

图 22-15　企业级遥感二次开发平台的基本运行框架

(1)服务端:安装有企业级遥感二次开发平台,能够管理数据和分析功能,将分析功能传递到数据而不是将数据拷贝到桌面进行本地分析,这样可以减少执行某些任务的时间。另外,服务端的组成是可伸缩的,这意味着用户能够使用多个服务器执行大型任务或者进行批处理工作。

(2)中间件(可选):中间件控制了所有的 GIS 目录、资源和派生产品的传输,通常使用基于开放地理联盟(OGC)的体系结构来处理地图、要素,以及来自客户端的请求。中间件能够以 WebService 的形式对庞大的数据目录进行托管和提供服务。

(3)前端客户端:包括基于 Web 的瘦客户端、桌面程序、移动应用程序,是用户搜索和发现数据、请求解析和结果显示的交互界面。

企业级遥感二次开发平台具有远程访问、资源配置、互操作、用户协同、高效性、易用性、安全性等特性。

## 22.8 平台特色亮点

**1. 以成熟、专业的遥感模型为基础**

随着卫星传感器的发展，越来越多的卫星影像可供使用。卫星影像种类的增加和性能的提高，需要更多的影像处理算法来支持影像的处理。遥感中心在线数据处理平台是以成熟、专业的遥感模型为基础而开发的，包括了常用的遥感模型和专题产品生产模型。

**2. 基于深度学习的影像分类**

深度学习是一种复杂的机器学习形式，它使系统能够自动发现数据的特征表达。与机器学习的区别是，深度学习能够在没有外部指导或干预的情况下自行持续地改进预测精度，通过在神经网络中多层学习得出结论，类似于大脑处理信息的方式。深度学习通过在神经网络中多层学习得出结论，在影像分类中具有很大的应用价值。

**3. 基于 SOA 进行平台的架构设计**

SOA 是基于开放的互联网标准和协议、支持对应用程序或应用程序组件进行描述、发布、发现和使用的一种应用架构。SOA 将可重用的数据和应用作为服务或功能进行集成，并可以在需要时通过网络访问这些服务或功能，这个网络可以是完全包含在平台内部局域网。通过 SOA，开发者可以对不同的服务或功能进行组合，以完成一系列业务逻辑与展现，最终可让用户能够像使用本地业务组件一样方便地调用服务或功能等各种资源。遥感中心在线数据处理平台可以根据需要将服务组装为按需应用程序——相互连接的服务提供者和使用者集合，彼此结合以完成特定任务，使应用业务能够适应不断变化的情况和需求。

遥感中心在线数据处理平台中的服务是自包含的，具有定义良好的接口，允许服务的使用者了解如何与其进行交互。从技术角度而言，SOA 带来了"松散耦合"的应用程序组件，在这类组件中，代码不一定要绑定到某个特定的数据库（甚至不一定要绑定到特定的基础设施）。正是得益于这种"松散耦合"特性，才使得遥感中心在线数据处理平台能够将服务组合为各种应用程序，从而大幅提高了代码重用率，在增加功能的同时减少工作量。WebService 是目前实现 SOA 的首选。

WebService 是目前最适合实现 SOA 的技术集合，事实上 SOA 从提出到逐渐为业界所接受，主要得益于 WebService 标准的成熟和应用的普及，这为广泛采用 SOA 提供了基础。WebService 中的各种协议可满足 SOA 的需求。

**4. 企业级遥感服务技术**

传统的遥感应用模式一直以桌面遥感图像处理软件为主，处理流程通常为：首先将数据下载并复制到本地，然后在桌面遥感图像处理软件中完成预处理工作，最后基于遥感业务模型计算成果。这种应用模式对于从业者的遥感技术要求较高，而且效率较慢，不方便成果的共享与分发。

为了打破传统的遥感应用模式，遥感中心在线数据处理平台借助主流的 IT 技术、互联网技术、企业级遥感技术等，以服务的方式向用户提供预处理功能、遥感模型算法，从而实现在线遥感图像处理能力，以及与其他系统的互操作。

# 第 23 章
# 招商引资信息管理系统

招商引资信息管理系统以电子地图、卫星影像、土地利用、空间规划等地理空间大数据，以及招商政策、产业链、宏观经济数据等产业招商大数据为核心，采用多源、多尺度、全空间融合的面向招商业务数字化管理的招商引资数据库，通过开放接口与现有相关业务系统实现了无缝衔接，构建了招商引资信息化应用生态，实现了招商业务的可视化管理、招商载体在线展示宣传，具有产业分析等功能，为招商引资全链条、全生命周期管理的重要决策提供了支撑。

## 23.1 系统需求分析

招商引资作为产业转型升级的必然选择，是提升经济发展实力的重要抓手，是推动高质量发展的迫切需要。招商引资信息管理系统汇聚了海量的多源地理信息空间数据，结合产业招商大数据，聚焦资源整合，构建了招商引资数据库，形成了招商数据底座，提升了数据资源在招商引资中的应用价值。

为了提高招商引资工作整体信息化水平，在线串联招商各环节管理，形成招商项目的全生命周期信息化管理模式，招商引资信息管理系统结合了多源大数据和已有的规划与土地管理数据，可以支撑项目的开展与落地；结合了企业数据和产业链数据，可为招商与产业布局决策提供推演分析；更好地提高了招商引资工作效率和信息化水平，可满足日常工作需要。通过无缝对接招商业务逻辑，招商引资信息管理系统能够充分挖掘产业招商资源，支撑、服务政府招商项目管理决策以及企业落地的高频应用场景，提升产业招商质效，全面提升招商引资工作效能，为企业提供便利化服务。面向招商现状与需求，招商引资信息管理系统利用多链路、高质量的优势，打造了产业招商挖掘模型，紧扣推动产业发展与优化产业发展环境的工作需求，推荐符合产业发展的优势项目，可以为产业集聚发展，优化土地、资本、人才、技术、数据等要素资源配置提供服务。

招商引资信息管理系统集成了企业服务总线（Enterprise Service Bus，ESB）、多终端融合、大数据平台共性技术等先进的技术方法，增加了产业招商大数据模型、产业招商挖掘模型等招商引资信息模型，引入了产业链关联关系的知识抽取与知识化展示模块，不仅能够满足数据融合的多级联动要求，打通招商外部推介与内部管理的业务互通渠道，还能为企业提供智能化政策精准指引，辅助意向企业落地。

招商引资信息管理系统具备招商载体展示、在谈项目管理、土地查询、领导驾驶舱等多项核心功能，为城市招商引资工作提供视觉体验完善、空间分析功能强大的二三维一体化展示，实现区域招商引资工作相关数据的全空间、全要素、全时序可视化在线统计分析，为建设智慧城市、智慧产业园区等业务应用提供专业的 GIS 能力与服务支撑。

## 23.2 系统架构体系

招商引资信息管理系统在架构技术上采用面向服务架构（Service-Oriented Architecture，SOA），便于系统的扩展性和对外异构关联，实现与市区政府各部门业务系统的统一，达到数据即服务、应用即服务的 SOA 设计目标。招商引资信息管理系统的架构如图 23-1 所示。

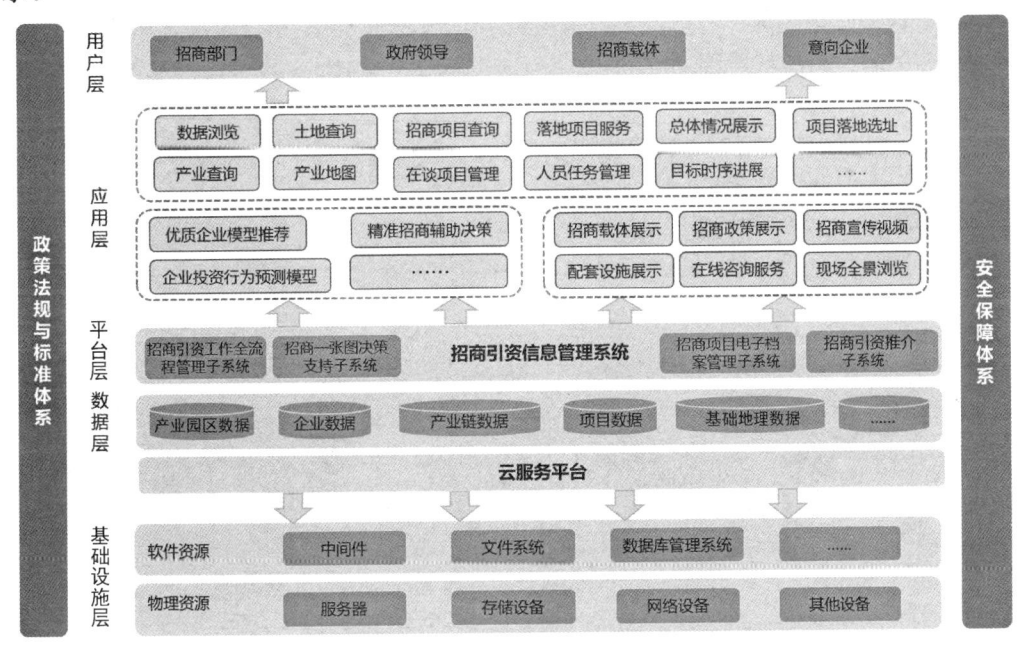

图 23-1 招商引资信息管理系统的架构

（1）用户层：面向各类用户，如招商部门、政府领导、招商载体、意向企业等，根据不同的用户业务需求，设置对应的应用层系统访问权限，为不同用户提供应用服务。

（2）应用层：主要包括招商载体展示、招商政策展示、配套设施展示、在线咨询服务、招商宣传视频、现场全景浏览、优质企业模型推荐、精准招商辅助决策、企业投资行为预测模型等。应用层提供招商引资信息的查询、分析、共享服务和综合应用服务，与政府其他部门的业务系统进行了对接，其他部门的业务系统可以获取授权范围的数据和功能。

（3）平台层：平台层主要包括招商引资工作全流程管理子系统、招商一张图决策支持子系统、招商项目电子档案管理子系统、招商引资推介子系统等，为招商引资工作的全生命周期管理提供信息化支撑。

（4）数据层：由产业园区数据、企业数据、产业链数据、项目数据、基础地理数据等组成，负责数据的统一组织、存储和管理，对应用层的招商载体展示、招商项目查询和展示等提供数据支撑。

（5）云服务平台：招商引资信息管理系统充分利用政务云平台的现有技术成果，发挥政务云平台在服务资源上的优势，促进各部门之间的互联互通、业务协同。

（6）基础设施层：将服务器、存储设备、网络设备等物理资源进行整合，形成可动态扩展的高性能计算环境、大容量存储环境，满足海量数据存储、多类型用户并发应用和信息公开共享查询，以及各级业务系统接入信息平台的需要。

## 23.3 系统数据资源

### 23.3.1 数据总体架构

招商引资信息管理系统的数据架构包括数据应用展示层、数据分析服务层、数据存储管理层、数据采集汇聚层，如图 23-2 所示。

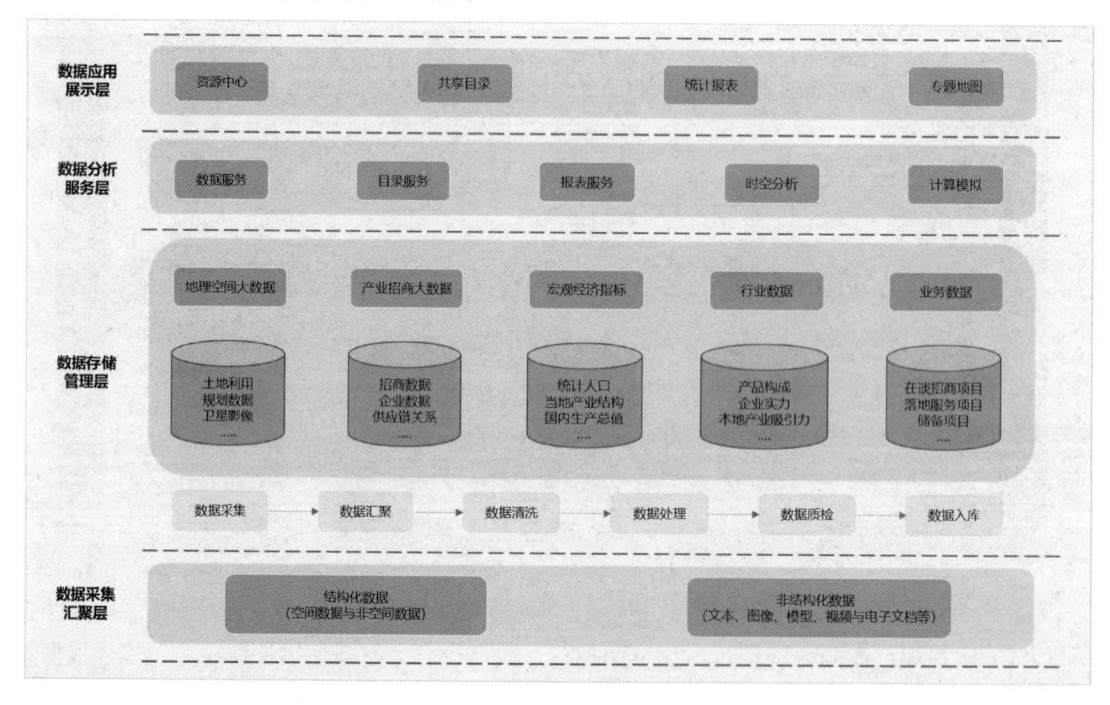

图 23-2 招商引资信息管理系统的数据架构

（1）数据采集汇聚层：对多源异构数据进行采集，通过数据共享交换机制汇聚整合多源数据，并开展数据的管理、维护和更新，确保招商引资数据实时互通共享和同步更新。数据采集主要分为结构化数据（空间数据与非空间数据）采集和非结构化数据（文本、图像、模型、视频与电子文档等）采集。

（2）数据存储管理层：经过数据采集、汇聚、清洗、处理和质检等步骤，遵循数据规范化标准进行数据入库，按照物理分布、逻辑统一的技术路线，构建招商引资数据库。

（3）数据分析服务层：采用 ESB、多终端融合、产业招商大数据模型构建、产业链关联关系的知识抽取与知识化展示等关键技术，实现招商引资的数据服务、目录服务、报表服务、时空分析和计算模拟，为数据应用展示层提供服务。

（4）数据应用展示层：借助桌面端直观展示资源中心、共享目录、统计报表、专题地图等，支撑招商引资各类业务场景的应用。

### 23.3.2 数据资源体系

招商引资信息管理系统可接入地理空间大数据、产业招商大数据、宏观经济指标、行业数据和业务数据等。招商引资信息管理系统的数据资源体系如图23-3所示。

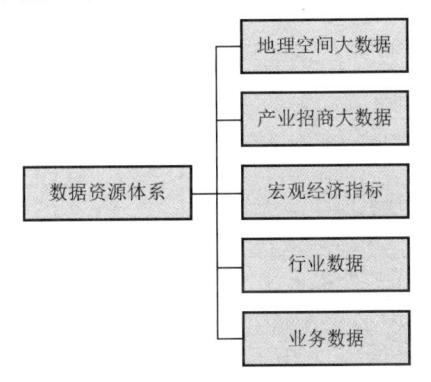

图23-3 招商引资信息管理系统的数据资源体系

（1）地理空间大数据：包括卫星影像数据、基础地理数据、土地利用现状数据、第三次全国土地调查成果数据、公共专题数据、城市总体规划数据、土地利用总体规划数据、控制性详细规划数据、土地利用现状数据、土地用途分区数据、产业园区数据等。

（2）产业招商大数据：包括招商政策数据、招商项目数据、企业数据（开业登记、企业税收、企业产值、企业类型、企业营业收入等）、产业链数据、产业结构数据、宏观经济数据、行业数据、企业流动关系数据、供应链关系数据、产业链关系数据、招商载体数据、税务数据、知识产权数据、存量企业，以及大量的意向企业数据等。

（3）宏观经济指标：包括国内生产总值、统计人口、常住人口、当地产业结构、全区总税收、全区营业收入等。

（4）行业数据：包括产品构成、企业实力、本地产业吸引力等。

（5）业务数据：包括在谈招商项目、落地服务项目、储备项目数据。

## 23.4 系统业务模型

招商引资信息管理系统提供了一整套的招商引资工作信息化辅助工具，为招商引资工作的展示、洽谈、服务、管理、决策等提供一定的信息化支撑。招商引资的全生命周期主要分为两个部分，即招商阶段和服务阶段。招商引资信息管理系统的业务模型如图23-4所示。

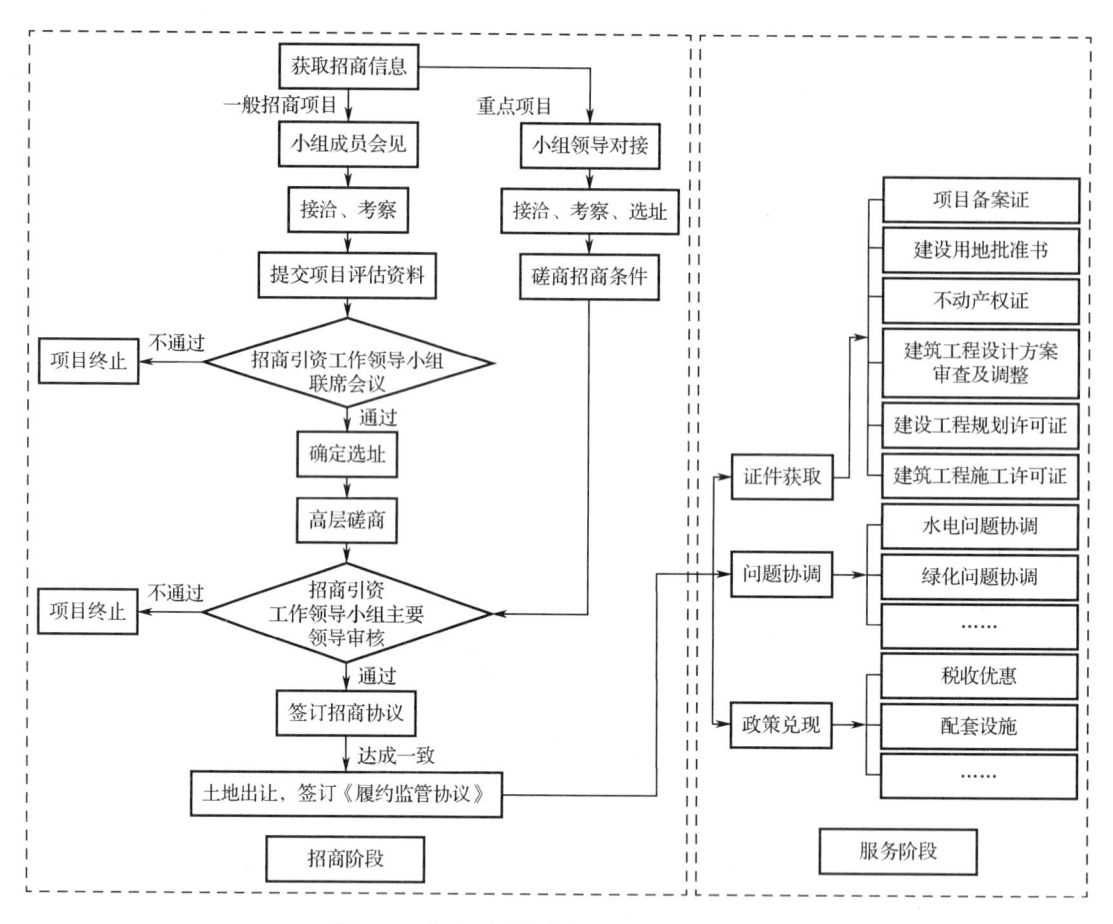

图 23-4 招商引资信息管理系统的业务模型

（1）招商阶段：由招商部门负责参与招商引资项目的前期接触，包括目标企业的宣传、项目的前期接洽、招商项目的谈判、招商项目的签约等，重点关注企业总投资额、预计产值、预计税收等经济信息，商讨核心对价；召开招商引资工作领导小组联席会议，通过后进行选址；当高层磋商通过后进行主要领导审核，审核通过即签订招商协议，不同意则项目终止；完成协议签订后进行《履约监管协议》的签订和土地出让，招商阶段结束。

（2）服务阶段：服务部门主要提供引导企业报批流程，提供跟踪服务，为企业提供咨询，解决企业在报建、施工、竣工等过程中出现的问题；监督企业是否严格按照土地出让合同施工、竣工，及时发现问题并进行调解；重点关注企业获取项目备案证、建设用地批准书、不动产权证、建筑工程设计方案审查及调整、建设工程规划许可证、建筑工程施工许可证的状态。

## 23.5 系统主要功能

招商引资信息管理系统的主要功能是为招商引资工作提供一整套的信息化辅助工具，因此系统的主要功能应包含招商引资数据融合展示、招商项目管理、招商情况概览与在线宣传和招商引资工作决策辅助的功能，包含的具体子系统如下所述。

## 23.5.1 招商引资工作全流程管理子系统

招商引资工作全流程管理子系统的主要功能是整合招商项目信息，进行全方位的数据浏览与查询等操作，将各类空间的、业务的，以及外部支撑的数据整合在统一的空间辅助业务中，实现对各类数据的直观浏览查看、查询，为企业"引进、落地、投产、帮扶"提供全过程管理，并定期推送招商引资工作情况，倒逼工作落实、责任落实，提高招商引资工作效率，服务企业落地。

招商引资工作全流程管理子系统面向业务人员提供了简单易用的查询、分析、管理工具，以图、数、表合一的直观形式展现招商项目相关信息，实现对招商项目的全流程管理与监督，并对招商项目的立项、洽谈、签约、落地等工作进行数字化管理。

## 23.5.2 招商一张图决策支持子系统

招商一张图决策支持子系统集成了地理空间大数据、产业招商大数据、宏观经济指标、行业数据、业务数据等多源大数据，实现了招商引资业务的大数据可视化；将原本存于纸张上的数据融合到一张图中进行叠加展示，实现了对各类数据的直观浏览查看、查询，集中展示了招商引资工作情况，支撑了招商引资项目的开展与落地。

根据地方政府招商引资工作的需求，招商一张图决策支持子系统解决了招商引资工作的难点痛点，实现了招商项目的在线分析、在线研判等信息化管理功能；通过全方位的数据浏览与查询等操作，将各类空间的、业务的，以及外部支撑的数据（包括可招商地块、土地利用现状、规划专题数据、土地用途分区等空间数据）整合在统一的空间辅助业务中；基于海量空间数据的高效处理工具，挂接产业园区范围、项目信息等数据，实现了项目信息的空间化，并实现了各类数据的直观浏览查看、查询、在线研判。

面向政府招商引资工作的实际需求，招商一张图决策支持子系统结合了产业招商大数据和企业数据，利用产业招商挖掘模型，制定了优质企业推荐规则，将产业招商大数据和企业数据引入全产业链的招商引资工作中，支撑了招商引资决策；将全国工商企业库、全国产业园区库、各产业热力图、企业投资分析、项目投资数据库、产业政策数据库、产业链全景融合在一起，打造了招商产业链地图、招商目标企业地图、目标企业分布地图、区域产业转移地图，实现了数据的空间可视化。

## 23.5.3 招商项目电子档案管理子系统

招商引资信息管理系统基于招商引资数据库，研发了面向领导移动办公的招商项目电子档案管理子系统，该子系统展示了目标项目的时序进展信息，包括领导关心的各类招商指标完成情况；提供各类项目清单以及项目详情，包括在谈项目、签约项目、拟供地项目、拟选址项目、落地项目、动工项目、竣工项目；对接了空间大数据库，提供了项目选址、周边规划信息、土地信息等，辅助相关领导对项目选址进行研判；对于项目堵点、痛点问题，提供了定期推送功能，辅助相关领导及时针对问题做出决策。

招商项目电子档案管理子系统如图 23-5 所示。

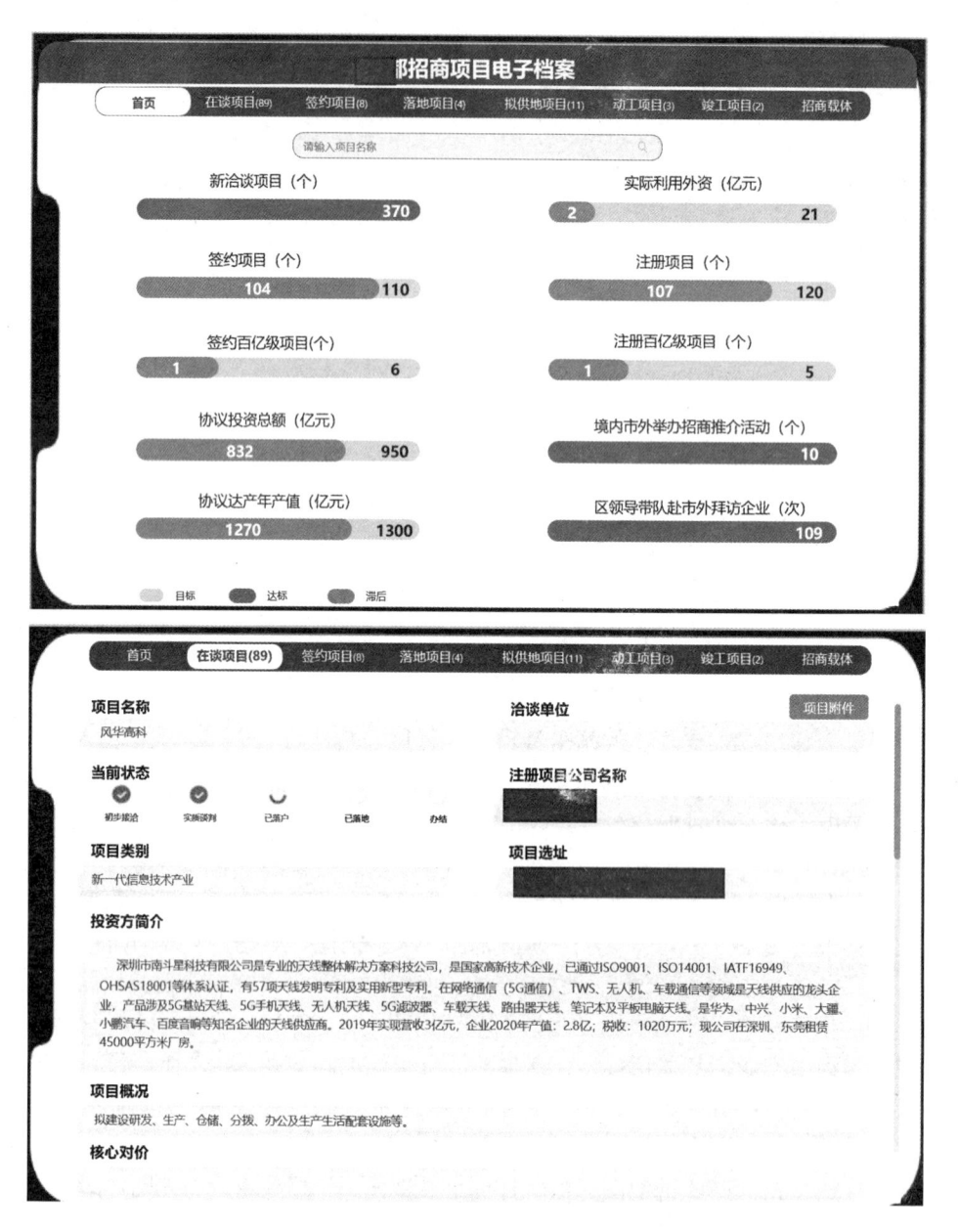

图 23-5　招商项目电子档案管理子系统

## 23.5.4　招商引资推介子系统

招商引资推介子系统面向全国潜在的广大客商，通过移动端提供了招商地区区位因素、交通优势、招商政策、规划沙盘、产业特色、招商载体、常见问题回答、宣传片与宣传视频展示等功能，实现了招商引资的在线展示和在线咨询服务；利用多样化的展示形式，提供了招商载体介绍、招商政策解读、投资选址和在线服务等功能，为招商引资工作提供了全方位的落地支持，为广大客商提供了快速响应，实现了招商载体的在线展示宣传，为地方政府招商引资工作提供了向外展示的平台，也支持了招商引资工作的更好开展。

## 23.6 系统应用框架

招商引资信息管理系统基于政务云平台进行数据对接，以招商引资工作全流程管理子系统、招商一张图决策支持子系统、招商项目电子档案管理子系统和招商引资推介子系统为载体，为招商引资工作提供了信息化支撑。

招商引资工作全流程管理子系统为相关领导提供了招商引资的相关数据的浏览、查询、检索和统计分析等功能，实现了各类空间数据、业务数据的整合与统一，能够推送招商引资工作情况，从而能够提高产业招商引资工作效率，更好地辅助相关领导做出决策。招商一张图决策支持子系统为招商引资工作提供了全链条、全生命周期的项目管理与监督。招商项目电子档案管理子系统为相关领导提供了招商引资目标项目的时序进展信息、各类项目清单和项目详情的展示；通过对接招商引资数据库，提供了选址、规划等信息，为招商引资工作提供了支撑，能够辅助相关领导针对具体问题更快地做出决策。招商引资推介子系统为潜在的客商提供了当地招商信息，以及重大项目的在线评分和在线评审功能，实现了招商引资的在线展示和在线咨询服务。

招商引资信息管理系统的应用框架如图 23-6 所示。

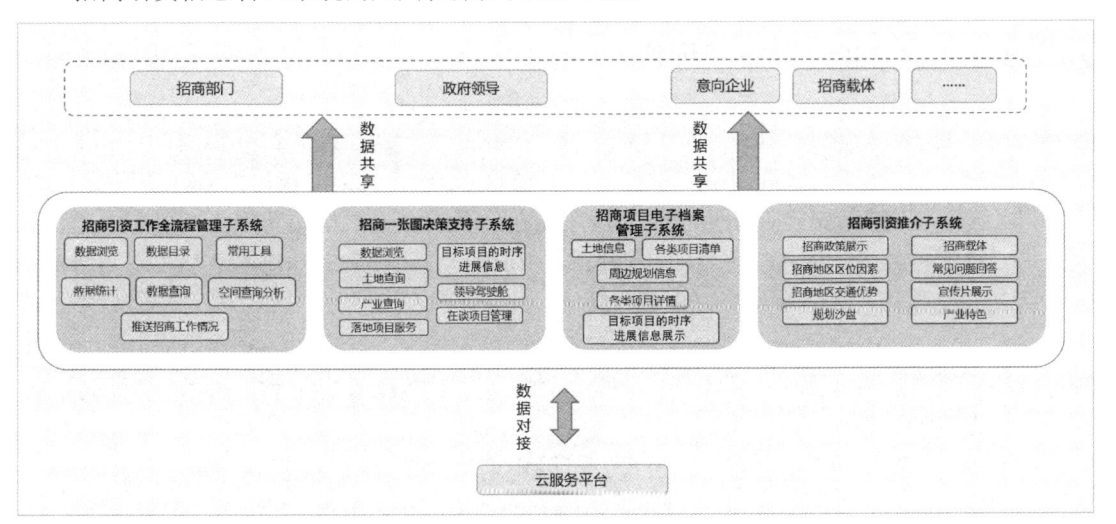

图 23-6　招商引资信息管理系统的应用框架

## 23.7 系统关键技术

### 23.7.1　企业服务总线

企业服务总线（Enterprise Service Bus，ESB）的概念是从 SOA 发展而来的，是一种 IT 基础设施的应用集成模型，是指采用总线结构将所有的应用系统连接在一起，应用系统以服务的方式连接在总线上，或者由总线封装成服务。ESB 提供了可靠消息传输、服务接入、协议转换、基于内容的路由等功能,屏蔽了服务的物理位置、协议和数据格式。招商引资信息管理系统涉及众多单位,这些单位通常有自己的业务系统,各业务系统的数据格式、架构都不尽相同。由于各部门都有各自的信息系统,相互之间的差异比较大,因此需要以松耦合方式实现无缝对接,以满足数据融合的多级联动要求。通过 ESB 连接各级部门、各个业务系统的服务,不论旧的业务系统还是新的业务系统,都能够通过服务包装成为"随取即用"的 IT 资产,以服务的形式对外发布,以松耦合原则实现共享。通过 ESB 既可以有效实现各业务系统的应用集成和数据互动,也可以顺利接入既有的业务系统和未来研发的业务系统,使具有不同开发技术、不同运行环境的信息化资源能够得到整合利用。

### 23.7.2 多终端融合

招商引资工作不仅需要到外部进行沟通交流,在内部也涉及政府部门的管理,招商载体所有者需要对外进行招商展示,决策者需要把控招商方向,因此需要研究一个能够适应各类终端以及各个业务场景的一体化平台。传统的 PC 端系统无法满足对外展示或者移动办公的需求。通过多终端融合技术,招商引资信息管理系统打通了移动端与 PC 端的系统数据互通渠道,以及招商外部推介与内部管理的业务互通渠道,能够支撑招商引资工作全生命周期的各个阶段。

### 23.7.3 产业招商大数据模型构建

面向招商现状与需求,招商引资信息管理系统构建了产业招商大数据模型,如精准招商模型和政府匹配模型,能够直击招商引资工作的痛点,为招商引资工作提供详细精准的指引。

(1) 精准招商模型。招商引资信息管理系统在产业招商大数据的基础上,结合地理空间大数据,充分利用产业链关联关系的知识抽取与知识化展示技术,构建了复杂关系网络,挖掘了企业与产业、地理空间之间的关系和规律,最终形成了以城市产业发展为评估对象的精准招商模型。该模型能够精准匹配产业链延链、补链上的企业,实现了产业研究洞察、产业链招商指引、产业热力评估、智能资源匹配等功能,能够辅助政府主动招商引资,引进一批符合产业发展的优强项目。

(2) 政策匹配模型。招商引资信息管理系统根据地方政府招商政策文件,在产业招商大数据的基础上,汇聚了企业名称、企业属地、企业规模、资本背景、税收情况、历年产值、行业类型、产业链信息、投资情况、集团标签、标签特征等信息,构建了政策匹配模型。该模型能够为企业提供智能化的政策精准指引,辅助意向企业落地。

### 23.7.4 产业链关联关系的知识抽取与知识化展示

招商引资信息管理系统利用收集到的产业数据,以及产业链各个环节的关联关系,对产业链上的企业进行了关系串联,分析了企业、产业、地区的逻辑关系,厘清了定位-目标-战略的传导关系;基于知识推理,制作了行产业链关联关系的知识图谱,将区域内产业的上下游关系、企业关系、产业-产业园区关系等组合在一起形成了产业知识网络,能够对产业、招商引资工作过程提供数据和知识支撑。

## 23.8 系统特色亮点

**1. 招商产业时空大数据的串联融合**

招商引资工作的开展过程中不仅需要招商载体信息的支撑,也需要多源时空大数据作为招商引资工作的辅助数据,招商引资信息管理系统解决了各类数据之间的有机融合问题,从而为招商引资工作提供了有效动能。

**2. 产业招商大数据模型的构建**

在汇聚大量产业招商数据后,招商引资信息管理系统构建了产业招商大数据模型,能够向企业智能推荐收集到的产业数据,深挖产业招商大数据中包含的产业结构以及企业倾向等;能够利用科学、智能化的模型算法预测发展空间较大、经济效益更高、产业链联系更紧密的产业方向;能够推荐适合区域发展的企业,使产业链不断延伸;能够挖掘企业特点及历史投资行为、区域潜力和发展方向,摸清招商产业需求,辅助不同产业、不同企业制定不同的招商策略。

**3. 多终端、跨场景、全生态的一体化平台互联互通**

招商引资信息管理系统能够打通移动端与 PC 端的系统数据互通渠道,打通招商外部推介与内部管理的业务互通渠道,是一个适应多种终端和各种业务场景的一体化平台。

**4. 智能化推荐产业链延链、补链上的企业**

招商引资信息管理系统通过展示招商引资项目的相关信息,聚焦广州市重点产业和关键领域的招商情况,对行业现状进行统计分析,能够推荐适应高质量发展新要求的企业,使产业链不断延伸。通过引入这些企业,将进一步串联产业链的关键环节、补齐产业链的薄弱环节、强化产业链的优势环节,优化产业链布局,形成产业集聚效应,提升产业链现代化水平,推动"制造"走向"智造"。

# 参考文献

[1] 李德仁，张洪文，金文杰. 新基建时代地球空间信息学的使命[J]. 武汉大学学报（信息科学版），2022，47（10）：1515-1522.

[2] 李德仁. 新基建时代地理信息产业的机遇与挑战[J]. 中国工业和信息化，2020（12）：52-57.

[3] 蒋毓，郑胤. 新基建驱动智慧城市建设全面升级[J]. 互联网经济，2020（9）：72-75.

[4] 姜振华. 新基建引领智慧城市高质量发展[J]. 数字经济，2021（7）：80-83.

[5] 马龙. 新型智慧城市携手"新基建"跨步向前[J]. 软件和集成电路，2020（7）：26-30.

[6] 赵英. 新型智慧城市时代下的"新基建"[J]. 互联网经济，2020（5）：82-85.

[7] 秦凌，王维，刘颖，等. 新基建背景下详规层面的智慧城市专项规划路径探讨[J]. 规划管理，2021（12）：35-37.

[8] 赵海龙，兰晓峰，吴洁，等. 遥感技术助力智慧城市建设[J]. 建设科技，2017（13）：30-32.

[9] 党安荣，许剑，张丹明. 遥感大数据促进智慧城市发展[J]. 建设科技，2016（3）：15-18.

[10] 尚治宇. 新基建下的新城建，科技为城市发展赋能[J]. 中国建设信息化，2020（18）：52-53.

[11] 宋晓宇，范迪，张丽."十四五"时期城市新型基础设施建设的内涵特征和发展趋势[J]. 科学发展，2021（7）：100-107.

[12] 宋德勇，李超，李项佑. 新型基础设施建设是否促进了绿色技术创新的"量质齐升"[J]. 中国人口·资源与环境，2021（11）：155-164.

[13] 自然资源部办公厅. 智慧城市时空大数据平台建设技术大纲（2019版）[EB/OL]. http://gi.mnr.gov.cn/201902/t20190218_2395831.html.